房地产精益运营管理

侯龙文　侯　冰　邓明政　等著

中国建筑工业出版社

图书在版编目（CIP）数据

房地产精益运营管理 / 侯龙文等著. —北京：中国建筑工业出版社，2022.7
ISBN 978-7-112-27351-5

Ⅰ.①房⋯ Ⅱ.①侯⋯ Ⅲ.①房地产企业-运营管理-研究-中国 Ⅳ.①F299.233.3

中国版本图书馆 CIP 数据核字（2022）第 068755 号

为推动我国房地产企业精益运营管理转型升级，改变传统的粗放式运营管理模式，作者撷取制造业先进的精益生产、精益管理理论、模式和方法，导入到房地产行业/企业精益运营管理中，编写了《房地产精益运营管理》一书。

本书从房地产精益管理、精益运营、精细化计划运营，资金链风险管控，基于"四个流"的现金流精益运营管理，轻资产运营战略转型，房地产开发供应链协同运营管理，价值流、价值链运营管理，房地产精益运营管理人才育成与培训等方面进行了论述与案例解析。

责任编辑：徐仲莉　范业庶
责任校对：党　蕾

房地产精益运营管理

侯龙文　侯　冰　邓明政　等著

*

中国建筑工业出版社出版、发行（北京海淀三里河路 9 号）
各地新华书店、建筑书店经销
北京鸿文瀚海文化传媒有限公司制版
河北鹏润印刷有限公司印刷

*

开本：787 毫米×1092 毫米　1/16　印张：28½　字数：605 千字
2022 年 7 月第一版　　2022 年 7 月第一次印刷
定价：**99.00 元**
ISBN 978-7-112-27351-5
（39536）

版权所有　翻印必究
如有印装质量问题，可寄本社图书出版中心退换
（邮政编码　100037）

《房地产精益运营管理》编写委员会

侯龙文　侯　冰　邓明政　刘　晴
刘志强　李　红　郭云浩　崔彩云
邱　魁　陈丽平　宋　辉　黄家彬

前 言

我国房地产行业自20世纪80年代起步至今，经历了短短40年时间。随着我国社会经济的高速发展，居民收入快速增长，人民群众住房需求急速拉动，城市发展空间得到极大程度的释放，房地产行业经历了前所未有的高速发展期。但从房地产行业的运营管理水平来看，目前大多数房地产企业仍采用传统的、粗放的运营管理模式，重施工建造过程局部，轻前期运营策划全局，"短期思维"普遍存在，对开发项目全过程（全生命周期）的系统性把控不足，进而导致房地产项目开发建设过程被分割成阶段式任务，各阶段之间、职能部门之间、项目供应链之间相互割裂，难以形成有效衔接，导致建造过程资源浪费、运营管理效率低下等诸多问题。

当前房地产企业运营管理存在的最大问题之一是顶层设计不足，普遍缺乏精益化的运营管理流程体系、标准化的运营管理平台，使得房地产企业在跨区域开发项目时快速复制成功的经验存在一定困难，进而致使各区域的运营协同不佳。因此，构建以房地产开发项目为中心的精益化运营管理体系、机制应势而生，对房地产企业的良性发展具有重大意义。

众所周知，在房地产行业/企业运营管理中，原有的以规模、速度为导向的运营管理思路，因为无法让企业获得持续、稳定的投资收益与长期、广阔的发展空间，而逐步向以企业稳健均衡发展为目标、以客户（业主）价值需求为导向的运营增值时代迈进。而运营增值时代需要房地产行业/企业在市场需求匹配、内部制度建设、机制建设、资源配置支撑等方面进行全要素、全系统、全方位、全过程、全供应链、全价值链的经营管理升级；同时要培育适应市场/企业/项目运营管理增值时代的、以价值创造、价值增值为导向的精益运营管理能力；在房地产项目开发管理层面，要具备市场/客户（业主）需求的捕捉能力、细分市场的判断能力、精益化产品的开发能力、差异化多项目的精准管控能力；在公司经营层面，要具备动态的精细化投资收益分析与评估能力、合理高效的资本精益化配置与投融资能力等。

由此可见，房地产行业/企业要想持续高质量地发展，必须建立一套精炼、简化、易操作而准确无误、直击靶心的精益化运营管理体系、制度、机制、模式和方法，排斥大而化之、笼而统之地只抓运营管理工作，采取有针对性的现代运营管理理念、技术、模式和方法，从传统的粗犷式运营管理向精益化运营管理转型升级，从依靠土地资源获取"暴利"转向以持续消除浪费、降低无效成本为抓手的精益化运营管理要效益、要利润。

基于此，本书充分汲取制造业先进的精益生产、精益运营、精益管理理论、模式和方法，撷他山之石攻玉，择其精髓导入到房地产业精益建造、精益运营、精益管理中，以期改变目前房地产行业/企业传统的、粗放式经营管理方式，为房地产行业及其企业的精益化运营管理转型升级助一臂之力，促进房地产行业/企业逐步实现精益化、高品质和可持续发展。

本书从房地产企业内部精益运营管理和房地产行业/企业供应链、价值链协同精益运营管理入手，对房地产行业/企业运营管理体系进行系统的精益化研究，核心内容包括：房地产企业精益管理战略地图与实施路径、房地产企业精益管理技术支撑体系、房地产企业精益建造体系的构建；房地产企业精益运营体系的构建、房地产开发项目运营价值流管理、房地产项目精益运营管理体系构建；房地产企业精细化计划运营管理体系、房地产企业计划运营管理平台建设、房地产企业双"PDCA"计划运营管理运行体系构建、基于 BIM 技术的房地产开发项目计划运营管理；房地产企业资金链风险与精准管理控制；房地产企业现金流预算管理、基于"四个流"的现金流精益营运管理、基于价值链的现金流运营管理、基于价值创造的现金流运营管理；房地产企业轻资产运营战略转型；房地产业供应链协同运营管理、供应链协同成本管理；房地产企业价值链运营管理、价值链运作管理、价值链成本管理；房地产业精益运营管理人才支撑——房地产企业精益运营管理人才育成与培训管理九个方面。

本书具有重要的创新应用价值：

1. 靶向施策。分析房地产行业发展趋势，为房地产企业精益运营管理转型升级提出方向指引。本书系统地研究了我国房地产行业目前的政策、市场环境与经营现状，提出房地产行业必将由规模化扩张转变为品质化发展的观点；基于精益运营管理的基本原则，结合当前房地产企业运营管理中存在的不足，提出了房地产企业运营管理由"高周转、高杠杆"的粗放型管理体系向"市场/客户（业主）价值拉动"的精益运营管理体系转变的观点，为房地产行业/企业的精益运营管理转型升级给出理论上的方向指引。

2. 融会贯通。导入制造业成熟的先进精益生产、精益运营、精益管理思想，为解决房地产企业精益运营管理升级提供理论、模式、方法指引。

3. 统筹兼顾。构建了房地产企业精益运营管理体系，包括房地产开发价值流精细化分析与精益运营管理体系、精益运营管理战略地图及实施（路径）体系、精益运营管理技术支撑体系、精益建造屋架构体系等，为房地产行业/企业精益运营管理提供实施方法指导。

4. 以案为鉴。通过大量绩优房地产企业精益运营管理实证案例解析，为房地产行业/企业精益运营管理转型升级提供借鉴。

目 录

第1章 房地产行业/企业精益化管理 ... 1
1.1 精细化向精益化企业转型升级 ... 1
1.2 企业精益管理战略地图构建与实施 ... 14
1.3 房地产企业精益管理技术支撑体系 ... 23
1.4 房地产企业精益建造体系的构建 ... 32

第2章 房地产企业精益运营管理 ... 38
2.1 房地产企业精益运营管理导论 ... 38
2.2 房地产企业运营管理模式 ... 49
2.3 房地产企业精益运营体系的构建 ... 57
2.4 房地产开发项目运营价值流管理 ... 65
2.5 房地产开发精益运营管理体系的构建 ... 73

第3章 房地产企业精细化计划运营管理 ... 79
3.1 房地产企业计划运营管理导论 ... 79
3.2 房地产企业计划运营管理体系构成 ... 81
3.3 房地产企业计划运营管理平台建设 ... 85
3.4 双"PDCA"计划运营管理体系构建 ... 104
3.5 基于BIM技术的计划运营管理体系框架 ... 110
3.6 标杆房地产企业计划运营管理实践与借鉴 ... 122

第4章 房地产企业资金链营运管理控制 ... 147
4.1 资金链与资金循环流动过程 ... 147
4.2 房地产企业多项目开发资金链营运管理 ... 154
4.3 房地产企业资金链营运管理控制对策 ... 167
4.4 标杆房地产企业资金链营运管理案例解析 ... 170
4.5 房地产企业资金链风险管理控制 ... 196
4.6 标杆房地产企业资金链风险管控案例解析 ... 211

第 5 章　房地产企业现金流精益营运管理 ······ **218**
5.1　现金流的概念与类型 ······ 218
5.2　房地产开发现金流需求分析 ······ 221
5.3　房地产企业现金流预算管理 ······ 226
5.4　房地产企业现金流精益营运管理 ······ 236
5.5　基于价值链的现金流营运管理 ······ 254
5.6　基于价值创造的现金流营运管理 ······ 265

第 6 章　房地产企业轻资产运营转型 ······ **272**
6.1　房地产企业轻资产运营导论 ······ 272
6.2　凯德轻资产运营转型案例解析 ······ 279
6.3　花样年集团轻资产运营模式案例解析 ······ 290
6.4　WK 地产集团轻资产运营模式案例解析 ······ 298

第 7 章　房地产业供应链协同精益运营管理 ······ **317**
7.1　对供应链协同运营管理的认知 ······ 317
7.2　房地产开发供应链运营节点构成 ······ 328
7.3　房地产开发供应链协同运营管理流程 ······ 336
7.4　房地产开发供应链协同运营管理模型 ······ 342
7.5　房地产企业供应链协同成本管理 ······ 349
7.6　房地产开发供应链成本控制系统构建 ······ 369
7.7　WK 地产集团供应链成本管理案例解析 ······ 374

第 8 章　房地产企业价值链运营管理 ······ **377**
8.1　房地产企业价值链理论模型 ······ 377
8.2　房地产企业价值链运作管理 ······ 388
8.3　房地产企业价值链成本管理 ······ 402

第 9 章　房地产企业精益运营管理人才育成 ······ **420**
9.1　精益人才育成导论 ······ 420
9.2　精益人才育成方案设计 ······ 422
9.3　精益人才育成实施体系 ······ 426
9.4　HH 公司人才培养体系 ······ 432
9.5　房地产企业精益人才育成培训管理 ······ 437

第1章 房地产行业/企业精益化管理

1.1 精细化向精益化企业转型升级

1.1.1 精细化、精益化管理概念

1. 精细化概念

精细化不能单从字面来理解,其包含四个方面的特征:
(1) 精是做精、求精、追求最佳、最优。
(2) 准是准确、准时。
(3) 细是做细,具体是把工作做细、管理做细、流程管细。
(4) 严是执行,主要体现在对管理制度和流程的执行与控制。

精细化体系包含"五精六细":即精湛(技术、技能、水平、手段)、精晓(流程、环节、过程、枢纽点)、精髓(文化、技术、聪明、意识)、精品(成果、结果、质量、品质、品牌)、精益(效果、效率、效能、效益),以及细分目标、细化对象、细化岗位、细分职能、细算每一项工作、细控每一个节点、细做每一个运营管理环节。

精细化的"精"可以理解为更好、更优、不断改进;"细"可以解释为更加详细,细针密缕,细大不捐。正所谓"天下大事,必作于细"(图1-1)。

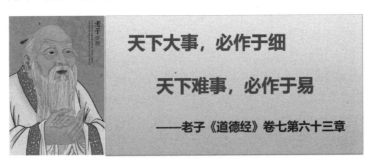

图1-1 老子论精细化

仔细品味精细化的真谛,"注重细节"就是一帖治疗企业经营管理顽疾的"良方"。本书将其总结为"五精"体系(图1-2)。
(1) 市场:精耕细作。
市场无所不在,关键在于能否发现它、满足它。不同的思维决定了不同的市场。

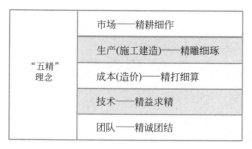

图1-2 "五精"体系

非洲人光脚与卖鞋的故事,就是最好的例证。发现了市场,还必须精心呵护、细心耕作,只有春夏的精耕细作,才会有秋天的累累硕果。因此要使企业能够更加直接、及时、快速地触摸市场实况、了解市场动态、收集市场信息、服务市场客户,经营管理者不仅要高效地带领营销人员冲锋陷阵,更要在提升营销人员的新思维、新理念上下功夫。市场细分、资源整合和区域管理是"表",营销人员综合素质提升是"里",只有表里如一,才能真正实现提高营销网络覆盖率和渗透率、扩大市场占有率和市场份额的目标。

(2)生产(施工建造):精雕细琢。

企业在激烈的市场竞争中靠什么生存?价格还是品质?具有远见的消费者和具有社会责任感的企业家,都会毫不犹豫地选择"品质"。不难想象,一个产品如果没有良好的品质作为保障,再亮丽的广告宣传也势必是"空中楼阁"。而优质的唯一标准,就是产品性能是否满足甚至超越客户/业主的期望。因此,作为企业经营管理者要懂得要求每位员工都要将产品当作"艺术品"来精雕细琢,时刻拿着"放大镜"观察产品,不放过任何一个细节。在确保产品内在质量的同时,还要注重改善产品的外在质量,使企业生产运营始终处于优质、高效的运行质态。

(3)成本(造价):精打细算。

企业以盈利为目的。因此,一切工作必须以成本为中心,降低成本造价是企业增加积累和实现利润最大化的最佳途径。

在流程上,要做到正确决策、高效执行、全面控制和严格考核。在经营过程中,要覆盖生产运营的各个环节,从生产向前延伸到市场分析及产品设计,向后则要延伸到客户/业主购买和售后服务。在管理对象上,要做到不断拓展成本管理控制的内涵,无论是科学技术还是生产方式,都要将其纳入成本管理系统中。所以,这里讲的成本不仅指"生产、材料、人工成本"等微观概念,还包含更加丰富的内涵,涉及"策划、规划、设计、工程管理、建造施工、采购供应、财务管理、技术工艺、机械设备、施工现场、信息、标准、仓储、物流、销售、服务、文化、人员、时间"等项目开发的全生命周期运营管理范畴。

不能只从部门的小角度片面地看待成本,而应着眼于集团、公司、项目未来,全面认识成本。任何工作的任何环节都要以"数字"说话,要学会"数字化"运营管理,从表面"数字"发现存在的问题,深刻分析问题并彻底解决问题。

但要切记:成本不能靠算出来,而应该靠日常的精益工作干出来、控出来、管出来。成本管理落实到实际中就是节材降耗,消除浪费,节约建造成本;增强技能,减少失误,避免时间成本;统筹安排,快速运转,压缩作业成本;完善制度,科学采购，降低采购成本；严格预算，规范流程，控制费用成本等。只有通过磨炼，每位员工才会逐渐成长为"斤斤计较"、精于算账的行家里手。

（4）技术：精益求精。

① 通过新产品开发、设计优化、新材料运用、工艺技术创新、设备技术改进等，实现管理方法的科学化，进而将降低成本与技术进步有机结合起来，形成比较完整的技术创新框架体系。

② "以科技驱动企业成长"理念，更加注重科技在扩大利润空间方面的作用。企业在项目开发过程中，不能只关注技术创新对市场占有率的提高，还必须强调创新带来的产出一定要大于投入，建立以技术创新驱动为核心的成本管理体系。

③ "以科技驱动企业成长"理念，其中一个很重要的特点在于，它把企业的各种生产要素充分地融合在一起，使企业生产组织更趋于现代化，资源配置更加合理化，从而加快企业从劳动密集型向技术精益型转变，从注重物流管理向注重信息管理转变，从"产—供—销"传统管理模式向"营销—开发—建造—销售"的现代管理模式转变。

（5）项目团队：精诚团结。

一支精诚团结的项目团队是开展一切事业的基础。一支精诚团结的项目团队必定具备清晰的目标、互补的技能、高度的忠诚、充分的信任、良好的沟通、昂扬的士气以及最佳的业绩。因此，抓项目团队管理的细节要从营造良好的企业/项目文化氛围入手，以文化教育人、以文化引导人、以文化感染人，加强对员工系统的精益培训，提高精益运营、管理、技术、建造能力。

要想打造一支精诚团结的项目团队，就必须以比市场更高的标准要求每位员工。"不养闲人、不用懒人、不亏能人"是企业一贯的用人原则，对不能适应市场要求的员工，坚决予以淘汰；对因工作失误而对企业造成损失的员工，坚决予以处理；对作出贡献的员工，坚决予以重奖。

2. 精细化体系（图 1-3）

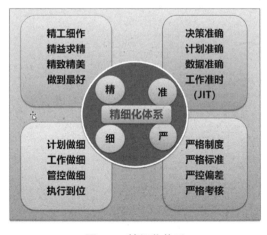

图 1-3　精细化体系

3. 精细化"八化"体系（图1-4）

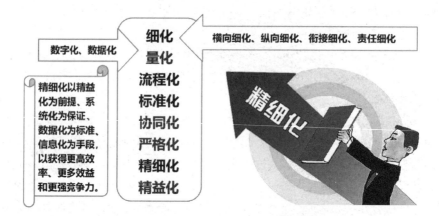

横向细化	将一项工作或任务或一个部门的工作，按合理的逻辑结构分解为若干个组成部分。每个部分又可继续分解为若干个更小的部分，直到不能再细分或不必再细分为止。分解出来的每一部分，就是一个工作单元
纵向细化	从纵向按时间顺序将工作任务分解为各个组成部分，并且一直分解到不能再细分或不必再细分为止
衔接细化	企业里各个人、各个部门、各个单元的工作，都需要与别人、别的部门、单元衔接配合，而企业管理效率不高的重要原因之一，就是各工作单元之间的衔接不好，造成结构性效率损耗
责任细化	将各项工作或任务落实到具体的责任人或责任组织，使责任细化，以便执行不到位时追究责任人的责任。责任细化内容包括：工作任务、数量要求、质量要求、重难点、关键环节（细节）、责任人、完成时限、检查人、检查时限、考核程序等

图1-4 精细化"八化"体系内容

4. 精细化内涵（图1-5）

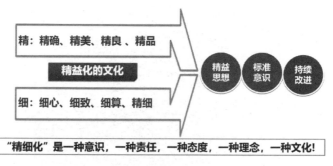

图1-5 精细化内涵

5. 精细化管理

精细化管理重细节、重过程、重基础、重具体、重落实、重质量、重效果、重效益，在每一个细节上精益求精。其重中之重就是责任落实，将每项工作责任具体化、目标明确化、落地化，使每一位员工的每一项工作都要尽职尽责做到位。精细化管理体系如图 1-6 所示。精细化管理核心要素如图 1-7 所示。

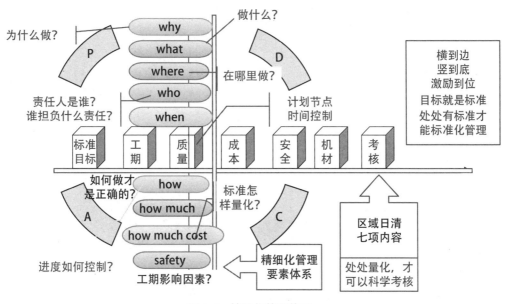

图 1-6　精细化管理体系

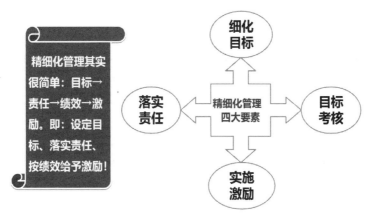

图 1-7　精细化管理的核心要素

6. **精细化管理实施步骤如图1-8所示。**

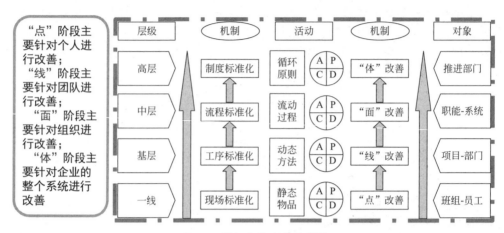

图1-8 精细化管理实施步骤

7. **精细化管理总结（图1-9）**

图1-9 精细化管理"五句话"总结

8. **精益化**

"精"有两种含义：第一种含义是"精品"的"精"，也就是产品要有"高品质"；第二种含义是"精简"的"精"，也就是企业经营管理活动要"少投入、少消耗资源、少消耗时间"，尤其是要减少不可再生资源的投入和耗费。

"益"也有两种含义：第一种含义是一般所讲的"效益"，也就是任何生产经营活动都要有"效益"，包括经济效益和社会效益；第二种含义是古汉语的"溢"，引申为"更加"，是指生产经营质量越来越高、生产经营投入越来越少、经济效益越来越好等。

精益的思想本质就是"精"+"益"。"精"就是少投入、少消耗资源、少花费时间，即消除浪费、降低成本。"益"就是多产出，多创造价值，即增加价值、效率效益。归结起来就是"用最小的投入创造最大的价值"，实现投入产出比最大化和管理工作的精益求精。

简而言之，精益管理就是："精"——少投入、少消耗资源、少花费时间，尤其是要减少不可再生资源的投入和耗费；"益"——多产出经济效益，多赚钱，多创造利润，见图1-10。

图1-10 精益化的概念

9. 精益思想

精益思想（Lean Thinking）强调低成本、高效率、零缺陷以及持续改善，是精益生产经营方式的精髓，是消除浪费、降低成本、创造效益、增加利润强有力的武器，核心是在有效消除浪费的基础上为企业创造更大的价值、更多的利润，也就是通常所说的"开源节流、降本增效"，它的本质是"持续改善、追求卓越"。

10. 精益化管理

将精益思想和精益生产运营相关技术方法融合到企业的经营管理过程中，便形成了"精益管理"，也就是说，精益管理就是将精益思想扩展到企业运营的所有环节，让企业从"消除浪费、创造价值"的角度对企业的运营流程进行重新思考和完善的一种现代化的管理方法。它可以说是精益生产和精益思想在企业各层面应用的延伸和扩展，它要求精益思想在企业生产运营过程的所有活动中得到应用，并且通过客户/业主满意度提高、流程改进、成本降低、质量提升和资本利用等，使得利益和价值尽可能达到最大化。

11. **精益化管理的内涵**

（1）精益化管理是一种哲理

它追求的是无缺陷、无浪费、准时反应等极限目标，使企业及其产品和服务达到理想境界。这一理念必将成为现代企业经营的指南。当前推进精益化管理，要对现有运营管理方式本着"不是最好，争取更好"的态度进行总体评估，然后明确各分阶段目标，一步一个脚印地稳步推进，逐步扩展。同时，让精益化管理理念融入企业的各个环节和活动中，努力实现自觉更新、相互协调。

（2）精益化管理强调过程

精益化管理不是一副现成的医治企业百病的灵丹妙药，它要求企业全体员工团结一致、群策群力，永无止境地进行追求，持之以恒地贯彻执行精益化管理制度，循序渐进地进行改革与创新，只有在这样的过程中，企业才会变得身强体壮、所向无敌。

（3）精益化管理强调"人以精益为本"

"以人为本"强调人的劳动、价值和地位。为实现员工的自身价值，企业应尽最大的努力。但作为价值创造者的劳动者，也应该在实施精益化管理过程中，树立"人以精益化为本"的思想，达到"和谐相处，精诚合作；群策群力，精益求精"。而要达到"精益管理"，首先必须有一个决策民主化、管理科学化的求真务实过程。因此，企业要坚决摒弃一切繁文缛节，形成"集思广益、集智求真、实事求是、精益求精"的管理氛围。

（4）精益化管理注重精益质量管理

精益质量管理强调对人（员工）的管理，重在培养每位员工的质量意识，在每一道工序进行时注意质量检测与控制，及时发现质量问题、改进质量问题，追求精益求精。

针对上述特点，把精益化运营管理概括为"一个目标""二大基础"和"两大支柱"，见图1-11。

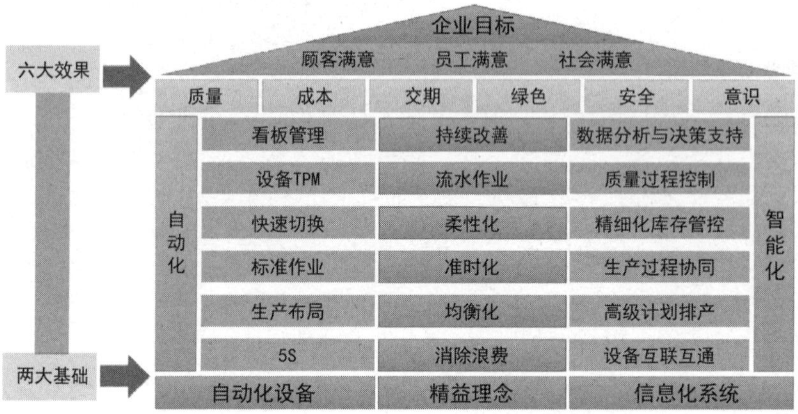

图1-11 精益化运营管理架构屋

"一个目标"是指低成本、高效率、高质量的进行生产，最大限度地使客户/业主满意。

"两大基础"是指彻底的精益现场改善、全员参与的持续性、旨在消除一切浪费的精益改善活动。

"两大支柱"是指实施精益化生产和人员的主动性。

12. 精益化经营管理基石（图1-12）

图1-12 精益化经营管理基石

13. 推行精益化管理的路径（图 1-13）

图 1-13　推行精益化管理的路径

14. 有效实施精益化管理（图 1-14）

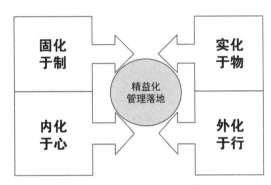

图 1-14　有效实施精益化管理

1.1.2　精益化管理的十大原则

原则一：精益化管理必须抓住其本质和灵魂，确保低成本和零缺陷并行，否则就会陷入"精而不益"的尴尬境地。

原则二：精益化成本控制，应从企业经营管理全方位考量，并着眼于企业的可持续发展，而不能孤立地追求产品成本最小化。即从企业生产经营管理的各个方面实施全方位改进，将低成本控制与企业的可持续发展相结合，将低成本管理引向正确的方向。

原则三：精益化管理绝不能忽视价值流、价值链的梳理，让价值流从混乱变得清晰，从根本上确保精益化方向的正确。

原则四：精益化管理的实现需要不断完善的基础建设。基础建设是企业精益运营管理的根基。必须意识到，精益化是一种思想和工具，精益化运营管理的落实需要以基础建设为实体媒介。因此，只有完善基础建设，企业才有机会开启精益化之门。

原则五：精益化的推行，绝不可能仅借助局部之力就能实现，而必须强化企业上下的全局统筹意识，并积极付诸行动。

原则六：精益化管理不要只局限于生产现场，而是要形成整体的精益化系统。真正的精益化运营管理必须形成产供销一体化模式，借助一体化实现各方资源共享和各环节的快速对接，从总体角度实现精益化目标。

原则七：精益化活动的开展，需要大量的精益人才来推动。企业应建立精益人才培养机制，使员工具备所需的素质能力，使得致力于精益化推广的团队/人员技能不断提升。

原则八：管理者应确保技术能力、精益设计、精益质量与精益建造能力的完美对接，确保技术优势和过程能力的稳定性，以确保精益化目标的实现。

原则九：标准化仅是实现精益化的媒介与载体。为标准而标准，只会给企业造成不必要的形式浪费。实施标准化管理的方向是精益化，精益化的标准化才是管理王道，才是企业精益运营管理工作的终极目标。

原则十：精益化管理不是一朝一夕之功，而要将其作为一项持续改善的系统工程。

核心观点：企业精益运营管理不局限于施工生产建造系统的精益（精益建造），也不是个别部门、个别环节"孤岛式""间断性"的精益，而是全系统、全面的、全过程的精益体系；消除浪费也仅是精益施工生产建造的手段，而不是企业运营管理的全部，消除浪费必须服务于一个更高的目标——赚钱（价值创造）。全面、全系统的精益运营管理是一个以创造价值、增加利润为目标的消除浪费的全过程体系。

1.1.3 精益化运营管理体系的构成

精益化运营管理从生产系统发展到企业各运营层、业务层、项目层，已不再是单一的生产系统，而是复杂的综合系统。它是指结合企业具体实际，导入精益思想，并运用精益运营管理相关工具和方法，坚持"价值流"原则，按照查找管理瓶颈→梳理管理节点→优化管理流程→减少无效低效流程节点→控制消除资源浪费的管理步骤，建立以"减少浪费，创造价值、提高利润"为目标的一套经营管理体系，它包括精益目标、精益组织、精益流程、精益考评等方面的内容，如图 1-15 所示。

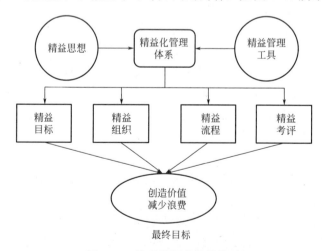

图 1-15 精益化运营管理体系

1. 精益目标

是指在目标管理（MBO）的基础上，通过精益管理思想导入及结合企业实际情况分析，将企业主要事务进行整合，从而确定并形成每项事物或过程中较为关键的、可控制的量化数据或定性任务，这些数据或任务就是以实现企业运营管理过程控制作用为目的而建立的精益目标。

2. 精益组织

是指运用精益思想对企业的组织架构进行优化设计，让企业围绕价值流来分析、发现、消除和改进组织和运营管理层级中的浪费环节，以提高组织运行效能为目的，从而实现从传统组织向精益组织的转型升级。

3. 精益流程

是指运用精益思想及相关技术方法，对企业的各个运营环节、过程进行精细分工和流程定义，以实现"消除浪费、减少消耗、创造价值、提高利润"为目标而形成的一套规范有序又精简实用的企业运营管理流程，并在企业中形成动态的、系统的运营管理循环，这些流程就是企业打通脉络、创造价值过程中的精益流程。

4. 精益考评

是指将精益思想和方法导入到企业的绩效考评过程，通过设计和优化绩效考核流程，让管理者更加有效地进行绩效测评，其所形成的以"提升效率、效能和价值增值"为目标的新型绩效考核评价过程或考核评价方案都围绕精益而进行。

精益管理体系框架如图1-16所示。

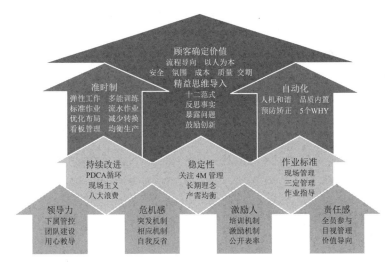

图1-16 精益运营管理体系框架图

1.1.4 精益运营管理目标体系

精益运营管理目标体系如图1-17所示。

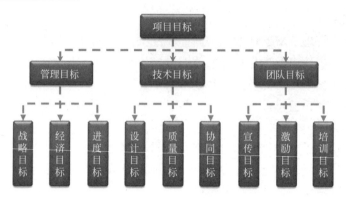

图 1-17 精益运营管理目标体系

1.1.5 精益企业

精益企业（Lean Enterprise）的提出是建立在精益生产的基础上。精益生产理论的创始人，美国麻省理工学院的詹姆斯·沃麦克（James P. Womack）、丹尼尔·琼斯（Daniel T. Jones）教授认为，尽管应用精益生产能够给某些公司或某专门化活动带来巨大的改进，但这些单个公司或单项活动的改进远非精益生产所要达到的目的。如何使产品价值创造过程的所有环节有机地连接起来，则需要建立一种新的企业组织模式——精益企业。

《美国管理会计公告》"精益企业基础"中提出："精益生产"的范围过于狭隘，不能涵盖精益概念的影响和范围，精益不只是生产措施，还是一种思维方式，精益思想不仅适用于生产，还可以拓展到研发、设计、技术、供应、设备、销售、服务等层面，即"整个企业"的精益体系。

精益企业是以精益生产为基础，以精益思想为指导，以企业的完整价值流为内涵，以价值创造和增值为最终目的，实现企业价值创造的全新的企业运营体制和机制的全部集合：精益企业是精益生产沿产品价值流方向的扩大和延伸，是与产品或项目相关价值链的所有商务实体的集成，而不是将精益封闭在自己企业的"大院"里；精益企业集成了与产品或项目全生命周期的各个阶段，而不仅作用于生产或施工现场；精益企业以全新价值流概念作为企业运营管理模式的主线——以企业精益价值流为内涵，运用整体观点剖析和优化价值流，使其提供的产品、项目和服务，从投资决策、策划规划、研发设计、生产制造（施工建造）到产品销售、售后（运维）服务、价值创造、价值增值的全过程中，每个环节都以为客户（业主）提供最大化的价值来运作；精益企业追求企业价值流的整体绩效，而不是部门或员工个人的局部业绩；精益企业变革传统的劳动分工、产品在部门间穿梭的传统方式，在优化再造传统组织体系的同时，也满足职能界定，使职能不仅蕴涵精益职能，还能成为价值创造、增值的支柱。

由精益生产到精益思想，再由精益思想到精益企业的飞跃，实现了企业精益运营管理的质的飞跃，见图 1-18、图 1-19。

第1章 房地产行业/企业精益化管理

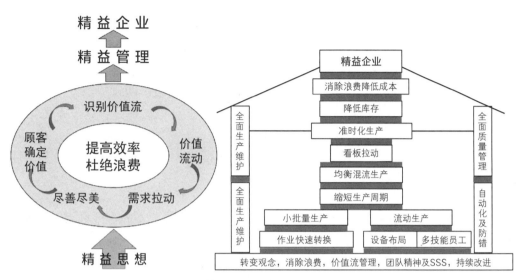

图1-18 精益企业—精益管理体系架构屋

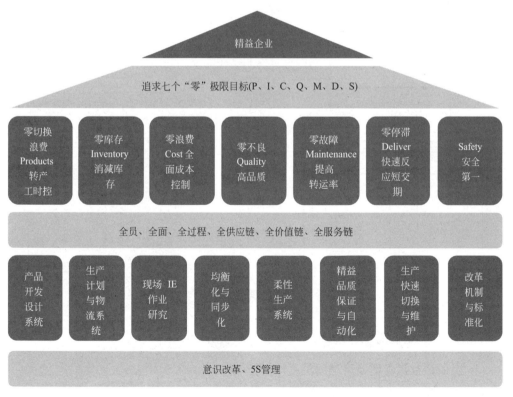

图1-19 精益企业目标与精益支撑体系

构建全系统精益管理体系,向全面精益化企业转型的路径为:

(1) 构建系统一体化精益体系。

(2) 通过"精益意识→精益思想→精益组织→精益文化→精益氛围→精益行为→精益管理"七步导入,推进全面、全系统精益管理。

(3) 通过"精益战略→精益营销→精益研发设计→精益采购供应保证→精益服务链保证→精益生产→精益管理→精益经营"八步推进,实现全面、全系统精益经营。

(4) 通过"精益员工→精益班组→精益工厂→精益企业→精益供应链→精益全价值链"推进战略路径,实现"六全"精益企业。

(5) 通过"精益领导力→精益人力资源→精益人才育成→精益班组建设→精益执行力→精益财务管理→精益信息化"七大协同支持体系,构建全面、全系统的精益企业支撑体系。

1.2 企业精益管理战略地图构建与实施

企业精益化管理战略地图构建与实施如图 1-20 所示。

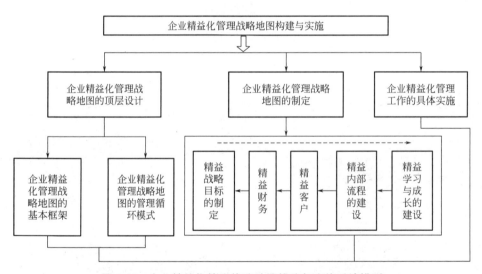

图 1-20 企业精益化管理战略地图构建与实施系统模型

1.2.1 企业精益化管理战略地图的顶层设计

1. 企业精益化管理战略地图的基本框架

企业精益化管理战略地图是在对企业内外部环境进行深入分析的基础上,以精益化管理的五项原则为指导,确定企业精益化管理的目标和管理重点,以此确定精益学习与成长层面的建设,然后在内部流程层面运用精益管理的方法和工具,以流程为导向，实现企业生产运营流程的顺畅高效运转，满足客户的精益需求，达到企业的财务目标，最终实现企业精益化运营管理的目标，如图1-21所示。

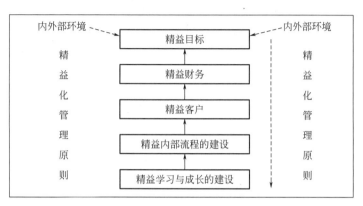

图1-21 企业精益化管理战略地图框架

企业精益化管理的战略地图首先明确一种逻辑关系，从精益目标开始倒推分析至精益学习与成长的建设：确定精益化管理的战略目标；由于利润最大化企业的最终目标就是财务层面，因此要明确企业期望取得什么样的财务成果；企业财务成果的实现是由目标客户带来的，因此要争得目标客户的满意，而目标客户的满意与否取决于他们持续的差异化价值主张是否得到满足；目标客户的价值主张则是通过内部流程层面创造并传递的；学习与成长层面的无形资本为内部业务流程提供支持和保障，是企业精益化管理实现的基础，因此无形资本必须与精益内部运营流程协调一致，才能帮助企业推动实现精益目标。

明确这个逻辑关系后，企业就可以逐步开展精益化工作。首先组织企业精益学习与成长的建设，主要包括：精益组织、精益人力、精益信息、精益制度、精益领导力、精益文化等，精益学习与成长的建设是企业精益化管理实现的基础。然后逐步开展精益内部运营流程的建设，精益内部运营流程为目标客户创造并传递满足其需求的价值，将其分为精益运营管理流程、精益客户管理流程、精益创新流程、精益社会责任流程四大流程，企业通过精益运营管理流程为客户提供特定的个性化产品和服务，通过精益客户管理流程拓展加深与目标客户之间的联系，通过精益创新流程开发出新产品和新服务，通过精益社会责任流程建立企业声誉，提高企业形象。企业精益内部流程的建设得到实现，满足了目标客户的价值主张，企业的财务目标自然也就达到了，企业的精益战略目标随之得到实现。

2. 企业精益化管理战略地图的管理循环模式

企业精益化管理的战略地图要合理有序、有效地推进，必然少不了精益管理评估和持续精益改善这一阶段。精益管理评估是根据精益化管理的实施情况，选择合适的方法对实施成果和效果进行评估，找出精益管理实施过程中成功或不足的地方。根据评估结果，成功的地方不断加以巩固，不足的地方深入分析找出根源问题，并针对问题提出有效的解决措施，全程跟踪措施的落实情况，确保持续得到精益化改善。

精益思想的持续改善理念决定了企业的精益化管理是一个周而复始、不间断循环的过程，因此，企业精益化管理战略地图的构建与实施、评估、改善形成一个闭环的持续改善机制，如图 1-22 所示。这三个阶段周而复始、不断循环，在每一个循环中不断巩固企业已取得的成果并发现不足寻求改进，并据此制定下一个循环的精益目标和实施规划，开启下一个精益管理循环。

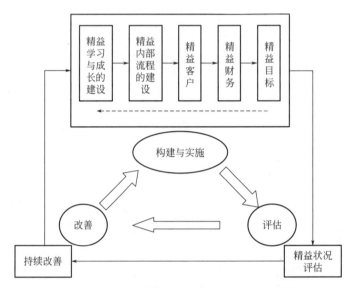

图 1-22　企业精益化管理战略地图的管理循环模式

1.2.2　企业精益化管理战略地图的制定

1. 明确企业精益化管理的战略目标

合理的战略目标相当于战略成功的一半。制定明确且清晰的战略目标是企业精益化管理的出发点，能够指导企业精益化管理实施的方向。企业精益化管理的实质是对企业的战略目标进行分解细化，直至落地实施的过程，是让企业的战略规划能够在每一个环节发挥作用的过程，是企业执行力提高的重要途径之一，同时也是企业健康可持续发展的制胜武器。因此企业要根据已制定的企业使命和战略目标，自上而上将企业战略目标逐步分解细化为职能部门目标、项目部目标、施工班组目标，直至员工个人目标。而战略目标的实现则需要企业内部自下而上的层层推动来加以保障，最终形成企业的经营目标体系，如图 1-23 所示。

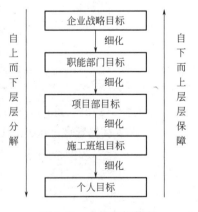

图 1-23　企业目标体系

2. 明确价值创造的精益财务

精益财务是指企业确定精益化管理战略目标后，企业期望能够实现的价值创造、价值增值方面的目标。精益财务是根据企业精益化管理战略目标确定的，也是企业通过精益内部流程为客户、为公司创造价值所取得的财务成果。

但精益财务绝不是传统的财务简单地在企业生产活动中减少资源消耗、降低成本，而是更多地着眼于优化整个企业的价值链活动，致力于改进每一项理财活动的制度和流程，尽最大可能消除财务管理中一切不能为企业创造、增加价值的活动，从而为企业创造更大的价值，最终目的是保证企业的营利性和可持续发展。

精益财务的实现可以通过收入增长和生产率两种基本方式，其中生产率改进包括改善成本结构和提高资本利用率；收入增长包括增加收入机会和提高客户价值。收入增长和生产率改进这两种方式充分考虑了企业的长期目标和短期目标，企业在确定精益财务时，要寻求两者之间的平衡。总资产报酬率、收入增长率、成本降低率、投资收益率、应收账款周转率等指标可以用来衡量企业精益化战略所取得的财务业绩，以此评估企业精益化战略的实施效果。

3. 明确精益客户

精益客户是企业根据精益化管理的战略目标以及企业期望实现的精益财务确定的。企业选择参与竞争的目标市场和客户群体，以及期望能够给客户带来的价值主张；差异化的价值主张主要包括产品/服务特征、关系和形象三类特征，具体体现在客户追求的价格、质量、可用性、选择、功能、服务、伙伴关系、品牌等方面。企业精准地确定目标客户，并明确客户需要的价值主张，是实现精益客户的关键出发点。

同时，精益客户是企业通过精益内部运营流程所应达到的客户方面的目标，能够满足目标客户的需求，带给他们期望的甚至超过预期的价值主张。精益客户层面的客户满意度、客户获得率、客户保持率、市场份额等指标，是衡量企业精益化战略实施效果非财务层面指标的重要组成部分。

4. 精益内部运营流程的建设

每个企业都有自己独特的创造价值、满足客户需求并获得财务成果的流程。不过，大部分企业都具有一个共同的价值链模式，如图 1-24 所示。

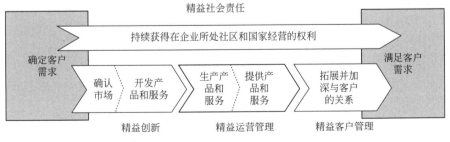

图 1-24　精益内部流程——通用价值链模式

精益创新流程中，企业对客户目前以及潜在的需求和期望进行调研分析，然后开发出满足这些需求和期望的产品、项目、服务以及流程。精益运营管理流程中，企业根据客户需求生产并提供产品与服务，卓越的运营可以给企业带来可喜的成功，但是仅运营卓越是远远不够的。精益客户管理流程中，由于客户是产品和服务产生的驱动因素，因此企业要拓展并加深与目标客户之间的关系。而精益社会责任流程是企业获得在所处社区和国家持续经营权利的保障，是企业可持续经营和发展的后盾。

当然，企业并不是完全简单地按照该价值链模式进行经营管理活动。

(1) 精益创新流程

创新流程位于整条价值链的第一个环节，主要包括四个流程，即识别出新产品和服务的机会、管理研发组合、设计和开发新产品（项目）和服务、新产品（项目）和服务的上市。通常情况下，把创新流程摆在优先位置的企业采用产品领先战略为竞争点。

精益创新流程是将精益与创新流程有效结合，以客户需求为导向，以客户满意为目的，不断优化新流程，推出新产品或新服务，为客户创造新的价值，以期帮助企业降低创新成本，提高创新价值，同时为企业赢得市场，带来效益。

精益创新流程的焦点主要有两个方面：一是以精益思想为指导完成整个创新流程，找到浪费的原因并消除；二是设计精益的产品或推出精益的服务。特别注意的是，客户需求并不是一成不变的，客户的现实需求得到满足后会产生更高层次的需求，因此了解并挖掘客户需求是一个持续不断的过程。

精益创新流程的核心是通过不断改善，形成系统性创新机制，并实现下列目标：

① 客户至上。精益创新流程要不断发掘并满足客户所面临的问题以及隐藏的、未被满足的、期望的需求。

② 系统地创造价值。站在全局的角度，从识别新产品和服务机会，一直到新产品和服务上市的整个过程，系统地为客户创造新价值。

③ 持续改进。精益创新流程是一个不断挖掘客户需求并满足客户需求的过程，这也是一个循序渐进、呈螺旋式上升的过程，它强调在满足客户需求的同时，为企业建立可持续盈利价值链。

④ 全员参与。精益创新流程强调让尽可能多的部门和人员参与到精益创新流程中，整个新价值创造的过程都需要跨部门人员的共同协作。

(2) 精益运营管理流程

运营管理流程位于整条价值链的第二个环节，主要包括四个重要流程，分别为开发并保持与供应商的关系、生产产品和服务、向客户提供产品和服务。通常情况下，把运营管理流程摆在突出位置的企业会以低成本战略为竞争点。

精益运营管理流程是将精益思想与运营管理流程结合起来，以越来越少的投入和越来越短的时间获取越来越高的质量和越来越多的产出。精益运营管理流程的本质是企业以越来越少的投入获取最大可能的价值产出，能够快速反映市场需求和高效率运作，使企业保持并提高竞争力，得到可持续健康发展。

精益运营管理流程需要遵循一定的原则：

① 识别价值流。根据产品特点或工艺路线或需求模式识别相关产品的价值流，包括从企业开发并保持供应商关系到生产产品和服务，再到向客户分销与提供产品和服务，最后到管理风险的全流程，找出不必要的步骤予以剔除，消除不创造价值的环节，将不增值的必要环节最小化，聚焦真正创造价值的环节，这是精益运营管理流程的基础。

② 价值流动。价值流一经确定，就需要确保其流动起来，包括物料流、信息流、人员流，价值流流动起来后便没有浪费的动作、没有无聊的排队等待，其目的是确保产品能够在最短的交货期内完成订货、生产与交货的同时，总成本达到最优。

③ 客户需求拉动。客户需求拉动是精益运营管理流程的关键。采用拉动式的方法，把客户需求导入到价值流的首要环节，让客户从源头拉动企业产品（项目）的生产。

注意，客户需求并不是一成不变的，因此需要企业能够随着客户需求灵活调整生产规模，建立自我校正的弹性精益运营系统，使得企业能以最少的资源和成本适应客户需求的变动，避免生产过剩或短缺。同样在产品生产（施工）流程中，后一道工序拉动前一道工序的运行。

④ 工作标准化。标准化是精益运营管理流程的关键，能够有效确保产品质量和工作效率。标准化运营的基础是员工培训，使员工具有一定的知识和技能。

需要注意的是，标准也不是一成不变的，需要随着流程的改善持续改进并产生新的标准。

（3）精益客户经营流程

客户经营流程位于整条价值链的第三个环节，主要包括四个流程，分别为选择客户、获得客户、保留客户、培育客户关系。通常情况下，把客户经营流程放在优先位置的企业更强调与客户建立长期关系。

精益客户经营流程是将精益思想与客户经营流程结合起来，旨在优化企业客户关系工作，使得企业客户经营工作精益化、客户服务体系精益化，有效减少客户经营流程中的不增值环节，把有限的资源投入到满足目标客户需求并提升目标客户满意度上，建立企业与客户之间长期信赖与合作共赢的稳定关系，最终实现客户总体价值最大化。

企业精益客户经营工作主要包括客户评价、客户分类、差异化经营、客户满意判断以及培养忠诚客户。精益客户经营工作应形成持续改善、不断提升的PDCA循环，其中，客户价值评价是对客户需求所拉动价值的评价，从当前价值和潜在价值两个方面考虑，这也是精益客户经营的基础；客户分类则是在客户价值评价的基础上，将不同价值的客户以最精确的方式进行分类并确定其细分市场。根据著名的二八定律，企业20%的客户创造了80%的销售收入，而这20%的客户是重点客户，而他们所在的细分市场是企业需要紧抓的目标市场。差异化经营是根据不同细分市场的客户特点制定差异化的精益经营方案，合理配置和使用企业资源，最大限度地提高资源利用率。在客户分类和细分市场的基础上，企业需要充分了解客户信息，逐步放弃低价值客户，减少没有回报的资源投入，并不断改善一般价值客户，提升这部分客户的满意度，将其发展成为重要价值和忠诚客户，这样可以有效减少资源浪费，提升企业盈利能力；客户满意度是企业持续获利的基础，因此要根据精益思想持续改进、尽善尽美的原则，不断进行客户满意度调查并进行反馈，将结果及时追溯到客户经营流程的初始环节，消除浪费，不断提升客户满意度。有研究结果表明，每增加5%的忠诚顾客，企业就可以增加25%～100%的利润，因此培育更多的忠诚客户并对其标准化管理是企业获利的关键，这也是企业精益运营管理的最终目标。

（4）精益社会责任流程

社会责任流程贯穿于整条价值链的始终，主要涵盖四个维度，分别为环境、安全与健康、员工聘用、社区投资。社会责任流程在整个内部流程中是最耗费时间且最不容易取得成效的，但是一旦见效，其带给企业的成效呈几何级数爆炸式增长。企业社会责任流程方面取得的卓越成绩能够帮助企业吸引、保留和激励高素质员工，提高企业的形象和影响力，巩固品牌定位，减少环境事故，保障员工安全和改善员工健康，与此同时，能够提高效率并降低运营成本，吸引新的投资者。

精益社会责任流程是将精益思想与社会责任流程结合起来，以精益思想指导企业社会责任流程的建设，实现企业长期社会价值与股东价值的双赢。首先，精确地选择企业要支持的社会主题并长久地坚持下去，这是精益社会责任流程建设的第一步，也是最重要的一步。社会需求是多种多样、无穷无尽的，企业提供支持的选择也是不计其数的，企业可以选择帮助社区满足其需求、鼓励公众参与到保护环境的行列中、保护弱势群体等。但是由于社会责任流程见效时间较长，企业切不可"东一枪西一枪"。其次，精益社会责任流程的建设要与企业经营战略相融合，与企业战略协调一致，取得经济、社会、环境等的多重叠加效益。再次，企业可以将专业领域的知识和技能、创新能力和经营管理的优势与企业要支持的社会主题相结合，在建设企业所支持社会主题的同时，降低企业成本，提高企业声望。

5. **精益学习与成长的建设**

精益学习与成长的建设是企业精益化管理的基础和根基，作为企业最重要的无形资本，其在公司市值的占比高达75%以上，由此可见其重要程度。因而亟须发挥好无形资本的杠杆作用来为企业创造更大的、持续性的价值。本书从精益组织、精益文化、精益领导力、精益人力、精益信息和精益制度六个方面完成精益学习与成长的建设，如图1-25所示。

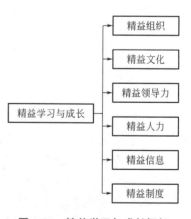

图1-25　精益学习与成长框架

(1) 精益组织

精益化管理的组织设置必须紧紧围绕企业战略目标，以流程为导向，建立层次分明、职责明确的精益组织机构，采取扁平化结构，包括精益化管理领导小组、精益推进小组、精益跨部门实施小组在内的三级组织机构。精益领导小组主要负责整体把控，研究设计企业精益化管理的规划方案，统筹安排企业精益化管理活动，对企业精益化管理过程全程监控，解决精益化管理推进及持续改善过程中存在的重大问题；精益推进小组主要负责宣传精益理念，推广精益管理工具和方法的运用，制定企业各项精益工作的具体实施方案和推进计划；精益跨部门实施小组则主要负责实施具体的精益工作，有效地迅速解决精益现场工作中出现的问题，其小组成员应该囊括不同职能部门的专业人员。扁平化的组织结构可以大大精简组织管理层次，提高管理效率，并加深员工水平方向的沟通，促使员工高效协作。

(2) 精益文化

企业文化具有导向、凝聚、激励和约束的作用，是企业的软实力。精益文化就是将精益思想融入企业文化建设中，形成浓厚的全员参与、持续改善的精益文化氛围。精益文化的主要内容包括以人为本、客户至上、团队协作、尽善尽美。其中，以人为本是精益文化的核心，客户至上是精益文化的根本出发点，团队协作是精益文化的重要支撑，尽善尽美是精益管理文化的最终目的。

企业精益文化的树立及发展可通过报刊、微博、微信公众号以及精益文化理念报告会、PPT宣讲、榜样人物巡回报告、主题演讲比赛、知识竞赛、体验式培训等多种形式的宣传和培训方式，使员工清晰地了解精益文化的核心价值观以及企业培育精益文化的意义。然后，以培训和活动为载体，引导员工接受精益理念，从而在理论和实践两个方面不断深化全体员工对精益文化的认识，促使员工主动将精益文化理念与自身工作相结合，在充分发挥员工自主参与积极性的同时提高其工作效率。

(3) 精益领导力

精益领导力是推动精益改善的先决条件，是精益企业的领导者所必备的行为素养。精益领导力的内涵包含七个要素，即现场观察、挑战、聆听、传授解决问题的技巧、支持、团队合作和学习。现场观察是指领导亲自到现场观察状况，认识问题，与现场员工接触，了解实际情况。挑战是用提问的方式引导员工对问题、解决对策及预期进度达成共识，帮助员工厘清工作改善的方向和目标。聆听是指站在员工角度了解他们在工作中遇到的障碍，从员工立场出发有利于建立相互信任的关系。传授解决问题的技巧是指给员工独立思考分析的空间，培养员工解决问题的技能，因为员工才是精益的主要实施人员，领导则扮演"教师"的角色。支持就是鼓励员工积极参与，勇于尝试新方法并肯定他们的改善方案。团队合作就是培养员工自发建立跨职能领域合作的能力，从不同角度探讨问题解决之道。学习就是集思广益，鼓励员工提出更多的行动方案和解决方法，不断学习，共同进步。

(4) 精益人力

人力是企业最具潜力的资产，人力资本所具有的技能、知识和价值是对企业战略成功至关重要的关键内部流程，实现人力资本与企业精益化战略的协调一致，才能推动企业走向精益。

精益人力资本可以通过招聘、培训和职业规划等措施发展。加强人才队伍建设，根据应聘者的潜力、是否适合本职工作以及与企业文化的匹配度，择优招录优秀人才，并适当储备后备力量。拓宽员工知识视野、完善员工知识结构，除员工岗位知识与技能之外，完善员工相关领域知识的培训，特别是员工本职工作流程上下环节的工作内容，提高员工综合能力，还要端正员工的工作态度，培育高素质、高技能人才队伍，把员工培育成符合企业需求的精益人才。畅通员工职业发展通道，促使员工发展系统化、规范化、科学化，形成良好的人力资本发展的常态机制。企业精益人力资本的发展是一个长期的过程，要持续不断的推进。

(5) 精益信息

目前网络经济已成为市场经济的主要特征，特别是"互联网+""物联网+"、云计算、大数据、BIM 的兴起，使得科技与信息成为企业发展的重要推动力量。信息是新时代下创造价值的重要原材料，因此精益信息的建设是企业适应时代发展的需要，能为企业精益化管理提供强有力的支撑。精益信息的内涵包括两个方面：一是信息的真实性、可靠性、有用性、共享性；二是信息传递的准确性、及时性、快速性。

特别是共享性，通常情况下，企业各业务部门根据自身职能和相应的工作需求独立开发和使用信息系统，数据标准不统一，信息无法实现共享，数据孤岛和信息孤岛现象严重，这种单一的信息系统忽视了企业精益化管理的系统性。精益信息的建设和发展最有力的工具之一是企业资源计划（ERP）系统，ERP 系统能够实现财务、生产、营销、人力资源、物资等核心业务的集成化应用，在企业精益化管理全过程中实现数据共享、信息交互，实现对各业务部门运营过程的实时分析、监控和预警，以支持企业整体运营分析与辅助运营决策。

(6) 精益制度

精益制度的建设是企业实现精益管理的工作重点之一。精益制度能够有效约束企业和员工行为，提高员工工作积极性，实现企业精益管理的规范化、制度化，使企业精益管理工作做到"有章可循、按章办事"。精益制度的建设有利于形成企业精益化管理的长效机制，为企业精益管理工作的开展提供强有力的制度保障。

精益制度的建设要依据精简、高效、规范、实用的原则，借鉴精益思想持续改善的理念，充分利用现场 5S 管理和价值流图等工具全面梳理、系统整合优化企业业务流程及管理流程，依据流程不断优化精益制度，对那些不合时宜的制度及时进行清理，对内容交叉重复的制度进行合并，对内容存在矛盾的制度进行全面整改，通过筛选、清理、合并、整改，逐步形成以点连线、以线带面、精简高效的精益管理制度体系，使各项精益管理工作能够找到制度依据，为企业及员工开展工作奠定制度基础。

1.2.3 精益化管理工作的具体实施

企业精益化管理的战略地图描述了企业是如何创造价值，如何将精益学习与成长层面的精益领导力、精益组织、精益文化、精益制度等无形资本与精益内部流程协调一致，从而满足客户的价值主张，达到企业创造价值、价值增值的目的，使企业逐步走向精益化。战略地图为企业的精益化战略的实施搭建了桥梁。明确企业精益化管理的战略地图后，接下来就是具体的实施过程。

企业精益化管理战略地图制定出来后，经营管理者首先应该将其纵向分解到企业的所有单元，并使所有单元的战略地图与企业战略协同一致，使战略实施的合力大于各单元独立运作创造的价值之和。与此同时，在各单元内部开发本单元的战略地图，并明晰战略主题和重点，确定需要改进的关键流程，以及改进目标和实施主体。然后开展具体的精益化管理工作，并在这一过程中逐步实现工作的流程化和标准化，以及信息化和自动化，减少浪费，提高其工作效率和质量。

精益管理工作的实施过程分为五个阶段：

（1）准备阶段。首先要成立精益组织，挑选卓越的领导者，确定改善的目标。然后要与员工充分沟通，得到员工的认同和积极参与，以使所有员工围绕改善目标工作，并根据改善目标对员工进行培训，使员工具备实施该项精益化工作所需的知识、技能以及综合能力。

（2）现状分析阶段。通过评定当前流程和头脑风暴，以及引进外援，特别是邀请企业精益管理的专家进行评价等找出需要改进的地方。其中，绘制价值流程图可以有效识别出价值所在，找到需要改善的环节；头脑风暴可以集思广益，充分发挥广大员工的聪明才智，较全面地分析存在的问题；引进的外援可以站在客观角度对当前工作进行现状分析，找到需要改进的环节。

（3）方案设计阶段。通过标杆对比等方法对流程进行分析，找出流程的关键控制点和瓶颈，探索改进的机会，然后通过布局优化和目视管理等方法，设计出优化方案。

（4）改善方案阶段。通过试点模拟实施，在实施过程中逐渐发现方案中仍然存在的问题，或者出现的新问题，从而进一步完善方案。

（5）实施和推广阶段。根据改善后的流程图和方案，建立系统的精益化工作机制，并在企业内正式实施和推广。

1.3 房地产企业精益管理技术支撑体系

1.3.1 精益管理思想文化支撑体系

1. 建立精益思想原则

精益思想原则来源于精益生产的五项原则。詹姆斯·P·沃麦克和丹尼尔·T·

琼斯对精益思想进行了总结，概括出精益生产、精益思想的五项原则，涵盖定义价值、流动、价值流、需求拉动、完善五个方面，如图1-26、图1-27所示。

图 1-26　精益生产五项原则

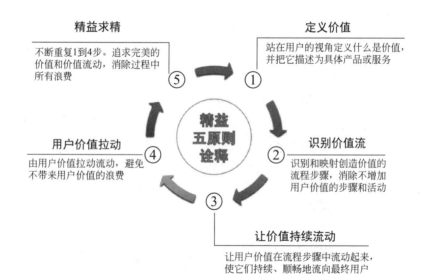

图 1-27　精益思想五项原则

精益思想的第一个原则，是精确地为特定产品/项目定义价值，强调产品的价值只能由顾客来定义的价值观，力求以最少的投入满足顾客的需求。这是精益思想的重要出发点。

精益思想的第二个原则是对价值流的识别。所谓价值流就是让一件指定的产品经过任何一项商业活动的三项关键性任务的管理所需要的一组特殊活动。经过对价值流的分析，对价值流的三种活动方式进行识别，其中第一种是，很明显地能够真实创造价值的过程；第二种，虽然不能够创造价值，但是在实际生产过程中却又不能够避免的步骤；第三种，既不能创造价值，又可以马上清除的步骤。

精益思想的第三个原则是流动。是指能够创造价值的各个活动要不间断地流动起来。摒弃按照"部门"和"批量"方式进行生产的思想，着重于产品和产品的需要上，按照连续流重新安排，这样可以大大提高生产率，减少各种错误和废料的产生。

精益思想的第四个原则是需求拉动。拉动产品的动力来自于客户的需求。强调企业生产要时刻紧盯客户的需求，加强对客户需求的响应机制，当客户需求发生改变时能够马上调整生产，紧跟客户需求步伐。

精益思想的第五个原则，强调生产过程应该建立在一种良性循环中，向着尽善尽美的方向前进。尽善尽美包括三个含义：让用户满意、无差别生产和企业本身的持续改善。良性循环简单来讲，就是要让价值流动起来，通过加快价值的流动，发现价值流中一些隐藏的浪费并进行消除。这一原理可以描述为，加速拉动价值流的同时，那些阻碍流动的因素就会暴露出来，以此将它们一网打尽——彻底消除。通过与客户的直接对话，能够对产品进行更精准的定义，使得产品适应市场需求。

2. 打造企业精益文化

企业文化在企业精益持续改善提升中起到极其关键的作用，且对于房地产企业的精益运营管理和精益建造而言，是其成功的核心。企业文化的导向也是精益思想，对现存企业文化注入新的东西，并产生新内涵，利用"文化上的改变"及传导，能够将导向、凝聚、约束以及激励的作用较充分地发挥，也就最大限度地能够使精益管理、精益建造在执行力方面实现提升。

（1）精益生产（LP）与操作体系对文化的要求

表1-1从建筑建造各要素的典型活动入手，分析了其对企业文化的要求，并结合企业文化的作用确定对应的文化要素类型。

精益生产建造技术与操作体系对应的文化要素　　　　表1-1

生产要素	典型活动	对企业文化要求	企业文化作用	文化要素类型
准时施工建造	交期变更，与施工计划冲突；现有生产条件不能满足客户订单要求	立足客户需求，克服各部门本位主义，以团队为导向，解决作业流程上的问题，真正做到切实满足客户需求	加强全员的使命感与价值观，各部门通力合作，尽全力满足客户需求	企业战略；核心价值观；企业目标；教育培训；改革创新；团队导向

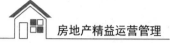

续表

生产要素	典型活动	对企业文化要求	企业文化作用	文化要素类型
拉动式施工建造	目视化看板管理;零库存管理;通过头脑风暴、资源匹配等手段实现经验共享与企业交流	鼓励并帮助员工发展技能,提高发现并解决问题的能力,增强员工的企业主人翁意识,不断创新;协调和整合各部门顺利实施拉动式施工建造	有利于企业实现"人员多技能,部门多样化",改变旧惯例,持续改进,使企业与员工达到双赢	企业战略;企业目标;改革创新;团队导向;教育培训;多部门协同
看板管理	看板数目管理;看板作业时间和数量的管理;环环紧扣,杜绝不良品传递;看板与工序转换协调	员工切实遵守看板作业相关的操作规范与纪律;前后工序人员通力协作,杜绝不良品进入下一道工序,高效完成看板作业管理	使员工严格遵守看板作业要求;授权员工作业管理与协调;看板数目由既定公式决定,并依据订单修正	授权与执行;团队导向;协调与整合;改革创新;企业目标;企业价值观
现场5S管理	施工作业现场和工作现场全面贯彻执行日常整理、整顿、清扫、清洁、素养5S管理活动及竞赛评比	高层领导的认同与推行;基层领导的认同与配合;员工的一致遵守与持续不懈;企业切实做到提高员工素养的各种工作	企业健康安全的价值观,引导基层领导管理;提高员工企业荣誉感;长期、有效地开展企业内外经验交流活动,最终实现职工、企业的可持续发展	企业价值观;企业愿景;改革创新;协调与整合;团队荣誉感;企业习惯变更;员工能力发展
消除浪费与持续改进	应用鱼骨图、大野耐一圈等方法,发现问题根源并解决问题;设立TSSC公司,培训员工与供应商发现并解决问题的能力;全员中广泛使用PDCA循环,切实做到持续改进	企业能深究浪费根源,并积极消除浪费;培训并加强员工消除浪费的意识,并提高其能力;设定切实可行的消除浪费目标;全员严格执行作业标准;企业建立完善的问题解决机制;新作业标准的实施与进一步改进	培训员工发现和解决问题的能力,并掌握改善现状;结合企业竞争现状,使企业保持危机意识,激励员工不断开拓创新,保持持续稳定的企业发展	企业价值观;团队合作与学习;提高员工能力;企业目标;遵守规定与协议;作业;团队导向;员工能力发展;企业习惯变更;企业领导的管理
现地现物	施工现场、工作现场视觉化管理,实地考察确认问题症结所在	形成企业员工消除惰性、攀比心态,做到凡事实际查看,了解问题本质,并不断提高解决问题能力的企业文化氛围;提高企业对内外客户需求柔性	实事求是,将企业管理数据化,标准化;管理者言行一致,认真且彻底地推行现地现物管理,快速响应客户需求变化	企业价值观;团队导向;多部门协作;企业目标;组织学习;员工能力发展;聚焦客户需求

续表

生产要素	典型活动	对企业文化要求	企业文化作用	文化要素类型
自动化	人机分离；防呆法；大野耐一提出的异常管理体系	全员参与企业的品质管理；加强作业报警与防呆功能，及时有效地从源头上做好企业品质管理工作	将错误视为学习契机，通过改善，不断积累经验与知识；全面考虑问题症结，制定详细的多角度、多方案决策	企业愿景；团队导向；员工能力发展；授权与执行；企业惯例变更；企业核心价值

(2) 精益管理支撑体系对企业文化的要求（表1-2）

精益管理支撑体系对应的企业文化要素　　　　　表1-2

管理要素	典型活动	对企业文化要求	企业文化作用	文化要素类型
人员支持流程	互信互尊的开放性沟通；骨干人员处于管理架构最上层的倒三角领导组织结构	无论职务，要求全员本着互相尊重的理念，以企业愿景、核心价值与企业战略为目标，以团队形式进行沟通与工作	以团队导向为文化基础，促使企业致力于员工能力发展	企业愿景；企业价值观；团队导向；授权与执行；员工能力发展
销售与服务	内部拉动式生产与及时响应客户需求变化间平衡	以团队导向的核心价值观，发挥各部门协调与整合能力，进行产销协商	互信基础上的产销协调，提高整体供应链绩效	多部门协调整合聚焦；客户需求团队导向
生产计划与采购	项目全程管控	全员遵循生产计划与看板需求生产，与相关部门与单位保持密切联系，快速感知并回应企业内外客户需求	快速回应产销问题	企业惯例变更；多部门协调整合员工；能力发展团队导向
行政支撑流程	招聘、培训、考核	员工能认同公司承诺，企业决策与措施保持一贯性；基于明确的企业目标与核心价值观的绩效管理制度	以互信为基础，使各部门考核公平一致；为企业提供精益人才	多部门协同招聘与考核

(3) 精益企业文化要素体系

精益企业文化及相关子文化体系如图1-28所示。

本书在企业精益文化要素框架体系的基础上，确定精益管理对企业文化的44个要求及其18个要素类型，结合精益管理中应用的具体技术与方法，构建企业精益文化及相关子文化框架体系，如图1-29所示。

图 1-28 企业精益文化要素框架体系

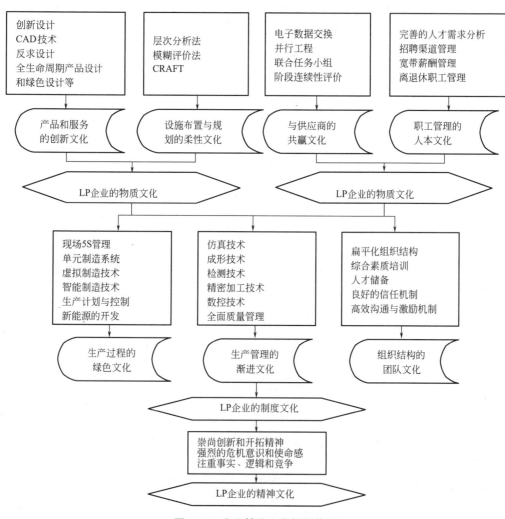

图 1-29 企业精益文化框架体系

1.3.2 企业精益管理实现对策体系

房地产企业的精益运营管理体系可以通过四个步骤实现：精益思想导入、企业价值流再造、精益开发流程建立和基于流程的运营管控，如图1-30所示。

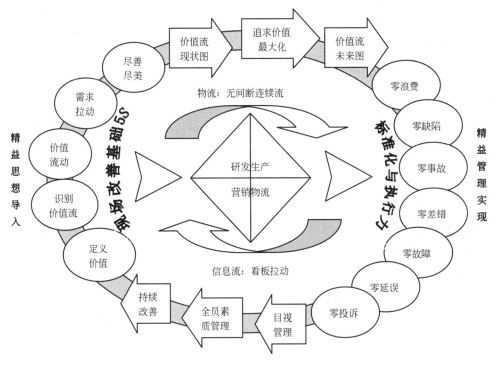

图1-30 企业精益管理实现对策体系

1. 精益思想理念的导入

针对房地产行业现状，结合精益思想、理念和管理方法，可将精益思想归纳为以下几点：

一是建立客户（业主）思维。企业的最终服务对象是消费者，一切的制度流程都是为了最终的产品和服务得到消费者认可而存在，一切的生产活动都是围绕为客户创造价值而进行。近年来流行的互联网思维首要原则也是以顾客为导向，将客户作为生产流程中的重要环节，在全部流程中，将客户需求作为指导工作的基本原则。在生产活动中，不断收集客户反馈，关注客户需求，重视满意度反馈，提升客户满意度。

二是以人为本。精益管理的核心在于充分发挥员工积极性，提升工作效率，以有限的人力实现无限的价值。让员工充分参与到管理活动中，完善团队建设，充分授权，形成良性互动。不断提升员工能力与素质，建立沟通和协助机制，提高协同与合作意识，实现组织能力的不断提升。

三是完善制度流程。精益理论对生产过程的指导主要通过制度流程实现，通过流程制度对过程中的浪费行为进行管控，促进企业高效快速运转，并通过流程管控，保障企业战略的落地执行。

四是持续改进流程。精益求精意味着不断对已有的流程方法进行优化，消除浪费，通过现有资源实现最大产出。在这一过程中需要对流程中每一关键节点和活动不断改进，通过流程反馈提高流程效率和效果，调动企业资源，实现业绩提升。

2. 打造房地产行业价值链

精益运营管理对企业流程的再造通过对整个价值链条的影响而实现，主要包括资源投入、业务职能和流程制度。其中资源投入包括人力、物力、财力、信息、时间等；业务职能包括战略、投资、规划、运营、设计、工程、技术、采购、财务、行政、建造、销售、物业服务等；流程制度包括公司的章程、规定、发展战略、管理导向、业务流程等。对房地产企业进行价值链再造的第一步，就是对以上要素进行分析和归纳，纳入流程体系中。以客户/业主需求和产业价值链为基础，以公司战略规划和管理导向为指引，明确公司核心价值，在此基础上进行流程改善和价值链再造，优化资源配置。在确定价值链上各环节的地位和作用后，针对非必要或无价值的活动进行合并删减，减少、消除生产运营各环节中的浪费，最终完成对房地产企业价值链的再造。

1.3.3 精益管理技术支撑体系

1. 精益生产建造管理体系的借鉴（图1-31）

2. 基于精益建造技术的支撑体系

1992年，丹麦学者Lauris Koskel提出将制造业中成熟应用的精益生产思想方法模式运用到建筑工程行业，并于1993年在IGLC（International Group of Lean Construction）大会上首次提出"精益建造"（Lean Construction，LC）的概念。中国精益建造技术中心（Lean Construction Technology Centre，LCTC）把精益建造定义为：综合生产管理理论、建筑管理理论以及建筑生产的特殊性，面向建筑产品的全生命周期，持续地减少和消除浪费，最大限度地满足顾客要求的系统性方法，如图1-30所示。

精益建造理论体系主要分为基础理论、应用理论和辅助技术三个方面。

TFV（转换Transfer，流Flow，价值Value）用三种观点描述生产过程：转换过程、生产流、价值生成。

转换过程同传统项目建设方式认为的一样，生产是一个从输入到产出的过程。按照施工流程，消耗一定的人、材、机最终得到产品的一种过程。转换过程不考虑其他条件，对现有的材料进行加工，生产员工之间缺乏有效交流，容易造成材料浪费，并容易引起返工现象。

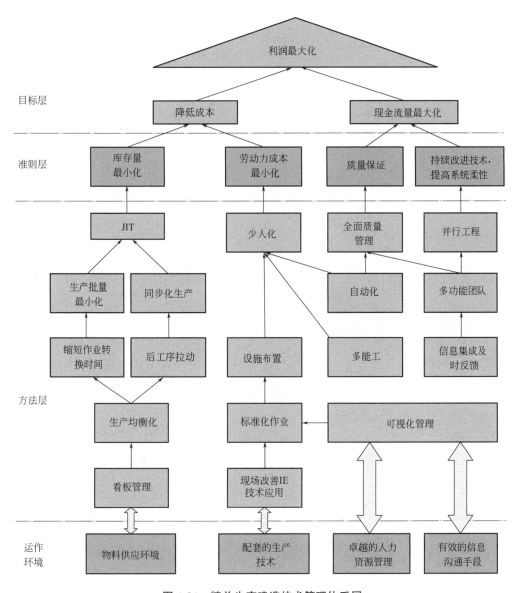

图 1-31 精益生产建造技术管理体系屋

生产流认为生产过程是物流和信息流的流动过程。生产流可用时间、成本和价值表现。生产流强调减少浪费、缩短工期、取得更高价值。

价值生成认为产品的价值是客户赋予的，在满足客户需求的同时使产品带有价值，因此价值生产强调满足客户需求。TFV 是三种观点的集合，在生产过程中应同时满足三个方面的条件（图 1-32）。总结 TFV 原理特点见表 1-3 所示。

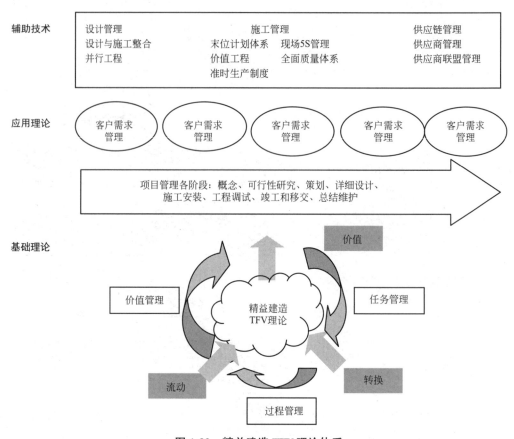

图 1-32 精益建造 TFV 理论体系

TFV 原理特点 表 1-3

项	转换过程	生产流	价值生成
概念	从资源输入到产出的过程	物流和信息流的流动	满足客户需求、产出价值
主要原则	生产的运作	减少浪费、缩短工期、持续改进	产品价值最大化
实际应用	任务管理	流程管理	价值管理

1.4 房地产企业精益建造体系的构建

根据精益管理中的 TVF 理论,房地产企业输入(T)的图纸、材料、设备、人力等资源通过建设过程中的流程(F)进行转化,从而输出最后建筑物,实现价值生成(V)。基于精益管理思想最终需实现更高的品质、更高的效率,减少过程中的浪费,通过最后计划者体系"谁实施,谁负责编制"的原则进行计划需求的重修铺排和梳理，同时进行组织架构变革及并行工程的拉动式实施（V）。

1.4.1 房地产企业精益建造架构屋

结合精益思想要求的及时建造、减少浪费、全员参与及准时化、标准化等的要求，参照"丰田精益屋"和精益生产技术支撑体系，本书构建了精益建造架构屋、项目精益管理体系，以利于房地产企业/项目精益管理的实施，详见图1-33、图1-34。

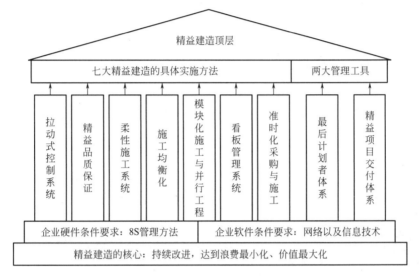

图1-33 房地产企业精益建造架构屋

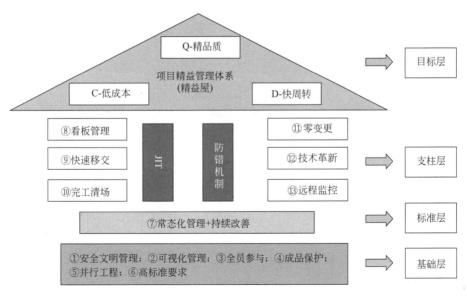

图1-34 房地产项目精益屋层级结构

实现精益管理体系（精益屋）需要经历四个层面：

第一层，推行全员参与的基础改善活动，采用并行或穿插施工等有序施工提效的方式，培养全员精益建造意识和前置管理思想；

第二层，建立标准流程与程序并推行常态化管理和持续改善活动；

第三层，建立变更控制机制与 JIT 两个支柱及配套工具的使用，推行系统化高层次的改善；

第四层，实现项目实施精益管理追求的目标——Q（精品质）、C（低成本）、D（快周转）。

1.4.2 精益管理体系基础层的构建

精益管理体系（精益屋）第一层为精益屋的基础层，因是基础层，所以此层是一些常规的配置动作，以确保整个精益管理体系（精益屋）的基础牢固。基础层主要包括：

1. 精益现场管理

精益现场管理是整个精益管理的基础。本层主要建立整个项目精益管理的文明施工体系和管理制度，以体系确保、制度约束来保证现场环境精益，详见 1-35。

图 1-35　施工现场 8S 管理

2. 可视化管理

精益管理的可视化管理目的是现场管理人员和作业人员能够快速有效地识别有用信息，进而对现场安全、质量管理做出快速响应和衔接，减少沟通、协调导致的浪费。项目精益管理的可视化要求安全文明可视、现场平面布置可视、质量可视、管理可视、品牌可视。安全文明可视主要从全封闭大门管理和监控系统、安全管理制度、安全防护、危险源分布、场地及楼层厕所分布、安全教育体验馆、VR 体验馆等方面可视化展示，每个项目现场的人可随时、随地且快速有效地进行安全识别和响应。现场平面布置可视主要从人车分流系统、作业区及楼层导向牌指引、现场布置总平面图、材料分区分类堆放挂牌管理等进行策划和布置，以便管理人员和作业人员快速高效地知道所处作业环境和现行位置的周边环境，更快速地进行资源配置和协调，精简行走路线，节约时间，减少浪费。质量可视主要从实测实量数据上墙、三位一体总控表、实体工艺样板展示等多维度对现场质量进行展示，以便作业人员快速有效地接收成型产品质量数据，第一时间进行整改和工作面交接，管理人员可通过三位一体总控表展示信息对现场存在的质量、进度等问题快速判断和识别，以便及时对有问题的楼层和部位做出管理指示；对标准不清楚的新进场作业人员，也可通过实体工艺样板进行现场教学管理，合格后再上岗，确保作业人员素质快速有效提升。管理可视主要通过现场曝光栏、监控系统等对现场违规作业或不按安全规程操作的作业人员进行抓拍和曝光展示，以起到警示教育的作用，更好地规范现场的管理动作。品牌可视是指充分利用项目现场楼层中的爬架和全封闭围墙系统对公司品牌进行输出和展示，以便客户更好地识别公司品牌，起到广告和营销宣传的作用。

3. 全员参与

精益管理要求全员参与现场、安全、质量管理。全员参与旨在推动安全、质量信息及时有效地传递、处理和反馈。任何人只要进入现场，对现场发现的安全、质量隐患或已暴露出的问题都可在第一时间向项目部负责人进行反馈并做出初步处理，以确保项目现场时时受控，将安全、质量风险降到最低。

4. 成品保护

不同于传统项目管理，精益管理要求施工过程中必须做好成品保护工作，这也是项目精益管理的基础工作之一。因为项目并行工程实施过程中有很多成品、半成品的工序均已完成，所以做好过程中的成品保护工作尤为重要。一旦成品保护做不好，就会造成破坏和返工，造成资源浪费和无效成本产生，这是项目精益管理严禁发生的。具体成品保护措施与传统项目管理基本一致，但是该动作随施工过程提前，如随主体进行安装的正式栏杆、窗户如果不做好成品保护工作，当室内外作业将其损伤后，后期还需重新安排工人进行整改和修复，造成不必要的返工和浪费。

5. 并行工程

并行工程是项目精益管理的核心。之所以说是核心，是因为所有项目精益管理的动作均围绕项目主体实施进行并行工程有序施工提效而产生。需要特别注意把控各个工序介入施工的时机和资源的有效配置，此步骤关联到整个项目实施计划的铺排和各种资源的有效配置。

6. 高标准要求

精益管理基于更严格的管控标准。以精益管理要求的铝模板和传统工艺的木模板标准对比详见图1-36。以其中的平整度和垂直度管控标准为例，精益管理铝模板工艺要求垂直度和平整度合格标准均为［0，5］，而传统木模板工艺要求的合格标准为［0，8］，可以看出精益管理铝模板工艺要求高于传统木模板工艺要求，而精益管理铝模板工艺要求是基于墙面可以实现免抹灰的标准,由此后续工序中将减少抹灰工序,从而实现快速工作面的交接和后续装修工作衔接。传统木模板施工完毕还需要做抹灰砂浆收面,达到[0,4]的装饰面合格标准要求,时间、成本、质量上都比精益管理铝模板工艺一次成优逊色很多。同理,其他技术指标也是一样的,精益管理的铝模板工艺质量管控标准均不低于传统木模板的质量管控标准,通过精益管理的高标准要求和技术体系结合,实现了主体结构免抹灰和后续工作及时有效地衔接,同时因为混凝土结构一次成优的优势,整栋楼质量也得到极大的提升,可以满足效益提升的基本需求,减少浪费和后期投诉、维修的风险。

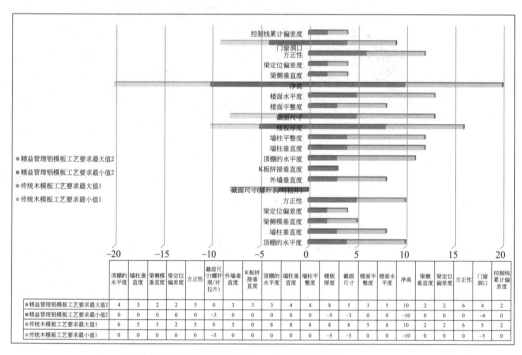

图 1-36 传统工艺与精益工艺质量管控标准对比图

1.4.3 精益管理体系标准层的构建

项目精益管理体系(精益屋)基础打好后,在执行过程中需进行常态化管理和持续的改善工作,因此,本层也是整个项目精益管理的标准层。常态化管理必须是走动式的管理方式,项目管理人员对项目现场的把控源于不断地对项目现场进行巡视、纠偏,杜绝"官本位"思想和由于信息传达不到位造成的偏差,同时对现场存在的问题进行持续的改善,以确保整个项目精益管理体系(精益屋)的执行效率。

1.4.4 精益管理体系支柱层的构建

精益管理思想要求项目管理的准时性和准确性。因此建立项目精益管理体系(精益屋）的准时性和防错机制非常关键，这是整个项目精益管理体系（精益屋）的支柱层。项目精益管理体系（精益屋）准时性机制主要有看板管理、快速移交、完工清场等快速反应手段。看板管理结合前面基础层的安全、质量可视化手段进行快速、有序的安排，以节约时间。为确保并行工程后续工序快速介入进来，对工作面的快速移交提出更高的要求，这也倒逼技术手段的变革和项目常态化管理工作的推进和实施。只有现场质量一次成优，减少前端工序的整改时间，才能最大限度地做到工作面快速移交。工完场清是做到快速移交的前提，因此单独列出来以便项目管理人员重视。前道工序实施过程中产生的大量垃圾如果不及时清理干净，工作面的质量问题就无法进行实测检验，也就导致无法得知工作面是否可以及时移交。因此，快速移交的前提是工完场清，只有优先做好这一步，才能为快速移交和并行工程有序施工提效提供时间，从而提高整个项目的管理时效。

防错机制主要从零变更、技术革新、监控系统等方面进行改进和预控。零变更是实现项目实施一次成活的基础和保证，也是后续各项资源招标、定标和合同签订的依据。传统项目管理现场存在大量的"扯皮"和合同纠纷，也大多源于图纸的不断变更，精益管理要求实现零变更的目标，具体抓手为对图纸进行前置管理和一体化的深化设计工作，所有对主体结构有影响的工作都提前考虑，精装修、铝窗、栏杆等图纸必须经过一体化深化审核后方可用以招标和实施，确保图纸质量。技术革新主要从主体结构一次现浇成型取代传统砌筑抹灰作业、结构阳台、窗边的企口设置实现结构自防水等方面进行改进，水电一次精准定位预埋，强弱电箱直接预埋在结构墙内，减少后期对建筑结构的破坏导致的质量隐患。监控系统主要从安全预控方面做监控和预防，结合全封闭管理和安全文明管理手段进行随时抓拍，随时通报和纠正，确保项目现场安全有序的作业环境。

1.4.5 精益管理体系目标层的构建

项目精益管理体系（精益屋）的目标层即屋顶层，是项目精益管理最终要实现的目标，是项目管理实施的总纲领。

项目精益管理体系（精益屋）目标要求实现精品质（Quality）、快周转（Delivery）、低成本（Cost），因此所有项目管理前置策划的核心也是围绕这个目标展开。同时经过项目全周期开发过程梳理的关键路线发现，传统项目与精益管理项目最大的区别在于项目工序的衔接是否充分遵循精益管理的准时、高效、并行的原理，围绕资源配置和计划编排的方法是否充分考虑拉动式需求的最大化效益。因此，为实现精益管理目标，实现综合效益最大化，建立并梳理出符合项目实际的并行工程模式也就显得非常重要。

第 2 章　房地产企业精益运营管理

运营管理是房地产项目开发的核心。运营管理体系越完善的企业/项目，建造成本越低，盈利能力越强。体系规范、标准完善的运营管理方式，能助力房地产企业获得良好的收益。

我国的房地产项目运营管理研究虽然起步较晚，但是房地产行业发展迅速，市场规模大幅增长，房地产企业经历了从遍地开花到头部聚集的过程，也逐渐认识到科学有效的项目运营管理能大大提高公司的运作效率，降低企业风险，因此，各大房地产企业将运营管理职能的重视程度提到了一定高度。

2.1　房地产企业精益运营管理导论

2.1.1　全面理解运营与管理

在房地产企业/项目的管理工作中，经常涉及项目管理和项目运营管理，两者极其容易被混淆。实际上两者有着不同的概念和内涵。什么是运营？什么是管理？什么是运营管理？

1. 什么是运营？

运营就是运作、经营，是实现将一定的资源从投入到产出产品或服务而进行的决策、策划、规划、计划、组织、协调、优化配置、运作实施的全过程。运营的对象是资源；运营的目的是效益（价值最大化，利润最大化）。

2. 什么是管理？

管理是为了实现某种目的而进行的计划、组织、执行、控制、考核管理活动。管理的对象是人和物；管理的目的是效率。

3. 什么是运营管理？

运营管理是在分析企业内外部环境的基础上，通过全供应链、全价值链跟踪反馈等运营管理手段，把控企业经营状况，从而实现资源使用效率的最大化。

4. 运营管理模式内涵的理解

从字面上理解，运营管理就是运营＋管理。但笔者认为，运营管理不是简单的"运营"＋"管理"，更不是以"管理"代替"运营"，而是运营×管理，即以科学的运营提高管理的效率，以科学的管理效率推动项目的高效运营，即对项目运营过程中的各项活动运营管理的总称。如果用一个简单的公式来概括，可以表述为如图2-1所示。

图 2-1 运营管理模式的内涵

5. 精·益运营管理体系

内涵：用最少的资本、最快的资金（现金流）流转，用最短的时间赚取更多的利润。精·益运营管理体系如图 2-2 所示。

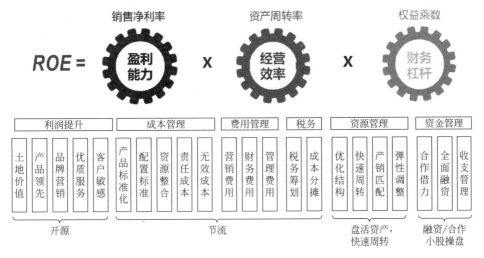

图 2-2 精·益运营管理体系

6. 房地产项目运营与管理

项目管理着重于完成单个项目的全过程执行工作，以期达到项目目标，项目执行工作结束后对其的管理也就结束了；项目运营管理则着重于对资源投入端的优化配置，对资源转换过程中的业务流程进行高效设计，促使企业最终产出的产品或服务最大限度地满足客户（业主）需求，即便项目结束了，资源优化配置和流程优化设置依旧有效，可服务于其他项目。

通常情况下，项目运营管理有确切的工作目标和完备的管理内容。项目运营管理通过联动相关部门，对企业内部资源进行合理调配和优化，建立规章制度，保障各类资源能良好地使用，避免出现资源不足或闲置的情况，推动项目工作按计划进行，确保项目目标按期达成。

具体到房地产项目运营管理，则是制定和管理项目的工程计划目标和经营目标，聚焦于房地产项目开发的全专业、全过程，对资金投入、施工建造、销售去化、资金回笼等过程的管理，覆盖项目可行性论证、项目策划定位、建筑规划设计、成本规划、采购、施工建造、开盘销售、交付等重要阶段。通过有效的运营管理措施，全面梳理房地产企业各个项目之间的关系，减少同一时期内项目之间产生冲突和矛盾，降低企业成本，提高企业整体运营管理效率，以达到管目标、控进度、提效率、防风险的目的。项目运营管理归纳如图 2-3 所示。

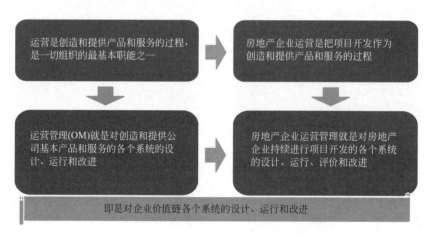

图 2-3　房地产运营管理概念

7. 房地产大运营管理

房地产大运营是以项目经营目标为导向，以现金流为核心，以计划管理为主线，以价值增值管理为基础，以房地产开发"储—建—融—供—销—存—回—结"为价值链循环，实现全项目、全周期、全专业的动态一体化经营。其中，"储"指土地储备管理，房地产开发企业要兼顾规模发展要求和合理占用资金；"建"指开工建设管理，房地产开发要兼顾当前销售要求和复合增长要求；"融"指融资管理，房地产开发要兼顾开发建设需求和销债平衡，且在资金/现金流运营管理上要兼顾资金利用效率和资金风险防范控制；"存"指存货控制，房地产企业要兼顾建筑产品存量控制、应收货款控制、资金周转和收支平衡；"结"指结转管理，房地产企业要兼顾在建结转效率和未来结转空间。房地产大运营体系经络图如图 2-4 所示。

房地产大运营管理是以项目开发全生命周期为聚焦，以保障项目质量、成本、客户满意为目标，从获取地块、定位到设计、施工、销售再到验收、交付，对项目进行全面管理，全生命周期过程中与项目开发相关的每一个业务节点都是房地产大运营管理关注和跟进的范围。

房地产大运营管理的本质是通过组织计划、实施、共同监督等方式，将企业日常工作事务，与生产（施工建造）、经营、服务等环节系统性地汇总。另外，房地产大运营管理体系要求经营管理者从掌握计划运营到对项目开发环节各业务线的详细情况的管理精通，能通盘整合资源，并且通过综合分析给出相应方案，倒逼业务开展，辅

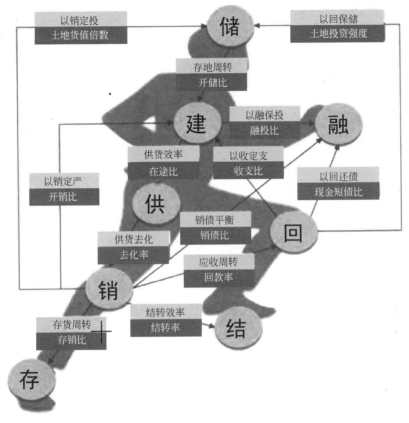

图 2-4 房地产大运营体系经络图

助企业做出正确的决策,从而实现对整个项目体系化、流程化的全方位运营管理。

综上所述,房地产大运营管理是对经营活动过程中各个节点的把控,是从生产到售后服务的全链条跟踪反馈,大运营管理概念不同于传统计划管理,但更多地包含对前端规划、过程生产及交付使用等,这些特征共同构成了房地产大运营管理的基本概念。

8. 什么是房地产项目运营管理?

房地产项目运营管理聚焦房地产开发项目的全生命周期,从项目策划、规划、投资、设计、开发和服务五条主线,实现对整个项目的全面管理,覆盖项目发展(包括项目论证、项目策划)、规划设计、项目建设(包括采购招标投标、施工等)和销售及服务等项目运营管理的重要阶段,从而实现对整个项目规范化、流程化和精细化的全方位运营管理。房地产企业运营管理有三个发展阶段,从最初的计划管理体系、管理型运营体系(包括关键决策管理、流程管理、阶段成果管理、关键决策管理、信息与知识管理),到现在的专业型运营体系(包括计划管理、运营绩效管理、关键决策管理、流程管理、阶段成果管理、关键决策管理、信息与知识管理、投资决策管理、设计成本管理、客户风险管理),再到当前更多企业关注的综合运营管理。

9. 房地产企业/项目运营管理体系（图2-5）

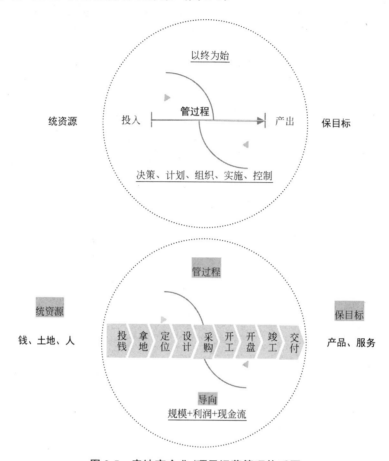

图2-5 房地产企业/项目运营管理体系图

10. 房地产企业/项目运营管理价值体系（图2-6）

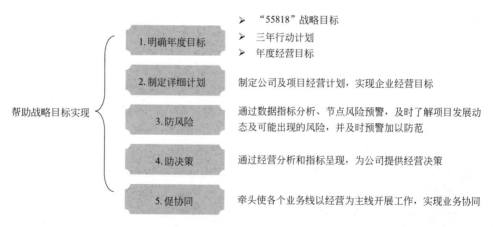

图2-6 房地产企业/项目运营管理价值体系图

2.1.2 全面理解房地产企业运营管理

1. 房地产项目运营管理"是"什么？

运营管理本身是什么？它是指在分析企业内、外部环境的基础上，通过融资、投资、调度等运营策划与管理手段，掌控企业经营状况，从而实现资源优化配置，使其效率最大化。

房地产项目运营管理重点聚焦房地产开发的全生命周期，从项目进度、质量、成本和现金流四条主线实施对整个项目的全面管理，覆盖项目论证、项目策划、规划设计、项目建设（包括采购招标投标、施工等）和销售及物业服务管理等生产运营的重要阶段，从而实现对整个项目规范化、流程化和精细化的全方位管理。因此，房地产项目运营管理需要从运营的角度，实现对项目整体、跨职能的全方位管理。即在"关注项目整体、具体运作"的同时，也密切"关注项目的资金运作、项目的利润与投资收益率"。

2. 房地产项目运营管理"管"什么？

房地产项目运营究竟该管什么？总结标杆房地产企业项目运营管理的实践经验可以看出，项目运营管理是从"管目标""按工期控进度""管成本、控资金"和"防风险"四大层面发力。其中，管目标是根据企业战略导向下的经营目标，实现项目维度的运营目标分解，在事前做好目标的严格分级和管控；按工期控进度是指针对项目总控计划的关键里程碑节点（如一级计划等）进行严格管控；防风险主要是对利润风险的防范，它属于项目运营管理的高级阶段，它要求项目运营从项目整个价值链前端（项目论证、拿地、规划、方案设计）的阶段性成果和工作进行重点管控，最终保证未来项目利润和收益。而在项目执行过程中，基于投资收益进行跟踪管理，在项目重大节点和事件节点进行投资收益跟踪回顾，最终保证项目运营结束时完成既定目标。

通过"以终为始"的管理手段，管理好影响项目开发经营目标实现的各关键要素，见图2-7。

3. 房地产项目运营管理"做"什么？

房地产开发项目运营管理该如何落地？结合标杆房地产企业的实践经验，主要围绕以下几个关键点：

（1）一个经营目标

即充分聚焦项目运营的全生命周期，构建以投资收益的全过程跟踪管理体系，实现项目运营既定目标。

项目运营管理本身基于企业年度经营目标的分解和落地支撑，它侧重在外部市场环境和内部企业环境双重变化下能够始终围绕经营目标落地执行。具体项目运营首先要基于纵向的"经营目标→投资收益管理→业务单元落地"价值链展开，在这条价值链中，投资收益管理是重心。其次，项目运营管理需要横向聚焦项目全生命周期，即从项目投资论证→拿地→规划→策划→设计→建造→完工交付→销售→物业管理全过

运营管理		
管理范围	管理手段	管理目标
项目经营管理	参与投资决策，实施全过程项目收益跟踪	科学决策，降低投资风险；项目收益控制
项目成果管理	项目各阶段成果+项目后评估成果	降低运营风险，提升项目质量
进度计划管理	项目计划、管理计划	提升项目运营效率
运营决策管理	会议管理	提高决策效率
目标成本管理	目标成本、动态成本的跟踪与分析	成本目标的动态即时控制
运营信息管理	运营报告	降低运营风险，提高信息沟通效率
资金、预算管理	预算的编制及流动控制	防范资金风险，提高资金使用效率
……	……	……

左侧：明确项目基准开发、经营目标
右侧：实现预定项目基准开发、经营目标

图 2-7 运营管理"管"什么

程管控。

（2）四大核心要素

项目运营的核心在于构建规范高效的计划管理体系、成本管理体系、销售管理体系和资金管理体系。

作为常规项目运营管理，质量和进度是双维考量。其中进度维度就是项目的计划管理，即通过集团关键节点、主项计划、专项计划和部门月度计划，最终保证项目开发进度按规定时间完成；而质量维度主要体现在资金层面（当然产品质量也是关键，这里暂不阐述），通过对以成本管理、销售管理为收支双线的管控来保证投资利润和项目正常的现金流，而资金/现金流管理则具体聚焦项目运营维度的付款和回款管理，而运营中月度资金计划往往成为成本管理和控制的咽喉。

（3）四大支撑体系

构建以高效会议体系、成果管理体系、绩效驱动体系和信息化支撑平台，最终有效支撑和推动高效运营管理的落地。

① 会议体系。拒绝粗放、低效会议，构建规范、标准、高效的会议体系。针对房地产企业会议效率低下、会议重汇报、轻决策以及会议随意性、粗放性强等问题，真正构建以效率会议为核心方式的运营决策体系，并根据工作性质的不同建立不同的例会机制，最终整体提升会议效率。

② 成果管理体系。不以事项结束为结束，以事项对应成果的质量好坏为结束。成果管理不以"工作项按时完成"为结束，而是以"工作项完成质量"为结束，而项目阶段成果是衡量项目完成质量好坏的直接依据，企业只需要通过对项目各阶段成果

的审查与把控,就可以从根本上有效降低项目运营风险,提升项目管理和执行效率,最终提升项目运营效能。

③ 绩效驱动体系。绩效的目的不在于考核,而在于驱动和牵引。将项目运营过程中的核心业务环节和职能管理考核相分离,可以实现对项目运营过程的精准管控。涉及项目开发计划等核心业务环节,由企业内部的计划运营管理部主要负责,人力资源部只是审查其考核的合规性与公平性;而对于项目负责人、行政人力等管理部门或职能部门员工,则主要由人力资源部负责考核。

④ 信息化支撑平台。支撑集团区域管理层查阅监控,支撑工作汇报、工作推进和沟通协调。

主要通过集团、区域、城市、项目各级的节点检查工作,利用项目工作周报、进度管理工具、经营分析会议的数据采集等。

通过以上措施,实现项目运营管理的价值,即可知、可控以及可预测三大要求。

(1) 达到项目运营管理的可知。没有对项目运营内外部复杂经营信息的知情,理性决策就失去根基。而管理的可知前提就在于如何根据企业、项目的年度经营目标确定管理者的管控对象和KPI指标,而管理的可知正是对这类管理指标和管控对象的一种全面、及时、尽可能接近真相的知情权。

(2) 达到项目运营管理的可控。伴随房地产企业跨区域、多项目的集团化发展逐渐深入,集团总部对区域城市和项目一线的地理半径和管理幅度都在迅速扩大,越来越多的房地产企业开始感觉到总部管控手段的缺乏以及集团管控模式调整困难。而集团总部确立的管理指标体系如何执行到位,管控策略和管控手段就至关重要。

(3) 达到项目运营管理的可预测。项目管理不仅要保持对现阶段业务现状和存在问题及时处理、管控,更要对业务经营和管理潜在风险进行提前预测。作为经营高风险和业务高协同的房地产行业,提前科学理性地预测对企业经营和管理至关重要。

2.1.3 房地产企业精益运营管理体系

在图 2-8 中,整体战略目标是房地产企业所有运营管理的目标和出发点,因此处于金字塔的塔尖;企业经营的实施主要以组织为主体执行和落实,因此组织管理体系优化处于金字塔的第二层;流程优化是建立在组织管理体系优化的基础上,是对企业运营管理体系具体实施过程的优化,因此排在组织管理体系优化的后面,处于金字塔的第三层;绩效管理是对企业运营管理体系优化实现、优化效果的评价,处于整体体系的最末端。

具体层级内容如下:

(1) 战略管理——从哪管?

战略管理体系主要解读和分析公司战略定位和战略规划,并根据企业的战略目标制定职能战略,即规划核心竞争力,并通过清晰的职能战略实现。

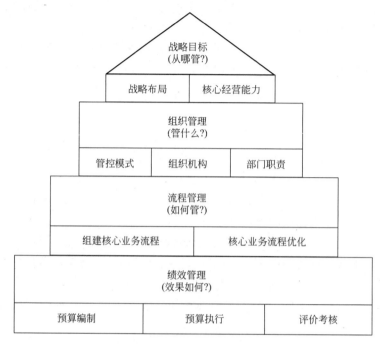

图 2-8　房地产企业精益运营管理金字塔

(2) 组织管理体系——管什么?

基于对战略和公司定位的理解分析，在明确公司核心竞争力的基础上，建立有效的组织管控模式，匹配公司的组织结构，以及赖以运作的授权体系，即明确权责以实现运作的条理性，是管理组织运营三要素（人、流程、产品）的基础。

(3) 流程管理体系——如何管?

基于对房地产价值链流程管理体系的梳理完善与优化，以期达到规范化、精细化的管理效果。

(4) 绩效评价体系——效果如何?

通过绩效评价体系，完善监督激励机制，促进不断改善，激励员工发挥潜力，促进管控和流程体系的执行。

房地产企业运营管理是以运营战略目标为导向，以运营组织为支撑，以流程管理为主线，以绩效管理为抓手，主要通过对房地产项目运营三要素（人、流程、产品）形成完善的组织管控体系、系统的运作流程及有效的绩效管理的有效管理闭环体系。房地产企业精益运营管理体系如图 2-9 所示。

2.1.4　运营管理五项职能及其相互关系

按照现代管理职能分工理论，最基本也是最主要的职能有"五职能论""七职能论""九大领域职能论"等，见图 2-10～图 2-13。

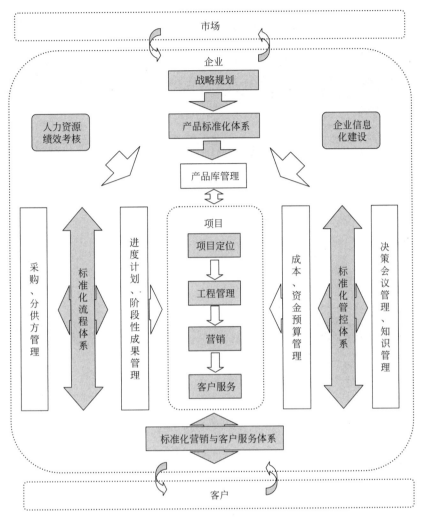

图 2-9 房地产企业精益运营管理体系

图 2-10 企业运营管理"七大职能"及其相互关系

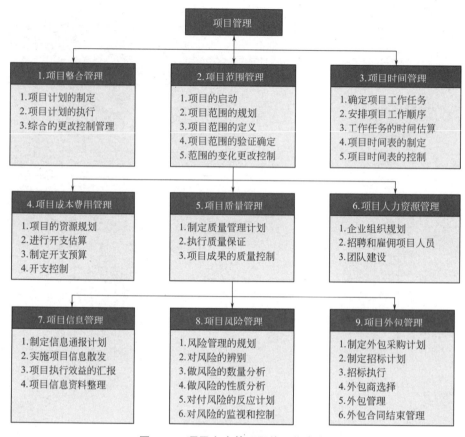

图 2-11 项目九大管理职能工作内容

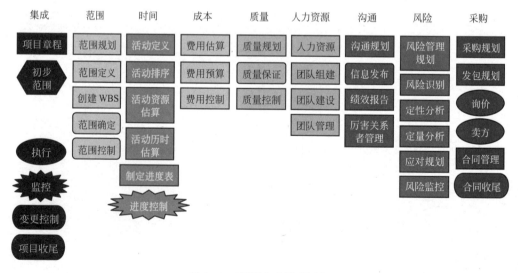

图 2-12 项目九大管理过程

图 2-13 项目整合协同运营管理职能

2.2 房地产企业运营管理模式

运营管理模式是企业战略实施的方向和路径，是房地产企业项目开发和业务开展的前提和基础。建立精益化运营管理模式，是要理顺房地产企业运营管理体系的构建内容和方法，对运营管理模式的内涵、要素组成、体系构建、保障措施等进行系统构建，这有助于房地产企业实施精益化战略，成为房地产企业连锁复制开发的必由之路。

2.2.1 项目运营管理组织模式

1. 投资监控型：运营管控+战略管控模式

此类运营管理组织系统是以万科企业股份有限公司（以下简称万科）为代表的房地产集团企业运用较为广泛。万科在项目弱矩阵模式下（图 2-14），项目部向开发价值链前端延伸较多，参与前期定位与设计方案评审。负责编制项目总体控制计划并平衡、推动。这种组织模式定位比较清晰，集团定位转变为战略总部，区域管理总部定位为业务指导总部，城市公司格式定位为执行一线；同时重点以价值链的前后端控制为主，通过制定程序及确定方法（如战略采购）控制前端，通过过程信息反馈进行过程监控，事后评估或者考核实现事后控制（如成本考核审计）。

2. 项目监控型：运营管控模式

此类运营组织系统是以龙湖地产有限公司（以下简称龙湖）为代表的房地产企业运用较为广泛。龙湖城市公司对项目的管理基本采用矩阵式管理（图 2-15），项目团队所有成员都是虚拟派驻的（包括工程部人员），由于公司层面基本无副总经理设置，项目部负责人（项目总监）地位较高，项目一级、二级计划的推动以项目总监为主，运营负责人及 PMO（地区公司项目运营决策机构）团队负责协助推进并监控。从职

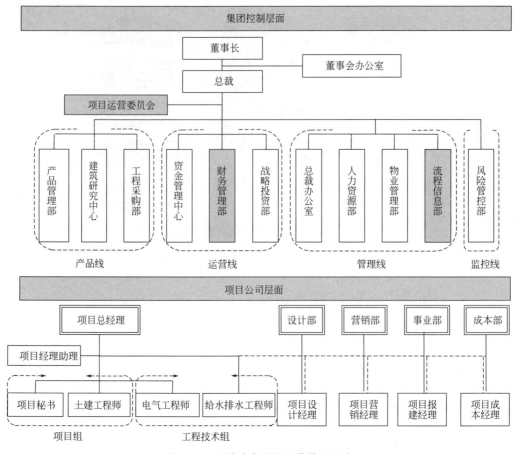

图 2-14 万科地产项目运营管理平台

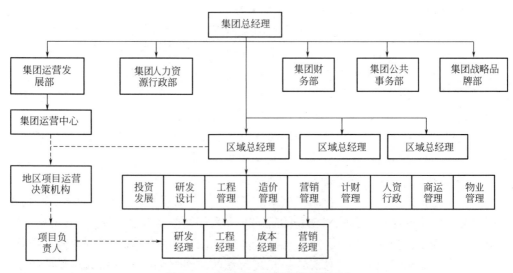

图 2-15 龙湖地产项目运营管理平台

能上看,项目总监需要协调推进从土地交接后的开发报建、设计、施工、成本、采购、营销、财务投资管理职能;从考核上来说,项目总监占40%的考核权;专业成果(龙湖地产称阶段关键成果)由专业部门把关后,项目总监需要审核确认。集团定位为专家型+精英型总部,强调专业管理能力支持服务为主。

项目管控型计划运营分级管理方式见表2-1。

项目管控型计划运营分级管理职责　　　　　表2-1

项目计划		总部	城市公司	项目	备注
一级计划	项目开发总体运营计划(项目一级节点计划);项目开发年度运营计划	组织编制,审批确定,过程监控,执行力督办	编制	参与编制	抓
二级计划	项目开发总体运营计划(项目二级节点计划);项目开发季度运营计划	审批、监控	组织编制	参与编制	管
三级计划	项目开发月度运营计划;项目专项计划;项目周计划	备案(知情)	审批,过程监控	组织编制、调整	看

3. 项目操作型:传统项目管控模式

传统项目管控模式(图2-16)对项目是一种职能制的组织模式,由工程技术部抽调人员组成项目小组负责项目现场工程管理。职能制模式是工程项目建设的一种传统而经典的模式,现在不少房地产企业还沿用此种模式,但要求组织层级建设到位,特别是在副总经理专业和协调能力都必须兼备的情况下,通过集权和分权也能够得到控制。

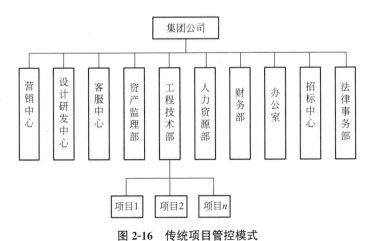

图2-16　传统项目管控模式

操作管控型项目计划运营分级管理方式见表2-2。

操作管控型计划运营分级管理职责　　　　　　　　　　　表2-2

项目计划		总部	城市公司	项目	备注
一级计划	项目开发总体运营计划； 项目年度开发运营计划； 项目关键节点运营计划	组织编制,审批确定,全过程监控督办	编制	参与编制	抓
二级计划	项目开发总体进度计划； 项目开发月度运营计划	审批、过程参与及监控	组织编制、调整	参与编制	管
三级计划	项目专项计划； 项目周计划	备案(知情)	审批、过程监控	组织编制、调整	看

注：在特殊情况下，集团总部需加强对项目总体进度计划和项目专项计划的管理。

针对以上三种比较典型的组织结构进行对比分析（表2-3），可以看出管控思路决定了总部功能和项目运营管理模式；项目运营管理模式决定运营管理的职能和管理深度；职能和管理深度决定了由哪个部门承担更适合。

三类项目计划运营管理组织模式对比分析　　　　　　　　　　　表2-3

项	项目操作型	项目监控型	投资监控型
管控特点	1. 控制型； 2. 部+项目部/项目公司，项目管理模式多职能制或矩阵制	1. 运营控制型(弱价值链控制)或战略控制型； 2. 总部+城市公司	1. 战略管控型或投资管控型； 2. 总部+城市公司或三级架构
运营管理重点	1. 投资决策； 2. 计划编制/监控+业务决策+成果标准； 3. 项目操作	1. 投资决策； 2. 计划编制/监控+业务决策+成果标准	1. 投资决策； 2. 计划审批/监控
运营管理部门特点	1. 健全完善执行保障体系，计划的组织编制、协调、督办职能比较突出； 2. 常见的职能承担部门——总办、工程管理部或单独成立运营管理部	1. 健全计划监控机制、提高项目决策质量和效果、健全信息上报机制； 2. 常见职能承担部门——总办、运营管理部(较少在工程系统)	1. 建立项目投资跟踪评价系统，通过计划监控实现项目投资目标以及当年度的财务表现； 2. 常见职能承担部门——财务管理部、投资管理部

由表2-3可以看出，管控思路决定了总部功能和项目运营管理模式，项目运营管理模式决定了运营管理的职能和管理深度，职能和管理深度决定了各部门应承担的职责。但无论运营管理职能如何设置，运营管理部不是一个负责某一方面专职业务的职能部门（不是第二个工程管理部或第二个总经理办公室），而是公司决策层

的参谋；是站在公司层面和战略高度，运用标准化运营管理体系，从全面经营、管理的角度发现问题、分析问题并协调相关职能部门或项目公司解决问题；是一个定规则、搭平台、管计划、促纠偏的工作团队；是衔接宏观战略目标和微观项目实施的纽带。

2.2.2 房地产企业集团运营管理模式

房地产企业集团运营管理模式见表2-4。

房地产企业集团运营管理模式　　　　　　　　　　表2-4

模式	适用范围/所处的阶段	总部功能定位	对子公司的管理目标	子公司角色定位	标杆房地产企业采用模式
1. 关键点操作型	单一产业的集团管控的起步阶段，进入较少的区域	多项目经营开发；跨区域经营管理的开展	销售额/收入、现金流、成本控制；项目开发能力的提升	项目利润实现责任中心；项目工程、营销、客服管理环节的操作者	大多数异地扩张的总部—项目公司
2. 运营管控型	单一产业的集团管控的高速发展阶段，进入较多区域	集团经营管理（战略布局—资源配置—业务监控服务、决策）	利润、现金流；（多）项目经营开发能力的提升	项目利润规划和实现责任中心；业务全程操作者	龙湖地产
3. 战略管理型	相关型产业领域；单一产业的集团管控成熟阶段，进入多个区域	新业务模式培育或主导/战略协同	目标利润；城市公司的经营管理能力（战略布局—资源配置—业务管理）	投资收益责任中心、区域战略发展平台	正在向"战略总部—管理区域—操作一线"转型的万科、M地产集团；总部—区域的管理关系
4. 财务管控型	多种不相关产业的投资运作	投资、监控和买卖各种独立的业务资产	投资回报；投资净收益和资本收益率	利润责任中心型事业部	GIC等房地产投资基金对房地产投资项目的管理；华润（集团）有限公司（以下简称华润集团—华润置地）

建议：房地产企业集团的运营管理以关键点操作型和运营管控型模式为主。

1. 关键点操作型运营管理模式（总部与区域的分工）（图2-17）

关键点操作型模式如何做（怎么管）（图2-18、图2-19）？

2. 项目监控型运营管理模式

运营监控型管理模式的主要特点见表2-5。

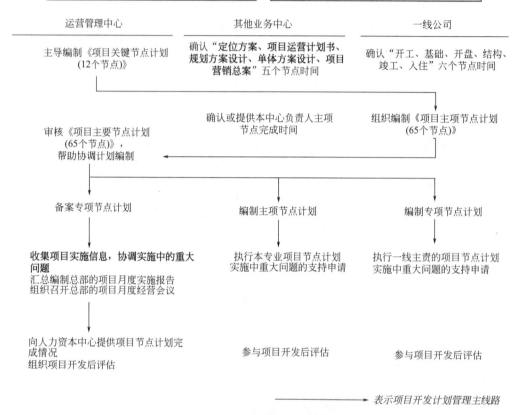

图 2-17　关键点操作型模式运营管理流程

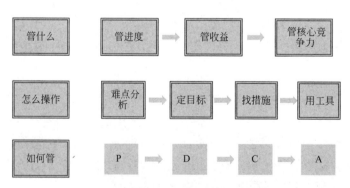

图 2-18　关键点操作模式运营管理体系

	P 关键节点目标下达	D 关键节点计划编制	C 关键节点计划监督与控制	A 关键节点计划调整
时间	△项目拓展(拿地前) △项目启动(拿地后) △每年初	△项目开始时(拿地后) △项目方案后(开工前)	定期(按月)的执行情况回顾与未来风险预警	△年度/半年度经营计划修订 △项目延误时由主项工作推进情况触发
职责	运营部总编制，需要高层批准	项目总经理 高层批准	项目负责人反馈；通过会议/报告等手段控制	高层决策或者审批
依据	△年度或2~3年经营目标 △项目当前进度 △资金供需	△项目现实情况 △资金需求 △公司经营目标	△项目当前进度 △项目既定进度目标	△项目当前进度 △公司经营目标 △市场形势 △资金供需
问题/难点	集团下达的目标，公司级、项目级达成难度极大	△职责不清，制度不明，没有强制约束 △上下博弈(集团VS公司；公司VS项目)	只报当前进度，不预断风险与趋势	只有自上而下的调整机制，很少一部分没有依据项目实际进行调整的机制

图 2-19　关键点操作模式运营管理内容

运营监控型管理模式的特点　　　　　　表 2-5

目标牵引	1. "集团战略目标——城市公司战略目标"清晰； 2. 城市公司有明确的投资布局意识、方向和策略
运营过程管理重心	1. 集团总部：投资收益的确定——项目利润决策； 　　　　　运营过程监控——对运营价值的监控； 2. 城市公司：项目全程运作和管理
激励机制	对城市公司的激励兼顾长期发展需要

2.2.3　基于价值链的房地产企业运营管理模式

本质上，房地产企业运营管理体系的构建与运行均围绕房地产开发价值链并作用于房地产开发价值链，其构建围绕组织系统、规范系统和运营流程三个方面展开，如图 2-20 所示。

房地产企业的运营管理组织架构可以按照价值链和专业在横向和纵向的不同组合而形成 6~12 个部门，根据不同组合而形成的运营管理组织架构体现了不同的运营管理思路，如图 2-21 所示。

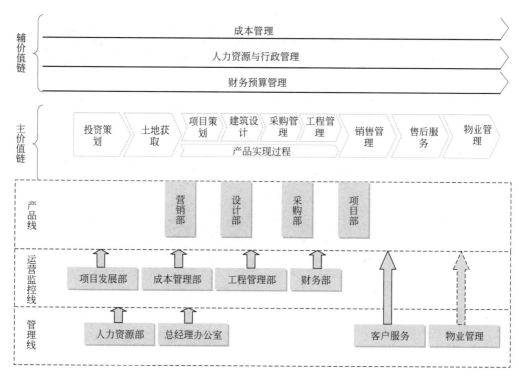

图 2-20 房地产企业运营管理体系模型

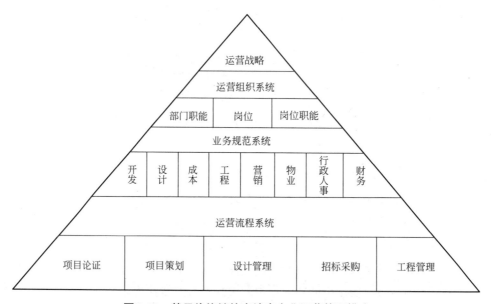

图 2-21 基于价值链的房地产企业运营管理模式

2.3 房地产企业精益运营体系的构建

2.3.1 精益运营的内涵

精益运营（Lean Operations）是通过对员工能力、观念、制度和流程的持续改善来实现业绩目标提升的运营变革（图 2-22），其中管理框架、运营系统、理念和能力是精益运营的三大核心因素并构成完整的精益运营管理体系。房地产企业在运营过程中，管理资源为运营系统提供结构、流程和体制等充分支持；人员在理念能力方面达成一致，形成个人与集体一致的思想和行动；在整体运营系统中，生产、流程、设备等各种资源均得到合理的配置和优化，从而创造价值并减少损失，这就形成了精益运营的完整体系。在运营管理概念中，运营是一个先投入、再转换、后产出的过程，那么在企业的运营管理活动中，转换的过程都形成以"增值流程"为主的方式，各部门、人员、流程、工序思想一致、密切配合，也就形成以客户定义价值、消除浪费、价值增加、持续改进的精益运营过程。

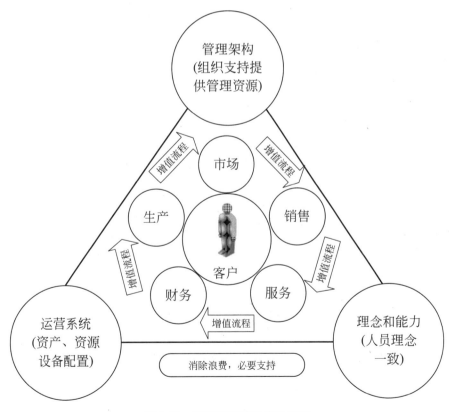

图 2-22 精益运营管理体系模型

2.3.2 房地产企业精益运营管理体系的构建

1. 房地产企业精益运营管理体系总体框架的构建

该体系聚焦现金流与利润均衡发展的主线，锁定核心指标，将指标分解成四个评价维度，进而将四个维度分解至不同的考核模块，落实到运营、管理、项目的各责任部门，如图 2-23 所示。

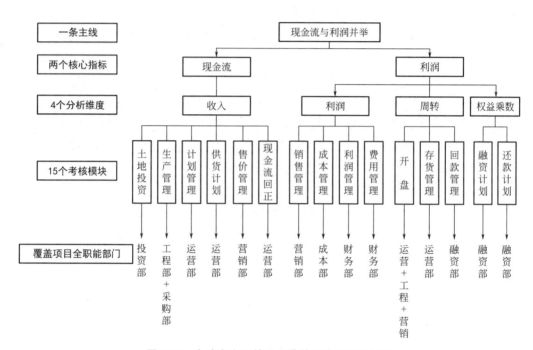

图 2-23　房地产企业精益运营管理体系总体框架

2. 房地产企业精益运营管理体系构建的目标

房地产企业精益运营管理体系构建的目标是从经营管理的角度，对项目运营管理进行差异化的精准管控，以客户/业主价值拉动为根本动力，消除项目开发全过程中的浪费，以流动、拉动思想促使项目价值流的顺畅流动，并对运营管理体系进行持续的改进，使之达到尽善尽美。具体目标为：

（1）消除浪费，降低成本

消除浪费只是一种方法，最终目标是降低成本并创造更大的价值。因此，对于精益运营管理，减少成本损失，特别是消除无效浪费是最根本的目标。

（2）缩短项目交付时间

通常情况下，房地产开发会持续很长时间，因此未知因素对房地产开发的影响更大，风险因素也会相应增加。因此，精益运营管理的目标是在达到高品质的条件下最大限度地减少交付周期并降低风险。

(3) 提高产品质量

房地产开发的重点在于产品完成的质量、消耗的成本以及工期的长短，三者相互制约。由于房地产开发成本很高，一旦质量不够好，损失将非常严重。因此，为了消除这个问题，必须采用精益质量管理方法，并且必须从设计阶段就进行质量优化控制。

(4) 减少变更

在项目开发过程中，存在很多不可预测的因素，因此变更将极大地影响开发质量和成本造价，未知的风险也会相应增加。因此，在整个项目开发过程中，必须对每个步骤进行监督和管理，并且采取预防措施。

3. 房地产企业精益运营管理体系的构建

本书从精益思想导入、精益目标制定、精益运营方案设计三个层次构建房地产企业精益运营管理体系，如图 2-24 所示。

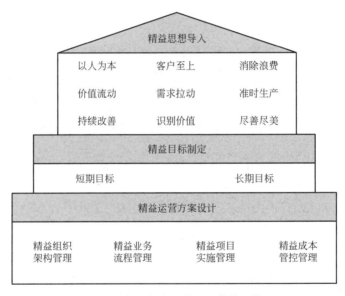

图 2-24 房地产企业精益运营管理体系

(1) 精益思想导入

精益思想是人、过程以及技术的集成，其中技术的进步是精益化的开始，过程是精益化的对象，而人是决定精益化成败的关键。精益思想导入是构建房地产企业精益运营管理体系的前提，只有企业全体员工对精益思想有了认知、理解，才能全面深入地推行精益运营管理。设计科学有效的房地产企业精益运营管理体系首先就需要在公司各层级、各单位、各部门、各项目部积极宣传、贯彻践行精益思想。

(2) 精益目标制定

不同于传统的运营优化，精益运营更加注重从根本上解决问题，因此针对当前房地产企业在运营方面出现的问题，需要有针对性地制定各种长、短期精益目标，既让公司短期内在各个方面取得较为显著的进步，也始终把为客户（业主）提供尽善尽美的建筑产品以及销售、服务作为自身的长期精益目标。只有强调长短结合，企业才能在长期精益化的过程中获得充足的支持与投入，实现对企业运营体系的彻底改善。

（3）精益运营方案设计

精益运营体系的构建离不开一系列以精益思想为指导的具有针对性的精益活动，这些精益活动的开展主要是为了解决房地产企业现有运营过程中出现的各种问题。通过对具体问题进行具体分析，选择合适的精益工具，设计相应的精益化改善方案，帮助企业最大限度地减少浪费，提升运营效率。

4. 房地产企业精益运营管理体系构建的路径

首先，利用客户（业主）拉动的精益思想来识别价值。其次，以客户（业主）价值为准绳梳理原有流程中的浪费，并增加使客户（业主）价值增值的任务，得到精益价值流。最后，在价值流的基础上以客户（业主）导向与价值流动的思想构建分级管控的计划管理体系；以全面质量管理、敏捷准时建造的思想构建运营监控体系（包括对计划、现金流、利润、存货的监控与调整）；以扁平化、拉动式的思想建立会议决策体系；以下游拉动式准时建造的精益思想建立成果管理体系，如图 2-25 所示。

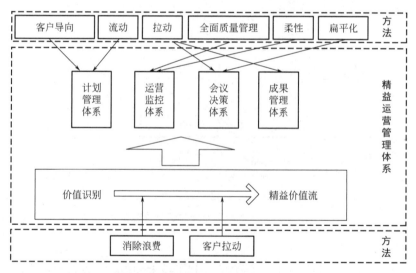

图 2-25　精益运营管理体系构建路径

5. 房地产企业精益运营管理运行组织体系的构建

优化运营管理组织架构，集团总部定位为战略管理中心、资源配置中心、投融资决策中心、品牌文化建设中心和风险控制中心。

开发事业部作为集团总部和区域公司之间的过渡层级，承担了房地产开发等核心业务的总部功能，定位为研发平台、支持平台、服务平台和监控平台，发挥产业发展和资源协调核心作用，是房地产企业双核驱动战略的执行主体。

在事业部内部运营过程中，权力和资源配置向区域公司倾斜，区域公司定位为利润主体，整合区域人才、供应商及客户资源，管理和支持城市公司，推动区域市场做大做强。

城市公司则定位为项目管理和项目实施主体，承担多项目运营管理职能，提高项目运营效率。因此，在房地产开发业务层面，形成以区域公司为运营枢纽和资源调配中心，城市公司具体负责项目实施的运行机制。各城市公司和各项目公司负责土地获取和报批报建。

投资管理部负责房地产项目的投资规划、项目审核等。

成本合约部负责初步设计阶段开始的成本管理工作，为企业运行提供有效成本管理支持。

财务部贯彻执行财务管理制度，负责会计核算，财务预决算管理，销售账务、纳税筹划管理。

营销部负责城市公司的市场调查、销售策划、销控管理。

运营部负责制定城市公司年度经营计划，监督计划执行情况。

产品部负责贯彻公司设计、工程技术的标准，负责城市公司权限范围内的设计管理，提升公司设计技术管理核心能力。

一个新项目审批通过后，在城市公司之下成立项目公司，负责具体项目的工程管理，统筹项目施工阶段的进度、工期、质量和安全文明施工，配合造价控制，协助实施材料和设备的采购和现场管理，并完成项目交付。

在决策权限设置方面，根据决策事项的重要程度或者风险等级，采取分级审批的方式，对于重要事项或者风险等级较高的事项，则由事业部高层甚至集团高层审批，对于日常实现或者发生频率较高、需要快速决策的事项，则在一定的监督机制下授权下级单位进行决策。例如产品中材料设备的选型，这是一项技术性事项，授权项目公司或者城市公司进行决策即可。对于产品设计变更，则根据变更事项金额变动大小逐级审批，当达到较大金额时，则需要集团公司总裁或者董事长审批。而对于赠送客户房屋面积事项，由于关系到廉洁风险，故该类事项由集团总裁进行审批，以避免发生风险。

2.3.3　系统化运营业务流程管理体系的构建

1. 构建基于业务模型的业务运营流程体系

业务模型设计是房地产企业管理标准体系框架建设的前提和基础。在房地产企业业务模型设计中，从战略到业务策略进行系统分析，基于"端到端"的流程思维和设计思路构建业务模型，将业务划分为战略类、业务类和支持类三大类，两级架构，56个模块，如图2-26所示。第一类是战略类，包括企业策划、战略运营等；第二类是业务类，包括市场营销服务、建筑开发、供应链管理等；第三类是支持类，包括人力资源管理、财务管理、安全管理、资产管理等。

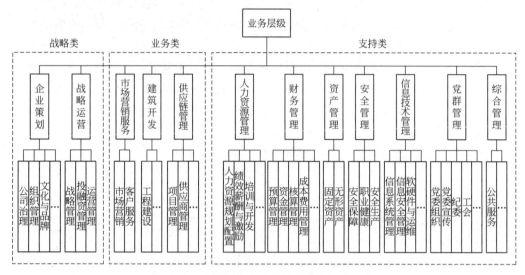

图 2-26 房地产企业业务运营流程体系框架

2. 建立以"客户/业主"为中心的业务需求确定流程

根据业务流程活动的输出对象,房地产企业各项运营业务流程活动分为内部活动和外部活动,其中内部活动的"客户"主要是指公司内部的其他组织、机构、部门和员工;而外部活动的"客户"则是公司的购房用户(业主)。针对内外部业务流程活动规划的精益化,各个业务部门要始终以"客户/业主"为中心,将其利益放在首位,通过积极与"客户/业主"进行沟通交流,充分了解其需求,然后使用 5W1H 方法和 ECRS 方法对"客户/业主"的需求进行详细梳理及分析,具体操作如图 2-27 所示。

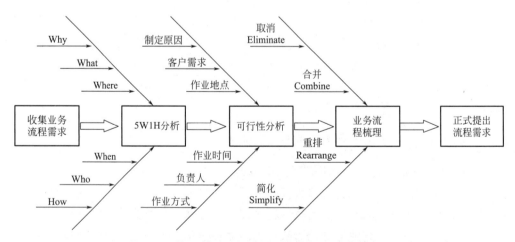

图 2-27 基于 5W1H 与 ECRS 的客户/业主需求分析

3. 设计以市场为导向的企业价值链高阶流程地图

基于"端到端"理念,构建房地产企业价值链高阶流程地图(图 2-28),以充分体现不同部门之间的协同关系，帮助流程管理部门更快掌握各个部门的基本职能，以便在整个业务流程管理中对各个部门进行统筹和协调，实现协同运营。

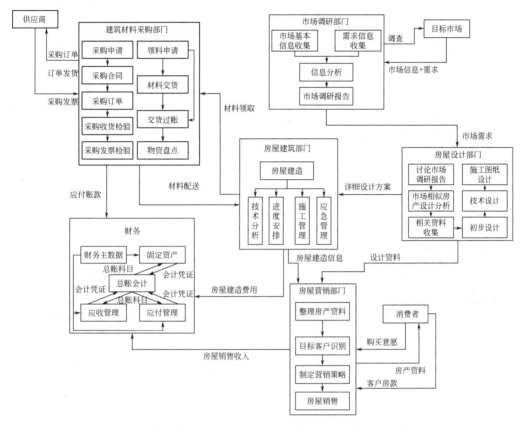

图 2-28　房地产企业以市场为导向的核心价值链高阶流程地图

在图 2-28 中，市场需求是一切业务制定的源头，在对市场需求进行充分调研的基础上，流程管理部门引入价值流及价值流动的思想，首先对各个业务部门的业务流程进行梳理，并注重对各个环节的价值分析及排序，确定每个环节是否能够为客户（业主）带来价值，为企业带来效益，对于冗余或者无价值的环节，直接进行改进、删除或者合并，最终实现企业整体运营效率和价值创造能力的提升，从而避免浪费，实现流程精益化目标。

4. 构建基于全生命周期的业务流程管理机制

房地产企业业务流程管理机制的建立是为了规范业务流程制订活动，提高业务流程设计质量。构建基于全生命周期的业务流程管理机制，涵盖业务流程从计划到起草、意见征询、评议审核、发布、宣贯培训、测试、监督检查、复审、管理评审及废止等所有环节。一方面使业务流程责任部门和相关部门的管理思想和工作要求得到充分表达；另一方面使风险防范前移，将风险防范措施嵌入到业务流程中，确保业务流程的适宜性和有效性。房地产企业运营业务流程的设计和发布主流程如图 2-29 所示。

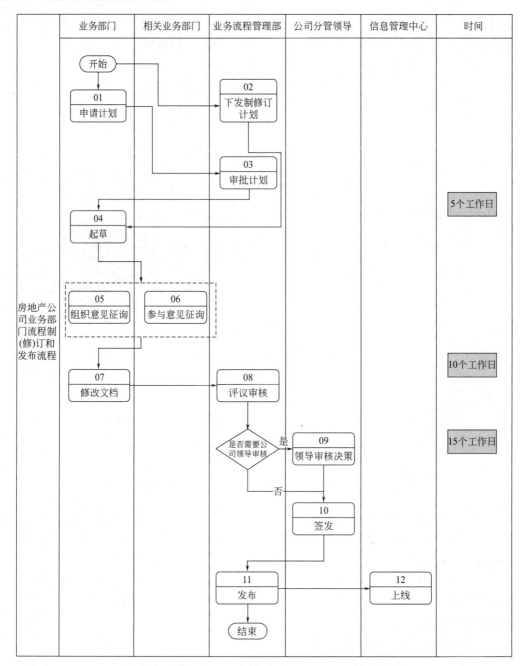

图 2-29 房地产企业运营业务流程的设计和发布主流程

5. 构建基于大运营管理的房地产企业系统流程框架

根据房地产企业业务流程的重要性或者业务流程的层次性质,对房地产企业的业务流程进行分类,按照两种不同分类方法构建企业的业务流程优化方案体系框架与项目专业条线总流程设计方案,如图 2-30 所示。

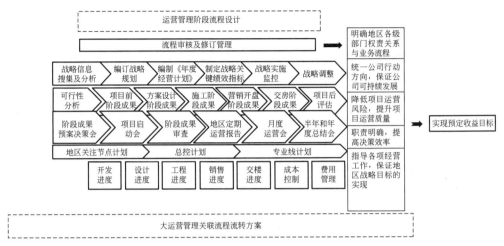

图 2-30　基于大运营管理的房地产企业系统流程体系框架

2.4　房地产开发项目运营价值流管理

价值流（Value Stream）是资源经过生产（施工、建造）转变为房地产建筑产品的整个活动过程，是房地产建筑产品在整个施工建造过程中所需要进行的全部活动。其中全部生产（施工建造）活动在价值流理论中被分为三大部分：一是在生产（施工建造）活动中给产品增加价值的活动（Value-Adding，VA）；二是非增值的活动（Non-Value Adding，NVA）；三是必要但不增值的活动（Necessary but Non-Value Adding，NNVA）。这个生产（施工建造）过程包括从产品生产（施工建造）最基本的决策、计划、组织阶段到实施阶段，一直到最终产品的完美交付或后续的运维全部过程。以房地产开发项目为例，包括城市规划、土地获取、土地管理、策划决策、融资采购、勘察设计、营建监管、运营维护、审计评价、拆除复用的循环等。

2.4.1　房地产项目开发传统价值流

传统的房地产项目开发价值流一般分为定位决策阶段、土地获取阶段、规划设计阶段、项目实施阶段和项目收尾阶段。传统房地产项目开发价值流如图 2-31 所示。

由图 2-31 可以看出，流程的划分依旧是工作的审批性节点，缺少精益思想中客户/业主价值拉动与价值的流动过程。以精益运营管理思想对房地产项目开发流程进行重构，形成精益运营价值流，是房地产开发项目运营管理本质上的创新：一是用客户/业主需求导向来定义价值、识别价值，而不是以成本＋利润的导向、市场导向来定义价值。二是用价值流取代生产流。以客户/业主价值增值为基础的价值流，其关键任务设置的原则为价值流动与增值；将为客户/业主产生价值的工作任务或价值增值检验点设置为价值流中的关键任务，去掉原有流程中不增值的产生浪费的工作任

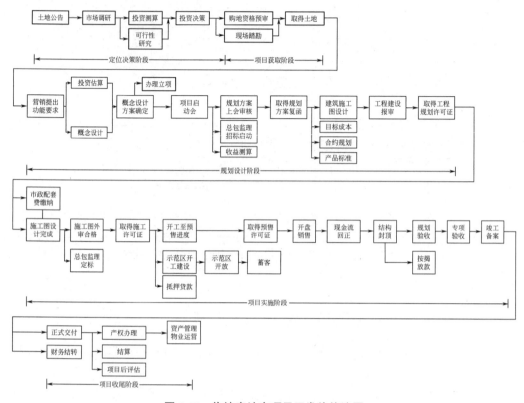

图 2-31 传统房地产项目开发价值流图

务。三是以客户/业主需求拉动取代利润拉动,项目收益指标的衡量标准从利润指标变为客户/业主价值最大化目标。

2.4.2 房地产项目开发精益价值流的构建

房地产开发项目流程复杂,前期主要以投资规划为主,中期以施工建造销售为主,后期以交付客服为主。项目开发持续时间长、行政审批多且为后续工作的必要条件,使得房地产开发的价值流呈现出阶段性特征。因此以阶段划分为基础,对价值流进行重构,并在流程中加入影响价值决策的行政审批环节。

为了彻底贯彻精益价值流的思想,从客户/业主价值的角度,以"价值识别阶段—价值建立阶段—价值实施阶段—价值增值阶段"对开发项目的价值流进行阶段性划分。

1. 价值识别阶段

关键任务一:城市发展分析

第一,传统项目价值流是从土地公告开始,然后进行市场调研与投资测算,是在得到土地信息以后被动地、片面地对该地块进行价值梳理。传统房地产开发过程对城市发展未深入分析,更多地依靠提高速度来抵御开发过程中的潜在风险。然而房地产项目开发从获取土地到产品预售（即从资金流出到资金流入的时间）最快半年时间，业内平均时间为一年，不同地区因政策差异时间会更长。如果未动态考虑城市的发展情况，一旦预售之前外部环境变化，将会引起设计方案、产品定位、施工建造的返工，造成巨大浪费。

第二，在差异化的政策环境与城市的不同发展周期下，城市间房地产市场大相径庭，在错误的时间进入错误的城市往往意味着无法挽回的失败。因此有必要在土地公告之前就对城市发展进行主动地研究分析，采取差异化的经营战略。

第三，城市发展分析要通过与政府产业发展指导部门、城市规划部门的沟通，明确房地产的另一位客户——政府客户的需求，这样才能更好地对产品、市场、需求进行匹配。而目前除了大规模产业园区开发外，办公、商业、住宅项目很少在进入该城市之前关注政府的需求。

因此在价值流的前端加强城市发展分析的工作，消除经营过程中潜在的巨大浪费，并通过精益化的运营管理确定差异化定位的精准战略。

关键任务二：客户动态需求分析

以客户需求拉动，意味着将客户纳入运营管理流程。客户的需求会随着城市整体的发展、房地产市场的整体变化、局部区域市场的变化（包括市场容量及趋势、市场供求关系、需求释放程度、竞品项目销售情况）、政策的调整产生变化的预期，需要通过不断地挖掘客户心理，保证决策流程精准处理客户的合理需求。尤其受政府供应土地周期影响，需求分析需要及时改变，随着客户需求和市场变化的更新迭代，才会保证产品定位的及时性、准确性，实现最终产品与客户需求的匹配。

传统的产品定位调研流程是根据地块的性质匹配市场整体需求情况来寻找目标客户，而在精益运营思想中是通过客户需求来寻找目标地块，是由客户的价值来定义地块的投资价值（图2-32）。客户价值导向的运营流程要求房地产企业从进入该城市之初就要以客户需求为目标，在锁定目标地块之前，首先就要初步匹配客户需求与土地价值之间的关系，了解土地周边配套设施情况及发展趋势，并判断城市发展的影响（即政府客户的需求），以此来寻找目标地块。建立土地与客户之间关系的过程由客户被动匹配上升到客户价值主动拉动，通过动态需求优化调整过程，实现对项目开发计划的柔性调整。

关键任务三：项目经营定位分析

项目经营定位的过程是从公司战略出发，考虑公司重点布局及发展业态，将战略目标解构为经营目标，然后根据经营目标选择细分市场；再结合财务测算来筛选项目。通过差异化的项目划分，满足公司对利润和现金流的均衡考虑，对资金平衡进行整体上的安排。利润型项目以追求利润最大化为目标，更加注重打造产品质量并提高客户体验感；现金流型项目以追求资金快速回收与再次利用为目标，更加注重客户的购买速度与回款收入；均衡型项目则是平衡了现金流与利润的关系。同时需要考虑公司进入该城市的阶段，如果是第一次进入新城市，现金流型的项目更加有益于快速建

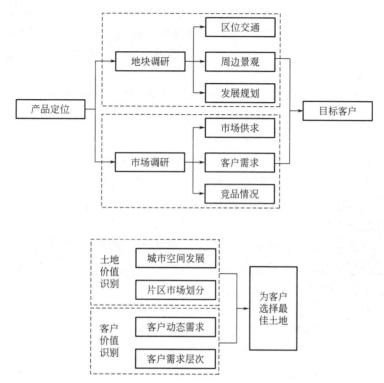

图 2-32 客户动态需求下房地产开发拿地决策流程

立品牌价值,为后续项目打下基础。

典型的差异化项目定位应用条件如表 2-6 所示。

典型差异化项目定位应用条件　　　　表 2-6

项目经营定位	城市级别	现金流回正货量需求	资金峰值比例	地货比
现金流型	三、四线城市	1/3~1/2	40%以下	30%以下
均衡型	二线城市	1/2~2/3	40%~60%	30%~50%
利润型	一线城市	2/3 以上	60%以上	50%以上

其中:

现金流回正货量需求=经营性现金流回正时所销售的货值/项目总货值;

资金峰值比例=最大资金需求量/累计资金需求量;

地货比=土地价格/项目总货值。

在项目实施阶段,建设方案设计的复杂性、建筑图纸提供时间的保障也都需要项目的经营定位分析给出方向性指导。例如针对成本相对较高、工期相对较长的地下室工程,如果将项目定位为现金流型项目,便可以减少地下室的层数,实现资金、时间上的节省,达到快速开盘、快速交付、财务快速结转的要求。因此,在流程中加入项目经营定位分析,目的是实现精准投资,并在项目开发过程中指导运用差异化的运营管理方式做到消除浪费、客户/业主拉动的目标,同时在战略上满足公司对城市布局思路、业态发展要求的整体考虑。

最后,在城市发展分析、客户动态需求分析、项目经营定位分析的基础上,进行财务分析,即形成"拟供区域投资测算"的精准投资分析过程(图2-33)。

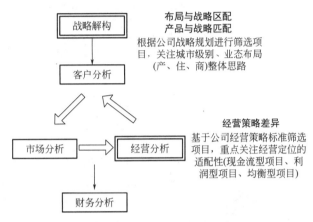

图 2-33 房地产开发项目精准投资分析过程

关键任务四：项目风险分析

随着房地产开发项目拿地模式的多样化(表2-7),项目获取的风险也越来越大,尤其是股权合作类项目的风险不是仅根据拟合作公司表面上的以往经营业绩、业务往来、财务状况、债权债务、股权结构情况就能充分判断的,如图2-34所示。

房地产开发企业土地主要获取方式　　　　表 2-7

土地市场	获取方式
一级市场	土地"招拍挂"公开市场； 勾地等意向性拿地； 一、二级联动开发； 棚改、城市更新
二级市场	土地使用权转让； 股权类合作； 联合开发； 代管代建

综上所述,原有的定位决策阶段从获取土地公告到投资决策的过程,将演变为如图 2-35 所示的价值识别过程;管控的重点是通过识别城市发展、客户需求价值,利用价值拉动后续投资决策工作,并利用差异化的项目定位实现多元客户需求的精准对接,利用综合性的风险分析减少投资失误造成的浪费风险。价值识别阶段指导了后续大量的资金投入、时间投入,是整个房地产开发过程的重中之重。

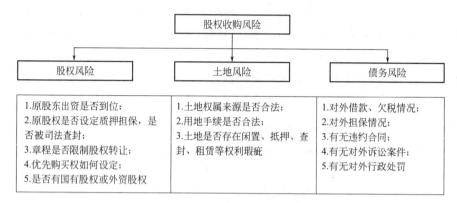

图 2-34　股权收购项目风险

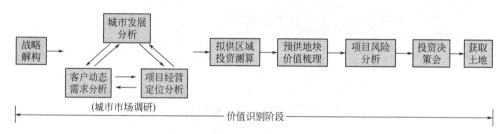

图 2-35　价值识别阶段价值流程

2. 价值建立阶段

在价值识别阶段完成后，企业应该以目标客户/业主为中心进行产品的设计与研发，用客户/业主价值拉动实现价值的可行性规划，提高产品在市场中的竞争力。此阶段是将客户/业主需求转化为产品设计阶段需求，是市场语言向设计语言的转化。

关键任务一：营销、物业、客服功能需求分析（城市市场调研）

传统房地产项目开发流程的产品功能需求是由营销部门提出，然后进行投资估算与概念设计，而营销部门关注更多的是从有利于销售去化的角度，宏观上多为竞争项目情况、供需情况，微观上多为房型面积、户型配比以及项目的快速销售策略，没有真正从客户的价值角度出发分析。因此，将房地产企业最了解客户需求的客户服务部门与房屋交付后为业主服务的物业部门引入流程中，与营销部门一起进行客户/业主功能需求分析，用客户/业主需求拉动产品设计。尤其是我国房地产行业进入"租售并举"的二元时代以后，物业管理公司对持有型项目更加能够从客户的角度就建筑物细部设计的优化、配套设施的完善、建筑材料和主要设备的选用、水电气暖管线的设计方面提出改进要求。此任务也是在价值识别阶段需求分析的基础上，关注市场及客户/业主需求的变化，及时对研发中的产品定位进行优化调整，并且指导项目的规划设计，应重点关注以下几点：（1）客户/业主需求、目标市场的变化情况；（2）房地产政策的变化情况；（3）采购成本、盈利水平的变化情况；（4）当前主流产品规划设计方向的变化情况;(5)竞品信息和行业发展情况。

关键任务二:产品发布

在概念设计完成后,依托企业已有的产品体系,可以提前进行产品的概念发布,例如区位布局的发展优势、智慧生活理念的引导、产品领先设计的亮点等,以此实现加深客户/业主对品牌感知理念、建立客户/业主对产品价值认知的目的。

传统的房地产项目开发流程是在示范区完成后才开始进行大规模的客户宣传与蓄客工作,其目的是通过顾客对示范区的亲身感受来预想未来生活场景,实现开盘后的客户/业主购买行为,而且是基于单项目的营销行为。随着目前 VR 等虚拟技术的发展,体验式的消费不仅局限于实地感受,还可以通过多种展示形式达到体验的目的。而且随着房地产企业产品的逐步积累,领先的房地产企业逐渐形成了自身的产品体系。购房客户不仅局限于首次购房客户,还存在二次甚至多次购买该企业产品的购房客户/业主,对产品已经有了一定的认可度,实地感受不会过多地影响其购买行为。因此,基于标准产品系、展示技术升级、客户/业主忠诚度提升的现实基础,很有必要将产品发布提前,来实现产品价值在客户/业主中的充分建立。同时加长了蓄客期,有利于开盘的迅速销售,提前进行客户/业主价值认知的反馈也有利于对产品进行调整,将客户/业主拉入产品设计研发流程,真正做到客户/业主价值需求拉动。

综上所述,价值建立阶段通过建立多元的功能需求分析、前置产品发布环节,从流程上实现客户/业主价值的拉动;消除规划方案审核与施工图设计工作在价值流中返工、等待的浪费,实现价值流平顺流动。依据精益运营管理思想构建的价值建立阶段价值流程图如图 2-36 所示。

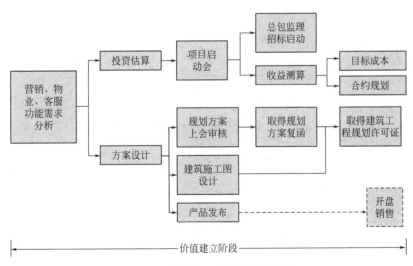

图 2-36　价值建立阶段价值流程图

3. 价值实施阶段

价值实施阶段是真正开始进行产品建造的阶段,是从施工图设计完成到项目竣工的全过程，此阶段的重点在于把客户/业主价值需求转化为产品实体。

关键任务一：联合审图

在施工图设计完成后，进行设计、销售、工程、物业、客服等部门多专业的联合审图，其目的首先是确保图纸的设计意图满足前期确定的客户/业主价值需求；其次是通过对图纸细节的审核，发现图纸中的错漏碰缺以及可以降低成本、增加客户/业主价值感知的局部设计；最后是避免后期施工过程中，因为返工造成的时间、成本的浪费。

关键任务二：产品后评估

在示范区开放与销售开盘之间加入产品后评估任务，避免项目以后开发批次的产品设计与需求不匹配所导致的浪费。

示范区开放、样板间展示，意味着产品第一次以不可改变的实物形态展示在客户面前，是客户对产品的检验过程。通过示范区开放前客户拓展过程中的意向征集、示范区开放后客户现场体验的意见收集，在项目开盘前根据销售预测情况进行后期产品的规划。以往此部分工作是在开盘后进行，但受开盘条件的影响（多数地区要求开盘工程形象进度需要结构施工达到1/3层数或封顶），时间上往往滞后于后期地块方案设计，因此以精益思想的客户拉动、全面质量管理、尽善尽美原则为指导，基于整个项目后期开发批次运营的考虑加入产品后评估任务，为后期产品开发提供指导。

关键任务三：存货管理分析

房地产销售形势的下行，使得越来越多的产品不能在交付前全部销售，也因此出现存货管理的概念。因此在流程中需要加入存货管理的环节，通过货值的盘点、整盘利润的平衡、持续销售时间的预估，实现用"以销定产"的客户拉动生产原则来确定后续开发时间与规模。此任务因销售情况可能一直会延续到项目整体交付以后。

综上所述，在价值实施阶段通过加入联合审图、产品后评估来实现客户/业主价值的循环拉动，减少整盘项目的库存浪费。通过加入存货管理分析，利用精益思想中小规模、多批量、客户拉动生产的原则，实现项目的货量平衡与资金平衡。另外，此阶段的开盘销售任务，也需要采取精益销售的思想，从定价、推盘户型比、推盘节奏、回款比例等角度实现差异化的精益营销。价值实施阶段的价值流程图如图2-37所示。

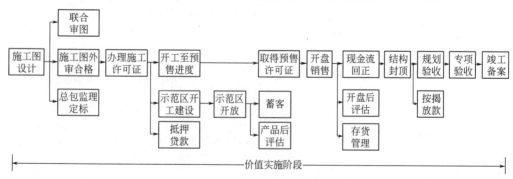

图2-37 价值实施阶段价值流程图

4. 价值增值阶段

价值增值阶段涉及交付客户/业主以后的流程，交付客户/业主意味着价值的转移，但并不意味着价值流的结束。

关键任务一：项目后评估

原有流程中的项目后评估任务是对本期房地产开发运营管理过程全面的总结与提升，为后期开发打下坚实的实践基础。而在精益运营管理中，项目后评估不仅是上述功能，还是项目进入资产管理、价值增值阶段的开端，后评估的内容也需要加入资产管理的方案评估。

关键任务二：资产增值管理

作为交付后的产品，资产增值存在两个方面的含义：一是如何能利用客户/业主的"黏性"服务实现房地产项目对客户/业主需求的增值，一些房地产企业引入了社区商业、社区教育、社区金融等服务来提升物业品质，来满足客户持续不断的价值需求；二是通过社区的品牌打造、周边配套的逐步完善，实现产品本身的增值，特别是对于商业、商务办公类产品，营造良好的办公经营环境、提供优质的物业服务和运维服务，可以大大提高租售价格，为客户带来超额的租金回报率与投资收益率。因此在流程中加入资产增值管理任务，不仅加强了产品全生命周期的价值管理，同时满足了房地产企业与客户/业主对持有房产的价值增值需求。

综上所述，价值增值阶段区别于传统房地产开发流程，并不是价值流的结束，而是价值流长期流动的开始，通过在此阶段加入资产管理的内容确定价值增值的目标导向，为客户/业主带来持续的价值增长。价值增值阶段的价值流程图如图2-38所示。

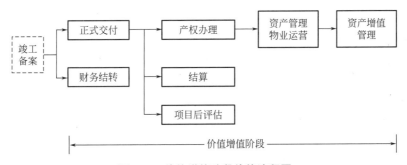

图2-38　价值增值阶段价值流程图

2.5　房地产开发精益运营管理体系的构建

房地产开发项目运营管理体系，主要由计划管理体系、会议决策体系、成果管理体系以及运营监控体系构成。其中计划管理体系是运营管理的主线，根据项目运营计划开展相应的开发工作，并通过存货管理、政策市场分析来调整运营计划；在以计划管理为基础的决策点中加入运营决策会议,并对会议的召开时间、上会条件、决策议题、决策人员、决策指标进行标准化管理,成为会议决策体系;加入计划时间重要节点需达到的成果内容、成果要求,成为成果管理体系。这三个体系,又同时受以利润、现金流为重点的运营监控体系的检查与纠偏,形成闭环管理,如图 2-39 所示。

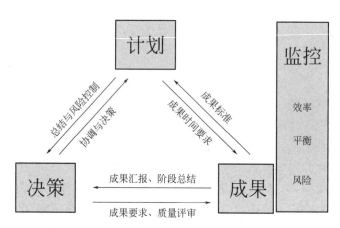

图 2-39 房地产开发精益运营管理体系构成关系

2.5.1 房地产开发项目系统精益运营体系的构建

综上所述,精益运营管理的方法与精益计划管理体系、会议决策体系、成果管理体系、运营监控体系成果,以房地产开发项目精益价值流为基础,建立综合的房地产开发项目精益运营管理体系。将精益价值流中的任务落实到项目总控计划中,分为里程碑、一级、二级进行分级管控,另在不同时间点加入对应的专项计划;依据不同管控级别、不同时间点需求,将成果管理体系、会议决策体系、运营监控体系也进行分级管控。最终形成基于精益管理的房地产开发项目运营管理体系,如图 2-40~图 2-43 所示。

2.5.2 房地产开发项目精益运营管理实施体系

房地产开发项目管理是房地产企业顺利推进房地产项目实施的最重要的手段,每个项目都需要从项目投资决策开始,一直到项目结束,对其全过程进行管控,确保项目目标顺利实现。基于精益项目管理的思想,本书构建了房地产企业的项目实施管理体系,如图 2-44 所示,项目管理办法总体描述项目管理总则、项目分类分级、项目管理职责及分工、项目管理组织方式、项目过程管理及管理要素。项目管理手册主要对项目的过程管理涉及的业务过程通过表单的方式进行细化,主要作用是指导项目组进行项目管理工作。

第 2 章 房地产企业精益运营管理

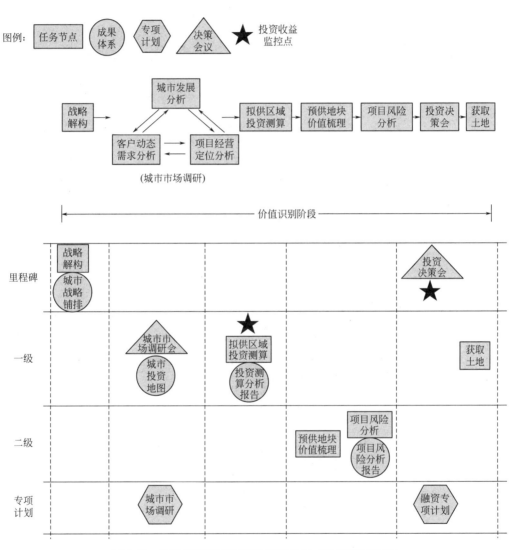

图 2-40 房地产开发项目精益运营体系（价值识别阶段）

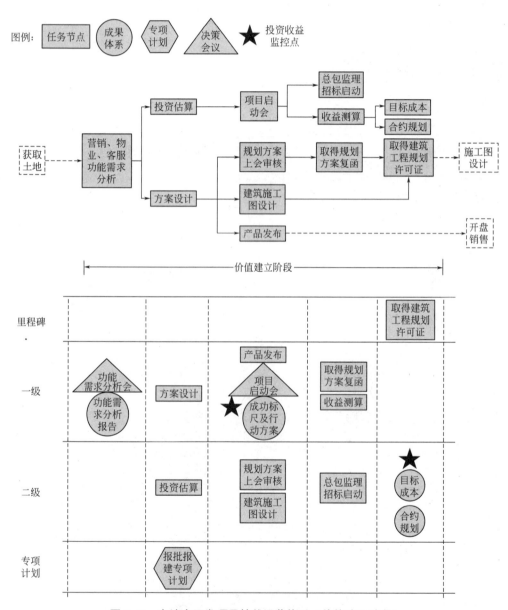

图 2-41 房地产开发项目精益运营体系（价值建立阶段）

第 2 章　房地产企业精益运营管理

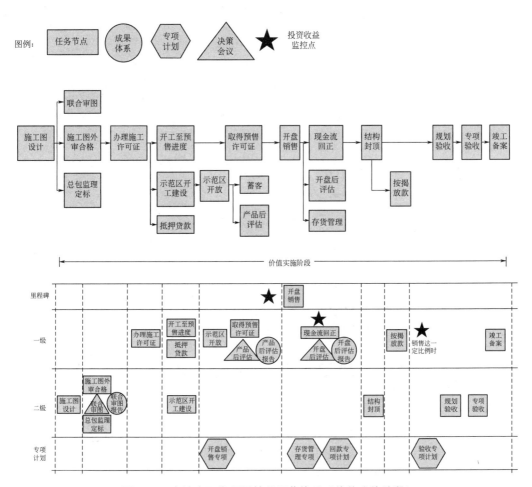

图 2-42　房地产开发项目精益运营体系（价值实施阶段）

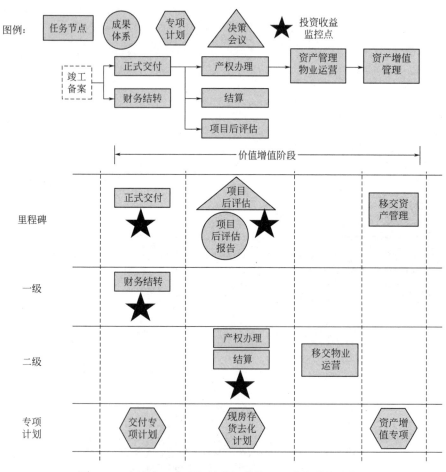

图 2-43 房地产工发项目精益运营体系（价值增值阶段）

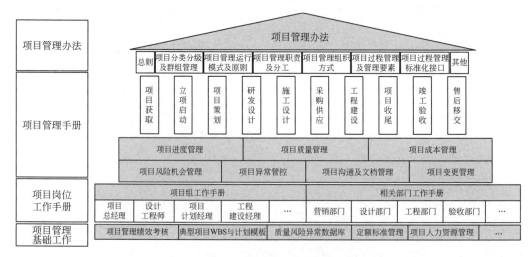

图 2-44 房地产开发项目精益运营管理实施体系

第 3 章　房地产企业精细化计划运营管理

对于房地产开发项目，计划运营管理是第一个环节，也是项目管理中最关键、最主要的环节。"没有计划的最大好处，在于失败被当成是一个彻底的惊喜而不是在经历焦虑和抑郁之后。"一个项目如果没有精细化的运营计划，项目必然会因为启动阶段缺少明确的目标要求而在混沌状态下进行，开发项目的目标也会不自觉地在项目实施过程中变来变去，投资者没有衡量项目是否成功的标尺，这样的项目即使执行下去也是失败的，在具体实践中也会因为责任部门、责任人不明确，出现"推诿扯皮"的现象，无法做到奖惩分明。因此，一个房地产开发项目要达到预期目标，必须要编制精准的运营计划，而且一定要编制精细化的运营计划并落地执行（图 3-1）。

图 3-1　成功的项目开发从计划运营管理开始

3.1　房地产企业计划运营管理导论

3.1.1　计划运营的内涵

对于房地产企业/项目而言，计划运营管理是公司大运营体系的基础。在房地产企业/项目运营管理中，计划运营管理是首要环节，也是项目管理中最重要的组成部分,起到统揽全局的作用。如果说项目大运营管理是大树,那么计划运营就是枝干,它的壮大离不开项目管理自身的发展。

按照房地产项目类型和项目管理需求的不同,可以将运营计划划分为项目范围管理计划、项目进度管理计划、项目成本造价控制计划、项目变更管理计划、项目集成管理计划等多种形式。项目计划运营体系就是不同的项目类型、层次和管理内容、管理手段的集合体,其目的是达成企业/项目的大运营管理目标。

3.1.2 计划运营的系统性

1. 职能完备

计划运营从早期只管工程开发进度,转变为开始关心设计完成时间、招标采购周期、销售指标的制定、销售去化率的达成等全过程运作,同时还逐步协调每个部门,从全局角度来整合项目运营情况,强化沟通机制,鼓励提前预警,如此完善的职能才能保证运营计划的顺利实施。

2. 架构独立

计划运营管理职能从最开始综合管理部到工程管理部再到专门的计划运营部,经历了风风雨雨,最终给了真正的名分,成立了专属部门,不再像往常一样要臣服在其他部门之下,专属部门的成立为计划运营管理的成功实施提供组织保障。

3. 体系健全

万科"5966"高周转原则,土地获取后 5 个月内开工,9 个月开盘,开盘第一个月必须销售 60%,产品必须 60% 是住宅。万科的这一举动是房地产企业计划运营管理多年发展的大势所趋。关注全周期开发,从土地获取到交付业主,从开工到开盘等,不放过任何一条线加强协调配合,对计划完成的标准树立标杆,达到全面发展。

4. 横向提前

龙湖"631"管理要求,即土地获取前 6 天完成方案设计工作,获取后 3 天必须开工建设,开盘后 1 个月内完成复盘评估。龙湖的计划运营管理水平在行业内是屈指可数的,它强调将所有工作前置,这样就总比别人快一步,总是走在其他企业的前端,并将开盘后的总结评估做得非常到位,很好地总结了上一期的经验教训,对即将要开发的后续分期提供有效指导。在开发建设的每个阶段都有合理的分布,确保快速开发建设的同时还不忘精细化管理,真正做到了双赢。

5. 结构完整

PDCA 工作法:P(计划)、D(实施)、C(检查)、A(提高)循环。有计划、有节点、有责任人、有标准、有检查、有监督。运营工作需介入对业务全流程的管控,形成工作安排的闭环,并对运营结果负责。完成这些直线性逻辑之后,计划运营工作有着更高的要求,每项工作都要有计划、有时间进度、有具体人负责、有工作标准和要求、有检查、监督和考核。在一个问题发生后,只有进行了有效解决,才算是功德圆满，闭环管理的目的是要绝对避免一个故障的出现后解决问题时相互推诿以致不了了之的情况发生，最大限度地排除事故隐患。这四个过程没办法一次结束，而是反复进行，一个过程完了解决一些问题，未能解决的就进入下一个循环，这样阶梯式上升。最终形成先有度、中有标、处有法的计划运营管理体系。

3.2 房地产企业计划运营管理体系构成

3.2.1 组织层面的计划运营管理体系

构建"职能/项目"矩阵式计划运营管控模式，通过"PMO"机制高效统筹各职能专业在项目层面的协同配合，总经理对运营负责人"赋权"，组织对项目负责人"赋能"，见图3-2。

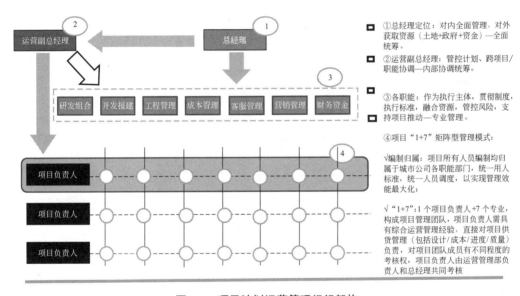

图 3-2 项目计划运营管理组织架构

（1）总经理定位：对内全面管理，对外获取资源（土地＋政府＋资金）——全面统筹管理。

（2）运营副总经理：管控计划、跨项目/职能协调—内部协同统筹。

（3）各职能：作为执行主体，贯彻制度，执行标准，整合资源、管控风险，支持项目推动——专业管理。

（4）项目"1＋7"矩阵型运营管理模式：

① 编制归属：项目所有人员编制均归属于城市公司各职能部门，统一用人标准，统一人员调度，以实现管理效能最大化；

② "1＋7"：1个项目负责人＋7个专业，构成项目运营管理团队，项目负责人需

具综合运营管理经验,直接对项目供货管理(包括设计/成本/进度/质量)负责,对项目团队成员有不同程度的考核权,项目负责人由运营管理部负责人和总经理共同考核。

构建层级运营责任中心,实现"赋权""赋能":

① 建立职能部门内二级专业管理中心,强化城市公司平台的管理能力、标准建立能力及风险管控能力;

② 二、三阶段随着运营管理能力提升,开发报建职能纳入运营统筹管理,以加强外部报批与内部专业的协同。

构建项目各阶段"1+7"团队组织架构(图3-3):

①"1+7"项目团队:即1个项目负责人+7个专业,构成项目管理团队,项目负责人需具综合运营管理经验,直接对项目供货管理(包括设计/成本/进度/质量)负责,对项目团队成员有不同程度的考核权,项目负责人由运营管理部负责人和总经理共同考核;

② 矩阵管理:通过对项目BSC考核,做实项目全过程开发管理,间接对销售回款、利润实现产生影响。

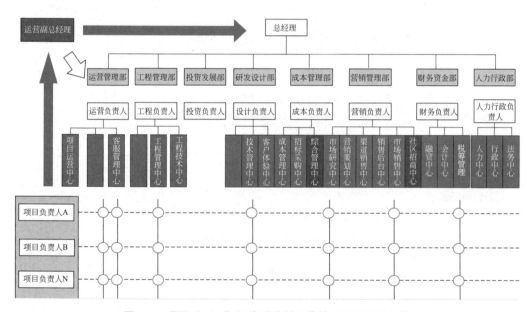

图3-3 项目"1+7"矩阵型计划运营管理项目组织架构

各职能部门计划运营管理的职责地位(图3-4):

"赋权""赋能",提升各职能责任中心(单元)的运营组织能力:项目拓展能力、产品定位能力、运营执行能力、产品设计能力、成本控制能力、市场营销能力、客户服务能力、资金管理能力、组织保障能力。

第3章 房地产企业精细化计划运营管理

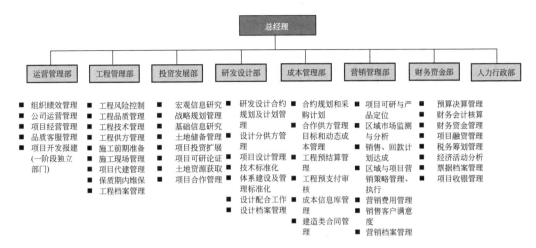

图3-4 项目各职能部门计划运营管理内容

3.2.2 项目层面的计划运营管理内容体系

本书以项目进度、质量、成本、组织、风险、资源、安全七项项目管理内容为主要划分依据，将主要项目管理计划归类总结，如图3-5所示。

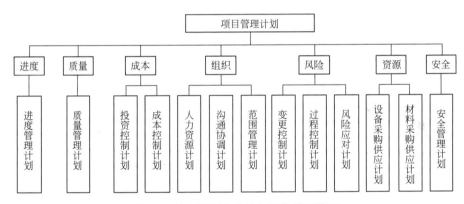

图3-5 按项目划分的计划运营管理体系

每类项目计划运营管理体系都是由多个相互关联的计划组成的系统。以项目进度计划为例，根据计划深度不同，可以分为总进度计划、项目子系统进度计划、单项工程进度计划等；根据功能不同，可以分为控制性进度计划、指导性进度计划、实施性进度计划等；根据计划编制的建设参与方不同，可以分为业主方进度计划、设计进度计划、施工进度计划、采购和供货进度计划等；根据计划周期的不同，可以分为年度进度计划、季度进度计划、月度进度计划等。

基于以上计划的划分方式，将项目计划运营管理系统按照管理内容、建设阶段、各参与方、项目建造深度等标准进行分类，如图3-6、图3-7所示。

- 083 -

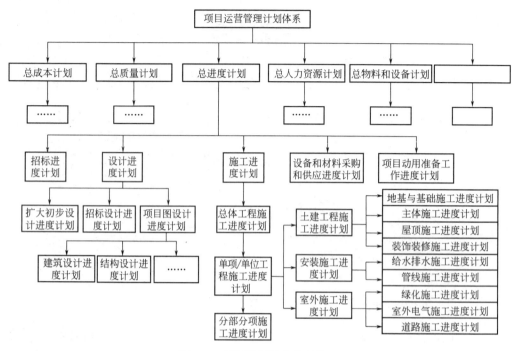

图 3-6 项目计划运营管理体系

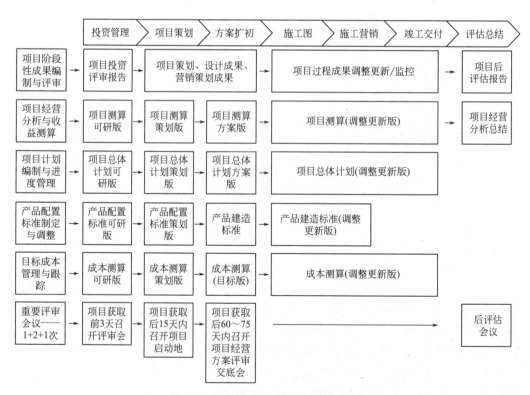

图 3-7 项目层面的计划运营管理体系

3.2.3 "三链结合"的项目计划运营管理体系

"三链结合"的项目计划运营管理体系如图3-8所示。

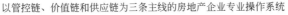

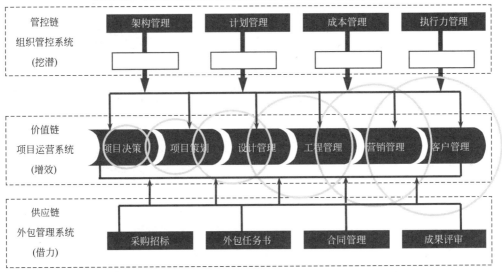

图3-8 "三链结合"的项目计划运营管理体系

3.3 房地产企业计划运营管理平台建设

何为有效的计划运营管理平台？就是根据房地产开发特点，以房地产企业管理作为"面"和以房地产单个项目开发作为"点"，构建由"点"组成"面"、由"面"覆盖"点"、"点""面"互动的协同机制，即：有效的计划运营管理体系要包含公司经营计划与项目开发计划两个维度，公司经营计划依托于各个项目开发计划，各个项目开发计划支撑公司经营计划，两者相互联动并制约。在这样的互动平台下，房地产企业围绕各项目开发计划完成项目开发，同时根据公司经营计划谋求公司进一步的发展，形成一个良性的正向循环。因此，建立高效、有序的计划运营管理平台应包括项目开发计划体系、公司经营计划体系以及项目开发与企业经营互动的运营管理平台。

3.3.1 平台之基石——项目开发三级计划运营体系

在房地产项目运营计划体系设计原则的框架下，根据管理幅度和专业分工的不同，项目运营计划可以分为三级运营体系（图3-9）。

三级计划分别对应和服务于不同的运营层级。

一级计划：俗称里程碑计划，定位于企业决策层重点关注的"重大关键性节点"，

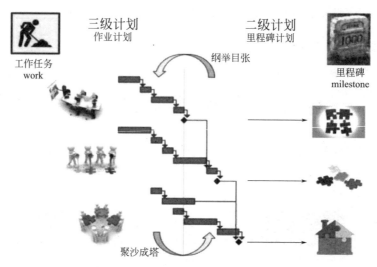

图 3-9 项目开发三级计划运营体系

是最有效的项目运营节点管控的标准和目标。**做好项目里程碑计划，项目就成功了一半！**

一级运营计划强调项目开发的宏观整体把控，主要服务于企业最高层面的决策需要。在编制过程中，首先根据公司经营目标的总体性要求（诸如资金回笼需要、利润目标的实现等），确定少数关键性指标或者项目开发过程中里程碑事件的时间节点，例如开工、开盘、封顶、竣工、交房等关键节点；然后，项目层面各专业部门协商、讨论，确保其协调一致。参考模板如表3-1所示。

房地产项目开发一级里程碑节点计划参考模板　　　　　表 3-1

序号	节点等级	业务事项	周期(天)	主责部门	完成标准
1	一级	开盘	1	项目公司	正式销售
2	一级	取得《建设用地规划许可证》	50	项目公司	取得正式《建设用地规划许可证》
3	一级	取得《国有土地使用权证》	60	项目公司	取得正式《国有土地使用权证》
4	一级	产品定位	15	营销策划中心	定位OA审批通过
5	一级	项目规划、单体方案内、外审完成	1	研发设计中心	政府出具方案书面确认书
6	一级	完成施工图内审(不含市政及景观)	10	研发设计中心	电子版施工图OA审批通过
7	一级	取得《建设工程规划许可证》	30	项目公司	正式《建设工程规划许可证》

续表

序号	节点等级	业务事项	周期(天)	主责部门	完成标准
8	一级	总包定标	50	成本管理中心	定标,发出中标通知书
9	一级	取得《建设工程施工许可证》	40	项目公司	取得正式《建设工程施工许可证》
10	一级	取得《销售许可证》	90	项目公司	取得正式《建设工程施工许可证》
11	一级	开工(总包开工)	1	项目公司	桩基进场
12	一级	结构工程全部达到±0.00	50	项目公司	工程结构全部达到±0.00
13	一级	工程主体全部封顶	85	项目公司	工程结构全部封顶
14	一级	工程竣工验收(竣工初验)	1	项目公司/工程管理中心	竣工初验通过
15	一级	取得竣工备案表	5	项目公司	取得竣工备案表
16	一级	交付业主	1	项目公司	开始交付

二级计划：也称主项计划，定位于项目负责人的作战指挥计划。在一级计划的基础上进一步细化，编制更加详细的项目开发主项计划，该计划是作为项目负责人指挥项目开发的作战书，同时也是体现项目开发过程中各个环节任务的前后置关系以及搭接时间，是反映和协调不同专业和部门之间的接口计划。项目各专业部门必须遵照该计划的指令，保质保量地完成各自的工作，并在过程中相互协调。

二级计划是项目负责人的指挥棒，是项目职能部门间沟通的桥梁，重点解决职能间交叉的工序和任务。

三级计划：又称专项计划，定位于项目职能部门的专业计划管理工具。三级计划是在二级计划的基础上，根据各专业的需要进行更具体的分解和细化，三级计划受相应的二级计划的指导和控制，作为职能部门执行具体开发任务的作业指导书，可落实到具体操作人员。

从内涵和联系上看，一级计划是项目开发的纲领性计划，需经充分的论证，以保证其可实施性；然后以全局性的一级计划做指导，编制二级计划（作战计划）；再以二级计划做指导，分解形成营销计划、设计计划、建造计划等分端口的实施操作计划（专项计划）。

以上过程实现了"计划目标的层层分解"，也形成了下级计划对上级计划的有力支撑，如图3-10所示。

从覆盖面和价值链上看，一、二级计划属于综合性计划，涵盖从项目策划到业主入住的项目开发全过程，贯穿产品开发、产品销售两条业务线，反映策划、设计、工程、营销等各个价值活动。三级计划属于各专业的专项计划，属于专业管理工具。正

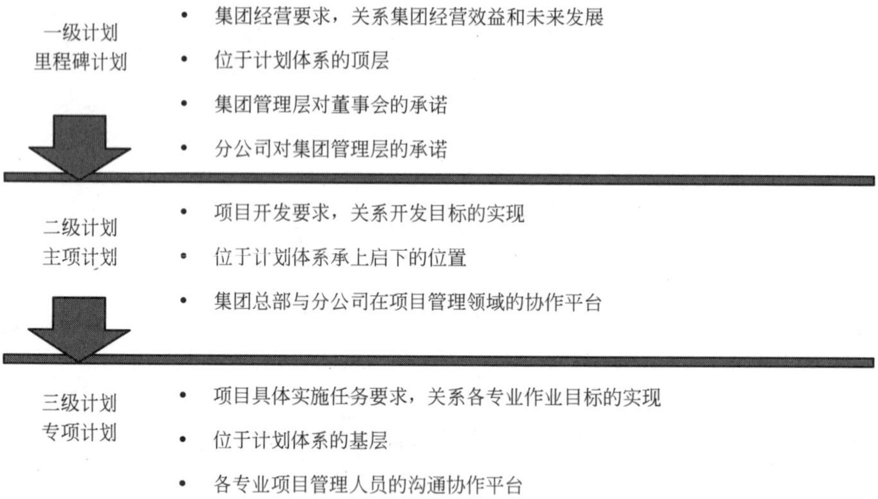

一级计划
里程碑计划
• 集团经营要求，关系集团经营效益和未来发展
• 位于计划体系的顶层
• 集团管理层对董事会的承诺
• 分公司对集团管理层的承诺
二级计划
主项计划
• 项目开发要求，关系开发目标的实现
• 位于计划体系承上启下的位置
• 集团总部与分公司在项目管理领域的协作平台
三级计划
专项计划
• 项目具体实施任务要求，关系各专业作业目标的实现
• 位于计划体系的基层
• 各专业项目管理人员的沟通协作平台

图 3-10 项目三级运营计划体系

因为项目开发计划管理体系覆盖开发价值链的全过程，涵盖所有专业端口的业务活动，计划管理与控制通常被看作是房地产企业运营管理的工具、载体和主要功能。

项目三级运营计划主要类别见图 3-11。

总体作业计划
营销作业计划
设计及报建作业计划
专业部门作业计划
采购作业计划
工程作业计划
获取项目
施工许可证
总包基础开工
开盘
竣工备案
集中交付
前置工作计划
预售证专项计划
阶段性作业计划
开盘专项计划
竣工备案专项计划
优展区专项计划
集中交付专项计划

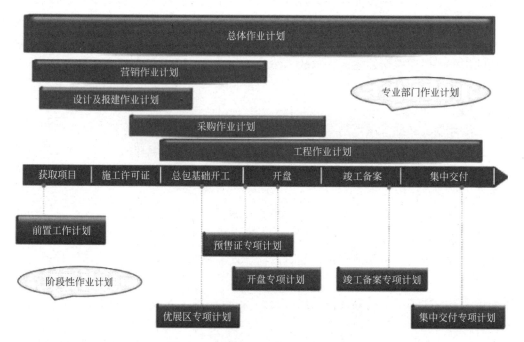

图 3-11 项目三级运营计划主要类别

计划运营管理持续改进模型见图 3-12。

图 3-12 计划运营管理持续改进模型

【案例】M 地产集团三级计划运营管理体系（图 3-13）。

层级	项目计划体系	管理计划体系
一级	项目总控经营计划(含关键节点计划+经营指标)	公司计划/年度计划
二级	项目总体开发进度计划	部门计划/季度、月度计划
三级	项目专项计划(工程、设计、招标、开盘、样板间等)	员工计划/月度、周度计划

集团级　年度经营计划/3年经营计划

项目关键节点计划　　公司月度计划

项目总体开发进度计划　　部门月度计划

某项目开盘专项计划　　员工月度计划

图 3-13　M 地产集团三级计划运营管理体系

计划运营管理体系的特点：

1 个目标——体现企业的质量及管理思想；

2 改体系——项目计划体系＋运营计划体系；

3＋N 层级——分级计划运营管理。

项目三层级十四要素计划运营分级体系如图 3-14 所示。

项目三级运营计划体系见表 3-2。

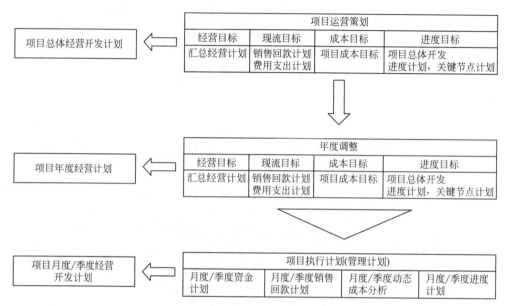

图 3-14 项目三层级十四要素计划运营分级体系

项目三级运营计划体系　　　　　　　　　　　　表 3-2

层级	项目运营计划体系			责任单位
一级	项目开发总体进度计划			计划运营中心
二级	项目总体工程施工进度计划			项目部编制
三级	内部资源协调平衡计划;设计计划、招标计划(包括供应商、分建商考察,技术标、出图、样板确认计划)、分包/甲方供材进场计划等; 专项设施计划(示范区、样板间、市政园林景观等)			招标计划由成本合约部编制,工程部、设计部确认;分包/材料进场计划由工程部编制;专项设施计划由工程部编制
	售楼部专项计划	设计专项计划	招标专项计划	

3.3.2 平台之统领——计划运营管理体系

对于跨地域、多项目开发的房地产企业集团来说,不能仅制定项目开发计划管理体系,因为多个项目同时开发,并且各项目所处的开发阶段各不相同,企业在整个公司层面就非常有必要综合考虑各项目在某个时间周期内的开发进度情况,否则必然导致各个项目各做各的,公司资源必然调配不妥,容易造成公司管理混乱、管理层到处救火的场面。因此,必须在各项目制定项目开发计划体系的基础上,以时间周期为维度进行横向加总和平衡,然后结合企业发展战略规划要求,形成房地产企业的公司经营计划管理体系。

通常房地产企业在制定公司经营计划管理体系时均会包含近期战略规划、近期经营目标计划以及相应的年度/半年度等阶段性经营计划。以某房地产集团为例,该公司采用"32163"（时间维度）体系的经营计划：即"3 年战略规划、2 年盈利预测、1 年经营目标、（区域公司半年度/总部职能部季度）刚性计划"，如图 3-15 所示。

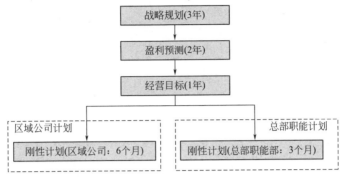

图 3-15　某房地产集团"32163"运营计划管理体系

"3 年战略规划"是由于房地产开发周期较长。一个项目开发大概需要 1.5～2 年，通常在今年贡献利润的项目，上一年度已开工建设；而今年又必须为明、后年新开工的项目提前做好土地储备。从公司经营的角度来看，往往是"走一步，看三步"，需要站在公司持续发展的角度，对内、外部环境进行分析，确定未来三年甚至更长时间的发展方向，才能获得战略上的主动。"2 年盈利预测"主要基于企业资源的盘点，根据在建项目、土地储备及新项目的获取情况分析得出。年度经营目标和计划的制定，向上需要保持与"3 年战略规划、2 年盈利目标"的有效衔接，向下则结合绩效考核制度与体系，通过区域公司半年经营责任状、总部职能部季度考核，层层分解加以落实，由此实现公司"战略—计划—绩效—激励"管理循环。

3.3.3　平台运转——计划运营与项目开发计划互动协同

1. 图解运营计划与开发计划的编制过程

要有效搭建开发与经营互动的运营管理平台，首先要对经营计划与开发计划编制的逻辑思路有着清晰的认识，即从公司管理的最高决策层面宏观把控计划的编制、修订和协调，才能真正做到有效的计划管理体系。图 3-16 为公司运营计划与项目开发计划编制过程的逻辑框架思路，即如何根据公司年度经营计划大纲编制项目开发计划，最后推导出公司年度经营计划的过程。

2. 运营计划与项目开发计划的有效互动

从运营计划编制与管理的目的来说，房地产企业的运营计划是以利润为导向的，围绕目标利润的实现，而项目开发计划则是目标导向，要求保质保量、按工期进度完成节点目标，如图 3-17 所示。

两者之间如何紧密联系，有效互动？在实际操作过程中，通常在"半年度"时点上，确保两个维度计划制定的"同步和匹配"。也就是说"区域半年刚性计划"以项目维度的"开发计划"为母本编制。与此对应，里程碑计划以半年为周期滚动修正，

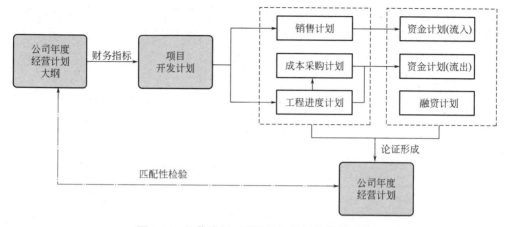

图 3-16　运营计划、项目开发计划的逻辑框架

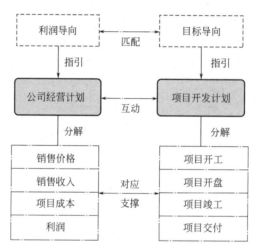

图 3-17　经营计划与项目开发计划的互动关系

以便及时应对市场环境的变化,从国内目前的情况来看,这种变化还是相当大的,由此形成整个计划管理体系的闭环。

建立以项目开发计划为基石、以公司综合运营计划为统领的运营计划管理平台,有助于解决经营计划与项目计划脱节的问题。公司年度运营计划的制定,必须以切实可行的项目开发计划为基础,确保运营计划的"落地"。项目开发计划又会根据运营目标的不同而主动调整开发节奏,重点落实里程碑计划中对运营目标实现有重大影响的节点(例如开工、开盘、示范区开放、竣工备案等),确保运营计划的实现,最终实现项目开发计划与运营计划的有效对接。

3.3.4　六步构建房地产企业计划运营管理体系

第一步:定方向,确定集团的战略目标。

第二步：将战略目标进行分解，制定公司经营计划，再分解到项目经营计划。

第三步：进行指标分解，并实现从职能目标向经营指标的转变。

第四步：建立标准，为公司实现目标提供工具支撑，建立工期标准、会议标准、成果标准等。

第五步：进行动态管理，两管两控四位一体。两管是管计划、管货值，两控是控利润、控现金流，通过管控确保目标实现。

第六步：配机制，组织结构优化，充分授权，提高效率，另外也要设置匹配的激励措施，建立信息化平台以提高数据处理的办公效率。

房地产企业计划运营管理体系框架如图 3-18 所示。

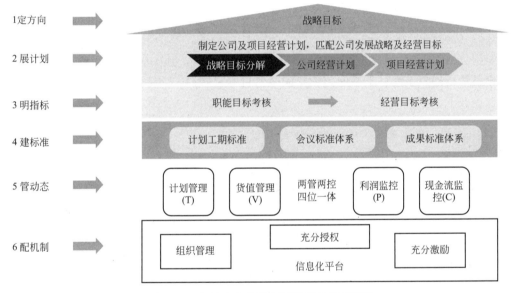

图 3-18　房地产企业计划运营管理体系框架

在制定集团战略目标时，要考虑天时、地利与人和（图 3-19）。

天时是指市场环境和行业周期、国家政策等因素，例如现在土地市场已经遇冷，行业周期处于下行阶段。近几年，政府鼓励棚改货币安置为房地产企业去库存，尤其是为三、四线城市创造了很多机会，目前部分城市的货币安置政策已经调整，销售去化必然受到影响。

在地利方面，现在不同城市的销售市场形势不同、政策不一，企业要做好各城市的市场调研，我国的城镇化进程还有很大空间，所以就算市场逐渐不景气，只要跟上城镇化步伐，做好投资布局，还是大有可为的。

在人和方面，要采取供应链合作开发战略，提升自身的软硬实力，增加市场竞争力。

战略目标确认后，要着手分解制定年度经营计划，通过想三、看二、做一、管一

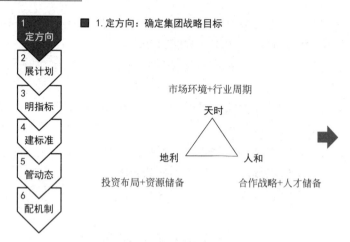

图 3-19　构建企业运营管理体系步骤 1

来实现（图 3-20）：首先进行 3 年计划推演、落实战略；其次盘点 2 年经营资源缺口，确定投资、融资节奏；最后制定 1 年的经营目标、计划、预算；再对这一年的指标进行监控。

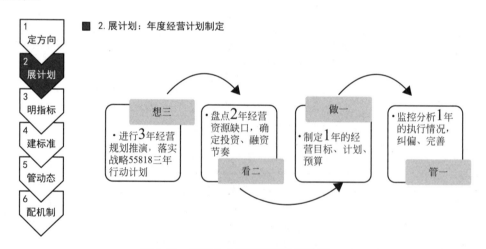

图 3-20　构建企业运营管理体系步骤 2-1

如果将三年目标进行分解，以 55818 战略的 3 年累计销售额达到 800 亿元为例（图 3-21）。根据集团的经营状况，将 800 亿元进行分解，理想状态为 2018 年设置 150 亿元目标，2019 年为 250 亿元，2020 年为 400 亿元，可以看出，计划年度若完成目标较去年增长约 25%，未来两年增加较高，将达到 60%。

盘点 2 年的资源缺口、制定 1 年的计划之前，要先完善经营计划模型（图 3-22）。通过土地货值一步步计算出现金流表，并提取核心经营指标。首先确认货值，盘点土地储备，根据已经制定的开发计划，根据运营分期、每期的开发面积计算销售收入和回款计划；另外根据开发计划也可以计算出成本费用、税金的支出情况，最后结合融

图 3-21 构建企业运营管理体系步骤 2-2

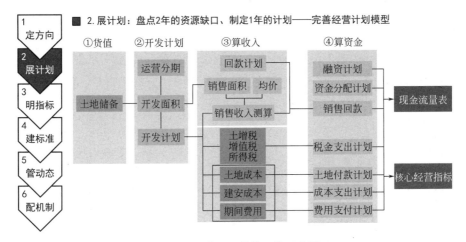

图 3-22 构建企业运营管理体系步骤 2-3

资计划可以计算出企业的资金计划。通过这些计算推演,最终形成基于目前已有项目情况下的企业现金流表、利润表和核心经营指标。

基于经营计划模型,可以盘点测算未来 2 年的资源缺口,并制定 1 年的计划(图 3-23)。

通过对 800 亿元的目标进行 3 年拆分后,计划年度销售目标 150 亿元,通过盘家底、排运营,可以计算出已有项目的总货值约 220 亿元;根据运营排期,可以计算出今年可销售货值为 120 亿~140 亿元,明年可售货值为 80 亿~100 亿元。最后计算缺口,相较于年度 150 亿元目标,可以计算出缺口 10 亿~30 亿元。

保守起见,以新增 30 亿元销售额为目标,30 亿元均需由新获取的项目来实现。基于集团项目开发 5912 的节奏,只有在一季度拿地才有可能在四季度实现销售,假

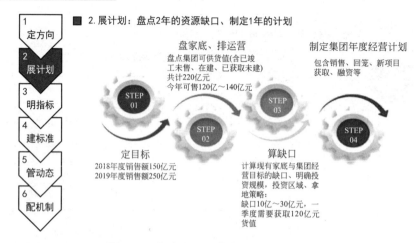

图 3-23 构建企业运营管理体系步骤 2-4

设首次开盘均能去化项目总货值的 25%，需要在一季度获取 120 亿元货值的新项目；将这 120 亿元新项目加入之前的经营计划模型再次进行测算，将这些新项目可能带来的销售收入、融资贷款、各类成本费用、税金支出结合进去，便形成最新的现金流量表、利润表和年度经营指标中的销售额、回笼额和融资额指标。

同理，也可以继续推算计划年度除了提到的 120 亿元新项目外，还要再拿多少土地来确保明年 250 亿元的实现，同时再次更新经营计划模型，最后就可以敲定年度土地获取等其他核心指标。

计划制定完成后，要将大目标拆分成若干个小目标，逐层下达工作经营目标，确保整体目标的实现（图 3-24）。在目标制定时也要转变思路，由职能目标考核转变为经营目标考核，要围绕计划、货值、利润和现金流制定细分考核目标，目标要量化。

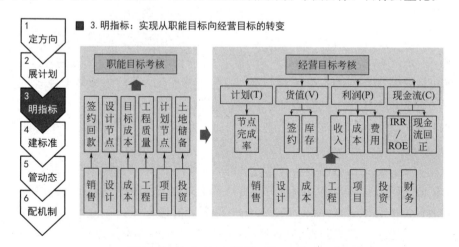

图 3-24 构建企业运营管理体系步骤 3-1

对于关键的经营性指标，要层层分解至与各业务线相关联的量化指标（图 3-25）。

以非常重要的净利润指标为例，对这个关键指标进行分解。净利润可分为收入和总支出，收入与总可售面积和平均单价相关。

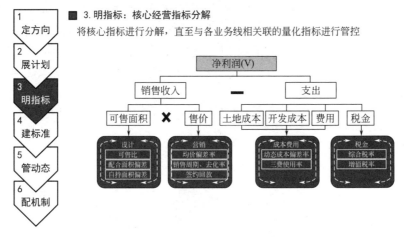

图 3-25　构建企业运营管理体系步骤 3-2

总支出也可拆分为开发成本、期间费用、税金三大部分。开发成本主要分为土地成本和建安成本，可以以建安成本的成本变动率为考核指标，管理费、营销费、财务费的使用率用均可作为指标来考核。税金方面可以分解到综合税率、增值税率的指标。

通过上述分解，核心指标可以拆分至各条线的细化指标，不仅利于各条线更有针对性地开展工作，也可以通过细化指标的监控，更精确地控制风险。

细分的经营性指标可以用作以下用途（图 3-26）：

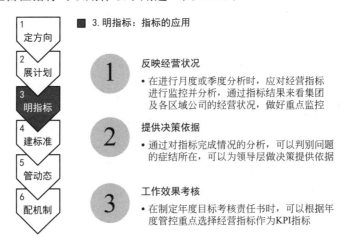

图 3-26　构建企业运营管理体系步骤 3-3

（1）反映经营状况。在进行月度或季度分析时，通过指标完成情况，可以对集团及区域公司经营状况进行监控。

（2）提供决策依据。通过对指标完成情况的分析，可以判别问题的症结所在，可以为运营决策层做决策提供依据。

（3）工作效果考核。

为了确保指标更高效地完成，提高整体运营管理能力，需要建立公司运营管理标准。

例如通过建立数字密码，可以更高效便捷地理解关键运营标准，强化运营理念（图 3-27）。例如 55818、5 比 5 好，5912、25710 这几个数字都深入人心，每次提起这些数字都代表着更快更好。这些数字密码的传诵，可以提高运营效率，至少提高了沟通效率。

1 定方向
2 展计划
3 明指标
4 建标准
5 管动态
6 配机制
4. 建标准：建立运营数字密码
• 2个月开工
• 5个月开盘，首开去化70%
• 10个月现金流回正
25710
• 5个月开工
• 9个月开盘
• 12个月现金流回正
5912
• 5个一级里程碑节点
• 13个一级节点
• 62个二级节点
51362
•5比5好的产品哲学
5V5
55818
三年行动
计划
• 8个集团高管会
• 5个经营分析会
• 21个专项决策会
8521

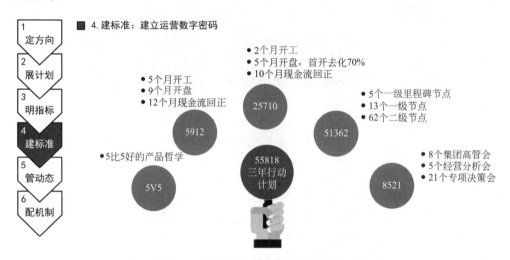

图 3-27　构建企业运营管理体系步骤 4-1

建立计划管理标准，基于计划管理制度（图 3-28）。例如明确项目基本开发节奏：5912 和 25710，通过对 5912 或 25710 的开发节奏把控，加快项目开发节奏。另外通

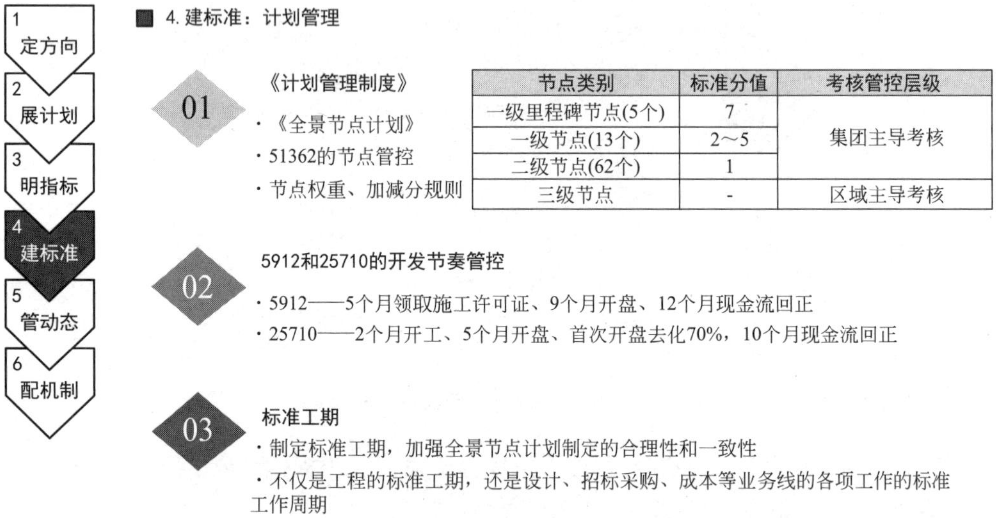

1 定方向
2 展计划
3 明指标
4 建标准
5 管动态
6 配机制
4. 建标准：计划管理
01
《计划管理制度》
· 《全景节点计划》
· 51362的节点管控
· 节点权重、加减分规则
02
5912和25710的开发节奏管控
· 5912——5个月领取施工许可证、9个月开盘、12个月现金流回正
· 25710——2个月开工、5个月开盘、首次开盘去化70%，10个月现金流回正
03
标准工期
· 制定标准工期，加强全景节点计划制定的合理性和一致性
· 不仅是工程的标准工期，还是设计、招标采购、成本等业务线的各项工作的标准工作周期

节点类别	标准分值	考核管控层级
一级里程碑节点(5个)	7	集团主导考核
一级节点(13个)	2～5	
二级节点(62个)	1	
三级节点	-	区域主导考核

图 3-28　构建企业运营管理体系步骤 4-2

过完善标准工期，加强全景节点计划制定的合理性和一致性，不仅是工程的标准工期，还是设计、招标采购、成本等业务线的各项工作的标准工作周。

在计划方面，为了加快开发速度，通过计划管理制定相匹配的运营提效措施。力争在5~9个月内实现项目从土地摘牌到首期开盘（图3-29）。

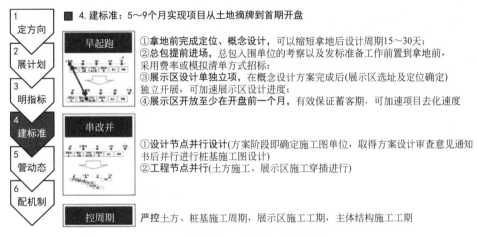

图3-29 构建企业运营管理体系步骤4-3

对于一些设计、工程上的工作，通过串联实施改为并联实施来节约时间。

另外，要在确保质量的前提下，严控施工周期，尤其是开盘前的工期。现在银行发贷要求完成±0.00才放款，所以不仅要严控首开区的形象进度，其余区块的±0.00节点也要严控。同时，现在很多城市的银行贷款要求主体结构封顶后才可以放款，所以主体封顶前的进度周期也要严控。

在公司运作过程和项目开发过程中会有很多会议，会议议程较长、效率不高等问题一直困扰着房地产企业。通过制定会议管理体系，可以让会议更加高效（图3-30）。

建立标准后，进入第五步管动态，要建立两管两控的经营动态监控体系（图3-31）。管计划依托于计划管理制度，货值管理、利润管控、现金流管控依托运营月报表，通过集团、区域的经营分析会可以进行纠偏、决策。

计划的动态管理主要依托于计划管理制度（图3-32）。对于已经制定好的全景节点计划，要做到实时跟踪，各项目运营对接人、项目各级管理人员、各业务线的对接人，均应对计划中的节点进行跟踪，并齐心协力按时或者提前完成；对于即将到来的节点要进行分析，是否存在风险，对于存在的风险要进行评估并制定应对措施；在集团季度经营会或者区域月度经营分析会上，要对节点完成情况进行汇报，分析，对存在的较大风险进行讨论，制定应对措施；另外，通过对阶段性节点完成率进行强制排名，增加各区域各职能业务线的紧迫感和使命感；节点的动态管理中，如果受到不可抗力和国家政策变化等原因，节点经过集团总裁审批后可以调整。

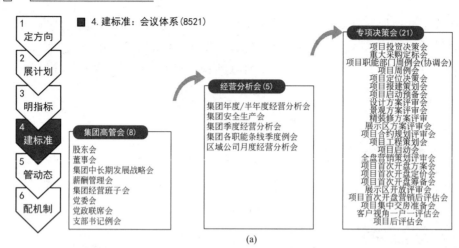

图 3-30 构建企业运营管理体系步骤 4-4

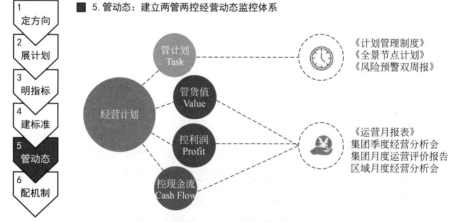

图 3-31 构建企业运营管理体系步骤 5-1

第3章 房地产企业精细化计划运营管理

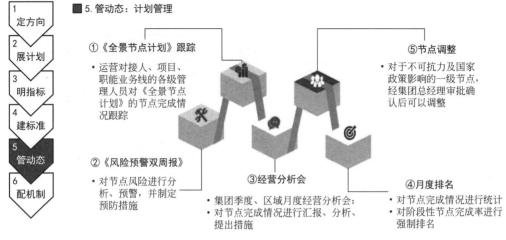

图 3-32 构建企业运营管理体系步骤 5-2

货值管理分为储、供、存、销四个方面，要控制产销平衡，强调以销定产（图 3-33）。

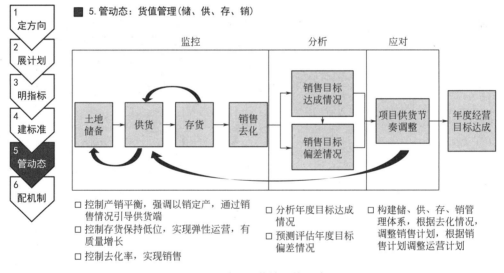

图 3-33 构建企业运营管理体系步骤 5-3

主要通过《运营月报表》来动态管控经营指标完成与计划的偏差情况（图 3-34）。

利润管控、货值管理、现金流管控可以通过《运营月报表》来进行监控（图 3-35）。《运营月报表》分为通过签约回款分析、税金偏差分析，可以对各项经营指标进行监控，从而监控利润；另外表中每个月对货值情况进行调整、分析、监控，其他经营指标确定后，现金流自动生成，可以同计划现金流进行比对监控。

除了通过上述方式对经营指标进行动态管理外，集团季度、区域月度经营分析会也是项目管理人员对项目动态情况进行评测、讨论、分析、采取措施比较好的途径

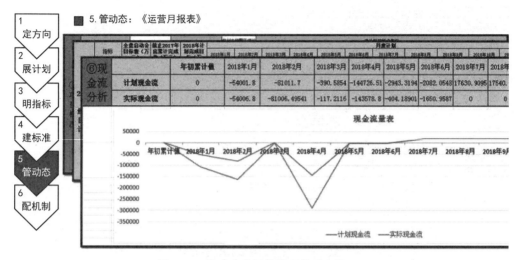

图 3-34 构建企业运营管理体系步骤 5-4

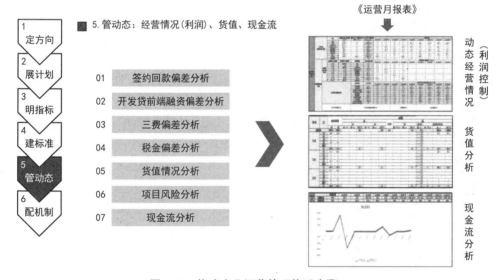

图 3-35 构建企业运营管理体系步骤 5-5

(图 3-36)。

在 BIM 信息化平台上线后,建立实时更新的数据看板,各层级领导均可看到权限范围内各项指标的实时动态完成情况且真实、高效。信息化平台可以为经营管理水平带来质的飞跃,为运营管理层的决策提供强大的技术支持(图 3-37)。

通过动态管理,基于经营结果,与目标计划进行对比分析,找到风险并制定措施,确保目标有效实现(图 3-38)。

建立运营管理体系的最后一步是建立与公司相匹配的机制,做好后台保障

5. 管动态：经营分析会

会议名称	集团年度/半年度/季度经营分析会		区域公司月度经营分析会
会议时间	每年1月初/7月初		每月月初(会议具体时间以会议通知为准)
会议目的	1.对集团年度/半年度经营目标、业绩指标等达成情况进行全面总结和回顾；2.讨论并决定集团本年度/半年度经营计划；3.研讨上年度/半年度经营管理问题，决定本年度/半年度管理建设提升目标及主题。		为确保项目经营计划达成，每月对区域公司经营指标及工作计划完成情况进行总结汇报，打通区域公司层面的内部沟通问题。
参加范围	召集人	集团办公室	召集人	区域公司运营品质部(人力行政部)
	主持人	集团副董事长	主持人	区域公司负责人
	决策人	集团董事长	决策人	区域公司负责人
	汇报人	集团各职能中心负责人、区域公司负责人	汇报人	区域公司各职能部门负责人、区域公司项目负责人
	会议纪要	集团办公室	会议纪要	区域公司运营品质部(人力行政部)
	参会人员(视实际情况邀请)	集团：集团领导、集团各职能中心负责人 区域：区域公司负责人及相关人员	参会人员	区域公司负责人、区域公司项目负责人、区域公司各部门负责任人
会议议程	1.运营管理中心负责人对集团半年度/年度运营情况进行汇报；2.各中心负责人、区域负责人进行汇报；3.集团领导进行工作布置。		1.汇报区域月度经营完成情况；2.各项目、各部门汇报月度工作及协调事项；3.区域负责人布置工作。
会议成果	《会议纪要》		《会议纪要》

图 3-36 构建企业运营管理体系步骤 5-6

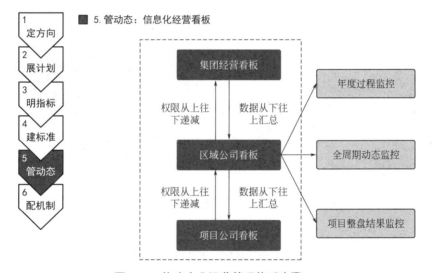

图 3-37 构建企业运营管理体系步骤 5-7

（图 3-39），包括组织架构、集团和区域管控模式的调整，打通组织的任督二脉，增加组织效率；同时要做到充分授权，要梳理与公司发展相匹配的权责、业务流程，确保权责对等，最后要制定合理的激励方案和考核方式，充分激发员工的主观能动性。只有稳固的后台保障做支撑，运营管理体系才能生根发芽。

运营管理体系建立后，要尽快实现落地并不容易，转变运营管理人员的意识是关键，运营管理理念要自上而下地传导，运营管理层应充分理解。

各职能业务线沟通协作时，也要确保思想横向统一，要目标一致、行知统一、行为协同，这样才能心往一处想、劲往一处使，才能发挥出更强的战斗力。

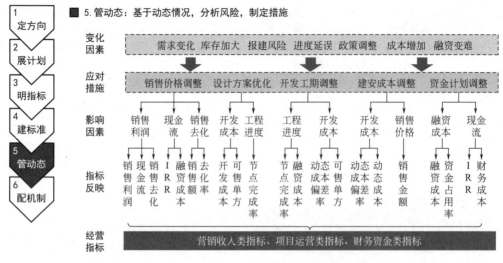

图 3-38 构建企业运营管理体系步骤 5-8

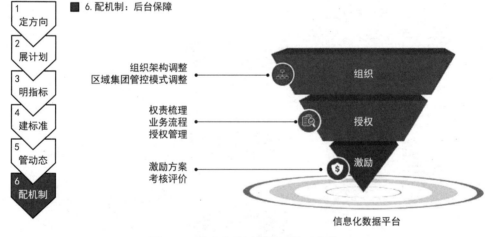

图 3-39 构建企业运营管理体系步骤 6

3.4 双"PDCA"计划运营管理体系构建

计划运营管理的根本目的不是运营计划制定本身,而是从事前、事中、事后进行全过程有效管理,计划运营管理的关键在于组织保障责任心,项目关键节点做导向,及时进行过程跟踪与预警以及基于结果的绩效驱动。

3.4.1 企业计划运营管理 PDCA 循环的内涵

PDCA 循环,也称戴明环,最早应用于企业质量持续改进管理。后来发现这一理论同样适用于企业的计划运营管理工作。随着外部环境不断产生变化的企业计划运营管理工作，是从当前局势出发，随时事变动而制定相应计划方案并对实施过程进行监督管理的过程，这种循环往复的运转主要包含计划（Plan）、实施（Do）、核查（Check）与处理（Action）四个部分。

P（Plan）：计划。主要是指企业内部经营方针与目标的确定以及活动方案的订立，从宏观角度来看，可以解读为企业发展策略的定位，从微观来看则主要包含企业每年、每季及每月经营指标以及经营规划的订立。

D（Do）：实施。主要是指企业内员工或各个部门的详细运作流程，也是每年、每季、每月需要达成的计划工作内容。

C（Check）：核查。主要是指企业在运营过程中需要定期进行核实与总结的工作实施结果，主要是为了监督运营情况，找出优势，促进其发挥作用，找出隐藏的问题，避免隐患对运营产生威胁。

A（Action）：处理。主要是指企业对于定期核实阶段找出的问题进行处理的过程，在有优势的方面要加以肯定与发扬，而未完成的或存在问题的环节，则要进行详细的总结，并进一步提出改进措施。在这一轮处理环节中没有得到解决的问题，则可放到下一轮的 PDCA 循环中，如图 3-40 所示。

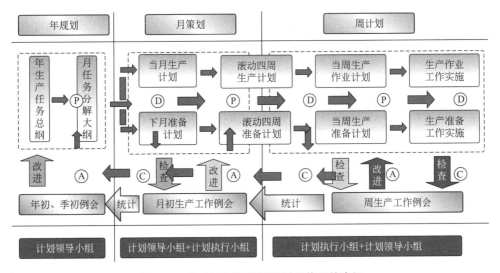

图 3-40　企业计划运营管理循环体系的内涵

3.4.2　企业计划运营管理环节中的 PDCA 循环应用

在企业计划经营管理工作中，PDCA 循环的具体实施应用步骤如下：

1. 计划阶段

这一阶段主要根据企业的运营现状，制定详细、具体的运营措施计划，并进一步确立运营的主要目标、预期目标、实施工作的责任主体、工作完成的时间、完成的指标以及完成的流程与方法等，并订立企业的年度计划，制定企业的整体运营方案。

2. 实施阶段

这一阶段主要是对先期制定的运营规划进行落实，即对企业的具体运营方案进行落实，并在实施过程中对预算及达成率等指标进行严格管理，定期针对运营计划召开会议，提供书面反馈、经营反馈等，并对经营成果进行回顾。

3. 核查阶段

这一阶段主要针对运营计划落实的情况进行多层面的系统核查，并依照具体的审核指标开展经营规划会议，对相应的书面反馈、财政报表、协调管理环节、财务管理环节以及绩效管理环节等方面的工作成果与潜在的问题进行商议，并对内部各部门的工作进行严格地定期审查。

4. 处理阶段

这一阶段主要针对前期核查的结果，对近期的工作进行总结与归纳，通过对经验教训的总结，针对当前能够解决的问题制定具体解决措施，并将目前无法解决的问题转入下一次循环中。同时，在总结之后要针对工作成效优秀的部门与未改善的部门采取相应的奖惩措施，以达到改善运营成效的目标。

依据 PDCA 循环的特点，许多企业都在实际计划运营管理环节中加入了"部门每月工作总结与下月工作规划"的流程，主要是指企业在每月针对上月经营成果与下月经营规划所展开的各类会议。在会议上，企业的每个部门都要对当月的工作进行详细总结，找出工作当中存在的问题，并提出相应的改善措施。而领导层则可以利用月度会议，将下月的工作指标要求下发到各个部门。所以，在月度会议开始之前，企业中的管理层首先要编制出下月的具体工作内容以及细化的要求，明确下月的工作重点、工作任务以及工作时间等方面的要求，并将责任细化到每个部门。从整体工作过程来看，企业领导层需要对任务订立、工作传达、成果总结、工作核查等多方面进行全面管理，以保证在符合各项规定的前提下尽快完成工作。同时，还要实事求是地填写月度经营总结的相关表格，将已完成的工作、工作完成的效果、发现的问题以及解决措施等进行详细地总结，并由相关负责人签字确认。此外，员工还可以依据月度会议的反馈，向企业领导层提出相应的改善意见，并形成书面文件，经由高管层签字后可上报考核部门进行核查。对于没有及时完成的任务，则需要由领导部门重新在下月的工作当中列出详细的实施计划，并由执行部门落实，监督部门进行全程监管。

3.4.3 双"PDCA"计划运营管理体系及其运行

根据房地产项目开发计划运营管理架构设计和运行模型，提出房地产开发项目计划运营管理的双"PDCA"循环模式（图 3-41）。

1. 项目运营管理整体大视角的 PDCA 循环

按照项目开发过程，将项目运营阶段划分为项目投资阶段（P）、项目启动阶段（D）、项目运营阶段（C）、项目后评估阶段（A）；按照业务管理职能划分投资管理、

	投资分析阶段	项目启动阶段	项目运营阶段				项目后评估阶段
			P	D	C	A	
投资管理	市场调研报告 多方案预选 投资分析(土地)	投资分析(启动)	项目成功标尺		项目投资收益跟踪		项目后评估报告
设计研发管理	产品体属和产品结构 概念设计文本 项目预案	方案设计任务书 精装房定位 设计报价及建设实施方案	项目美誉度分析 方案设计深入	控规总平图 扩初设计文本 施工图设计/会审	竣工图	项目评估及总结报告	产品标准库 设计缺陷库
计划管理		项目团队 关键节点 项目一、二级计划	项目主项计划 项目管理标准	阶段性成果管理 周报/月报	阶段工作汇报 生产协调会	计划达成率分析 KPI考核 调整内控节点	项目运营总结报告
成本控制管理	目标成本(土地)	成本敏感分析 目标成本(启动)	目标成本(基准版) 合约规划	合同审批 进度款审批 变更/结算审批	动态成本、成本核算		竣工结算 成本数据库
招标采购管理			招标采购计划	招采过程管理 采购分类	供方产品/过程评估		设备材料入库 供方后评估 供方档案管理
工程管理		施工现场准备 工程难点分析	设计成果会审 工程管理规划	施工方案执行 施工管理	竣工验收	客户交房验收 资料归档	质量案例库 总结后评价
营销策划管理	项目战略定位 销售计划、销售目标 市场假设及客户定位	售楼处、样板房开放计划 项目定位、客户肖像 市场敏感点分析	营销方案投放 销售指标分解	蓄客、客户跟进 销售价格审批 销售管理	交房方案	营销总结 营销费效分析	渠道效果后评估 客户资源管理

图 3-41 房地产项目计划运营管理双"PDCA"体系

设计管理、计划运营管理、成本控制、招标采购管理、工程管理、营销策划、销售管理、物业管理。整体以项目投资收益为贯穿点,通过对投资分析启动、成功标尺设定、投资收益目标执行和调整来保障项目运营目标的实现,并对项目进行后评估,为其他项目运营提供资源库及开发经验。

2. 项目执行中专业职能的小 PDCA 循环

在具体业务和管理职能划分中,实现专业职能的 PDCA 循环。例如,在计划管理模块,可以先制定项目主计划和项目管理标准,然后在执行过程中进行阶段性成果管理,并形成周报、月报等阶段工作记录,组织阶段工作汇报及生产协调会,最后进行 KPI 指标考核和月度计划达成率分析,用以指导内控节点的调整。

专业职能 PDCA 循环管理主要通过实现项目管理中各职能部门计划的达成,最终支撑项目投资目标。

(1)项目投资分析阶段

在该阶段需全面、详细、深入地分析、论证,决策层要评价选择出项目开发的最佳方案。该阶段是直接影响项目盈利的关键环节,为后续项目设计及目标实现提供依据。

(2)项目启动阶段

项目启动阶段强调各职能阶段目标合理设置。各职能环节需在前期确定各自的目标规划,从而避免项目边推进、边调整而不能实现最终投资目标。

① 投资管理环节。首先需要形成启动版的投资分析报告，确定项目的成功标尺，根据企业对投资项目的要求，设定项目内部收益率、投资回收期及销售利润率指标。

② 设计管理环节。在前期设计阶段明确方案设计任务书，设置项目技术经济指标及设计限价。定位为精装修的需进行精装修标准规划设定。

③ 计划管理环节。项目启动阶段企业计划管理需设立项目团队，明确项目一、二级目标计划，设置关键节点及与其对应的现金流指标、经营目标指标和企业核心能力指标等，为企业决策层进行过程监督和结构控制。该环节计划及节点指标也常作为企业监控经营目标是否实现的直接工具。

④ 成本控制环节。编制启动版的目标成本，一般要求其不超过土地版目标成本的控制比例。有效的成本敏感分析为后续方案版和施工图版目标成本提供参照。

⑤ 营销策划管理环节。通过项目市场定位、客户定位、形象定位等项目定位，锁定目标市场。在前期预判的基础上分析市场敏感点，结合消费者需求进行验证，形成相应的营销策略。同时，需要对售楼处及样板房进行选址及定位，并制定开放计划。

项目启动阶段的计划及目标值设置，在项目运营中并非严格不变，只是作为为运营执行版提供参考依据的启动版指标。例如目标成本随着项目运营的开展，会存在土地版、启动版、方案版、施工图版以及调整板等多个版本，多个版本逐级管控、逐级细化企业一般会选取其中一个版本作为执行基准。

3. 项目实施执行过程的小 PDCA 循环

项目投资分析阶段和启动阶段设置的目标值仅停留在前期管理层次，项目成功标尺的落地还需要看指标在实际开发运营阶段的实现。项目计划运营的关键在于业务执行过程中各阶段对目标的跟踪，即项目运营执行过程中 PDCA 体系构建。

（1）投资管理环节

投资管理环节项目成功标尺需设置具体的执行版本，是项目运营阶段的目标计划，即 P 的设置。在后续项目运营过程中针对具体执行情况进行核查，进行项目投资收益的跟踪。一般房地产开发企业会对季度指标或半年指标完成情况进行核查，管理更加精细的企业会对月度指标进行跟踪管理。

（2）设计研发环节

在运营阶段项目设计环节，首先需要进行项目美誉度分析，进而深化方案设计，并组织方案设计的跨部门评审，有的房地产企业还会外聘专家参与评审。在执行过程中出具项目控制性详细规划总平面图、扩大初步设计文本、施工图，在 C、A 环节核查竣工图并对设计部分进行评估及总结。

（3）计划管理环节

在关键节点计划后，项目编制主项计划。与关键节点不同，项目主项计划不是控制性计划，而是执行和管理性计划。确定项目管理标准，在项目运营过程中起到工作协调、管理、风险管控和资源优化平衡的作用。在项目开发过程中，各部门按照计划推进阶段性工作，形成周报、月报，并以主项计划为主要脉络对项目责任进行反馈，对前一阶段工作任务及完成情况进行汇报，分析、厘清下一阶段任务推进的前置条件和风险。形式包括项目现场的周例会、生产协调会、项目运营管理月会、公司运营管理月会等。阶段工作汇报后，结合计划完成情况进行计划达成率分析及KPI指标考核，对于影响内控计划的经审议后调整内控节点，指导下一步工作的开展。

（4）成本控制环节

通过目标成本（基准版）与合约规划事前控制项目成本，在合同审批、进度款审核、变更、结算审批的过程中检查、发现并解决问题。通过已经发生成本（实际成本）、变更成本和待发生成本（预计成本），汇总形成动态成本，在执行过程中采用周期性成本回顾逐渐细化合约规划，通过动态成本进行预警与控制，达到成本管控的目的。

（5）营销策划环节

在项目预售前，根据项目总体营销方案按阶段划分营销策略，包括各阶段推广主题策划、营销分析与汇总、市场动态分析与对策等。将销售目标有效地分解到季度和月度当中，配合销售的不同阶段，通过各种形式的推广组合进行"蓄客"和客户跟进。定期对销售计划进行分析，如有必要，需进行销售计划的修订调整。会同工程、客户服务等职能部门编制交房方案，协同各部门进行交房。通过对营销费用分析、营销总结，量化并客观反映营销效果，为后期营销投放提供参考，提升客户到访率、成交率。

4. 项目实施后评估阶段

项目实施后评估是在整个项目开发、销售基本结束后对收尾阶段的整体评价，提炼和总结出项目运营中的经验、教训，完善公司数据资料。项目后评估也是项目本身不断优化和提升的需要，通过评估纠正或改进项目在运营中出现的问题，从而达到提高投资效益的目的。

（1）投资管理环节

通过前期土地版和启动版的投资分析以及项目成功标尺的设定，在项目运营过程中对收益指标跟踪、调整、反馈，最终形成项目投资收益后评估体系。

（2）研发设计环节

总结项目开发运营中设计管理流程、产品方案、节点控制、设计协调等体会与经验，形成项目产品标准库和设计缺陷库，通过资源库沉淀的信息对指导后续产品开发有着极大的参考和借鉴价值。

（3）成本控制环节

通过项目竣工结算和成本核算以及同类项目数据补充，汇集各建筑业态的成本指标，建立标准项目成本库和标准产品成本库，从而形成完整的成本数据库。在后续新项目测算时引用并进行产品成本对比分析，为项目开发提供数据参考和借鉴。

(4) 招标采购环节

优质可靠的供应商资源是企业生存与发展的强大后盾。对供应商进行绩效考核，帮助企业挖掘问题、促进业绩，通过形成设备材料库、供方排行榜和供方数据库，实现对供方进行后评估工作，提高招标采购管理效率。在对供应商分级管理和战略合作伙伴选择上可以保证项目运营效率，例如为保障物资供应，可与一些关键材料供应商建立合作伙伴关系，获得新的技术支持和优质服务，从而有效提升项目品质及市场竞争力。

(5) 工程管理环节

项目后评估阶段形成项目质量案例库和项目质量管理手册，在后续项目开发建设中指导工程建设实施和供应商的选择。

(6) 营销策划管理环节

形成客户资源库和营销推广资源库，并对推广渠道投放效果进行评估和记录，以利于在后续项目中精准投放客户资源，在营销推广媒体选择上更加匹配和有效。

3.5 基于BIM技术的计划运营管理体系框架

3.5.1 基于BIM的房地产项目管理计划运营体系集成思路

计划是在项目运行过程中起导向作用的工具，它是在项目建设过程中各参与方根据项目整体目标和自身工作内容制定的标准和杠杆，用以调节、分配和控制项目各要素，保持它们之间的和谐性。因此，基于BIM的项目管理运营计划体系集成框架必须从建设过程各阶段集成、项目各参与方集成以及要素集成三个方面着手，即全方位、全要素、全过程，三者之间相辅相成、密不可分。

1. "全方位"是项目管理计划运营体系集成管理的主体

无论哪种类型的计划，无论采用哪种方式进行计划编制和控制，计划的主体永远是人。另外，计划的目的是能真实地表达"人"的现实处境和问题，为了能更好地管理"人"，为了能满足"人"的需要，所以计划更是为"人"而定，且根据人的不同情况决定计划的内容。业主方、总承包商、分包商、设计方、供应商、监理方、施工方、运营方等都是建设工程项目过程中涉及的"人"。因此，项目管理计划运营体系的集成框架要将这些参与方以及他们制定的项目管理计划考虑进去。

2. "全要素"是项目管理计划运营体系集成管理的对象

完成一个项目受多方条件的制约，例如时间约束、资源约束、质量约束等，这些约束条件形成工程项目的目标，包括时间目标、成本目标、质量目标。有明确的目标是建设工程项目最主要的特点，也是整个项目管理的核心。计划制定和控制的目的是在有限的资源内完成项目设定的目标。在制定项目管理计划的过程中，要对工程项目的整体目标、各个阶段的目标等逐层细化，细化到每项要素，方便系统化管理，最后落脚于工作任务,例如项目三大整体目标可以分为组织、人力、材料、设备、质量、成本等要素。

3. "全过程"是项目管理计划运营体系要素集成管理和参与方集成管理之间的纽带

计划具有动态性特点,随着工程项目建设过程的推进,加上各种因素和外部环境的影响,项目管理计划不可能一成不变。项目管理计划的变更是以项目建设过程为主线,建设项目的全过程主要包括前期策划阶段、设计阶段、施工准备阶段、施工阶段、运营维护阶段等。

基于BIM的项目管理计划运营体系集成借助BIM平台,实现全过程、全要素和全方位的项目管理计划集成管理。如图3-42所示,分别将全生命周期的各阶段、项目各参与方和项目管理内容作为三个坐标轴。建设项目管理包括多项管理内容,本书选取进度、质量、成本、组织、风险、资源、安全七项管理内容。每个管理过程都是一个PDCA(计划、实施、核查、处理)循环,本书的重点是项目管理计划方面,将各项目管理计划按以上七个部分进行归纳总结,设置项目管理内容这个坐标轴对应项目全要素。

将所有计划对应各项目参与方,将项目参与方作为其中一个坐标,本书主要列举了业主方、设计方、施工方、供应商、监理方和运营方六大参与方,将策划、设计、施工和运营等阶段作为全生命周期坐标轴。项目参与方可以根据自身需要,在不同项目建设阶段、不同管理方面构建相应的项目管理计划。而且参与方在不同阶段介入,并不是每个阶段都有相应的计划,例如就进度计划而言,设计方编制设计进度计划,供应商编制物料供应计划,以此类推形成建设项目进度计划体系。但是并不是每一个参与方都会制定所有的计划,例如对于项目而言,设计方和监理方都没有设备材料采购计划。为了能清楚地表明相互之间的关系,图3-42用"○"体现是否具有相应计划。计划是"Planing"的概念,是动态的,随着项目进展和情况变化不断修改,且每个参与方在各阶段的计划是相互关联的。就业主方而言,在前期制定总计划,总计划又根据项目阶段和结构分解为设计阶段计划、招标阶段计划、施工阶段计划和运营阶段计划,这些计划彼此既相互关联,也要与总计划相呼应。这也代表了项目管理计划在全生命周期内的集成管理。

在全生命周期与项目管理内容这部分,主要表现了项目结构分解(Work Breakdown Structure,WBS)的作用。项目结构分解WBS是BIM模型构件的基础,工作结构分解WBS也是项目管理计划制定的前提,因此,WBS在项目管理计划集成中起到BIM模型与建设项目计划的链接作用。

3.5.2 基于BIM的项目管理计划运营体系集成框架

基于BIM的项目管理计划运营体系集成管理内容主要包括各参与方的组织结构、多要素目标的集成管理、全过程集成管理以及BIM技术的应用。基于BIM的项目管

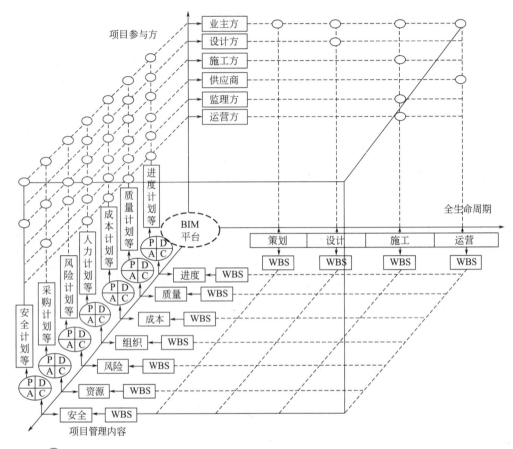

"○"表示参与方有相应计划

图 3-42 基于 BIM 的项目管理计划运营体系集成思路

理计划运营体系集成的整体架构是以其中各参与方为集成管理的主体,以多要素目标为集成管理的内容,以全过程为集成管理的过程,以计划编制工具和 BIM 平台为集成管理平台,如图 3-43 所示。

主要包括以下几个方面的内容:

(1) 各参与方集成管理主要是各参与方在政府部门的监督引导下,在业主方的领导下,根据项目整体目标和自身工作内容,基于 BIM 协同工作平台进行各要素管理和沟通交流,参与项目建设。

(2) 多要素目标集成管理是指在项目整体目标分解的基础上,形成进度、质量、成本、组织、风险、资源、安全等项目管理内容的集成化管理,各参与方在进行多要素目标管理过程中,会根据项目需要制定相应的项目管理计划,借助 WBS 分解将 BIM 与项目管理计划连接起来,在基于 BIM 的协同管理平台下,实现计划编制、计划优化、计划监测、计划对比、计划调整等计划管理内容,形成全过程的动态管理。

(3) 全过程集成管理主要是将项目策划阶段、规划阶段、设计阶段、施工阶段和

第3章 房地产企业精细化计划运营管理

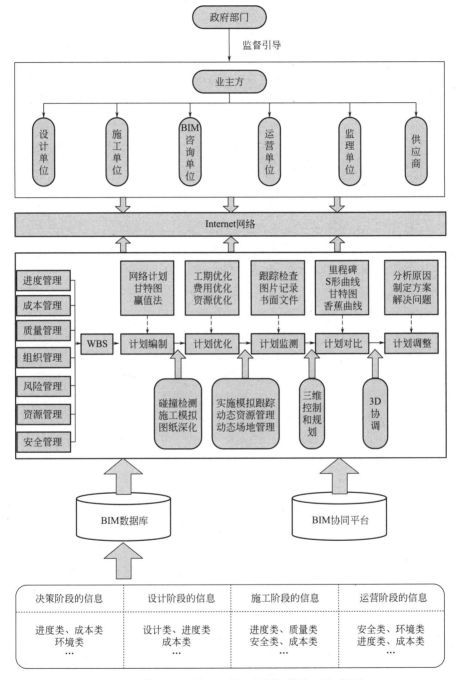

图 3-43 基于 BIM 的项目管理计划运营体系集成框架

运维阶段的各类信息，通过信息化处理存储在 BIM 数据库中进行集中管理。在项目建设过程中，随着项目的推进，各参与方将环境类、成本类、进度类、质量类等信息输入、存储到 BIM 数据库，借助 BIM 协同平台和 Internet 网络，各参与方可以根据自身权限进行数据查询、修改和添加。

(4) BIM 技术的应用主要体现在项目计划的制定和控制过程中，借助甘特图、网络计划、挣得值法等工具或 Project 软件制定项目计划，然后结合传统项目优化方法和 BIM 施工模拟、碰撞检测、深化设计等功能，实现计划优化。在计划执行过程中，通过 BIM 模拟跟踪、动态资源管理、动态场地管理等应用，实现计划追踪和对比分析。在实际项目情况与原计划内容出现差异时，可以借助 BIM 协调实现计划调整。

3.5.3 基于 BIM 的项目管理计划运营体系集成分析

1. 基于 BIM 的项目管理计划运营体系全过程集成分析

建设工程项目全过程是指项目从建设意图产生到项目废除的过程，总体上分为策划、规划、设计、施工和运维五个阶段，具体包括项目构思、项目正式立项、勘察设计、施工、竣工验收、运营、工程改造、报废拆除的全部时间跨度，类似于人的出生、成长、成熟和死亡的生命历程，每个阶段、节点之间相互关联、密不可分，构成了项目建设过程的有机整体。建设工程项目管理按照建设项目决策、实施和运营的时间阶段划分，可以分为开发管理（Development Management，DM）、项目管理（Project Management，PM）、设施管理（Facility Management，FM）。建设项目集成管理就是运用系统化集成管理思想，在管理理念、管理目标、管理组织、管理方法、管理手段和管理工具等各方面对开发管理、项目管理和物业管理进行有机集成，最终实现建设工程项目全生命期最优目标。不同管理阶段涉及不同的参与方，管理内容也有所不同，计划制定和控制的内容也不尽相同。开发管理是指业主方在项目策划阶段的管理工作，这个阶段主要制定项目总体的管理计划。项目管理是指设计方在设计阶段对各专业设计的管理工作，以及施工方围绕项目费用、进度和质量三大目标进行的施工管理，这个阶段设计方会根据业主制定的目标，制定相应的设计进度计划、设计质量管理计划、设计沟通计划等，施工方也会根据业主方制定的成本、质量、进度目标，制定施工进度管理计划、施工费用管理计划、施工质量管理计划等。设施管理主要指项目使用期管理方的工作，在这个阶段运营管理方根据运营需要制定项目质量维护计划、运营进度计划等，如图 3-44 所示。

2. 基于 BIM 的项目管理计划运营体系全方位集成分析

工程项目管理参与方主要包括业主方、设计方、施工方、监理方、运营方、供货商以及咨询单位。基于 BIM 的项目管理计划体系参与方的集成管理，主要按照各参与方在建设项目全过程中职责和作用的不同，基于 BIM 技术的信息管理平台，让各参与方在虚拟环境中实现计划信息的交流和沟通，进而减少项目参与方之间的信息不对称和信息断层，提高工作效率，降低沟通成本，保证项目的实现。

首先业主方会根据项目构思和定位确定项目的总体目标和项目总体规划，为各参与方工作提供一个整体方向。建筑、结构、机电等各专业设计构件 BIM 设计模

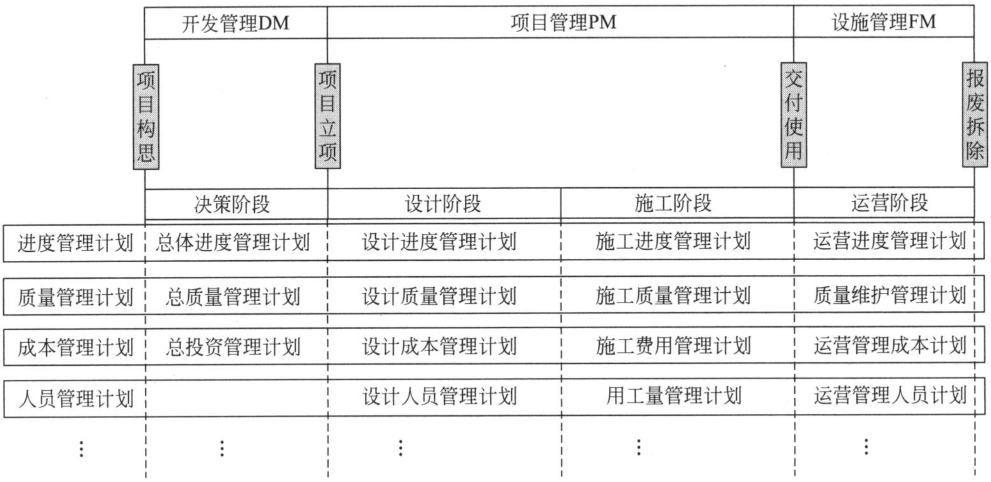

第3章 房地产企业精细化计划运营管理

开发管理DM		项目管理PM		设施管理FM
项目构思	项目立项		交付使用	报废拆除
	决策阶段	设计阶段	施工阶段	运营阶段
进度管理计划	总体进度管理计划	设计进度管理计划	施工进度管理计划	运营进度管理计划
质量管理计划	总质量管理计划	设计质量管理计划	施工质量管理计划	质量维护管理计划
成本管理计划	总投资管理计划	设计成本管理计划	施工费用管理计划	运营管理成本计划
人员管理计划		设计人员管理计划	用工量管理计划	运营管理人员计划
⋮	⋮	⋮	⋮	⋮

图 3-44 房地产开发全过程的项目管理计划

型，设计方将各专业设计集成到一起，提供给施工方进行施工，并且在施工过程中为施工方提供辅助指导。BIM 咨询单位是业主直接领导的参与方，站在业主的角度，以整体目标实现为原则，为各参与方提供 BIM 技术和计算机技术的指导和帮助，并且统计各参与方信息，便于业主方及时了解项目进展情况和项目各项信息。同时，BIM 咨询单位也是集成各阶段各参与方信息的关键。施工方在 BIM 咨询单位的指导下，根据设计方提供的设计模型进行施工，制定施工进度计划、施工成本计划、施工质量计划等施工过程的指导计划，并且运用 BIM5D 施工模拟、碰撞检测等功能对施工计划进行冲突监测和优化，以便指导施工后续工作。在施工过程中，施工方还要在监理方的监督下，在 BIM 咨询单位的指导下，利用 BIM 施工模拟、施工优化等功能，进行各项计划的控制和管理，并且进行风险管理、安全管理、场地管理等以保证施工过程有序进行。材料供应商根据施工方提供的施工各项计划，并且参考 BIM 信息管理平台中进度和资源计划等的变动，及时供应施工过程中所需的材料。这样，各参与方就能实现在 BIM 环境的集成管理。在 BIM 信息管理平台中，为了能更好地管理各参与方，可以通过信息集成管理平台设置用户权限，各参与方只能在各自权限范围内处理和查询相关工作信息，避免不必要的矛盾和冲突，实现信息共享和协同工作。图 3-45 为项目主要参与方之间基于 BIM 的计划信息流程图。

3. 基于 BIM 的项目管理计划运营体系全要素集成分析

项目管理计划的对象是项目建设过程中的各项要素。在项目实施过程中，各要素或管理内容之间项目关联，一方面的变动会直接或间接地影响其他方面的变化，进而影响整个项目目标的实现，这就决定了项目管理多要素集成的必要性。本书主要从进度、质量、成本、组织、风险、资源、安全七个要素分析项目管理计划体系，研究其

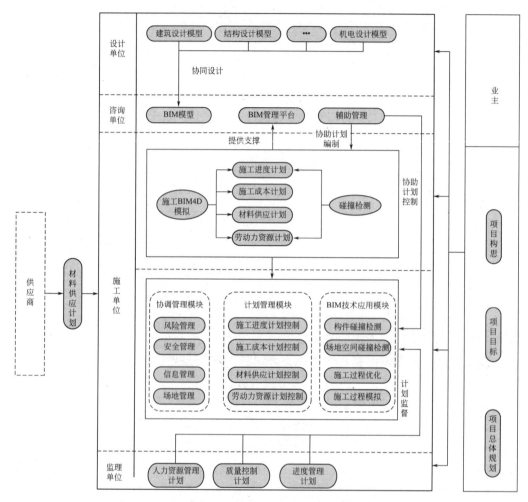

图 3-45 项目参与方之间基于 BIM 的计划运营信息流程图

基于 BIM 的集成管理。通过 BIM 技术以及相关联的物联网等信息化管理工具，结合全生命周期的过程管理，建立了基于 BIM 技术的多要素集成管理架构，如图 3-46 所示。

计划、执行和控制是项目多要素集成的三大关键过程。其中，计划主要基于 BIM 技术构建完整的资源数据库，便于项目管理人员方便快捷地确定资源投入量；执行则是通过 BIM 信息管理平台中的各要素功能模块，比较分析相应要素目标的实际与计划值的偏差，实时动态调整严重偏差部分，将偏离结果控制在计划范围；控制主要针对发生偏差的具体因素采取可控措施，调整并优化方案。运用 BIM 技术可以实现项目全过程的多要素信息的共享和传递，便于各参与方对项目进行综合管理。

第3章 房地产企业精细化计划运营管理

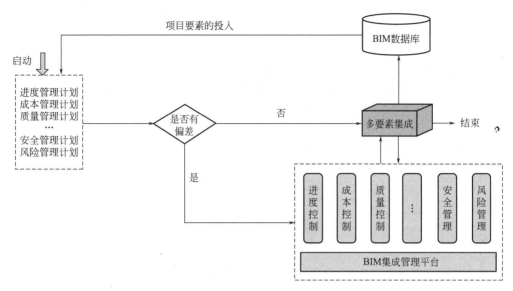

图 3-46 工程项目多要素集成管理框架

3.5.4 基于 BIM 的房地产开发计划运营管理组织体系

1. 基于 BIM 的项目各参与方协同管理内容

在传统项目建设过程中,主要涉及业主方、设计方、总承包方、施工方、供应商、运营方等参与方,每个参与方在工程项目各阶段承担不同的管理职能。本书提出了基于 BIM 的项目管理计划体系集成框架,整个框架的主要技术支撑就是 BIM 协同平台。鉴于项目建设过程中涉及信息较多,且需要设置相应的 BIM 技术指导部门,因此本书建议增加 BIM 咨询单位,在业主指导下协调各参与方,为各参与方全过程集成管理提供技术指导,并做好协同平台的系统维护管理工作。本书从不同阶段对项目各参与方的项目管理进行了分析,如表 3-3 所示。

项目各参与方全过程集成管理内容　　　　表 3-3

参与方	规划决策	初步设计	施工图设计	施工阶段	运营阶段
业主	提出建筑外形、功能等建筑要求和成本、进度等目标要求;制定项目总体规划	根据 BIM 中心反馈,进一步提出项目要求	审核 BIM 中心反馈意见	审核批复 BIM 中心反馈意见	向运营方移交运营管理权
BIM 咨询单位	在业主指导下,通过 BIM 协同平台负责与设计方、承包方等各方沟通	审查设计方的概念设计并反馈业主	审核并集成各专业的设计模型和参数,并反馈业主	基于 BIM 协同平台进行合同管理;及时将项目情况通过协同平台反馈业主	利用竣工模型为运营方提供设备运营和更新服务

续表

参与方	规划决策	初步设计	施工图设计	施工阶段	运营阶段
总承包方	为设计方提供工程信息及特别要求	协助设计方进行深化设计	基于施工设计模型形成项目施工指导模型并反馈BIM中心、设计方	基于现场条件和范围,实时更新模型并反馈BIM中心、设计方	
设计方	根据业主要求和各方建议,建立概念模型	按BIM中心、总承包方反馈意见修改设计方案;利用BIM进行多专业冲突检查	按BIM中心、总承包方反馈意见,形成施工设计模型和规范,反馈BIM中心	对各参与方提供的工程变更及时更改设计模型并反馈BIM中心、总承包方	
施工方			与设计方配合完成施工图设计;编制施工技术方案和施工组织设计,通过BIM施工模拟,对方案进行论证和优化	基于BIM协同平台,与设计方和供货商进行沟通协调;编制详细的施工进度计划和质量计划,报BIM中心和监理方存档和监督,并进行施工阶段目标控制	整理施工阶段信息与文档,并输入BIM协同平台,并移交运营单位
供应商			创建供应系统施工模型,向BIM中心及分包方反馈	与施工方协商,按时交付施工所需的材料;提交所用材料的信息说明等文件	
运营方	协助编制环境影响报告;基于概念模型等信息编制项目运营总体策划报告	协助编制初步设计任务书,并结合运营经验给出相应优化建议	协助编制施工图设计任务书并提出咨询意见	协助编制招标文件中有关运营阶段的条款;整理和收集有关运营方面的各种信息	授权BIM中心协助运营维护工作;审核批复BIM中心的反馈意见;对运营阶段进行评价
监理方				协助BIM中心进行三大目标管理和信息管理;对施工方提交的工程质量保证措施文件、BIM施工进度计划和BIM施工方案进行审批	

2. 基于BIM的项目各参与方协同组织架构

基于 BIM 的项目管理计划运营体系集成需要项目各参与方以整体目标为出发点，积极主动地提供各方资源和经验，参与开发项目建设工程全过程管理，并且为各参与方提供及时、准确的信息共享平台，这就急需一种新型的项目组织结构来适应基于 BIM 的集成化管理模式。

通过对项目多要素集成管理、多参与方集成管理和信息管理的组织管理研究，结合组织管理理论，基于 BIM 的组织集成，通过统一 BIM 工程项目管理中目标管理和应用流程，将各参与方等集成到以 BIM 信息管理平台为基础的组织团队中。在基于 BIM 的组织集成管理模式下，可以形成开放的信息流和多维的协同合作。改进和创新传统的矩阵型组织结构模式，以项目各参与方和项目部组成部门的纵横向分层为基础，引入"BIM 中心"概念，建立业主主导下的基于 BIM 的集成运营组织架构，如图 3-47 所示。

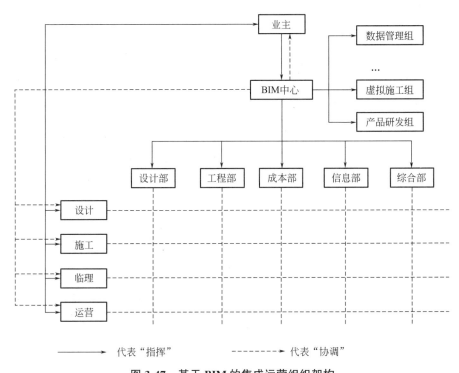

图 3-47　基于 BIM 的集成运营组织架构

BIM 中心其实就是 BIM 咨询单位根据业主方需求和项目目标，全程接受业主指挥，运用 BIM 技术进行全过程管理动态控制和调整的部门组织。在项目实施过程中，BIM 中心借助 BIM 信息管理平台和网络技术，指导建立 BIM 信息协同工作平台，为各参与方信息交流和数据共享提供技术支撑和指导，确保各参与方进行协同管理。在 BIM 中心设置项目经理，作为主要负责人负责各参与方之间的协调、沟通，并且为业主提供技术咨询和项目决策咨询。

与传统项目管理组织架构不同的是，业主方虽然是项目的最高指挥者，但它并不是直接对工程项目进行管理，而是通过 BIM 信息管理平台对项目各参与方以及下设的各职能部门进行管理，BIM 中心作为项目的最高决策部门，是业主方的项目最高代表，当纵向工作部门和横向工作部门的指令发生矛盾时，由 BIM 中心进行协调并反馈业主方。当需要加入新的参与方时，只需业主方同意。BIM 中心的信息管理员会根据各参与方职责不同和合同规定设置访问权限，实现对各参与方信息获取的权限管理。此外，在这种组织结构中，横向工作部门和纵向工作部门的工作内容都围绕 BIM 信息模型展开，通过对模型信息的收集与共享利用，改变了传统组织结构中信息传递完整性和沟通性差的特点，还将各参与方的利益捆绑在一起，共担风险，迫使各参与方之间增加沟通和交流，消除组织间的障碍沟通，实现组织的集成管理。

3. BIM 中心的职能定位

BIM 中心作为项目运营管理的决策管理机构，以业主方的需求为目标，保证各参与方、各专业部门之间的工作协同和信息共享，加深各参与方之间的相互信任，确定各参与方的具体职责和项目的实施计划，最终实现项目的高效率运作和项目利益的最大化，在 BIM 集成运营管理模式中具有核心地位。图 3-48 为 BIM 中心的组织架构图。

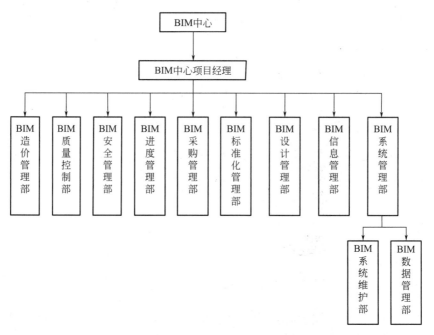

图 3-48　BIM 中心组织架构图

其中，BIM 中心项目经理是整个 BIM 中心的最高决策者，应具有丰富的项目管理经验和良好的组织能力及沟通协调能力，且熟悉 BIM 技术及软件应用。BIM 系统维护员应具有一定的计算机应用背景和 BIM 系统维护的经验。BIM 数据管理员应熟悉 BIM 软件应用，具有良好的计算机应用能力。

BIM 系统维护员负责 BIM 系统平台、存储系统及 BIM 数据库、构件资源数据库系统的日常维护、管理、备份等工作；负责各系统人员及权限的设置与维护；负责各项目环境资源的准备及维护；负责对各项目、各部门的构件资源数据及模型、图纸、文档等项目交付数据进行收集和整理；负责按照标准对项目交付数据及构件资源数据进行审核，并提交审核报告。

BIM 数据管理员负责按结构化对构件资源数据进行整理后导入构件库，并确保良好的数据检索能力；负责维护构件库中的构件资源，保证构件库资源的一致性、时效性以及可用性；负责对数据信息的汇总、提取，供其他系统应用。

4. 基于 BIM 的房地产开发计划运营管理协同合作关系

随着 BIM 技术的不断完善和发展，改变了传统管理模式下各参与方之间相互分离的情况，使得参与方之间相互合作和成员协同工作成为可能。但是各参与方具有不同的目标、不同的业务范围、不同的 BIM 应用水平、不同的协作意愿，使得 BIM 协同合作的实际效果受到影响。为了能将各参与方整合到一个统一的管理平台，以项目整体利益为各自目标，共享自己掌握的对项目有利的信息，参与到多方协同工作中，是基于 BIM 的项目管理计划体系集成必须要解决的问题。业主方作为项目的最大受益者，是推广使用 BIM 技术的主导力量，也是整合各参与方的关键。其余参与方也要积极主动配合，努力发展自身 BIM 技术，参与搭建 BIM 应用平台，制定与 BIM 应用平台配套的企业管理机制和工作流程，从技术方面和人员方面为计划集成管理提供支撑，建立以政府推广监督为引领、以业主方为主导、各参与方积极配合的 BIM 协同合作体系，如图 3-49 所示。

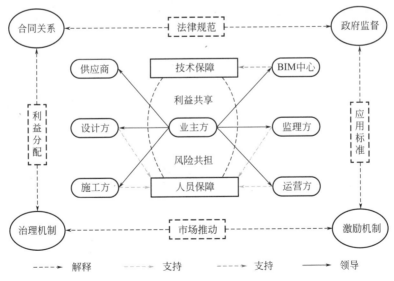

图 3-49　BIM 应用平台的协同合作体系

另外，每个项目参与方都有自己的利益和目标，虽然他们是相互独立的个体，但他们之间会存在利益纠纷和矛盾。如果项目参与方都以自身利益得失为出发点，忽视项目整体目标，不与其他参与方沟通交流，不仅会影响个体组织的效率，也会对项目的整体运行和目标结果造成影响。在这种利益相关的条件下，要想将各参与方整合成一个利益共同体，就需要根据法律规范、市场机制、应用标准和利益分配原理，设置相应的治理机制和激励机制来调动各参与方的积极性，通过合同契约纽带将业主方、设计方、施工方、BIM 中心、运营方、监理方等结合起来，明确各方之间的责任，并以此为依据界定各参与方之间 BIM 应用界面的权限，确保 BIM 应用程序、产权问题合理化、合法化，达到利益共享、风险共担的合作目标。

3.6 标杆房地产企业计划运营管理实践与借鉴

3.6.1 M 地产集团运营计划管理实践

"从拿地到开盘 6 个月，7 年 50 倍的增长速度，千亿军团中发展最快的企业"，这是 M 地产集团创造的行业运营发展传奇。

M 地产集团是如何做到运营发展高速度的？研究发现，"刚目标、强督查及严考核"是 M 地产集团强执行力的三板斧，概括起来就是"334"运营计划管理模式。

1. 刚目标：3 级目标层层分解，适度超前，压力到人

M 地产集团的运营高速成长主要依赖 M 地产集团快周转策略的贯彻落实，而快周转最本质的是抢前期时间、抢开盘节点，实现现金流快进快出。为此，M 地产集团通常按照适度从紧的方式（一般要求实现 6 个月开盘）确定开盘节点，为了抢时间赶进度，M 地产集团在明确大的节点后，会将目标逐层分解，压力到人，着力形成各司其职、各负其责、一级抓一级、层层抓落实的工作局面。具体而言，是通过三级目标管理实现的，如图 3-50 所示。

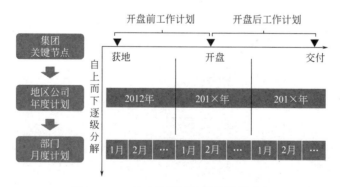

图 3-50 M 地产集团三级运营计划流程

(1) 项目关键节点：以开盘节点倒排项目大节点，并在开盘后调整刷新。

M 地产集团在拿地时，各地区公司根据集团工期模板，一般会按照 6 个月开盘时间顺排或倒排项目关键节点，制定出各项目开盘前工作计划，经集团公司会议审议并报集团分管副总裁、董事局分管领导、董事局主席审批后发文执行，将集团各中心及地区公司主要负责关键事项确定下来，并作为核心工作目标进行考核。

地区公司各项目每期开盘后的两周内，由集团管理中心组织营销中心及地区公司相关部门对后续开发建设计划进行讨论并视情况确定是否调整，刷新后续工作计划。

(2) 集团各中心/地区公司年度计划：两级管理，确定各中心/地区年度关键目标。

在项目关键节点初步确定后，切片到具体财政年。为匹配年度经营目标，每年年底前，首先由集团管理中心会同地区公司及集团相关部门制定各项目年度开发建设计划，经集团董事局主席审批后下发，每年年中修订一次。

各项目年度开发建设计划发文后两周内，地区公司综合计划部依据集团下发的年度计划，组织制定各部门关键工作倒排节点计划，经地区公司董事长审批后报集团管理中心备案。

(3) 部门月度计划：框架下的自由，实现过程动态管理。

在具体执行过程中，为落实项目和年度经营目标要求，M 地产集团主要通过部门月度计划来实现过程的动态管理。

首先在每月初，先由集团管理中心会同有关部门及地区公司制订各公司月度工作计划，并于每月 5 日前报集团分管副总裁、董事局分管领导审批后执行。

然后，在集团月度工程建设计划发文后 3 天内，地区公司综合计划部组织相关部门分解制定各部门月度、周工作计划，并实施内部考核。

总之，通过上述三级目标管理方式，首先在事项维度上，既实现了目标管理的适度超前，又实现了项目目标到公司目标再到部门和个人目标的逐层分解和落实，压力落实到个人，推动项目目标的达成；其次在时间维度上，也实现了框架下的自由，在大节点约束下，通过部门月度计划来灵活应对与匹配过程的动态变化，使得项目计划更可行、更柔性。

2. 强督查：做好三个点，计划推进有统筹、有机制、有手段

(1) 有统筹：两级运营计划监督部门统筹管理。

在计划目标明确出来以后，为了狠抓落实，M 地产集团在集团和地区公司两级分别设立了强势的计划运营监督部门，来统筹运营计划的推进、过程的协调、监督与考核工作。集团管理中心负责集团各中心、地区公司年度及月度计划的制定、分解及考核，地区公司综合计划运营部则根据集团下达的地区公司大计划，分解落实到地区公司各部门，并且进行过程监督和考核，通过两级组织来强力推进计划的落实，如图 3-51 所示。

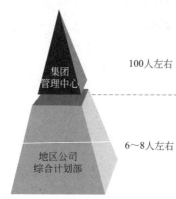

图 3-51　两级运营计划监督部门统筹管理

（2）有机制：二级会议逐级定时排除过程风险与障碍。

为了顺利推进各项目工作按照预定目标执行，M地产集团特别强调通过集团工程建设协调会和地区公司工程建设协调会两级会议的方式来检查工作完成情况，针对难点和风险点及时预警、及时决策，并且通过会议迅速落实资源来排查解决，具体如表3-4所示。

二级会议逐级保障机制　　　　表3-4

类别	时间	主持人	参加部门	会议内容	会议输出	保障机制
集团工程建设协调会	每双周一次	集团总裁	集团各部门、各城市公司总经理等	协调解决各项目工程建设中存在的问题并检查计划完成情况	管理中心负责组织并于会议结束次日下发会议决议，并将决议纳入工作计划考核	未召开或未及时下发会议决议，扣罚管理中心负责人奖金
地区公司工程建设协调会	每周一次	分管工程领导或三线城市项目总经理	综合计划部、工程部、合同管理部、工程技术部、招标投标部、预决算部、采购部、开发部、营销部等部门	检查各项目计划完成情况，制定各部门工作计划并落实到人	综合计划部于协调会结束次日下发会议决议，并将决议纳入地区公司内部考核，且须3天内报管理中心备案	未按时召开的，扣罚分管工程领导或三线城市项目总经理奖金；未按时下发会议决议扣罚综合计划部负责人奖金

（3）有手段："赛马机制"与"三不放过"。

除了过程中通过两级会议针对过程风险、难点进行管控及落实资源解决外，M地产集团还实行"内部赛马"机制，通过内部通报排名手段来促进各地区公司之间的良性竞争。

因此，M地产集团规定，每年年中、年底，由管理中心组织集团相关部门对地区公司的工程管理情况，主要从质量管理、进度管理、销售环境管理、成本控制管理、安全文明施工、材料管理及团队建设七方面进行评比、排名并公布。对于连续两次以上排名位居倒数30%之列的地区公司，给予分管工程领导降职、降薪处分。

另外，M地产集团强调计划目标的严肃性，过程监控考核也是基于目标来分析评判的。为了保障计划执行力度，杜绝过程中的"推诿扯皮"，M地产集团鲜明地提出"三不放过"原则：没有查清原因不放过，没有落实责任人和责任单位不放过，没有处理不放过。

通过这样的方式在全集团范围内有效树立了狠抓落实的企业文化，集团任何决策半个小时内就可以到达集团项目一线人员并执行。

3. 严考核：把住4道关，让考核有威力无盲点

（1）抓重点、攻难点，防止工作避重就轻，杜绝漏网之鱼和"打酱油"。

很多传统企业也会进行月度计划考核，但是各部门在提报月度计划时，往往存在要么重要工作漏项缺项，要么一些无关紧要的工作项也纳入进来，虽然部门计划达成率很高，但是项目重要节点没有完成，那么M地产集团在各部门月度计划考核中是如何规避这些问题的呢？

M地产集团明确要求工作计划中不得出现缺项漏项，不得出现完成难度过低、时间节点严重滞后、非主要（重要）工作内容的计划。为此，M地产集团明确了必须纳入考核和禁止纳入考核的两大类工作项：

① 必须纳入考核的工作项。

M地产集团明确必须纳入考核的工作项有三大类：

一是工作计划，指各部门自行填报的符合公司要求和集团公司节点计划要求的正常工作计划。为此，M地产集团特别梳理了项目开发从拿地到交楼八大阶段落到开发、设计、工程、营销等各职能部门的244个工作项，明确要求这些工作项如果处于考核周期内，则必须纳入部门月度计划。

例如土地取得的各类有关工作节点、重要图纸设计及方案报审、开发报建取得的各种证件和批复、工程建设方面设计及施工单位定标、相关重要合同签订、重要工程节点的开工、完工、销售、交楼等方面的重要工作安排等。

二是互提计划，指各部门根据集团节点及公司规定等要求提出的，在责任部门完成后方能进行本部门工作的需求计划。

三是中层会议及其他会议决议，指由公司领导主持的会议上，需求部门提出的、会上确定时间节点的且与各项目开发建设密切相关的会议决议，均须纳入每月计划考核中。另外还有一个特殊情况，就是部门月计划已经审批通过、新增的会议决议事项也需要纳入考核中，按正常工作计划考核。

上述三类计划如果按时完成，则实际得分为计划分值的100%，未按时完成的实

际得分为计划分值的60%，未完成不得分，由综合计划部考核。如果上述三类计划出现缺项漏项工作，则该工作项由综合计划部按照新增计划进行考核。

② 禁止纳入考核的工作项。

同时，为了防止各部门避重就轻，上报一些无足轻重的工作计划来影响达成率，干扰重点工作，确保考核客观，M地产集团要求各部门上报的工作计划中不能包含难度过低、非主要（重要）工作内容的计划，称之为"混分计划"。原则上"混分计划"不得上报，但混分计划一旦上报则不允许取消，仍然由综合计划部考核完成情况但不得分，计划分值依然纳入计划总分值进行完成率计算。

(2) 推动部门间协作，关联部门考核成绩纳入绩效分数。

为了防止部门计划考核后各部门"自扫门前雪"的情况，进一步提高各部门间协同，发挥计划考核的激励和约束作用，M地产集团要求部门考核分为本职工作完成率考核和关联部门工作完成率考核，最终绩效完成率为80%；本部门当月实际计划完成率增加20%，关联部门或公司当月平均实际计划完成率。

例如开发部80%的绩效完成率参照本职工作考核，20%的绩效完成率与对应工程部、总工室、招标投标部的本职平均实际计划完成率挂钩，其他部门依此类推。

(3) 根据不同部门特性分类考核，通过修正系数防止"鞭打快牛"。

不同部门之间的工作难易程度和可控程度均不同，往往一线业务部门如工程部计划工作项难度要高一些，工作量也更大，而支持部门如人力资源部或者财务部则相对容易一些，所以为了保障各部门考核的合理性，防止"鞭打快牛"，M地产集团根据部门特性差异制定了不同的部门计划完成率目标值。

例如开发部计划完成率的基准指标为70%；招标投标部、总工室计划完成率基准指标为75%；其他各职能部门或业务部门计划完成率基准指标为95%。各部门最终考核完成率根据上述各部门绩效完成率与计划完成率指标目标值的比值确定，且以此作为各部门当月奖金系数的评定依据。具体计算公式为：

考核完成率＝绩效完成率/计划完成率指标×100%

(4) 一条线盯到底，持续跟踪让计划有始有终。

为推动重要工作项的完成，M地产集团明确了工作项的考核追踪机制。若同一计划未按时完成、需求部门多次在会议上提出的，进行重复考核。例如，某条计划被提出，设定计划分值为3分，但在下一次会议上因未按要求时间完成再次被提出，则该计划首先按未完成考核，扣罚计划分值，并再次按新制定的时间重新纳入考核，依此类推，直至完成为止。

综上所述，M地产集团首先在计划目标制定环节，通过目标的3级分解，一级盯一级，实现了压力到个人的传递；在计划执行环节，管好3个点，通过两级计划管理部门实现整体统筹监督与推进，通过会议实现过程协调与风险控制；通过赛马机制促进内部良性竞争，有效地保障了计划的执行效果；在计划最终考核环节，把好4道关，通过重点难点工作项、对部门协同的引导，并且根据不同部门特性制定不同考核系数，防止"鞭打快牛"，最终通过一条线盯到底的方式持续跟踪，让计划有始有终，从而整体保障了计划的强执行力，有效地支撑了 M 地产集团速度传奇。这种"334"计划运营管理模式值得行业学习与借鉴。

3.6.2 WK 地产集团计划运营管理模式

1. WK 地产集团计划运营管理目标

WK 建立运营管理体系目标是跨部门跨项目资源整合、打破部门壁垒，实现：信息充分、及时交圈；最全面的信息挖掘、最有力的决策支持；最有效的决策跟进落实；不断优化的流程和风险管理体系，最安全地运营保障、增值。

2. WK 地产集团计划运营管理思路

WK 地产集团计划运营管理思路基于企业现阶段存在的问题和发展现状，目的是以此建立高效的决策管理与流程化体系和资源整合与风险控制。

（1）高效的决策管理与流程优化体系重事前审批，把好决策关；加强会议管理，提高会议效率与质量；明晰授权赋能体系，实施三级审批制；优化审批流程，梳理精简审批事项；战略绩效和流程优化的实施推进，形成对计划运营体系不断改善的 PDCA 循环。

（2）全面资源整合的计划运营与风险控制体系综合计划是运营体系的基础，以项目综合计划为主导，横向贯穿职能计划，主动发现风险并有效推动各项目顺利进展；从集团层面推动专业交圈、项目与公司职能部门交圈，即时监控、即时预警运营风险；运营周综述成为运营管理层高效决策的基础依据。

图 3-52 描述了 WK 地产集团计划运营管理体系构成要素。

图 3-52 WK 地产集团计划运营管理体系构成要素

3. WK 地产集团计划"1、3、12、36"计划运营管理体系

WK 地产集团计划运营管理体系包括计划会议体系、信息管理规范、计划管理流程操作等，内容涉及公司各个部门的工作项目，关系到全体的各项动态。WK 地产集团计划通过完善计划管理流程，分为计划的编制、执行、反馈评估、总结实现与绩效管理体系对接，实现计划执行效果的奖优罚劣，进而提升计划执行能力。

从经营角度来看，房地产企业需要站在公司持续发展的角度，确定未来三年甚至更长时间的发展方向，获得战略的主动。基于此，WK 地产集团采用了"1、3、12、36"运营管理体系：即"36 个月事业计划书、12 个月经营计划、3 个月经营安排、1 个月经营"要求，如图 3-53 所示。

核心目标

36 个月事业计划书
- 建立企业长期发展目标，推进战略布局(与行业与城市同步发展)，
- 指导年度经营安排，明确阶段战略重点，促进年度经营计划更好符合公司3年发展战略
- 推动生意模式创新
- 推动内部能力的提升
- 推动资源的前瞻性安排

12 个月经营计划
- 执行集团年度经营导向，承接事业计划书，尤其是"看二做一"的需要
- 实现对年度经营情况预测，基于年度预测，准备长期的经营预案
- 实现有质量增长，跑赢大势，并为未来打下基础
- 12 个月的各项经营动作(投融资、开工、销售、资金等)的协调/交圈

3 个月经营安排
- 确定季度经营导向
- 推动季度层面的运营控制体系落地，如投资、融资、开工计划和工期安排

1 个月经营要求
- 把握各种稍纵即逝的窗口机会
- 实现运营的灵活调整、及时纠偏
- 通过对外部形势的敏锐把握、内部情势的实时监控，调整好销售策略，开工控制，现金流安排、贯彻经营要求

图 3-53　WK 地产集团计划"1、3、12、36"计划运营管理目标

WK 地产集团计划一线公司事业计划书包括三大模块：一是分析事业计划的内部基础和外部环境，包括对区域当地市场环境、竞争环境进行预判，并对区域公司内部能力与经营情况进行分析；二是制定公司战略发展规划和目标，确定全年经营重点；三是确定落地计划、关键举措、相匹配的资源和能力。

"12 个月经营计划"重在承接事业计划书，尤其是"看二做一"的需要，是基于年度预测，准备长期的经营预案，聚焦协同 12 个月内的各项经营运作，并通过监控和支持服务形式对价值链中段和末段（投融资、开工、销售、资金等）实现有效管控。

"3 个月经营安排"主要确定季度经营导向，推动季度层面的运营控制体系落地，例如投资、融资、开工计划和工期安排等。例如在销售模块，首先确定销售方向性目标，进而制定季度销售安排，最后确定库存控制性目标。

"1 个月经营要求"主要落实到月度计划，通过月度计划实时监控项目运营情况，并及时调整销售策略、开工控制、现金流安排,贯彻经营要求。

4. WK地产集团跨部门计划运营的协调

(1)综合计划的特点。时间长,贯穿项目全生命周期,从概念设计开始一直到交付入住;涉及面广,与项目相关的各部门都包含其中,如项目部、工程部、设计部、成本部、销售部、客服部、项发部、事务部、财务部、物业公司等。

把项目全生命周期中的所有关键任务都以"关键任务包"的方式标准化,并细化到三级计划,明确每项任务的责任人和前后关联,以此保障计划跨部门的协调性和交圈,帮助集团公司管理层掌控全项目计划。

图3-54描述了综合计划跨部门协调的方式。

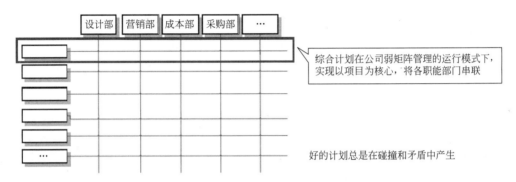

图3-54 WK地产集团综合计划跨部门协调机制图

(2)综合计划模板化。模块化而非线性化,一是更好地与项目现场实际管理动作吻合,二是保障了计划的灵活性,在计划编制和执行过程中,可以根据项目实际所处的不同阶段和管理关注重点对模块进行深化,加强综合计划的针对性和执行力。抓项目重点,对综合计划的作业数进行有效精简,降低应用门槛和维护成本,适合房地产粗放式开发的现实环境。

(3)运营计划动态监控。运营关键节点,找准关键路径;计划明确,逻辑清晰;运营节点评估;将工作落到实处;即时评价与考核激励挂钩。

(4)过程控制是决定成败的关键。开盘倒计时、每周进展通报,信息交圈,目标明确。

5. WK地产集团计划运营标准化管理

基于WK地产集团计划专注于住宅产品研究和开发,所有成型产品系列都以住宅为主,管理流程标准化、设计标准化、模块化,因此能够更好地进行计划管理经验积累和计划标准化。以住宅产品为例,WK地产集团进行了工期标准化设计,在此基础上很容易生成标准化的计划和节点。WK地产集团计划运营管理之所以成功,关键原因在于实施了标准化运营管理模式。WK地产集团计划管理的最大特点:一切以实现工作目标为出发,实施标准化管理。

3.6.3 WD商业地产集团计划运营管理实践

WD商业地产集团采用"2342"计划运营管理模式,通过"强管控、超常规运作、严考核"保障项目计划按期达成。

1. 权责2条线:纵向强管控与横向强协同

(1)纵向强管控:三级管理,逐级盯。WD商业地产集团对各类节点实行不同的管控思路。按照项目具体物业类型和具体差异,共有八套节点管控模板,项目计划模板超过300个节点,根据不同节点类别,项目开发周期为20~26个月,具体管控方式如表3-5所示。

WD商业地产集团计划运营节点管控　　　　表3-5

节点类型	节点个数	节点内容	管控主体	监控主体
一级节点	一级节点53个(含酒店63个)	项目开工、开业和需要各部门密切配合的重要节点	各系统、各主管部门和项目公司管控	分管副总裁督办落实,执行总裁跟踪检查
二级节点	二级节点85个(含酒店94个)	项目公司发起、集团各相关部门配合的节点	各系统、各主管部门和项目公司管控	分管副总裁督办完成
三级节点	三级节点187个(含酒店196个)	项目公司自行完成的节点	各责任公司管控	主管系统跟踪检查,督办完成

(2)横向强协同:责任一条线,劲往一处使。按照项目上下管控关系,具体节点责任落实到上下相关整条线的,强调上下协同整体负责,实现资源的有效协同和问题的及时解决,如表3-6所示。

WD商业地产集团计划运营节点责任　　　　表3-6

级别	阶段	业务事项	责任人					
			责任部门			分管领导		
1	筹备	班子组建			人力资源部分管招聘经理		人力资源部总经理	分管人事副总裁
2	设计	项目规划启动会	项目负责人	分管建筑所长	分管建筑副所长		规划院院长	分管规划副总裁
3	设计	施工图设计单位确定	项目公司设计部经理	项目公司分管设计副经理	项目公司总经理	规划院分管建筑院长	分管项目副院长	规划院院长	分管规划副总裁

续表

级别	阶段	业务事项	责任人					
			责任部门				分管领导	
1	筹备	编制人员到岗	项目公司人事主管	项目公司行政部经理	项目公司总经理		人力资源部总经理	分管项目副总裁
2	摘牌	摘牌	发展部发展经理	发展部区域副总经理	发展部区域总经理		发展部总经理	分管发展副总裁
3	设计	移交摘牌条件	发展部发展经理	发展部区域副总经理	发展部区域总经理		发展部总经理	分管发展副总裁

2. 流程3要点：编制科学，规则清晰，程序严格

（1）编制科学：多部门协商，群策群力推演完成。WD商业地产集团项目管理中心牵头组织召开项目启动会并组织项目计划编制。为确保计划科学编制，充分考虑项目实际情况，以项目地块拿地日为计划工期标准起点，拿地1月内完成编制，流程如图3-55所示。

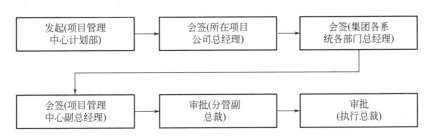

图3-55 WD商业地产集团项目计划编制流程

编制过程中注重各部门共同参与和环节推演，明确各部门、各工作节点逻辑关系和前后置顺序，实现计划的合理编制。

（2）明确调整规则：计划执行无借口。除明确规定的七类情况外（表3-7），计划制定后一律不予调整，确保计划刚性执行。

WD商业地产集团项目计划变更规则 表3-7

序号	计划变更原因	发起部门
1	因调整开业时间而导致的整体计划调整	项目管理中心计划部
2	因土地拆迁而导致的计划变更	项目公司
3	因地质灾害原因导致的计划变更	项目公司

续表

序号	计划变更原因	发起部门
4	集团董事长批准的成本单项金额在2000万元以上的调整；集团总裁批准的1000m² 以上的业态调整；或步行街10个及以上的商铺调整	造成变更的责任部门
5	限前序节点滞后(出现红灯)而导致后序节点无法按时完成	后序节点责任部门
6	因设计变更而导致后序节点无法按时完成	造成设计变更的责任部门
7	因招商调整而导致的计划变更	招商总部

(3) 严格调整程序：层层加码，传递压力。针对计划调整，制定严格的审批流程，增加审批通过难度，倒逼计划执行。

3. 业务4前置：部分计划节点超常规前置，有效缩短工期

WD商业地产集团在实践中采取一系列的非常规手段，缩短前期时间，从拿地时就进入开工状态，让资金高效周转。

(1) 团队组建前置。项目摘牌60天前开始组建班子，摘牌30天前财务、工程、设计等专业机构成立且员工到岗，摘牌后30天内团队人员全部到岗。

(2) 设计前置。规划设计工作在拿地前20天就开始了，拿地后5天总体设计完成并进入下一环节，交地后25天完成方案设计并移交，较行业平均水平提前3个月以上。

(3) 报建超常规。加强与政府相关部门的沟通，共同制定保障和对接措施，协调各行政部门共同发力，实现报批报建各项手续快速通过。

(4) 招标前置。项目摘牌前即开始招标采购流程，总承包单位在摘牌45天内确定，交地后50天内总承包单位进场。

4. 考核2个灯：黄灯预警，红灯杀人

根据权责流程体系，项目各参与方负责节点如表3-8所示。

WD商业地产集团项目计划考核责任　　　　表3-8

人员划分	责任人	责任节点
项目公司	总经理	职责范围的所有节点
	副总经理	分管工作所有节点
	责任部门责任人	具体负责的所有节点
规划院、酒店、院线、超市等各系统	院长、各系统总经理	所有分管项目的一、二级节点
	副院长、责任部门总经理	所有分管项目的所有节点
	责任部门责任人	具体负责的所有节点
总部各部门	分管总裁、总裁助理	所有分管项目的一、二级节点
	责任部门总经理	所有分管项目的所有节点
	责任部门责任人	具体负责的所有节点

其中一级节点考核分值 15 分，二级节点考核分值 10 分，三级节点考核分值 5 分，每个节点都执行亮红黄灯机制，如表 3-9 所示。

WD 商业地产集团项目计划管理红黄灯机制 表 3-9

亮红类别	定义	负激励	特别措施
黄灯	未按计划达成节点，且延误少于一周	不扣分	如果出现一个黄灯，下一步补上后黄灯会自动消失，变成绿灯；但是一年内有三个黄灯出现，就等同于一个红灯，一年内出现三个红灯则下岗
红灯	黄灯出现后一周，工程量没有补上去或者工作量没有达到，则变成红灯	按节点类别扣分，出现三个红灯则相关责任人下岗	

综上所述，WD 商业地产集团通过计划的科学编制、工期的超常规控制、计划的严格考核等措施，有效地保障计划刚性执行，实现了业内一流的计划达成率。

3.6.4　LH 地产计划运营管理实践

LH 地产是较早提出运营管理，制定了最完善的运营管理体系的公司，并且用于公司管理实践，取得很好的效果。LH 地产计划运营管理体系包含投资决策及收益跟踪体系、阶段性成果管理体系、运营决策体系、进度计划管理、成本管理、资金预算管理、知识管理七个模块，如图 3-56 所示。本书重点解析 LH 地产运营计划管理体系的建立。

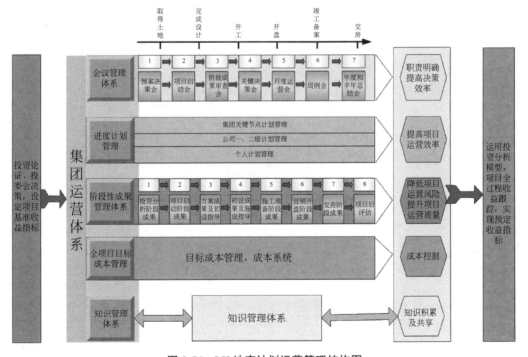

图 3-56　LH 地产计划运营管理结构图

1. LH 地产计划运营管理的思路

(1) 管理基本逻辑。选择最适合自己的战略方向、构建自己的核心能力体系、通过计划运营管理体系支撑自己的核心能力建设，如图 3-57 所示。

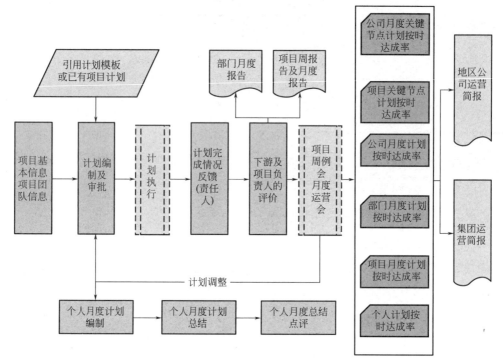

图 3-57　LH 地产计划管理系统构架

(2) LH 地产计划运营体系分解（图 3-58）。

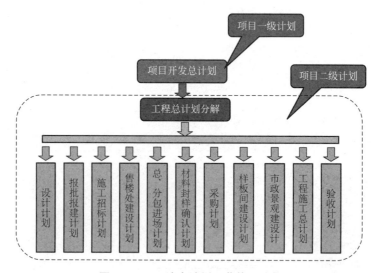

图 3-58　LH 地产计划运营体系分解

(3)分级计划管理体系。LH地产的项目计划实行分级管理,项目计划分为集团管控关键节点计划、地区公司管控项目一级计划、职能部门管控项目二级计划、个人管控项目三级计划四级管控,实现了集团总部、区域公司、项目部的有效协同和权责划分。图3-59为LH地产计划运营分级管控图。

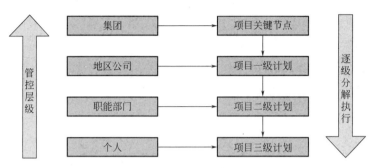

图 3-59 LH 地产计划运营分级管控图

(4)项目阶段性成果管理。LH地产制定了项目全生命管理周期,包含从土地获取到项目结束各关键控制节点的项目控制标准和重要输出成果,制定了38个阶段性成果,确定了6个例外性阶段成果,以针对特殊偶发事件的控制。项目阶段性成果经集团领导或区域公司领导审批后,即形成项目实施过程中的里程碑节点。前面的里程碑节点是后面工作的基础,前面阶段性成果未完成审批,不得开展下一项工作。

(5)LH地产计划过程管理系统。LH地产计划管理系统包括公司项目计划管理模块和个人月度计划管理模块,通过项目负责人的计划编制、项目团队成员的计划信息反馈与评价、项目运营会议的协调与计划调整实现计划的系统管理。

项目关键节点,一、二级计划是LH地产项目计划管理体系的核心内容,涵盖从项目获取到项目结束全生命周期,通过项目成果管理阶段性沉淀计划执行过程中的产物;通过项目计划执行、部门计划执行、个人计划执行等,多个纬度监控进度计划的执行情况,调用审批流程,加强对计划执行的过程管理和监控力度。

2. LH 地产计划运营分级管理体系

为了提升管理效率,LH地产清晰各级管理重点和权限,同时遵循运营管理的原则,建立了计划运营分级管理体系。图3-60为LH地产计划运营分级管理结构图。

(1)LH地产集团关键节点计划。LH地产关键控制节点计划是对各个项目的管控计划,通常是指由集团统一定义、需在集团层面重点关注的里程碑事件。目的是实现集团与区域公司对计划的分级管理;明确进度计划管理与管控的重点;在集团内统一计划达成情况的评判标准。

LH地产集团层面各项目管控计划,每个项目14个关键节点,其中5个节点属于集团决策层特别关注的节点,须集团总裁审批生效。这14个关键节点分别是:取得国土使用权证;交地;完成方案设计;完成初步设计;完成施工图设计;取得施工许可证;项目开工;售楼处、样板区开放;取得预售许可证;开盘;景观施工进场;

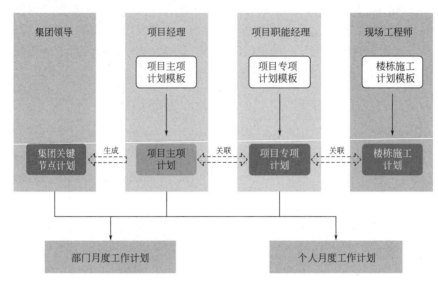

图 3-60　LH 地产计划运营分级管理结构图

竣工备案；交房；交房完成率 95%。

管控原则是不影响 LH 地产集团管控的 14 个关键节点，地区公司可自行调整计划，只需将结果抄送集团运营中心；影响上述 14 个关键节点中红色的 5 个节点，地区总经理应进行书面解释，并经集团总裁审批，以引起关注；剩余 9 个关键节点的变化由集团运营中心审批；集团只考核项目关键节点的按时达成率。

（2）项目主项计划。区域公司对各项目的管控计划，由集团统一定义指导性模板。项目主项计划是项目全生命周期的计划，由项目总经理负责；基于关键路径，控制项目总工期，强调专业线的横向协调；采用 Project 工具编制。计划编制原则是遵循关键控制节点，并且包含关键控制节点。

（3）项目专项计划。各职能部门在项目主项计划的指导下，进一步细化本专业线的工作计划，形成项目专项计划；一般由区域公司自定义指导性模板并报集团备案；由职能经理负责，重点对项目专项计划细化安排，例如报建计划、工程计划、设计计划等。

图 3-61 为 LH 地产三级计划运营管理体系图。

3.LH 地产计划运营会议决策管理体系

房地产项目运营的各个阶段会涉及各种各样的会议，会议决策管理渗透在项目运营的每个阶段。会议是高效决策的重要途径，如何组织开会，开什么样的会，谁来组织决策，怎样实现会议成果，都将直接影响项目的运营管理效率。建立高效的项目运营会议管理体系、合理高效的会议决策对项目运营非常重要。

LH 地产的会议管理体系如下：

（1）会议体系要素及会议体系（图 3-62、表 3-10）

第3章 房地产企业精细化计划运营管理

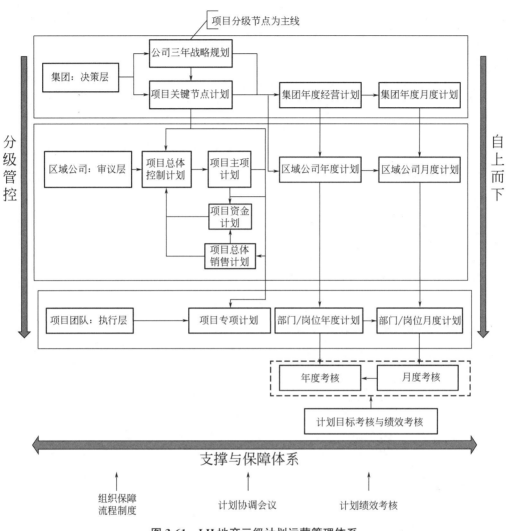

图 3-61 LH 地产三级计划运营管理体系

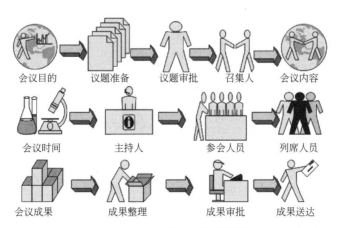

图 3-62 LH 地产会议体系要素

LH 地产计划运营管理会议体系 表 3-10

	PMO 预案决策会(运营①)
会议目的	新项目的研讨及决策
会议内容	(1)就发展、营销、研发提供资料进行甄别讨论,以确定其方案合理性、可行性; (2)找出关键计划节点、决策点和重要敏感指标,讨论如何提高项目竞争力和风险控制水平; (3)对项目达成共识,对重要计划节点、工作包和工作质量做出承诺
会议时间	不定期,项目取得前;通常会持续 3～6 小时
与会人员	参会人员:PMO 成员; 列席人员:经地区公司总经理批准
	PMO 项目启动会(运营②)
会议目的	尽快对项目进行推演和设定决策点、控制点; 做出项目第一次(也是最重要的)决策
会议内容	(1)在项目获得后对项目进行审视、推演; (2)对项目一、二级计划及目标成本预案进行梳理; (3)向项目负责人及项目职能负责人交底; (4)进一步达成共识,对计划、成本以及相关工作包、工作质量作出承诺,完成资源匹配
会议时间	项目取得后 15 个工作日内;通常持续 12～24 小时
与会人员	参会人员:PMO 成员、项目负责人、项目职能负责人(尽量); 列席人员:经地区公司总经理批准
	PMO 阶段成果审查会(运营③)
会议目的	对项目阶段性成果进行审查
会议内容	(1)由项目负责人将阶段性成果逐项向 PMO 成员展示; (2)与会成员对照上一阶段的阶段性成果系统分析讨论其联系、成果质量,揭示可能的瑕疵风险以及提出改进意见
会议时间	按计划拟定的时间召开;通常持续 1～2 小时
与会人员	参会人员:PMO 成员(人力资源负责人可不参加)、项目负责人、项目职能负责人; 列席人员:经地区公司总经理批准
	PMO 项目关键决策会(运营④)
会议目的	遇到《项目周例会》中第(3)和(4)情况时
会议内容	(1)由项目负责人表述问题和遇到的决策困难; (2)与会人员讨论对策; (3)达成共识或由地区公司总经理最后裁定
会议时间	不定期;根据实际需要,但 PMO 召集人应事先预告
与会人员	参会人员:PMO 成员(人力资源负责人可不参加)、项目负责人、项目职能负责人; 列席人员:经地区公司总经理批准
	PMO 项目月度运营会(运营⑤)
会议目的	以月为单位,对项目运营进行回顾

续表

会议内容	(1)由财务部和项目负责人展示项目在售价、现金流、成本三个维度的变化引起的财务指标的变化; (2)对项目一、二级计划进行回顾; (3)与会人员围绕变化的关键节点计划进行分析,并找出原因和下一步改进对策; (4)相应职能负责人就改进措施和时间作出承诺
会议时间	每月最后3个工作日之前
与会人员	参会人员:PMO成员(人力资源负责人可不参加)、项目负责人、项目职能负责人; 列席人员:经地区公司总经理批准
PMO年度或半年运营总结会(运营⑥)	
会议目的	以半年或年度为单位,对项目运营进行回顾; 可与当月的月度运营会合并召开
会议内容	(1)由财务部和项目负责人展示项目在售价、现金流、成本三个维度的变化引起的财务指标的变化; (2)对项目一、二级计划进行回顾; (3)与会人员围绕变化的关键节点计划进行分析,并找出原因和下一步改进对策; (4)相应职能负责人就改进措施和时间做出承诺
会议时间	半年或年末最后3个工作日之前
与会人员	参会人员:PMO成员(人力资源负责人可不参加)、项目负责人、项目职能负责人; 列席人员:经地区公司总经理批准
项目周例会(运营⑦)	
会议目的	每周在四个项目职能负责人之间自行回顾并做出判断、决策
会议内容	(1)不影响集团关键节点,项目负责人和各项目职能负责人达成共识并得到承诺后,可直接调整计划; (2)不影响集团关键节点的完成,项目负责人和各项目职能负责人不能达成一致时,项目负责人可要求相关职能负责人参加并达成共识,会后可直接调整计划; (3)不影响集团关键节点的完成,项目负责人和各项目职能负责人、各职能负责人未能达成共识且未能得到承诺后,职能负责人应在会后当日(最迟不超过第二天)召开专题会议讨论,并达成共识,否则上报地区公司总经理裁决,或由地区公司总经理安排上PMO会议决策; (4)项目负责人预测到影响集团关键节点,立即上报地区公司PMO召集人,评判是否立即召开PMO会议决定
会议时间	每周五定期召开(也可临时增加召开,由项目负责人决定)
与会人员	参会人员:①项目负责人+项目职能负责人;②项目负责人+项目职能负责人+某些职能负责人
项目现场会——关键样板点评会	
会议目的	在产品大面积实施前进行现场样板点评,以确保其大面积实施效果
会议内容	(1)检查及确定效果标准(外观效果、空间效果); (2)检查及确定配置标准(材料品牌、材质品质、苗木品质); (3)检查现场实际与销售承诺是否一致(针对销售时对于档次、品牌、苗木品种等的宣传); (4)检查及确定质量标准(施工工艺、施工质量)
会议时间	建筑外立面样板、单元大堂及标准层公共空间精装修样板、精装房样板、别墅组团景观样板

续表

与会人员	召集人:项目负责人; 参会人员:项目负责人、项目职能负责人、公司相关职能负责人(运营、研发、营销、工程、造价、客户)。其中大堂及公共空间样板和景观样板需召集物业经理参加
项目现场会——关键效果点评会	
会议目的	在产品最终呈现前进行现场点评,以确保其最终效果
会议内容	景观效果点评: (1)点评硬景材质、小品位置和体量、施工工艺; (2)点评乔木档次和质量、栽植位置;点评灌木搭配;点评绿化量; (3)点评堆土造型、高差(挡墙)处理及空间感受。 售楼处样板房精装修效果点评: (1)点评空间、布局、造型、配色; (2)处理使用功能与展示效果的矛盾; (3)点评家具及配饰效果; (4)点评施工质量
会议时间	景观效果、售楼处样板房精装修效果
与会人员	召集人:项目负责人或PMO召集人; 参会人员:项目负责人、项目职能负责人、公司相关职能负责人(运营、研发、营销、工程、造价、客户)。其中景观效果需召集物业经理参加
关键环节现场会——现场进度会	
会议目的	当项目关键进度遇到困难时,集中公司资源帮助项目解决问题
会议内容	(1)协调劳动力资源,可进行跨项目资源调配; (2)协调材料供应问题; (3)协调工程资金问题,可突破资金计划调拨应急资金以保证进度; (4)协调各部门的配合工作(主要是营销、客户、物业)
会议时间	体验区抢工阶段、业主开放日或交房冲刺阶段
与会人员	召集人:项目负责人或PMO召集人; 参会人员:项目负责人、项目职能负责人、公司相关职能负责人(运营、工程、造价采购、客户)、主要施工单位和供应商负责人。其中交房进度会需召集物业经理参加

（2）项目启动会体系（图 3-63）

启动会是通过多次会议，短时间、高强度、高效率、群策群力完成对项目第一次也是最重要的一次决策。

参会人员：地区公司总经理、运营副总经理、PMO 成员、项目总监及项目团队成员，集团运营管理部。

会议召开方式：

① 需召开多次会议（按模块多次、项目团队内部、职能参与、公司决策等）；

② 每次会议均需做出决策，并定出决策点；

③ 每次会后，分头收集信息，进行专业之间的碰撞。

项目启动会原则、目的：

① 明确项目成功标尺及具体指标，达成共识、作出承诺；
② 对项目进行沙盘推演，设定项目的决策点、控制点；
③ 识别项目风险点，提出预案；
④ 针对目标和工作范围做好减法，对意愿和能力、资源之间的差距应有清醒认识。

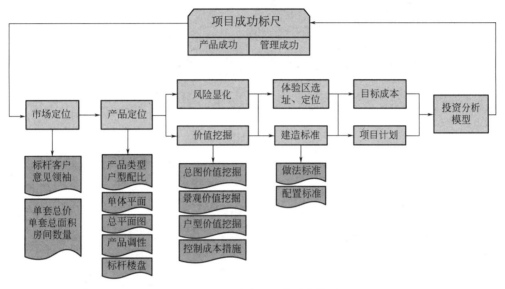

图 3-63　LH 地产项目启动会体系

（3）各阶段计划运营会议体系（图 3-64、图 3-65）

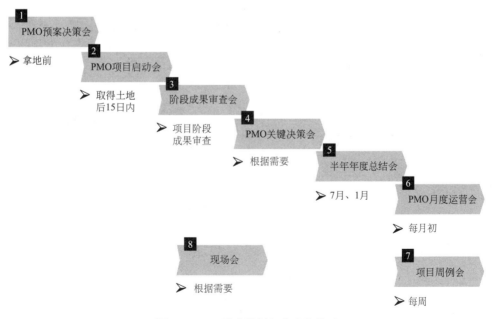

图 3-64　LH 地产计划运营会议体系

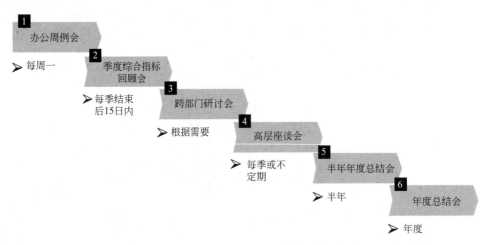

图 3-65　LH 地产非计划运营会议体系

3.6.5　BL 地产集团计划运营管理体系的构建

1. BL 地产集团计划运营管理总体思路（图 3-66）

（1）2 条主线：战略规划、开发计划；
（2）2 个平台：会议平台、激励机制平台；
（3）2 个标准：周期标准、成果标准。

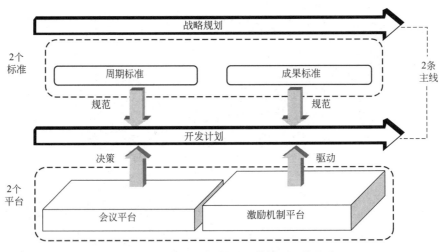

图 3-66　BL 地产集团计划运营管理总体思路

BL 地产集团计划运营体系的建设思路，主要是为了满足产业地产项目跨区域、个数快速增加的需求，以经营为中心，将企业发展战略、发展计划具体落实到开发项目工程实施阶段，各职能部门根据已批准的计划布置各项工作，并根据情况变化对计划进行动态控制,从而时刻保持计划管理的主动性。通过借鉴标杆房地产企业的管理经验,结合产业地产独有特点及 BL 地产集团战略发展方向,采用 PDCA 循环进行开发全过程管控——计划节点的选取(Plan,P)、计划的编制(Do,D)、计划的管控(Check,C)、计划的考核(Action,A),通过 PDCA 搭建 BL 地产集团计划运营管理框架(图 3-67)。

(1)计划节点的选取:确定计划节点分级、计划节点、编制计划模板、计划管理制度、计划考核机制。BL 地产集团计划节点分为一、二级节点,按一级节点完成率进行即时计划考核。建立统一的计划模板,规范计划编制要求,使得项目计划编制更科学、更合理、更高效,此计划模板囊括了项目开发的全部重要工作,集团各职能部门、项目公司可以此计划作为工作目标,这就减少了各部门计划各自为战、不交圈的问题,将项目所有参与者均纳入一个计划中,明确计划目标。

(2)计划的编制:以集团 3 年战略为导向,以集团年度经营计划为目标,以企业可供调动资源为基础,使用计划编制模板,确定项目开发计划。

(3)计划的管控:通过计划运营会议、计划运营巡检等工具,将项目实际情况与计划进行对比、预警、纠偏等管理,实现对计划的事中管控。

(4)计划的考核:依据各项目一级节点完成率,对集团职能部门、项目公司进行考核、激励。

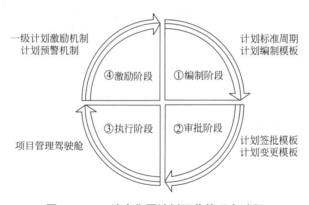

图 3-67　BL 地产集团计划运营管理全过程

综上所述,根据战略规划确定各业务经营战略目标,各业务经营战略目标由各业务部门负责拆解为各业务开发计划,由运营管理中心组织各职能部门对各开发计划进行梳理,形成 BL 地产集团年度战略开发计划,并下发执行。每年定期依据各开发计划的完成情况,由运营管理中心组织调整年度战略开发计划。各项目公司依据集团年度战略开发计划,拟定或调整各项目开发进度计划(一、二级计划),各职能部门依据各项目开发进度计划,分解部门专项计划,指导部门工作。详见图 3-68。

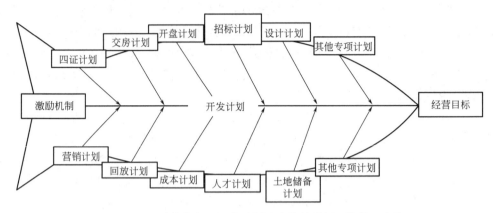

图 3-68 BL 地产集团以开发计划为主线的计划运营管理主线

2. BL 地产集团计划运营管理体系搭建原则

BL 地产集团计划运营体系主要是为了集团的快速扩张服务的，在搭建体系时要本着使计划运营体系操作简单、功能强大、可多项目复制、便于集团强管控的原则。

通过计划运营体系的建设，首先在计划编制阶段，要缩短计划编制时间，将项目开发工作的各参与方（集团职能部门、项目公司）纳入一个计划中，让各参与方均以项目开发计划作为各自部门的工作目标，聚焦计划目标，通过计划运营体系将集团的各种资源进行合理分配，在现有资源情况下，开发最多项目，提高人工效能。其次在计划执行阶段，能够进行有效地过程监督、预警、纠偏，确保开发计划实现。最后在计划完成时，对计划执行人进行激励，并通过项目实践优化计划运营管理体系。

3. BL 地产集团计划运营管理体系设计

使用工作分解结构（WBS）法将产业地产开发工作进行分解。在开发工作分解过程中组织计划执行部门进行头脑风暴，集思广益，听取工作执行者的意见，确定产业地产开发工作节点，并通过责任矩阵法，明确每个节点工作的主责部门以及完成标准，最终形成产业地产项目计划模板（表 3-11）。

计划模板包括"节点等级""任务事项""周期""逻辑关系公式""主责部门""完成标准"等内容，具体如下：

节点等级：表示各节点依据重要程度分为一级、二级或三级。

任务事项：表示通过"工作分解结构法"确定的所有节点任务。

周期：表示执行节点任务所需的时间。

逻辑关系公式：通过逻辑算法展示节点任务的紧前紧后关系，通过模板输入几个关键时间（例如：摘牌时间、总承包开工时间、开盘时间等）点自动生成计划。

主责部门：表示节点任务的执行部门。

完成标准：表示节点任务执行完毕的标志。

BL 地产集团项目一级里程碑节点计划模板　　　　表 3-11

序号	节点等级	任务事项	周期	逻辑关系公式	主责部门	完成标准
1	一级	开盘	1	=（开盘日）	项目公司	正式销售
2	一级	取得《建设用地规划许可证》	50	=（摘牌日）+1	项目公司	取得正式《建设用地规划许可证》
3	一级	取得《国有土地使用权证》	60	=（摘牌日）+1	项目公司	取得正式《国有土地使用权证》
4	一级	产品定位	15	=（开盘日）-199	营销策划中心	定位 OA 审批通过
5	一级	项目规划、单体方案内、外审完成	1	=max{[完成项目规划、单体方案内审（E）],[完成项目规划、单体方案外审（E）]}	研发设计中心	政府出具方案书面确认书
6	一级	完成施工图内审（不含市政及景观）	10	=[完成施工图内部封闭审图（E）+1]	研发设计中心	电子版施工图 OA 审批通过
7	一级	取得《建设工程规划许可证》	30	=[取得《修建性详细规划》批复（E）+1]	项目公司	取得正式《建设工程规划许可证》
8	一级	总承包定标	50	=[施工图内审完成（不含市政及景观）（E）+1]	成本管理中心	定标，发出中标通知书
9	一级	取得《建设工程施工许可证》	40	=max{[取得《建设工程规划许可证》（E）+1],[总承包定标（E-9）]}	项目公司	取得正式《建设工程施工许可证》
10	一级	取得《销售许可证》	90	=[取得《建设工程施工许可证》（E）+1]	项目公司	取得正式《销售许可证》
11	一级	开工（总承包开工）	1	=if[取得提前开工免责（如需）（E）]-[取得提前开工免责（如需）（S）]=0,max[取得《建设工程施工许可证》（E）+1],[总承包单位进场（E）+14],[桩基/地基处理施工（E）+1],max{[取得提前开工免责（如需）（E）],[总承包单位进场（E）+14],[桩基/地基处理施工（E）+1]}	项目公司	桩基进场
12	一级	结构工程全部达到±0.00	50	=[开工（总包开工）（E）+1]	项目公司	结构工程全部达到±0.00
13	一级	工程全部主体封顶	85	=[结构工程全部达到±0.00（E）+1]	项目公司	结构工程全部封顶

续表

序号	节点等级	任务事项	周期	逻辑关系公式	主责部门	完成标准
14	一级	工程竣工验收（竣工初验）	1	=max{[屋面工程(E)],[外墙涂料/砖工程(E)],[门窗安装工(E)],[消防工程(E)],[锅炉房工程(配套用房,含锅炉房、水泵房、配电室、门卫室)(E)],[红线内园林景观工程(E)]}	项目公司/工程管理中心	竣工初验通过
15	一级	取得竣工备案表	5	=[质量监督站验收(E)]	项目公司	取得竣工备案表
16	一级	交付业主	1	={[取得竣工备案表(E)+1]+10}	项目公司	开始交付

第4章 房地产企业资金链营运管理控制

房地产行业属于资金密集型行业,资金是房地产企业的血液,资金链的稳定运转是维持房地产企业生产运营的根本前提。近年来,我国房地产业发展迅猛,规模不断扩张,房价节节攀升,我国政府为了抑制房地产业过快发展,出台了一系列调控政策——紧缩银根、控制信贷,限购限贷等。随着调控的不断深入,房地产行业环境日趋严峻,呈现融资困难、成本上涨、销售低迷、资金回笼速度缓慢的严峻态势,房地产企业面临严峻的资金运转压力。2021年,房地产行业爆雷不断,以前风光无限的头部房地产企业、千亿新贵,都陷入资金链断流的困局之中,纷纷躺平。财务杠杆过高、资金链断流、融资跟不上、借钱还不了,这就是大量房地产企业活不下去的根本原因,由此导致超过500多家房地产企业发布破产或重整公告。在这种严峻的形势下,如何研究、分析和管控不确定因素给房地产企业带来的资金链风险,提高房地产企业的资金运营能力,保证房地产企业健康可持续发展,是亟待解决的问题。

4.1 资金链与资金循环流动过程

4.1.1 资金链定义

徐雯(2001)指出,在产业体系中,资金链是指企业之间进行资金结算形成的资金流动链。当产品在不同企业之间交易和流动时,继而引起资金运动。企业的生产经营离不开充足的资金,资金流动性对企业发展至关重要。

周立(2007)认为,资金链是市场经济环境下经营主体之间形成的债权债务关系。资金链管理主要对资金运动、流通进行监督和管理,例如资金融通、资金使用、资金结算、资金支付等。它以国家财经法律为指导,科学处理企业资金问题,采取正确的方法推动资金有序流动。资金链管理可以分为广义和狭义两种定义,从广义上来看,资金链管理是指企业内外部资金管理,主要包括资金来源、运动、分配和计划等;从狭义上来看,资金链管理是指对企业资金使用进行监督、控制和管理,例如资金融资、资金结算和收支管理等。

许立新(2013)认为,资金链是指从资金获取到使用,再回收和偿还债务、回馈投资的循环过程。资金链是企业经营的重要保障,其贯穿企业经营发展全过程,对企业融资形成较大的制约和影响。企业资金链综合体现了企业资金来源、取向和使用等。

综上所述，本书认为，资金链是指资金在企业三个活动过程中的全循环过程，即筹资活动、经营活动和投资活动过程中的流入和流出的全循环过程，它能够保证企业正常生产经营运行和创造企业价值所需的基本资金链条。资金链是企业维持正常运转所需的重要保障，是资金筹集、投资形成资产再到资金回流收益的不断循环增值的过程。一旦企业核心管理缺乏对于资金链的运筹管理，缺乏对财务风险和现金流的控制，企业将陷入资金链断裂危机。

在房地产企业经营管理中，引进资金链概念，一方面，有利于企业经营管理者从资金运行的角度和高度上重新审视企业运行的各个环节，明确各个环节的内在联系，并把各个环节更加紧密地串联起来，为企业创造更多的价值。另一方面，由资金链本身特质所决定，它们之间的联系必然超越单个企业而扩展到企业外部，从而加强企业个体之间、企业集团之间、相关行业之间的横向和纵向联系，在某种意义上拓展了企业成长的空间，这也直接促使企业经营管理者开阔思维、扩展视野，为企业更好地获取利润和扩大经营规模做好准备。

4.1.2 资金链循环模型

资金链是当企业现金在发生流入和流出时，在一个特定时间点上的"静态"体现，按照在资金循环过程中所展现的形式不同，可以把企业资金链分为四个部分：资金筹集、资金投放、资金运营和资金回笼。企业先从内部（股东/职工）和外部（银行或其他金融机构或他人）筹集本钱（原始资本）后，再将本钱（原始资本）投放到企业中（包括不涉及所有权变动的内部投资和非所属企业的外部投资），经过企业各个运营阶段，最后通过销售产品（或服务）再收回资金，实现资金增值保值的过程，这个资金循环阶段便宣告完成，就形成一个完整的动态资金链。把使用流程表述出来，就是：筹集资金→内部/外部投入资金→资金运营→资金回笼→资金分配→筹集资金，然后进入下一个循环，周而复始。

通常将资金链循环中的四个部分表述为三个阶段：即资金来源、资金使用和资金回收。这三个阶段涵盖了资金流入和资金流出的所有环节，因此对于资金链风险管理，就是对这三个阶段所有环节的事前、事中和事后管控。通过对三个阶段的资金进行有效地管控与安排，就能确保企业资金链的长期有效运转。资金来源、资金使用和资金回收三个过程的循环可用图4-1描述。

4.1.3 房地产行业资金链循环模式

1. 以信托投资基金（REITs）为核心的房地产投资资金循环模式

从运作模式上讲，它主要通过购买尚有的物业产权，以物业租金收入实现投资人长期、稳定的高回报，辅以直接参与开发商的项目投资和提供个人住房按揭贷款。其参与房地产资金循环流程如图4-2所示。

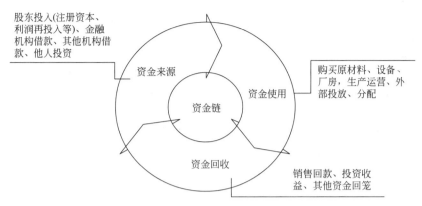

图 4-1 资金链循环理论模型

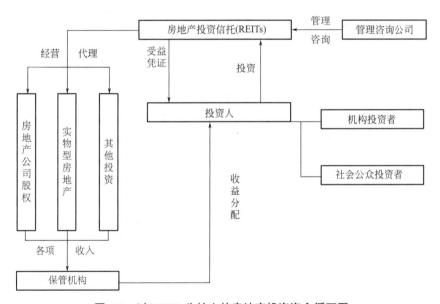

图 4-2 以 REITs 为核心的房地产投资资金循环图

2. 以按揭抵押贷款为核心的资产证券化循环模式

商业银行或其他金融机构为个人消费者提供的住房按揭抵押贷款,由于其缺乏流动性,会给商业银行或其他金融机构带来流动性风险。因此商业银行或其他金融机构会将这些缺乏流动性的抵押贷款资产出售给像联邦国民抵押协会(FNMA)、美国政府国民抵押协会(GNMA)、联邦住房贷款抵押公司(FHLMC)等一样的信托机构(SPV),SPV 以购进的贷款资产产生的现金流担保发行证券,这样银行抵押贷款的流动性风险通过资产证券化转移给二级市场上的普通投资者。尽管资产证券化没有直接参与房地产资金循环,但是通过资产证券化使得银行对房地产资金循环的支持得到加强,有利于房地产行业的持续健康发展。其以按揭抵押贷款为核心的资产证券化循环模式如图4-3所示。

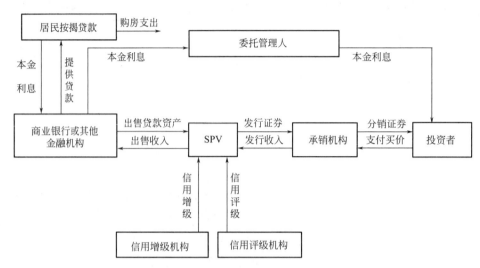

图4-3 以按揭抵押贷款为核心的资产证券化循环模式图

3. 以开发商为核心的房地产开发资金链循环模式

在我国，通过"招、拍、挂"土地制度改革后，开发商首先从土地市场购得土地，根据土地所在地理位置情况，价格也不一致，土地价格一般占项目投资总额的20%~30%。接着进行前期的规划设计，约投入项目投资总额的10%，规划设计好的项目承包给建筑商，大约投入项目投资总额的60%~70%就算完成了。然而在一般情况下，开发商的自有资金达不到项目投资总额的30%，而且在我国能通过资本市场进行股权融资的房地产企业也不过占所有房地产企业的10%左右，因而大部分企业买地可能需要向银行贷款。项目承包给建筑商，虽然建筑商可以建安垫资40%左右，剩下一部分资金还需要向银行申请房地产开发贷款和通过售房资金回笼来解决。而建筑企业的建安垫资也有很大一部分来自银行贷款，售房资金回笼也由银行按揭贷款提供。因此，我国房地产行业资金循环模式出现了严重的畸形——融资渠道单一和对银行贷款的依赖。以开发商为核心的房地产开发资金链循环模式如图4-4所示。

4.1.4 房地产企业资金链的构成环节

从宏观角度来看，房地产企业资金链是从资金融资到使用，再到资金回收的闭环过程；从微观角度来看，是指项目从拿地到开发，再到竣工移交使用，最后回收资金并偿还外部借款的过程。

从资金流动过程来说，房地产企业资金链主要包括资金筹集、资金使用和资金回流三个重要环节。在不同的资金链环节，房地产企业会与不同的对象发生资金往来，具体如图4-5所示。

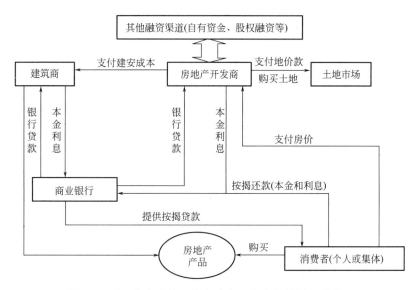

图 4-4 以开发商为核心的房地产开发资金链循环模式图

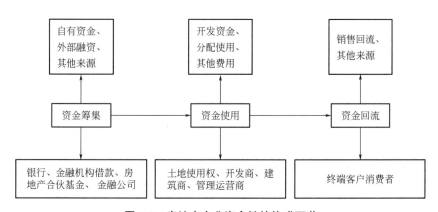

图 4-5 房地产企业资金链的构成环节

4.1.5 房地产企业资金链的流动过程

一般而言，房地产项目主要分为土地批租、房地产开发和房地产租售三个阶段。这三个阶段涉及不同的资金链管理环节，例如在土地批租阶段和房地产开发阶段都涉及资金筹集和资金使用，而房地产开发阶段和房地产租售阶段都涉及资金的回流过程。房地产业是我国国民经济的支柱产业，可以促进和带动整个国民经济的发展。同时，房地产企业也属于资金密集型企业，投资规模大、周期长，从土地批租、房地产开发到房地产租售都需要占用大量资金，而通常开发商的自有资金有限，无法满足房地产项目的资金需求。因此，资金筹集成为房地产企业最关注的问题。图 4-6 是我国房地产企业资金的全部流动过程。

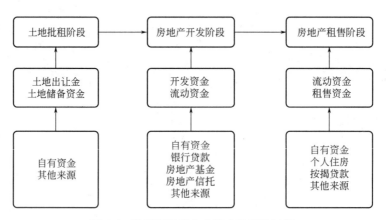

图 4-6　我国房地产企业资金的流动过程

由图 4-6、图 4-7 可以看出，房地产企业资金链的运动过程会涉及很多其他社会环节，房地产资金链的风险容易影响其他社会部门。防止房地产企业资金链断裂，不仅可以避免企业自身的财务风险，同时也可以安全度过金融危机，形成高效稳定的资金循环体系。

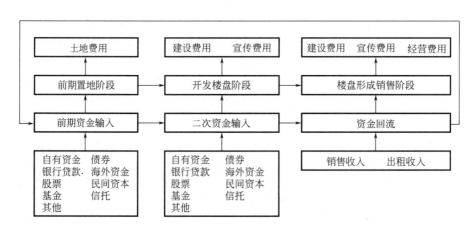

图 4-7　我国房地产企业资金链运行过程

4.1.6　房地产企业资金链营运管理的主要内容

从本质上来讲，对房地产企业资金链的营运管理，即对其资金在不同阶段流动的一种营运管理，它着重于在流程链条上的完整性营运管理，主要体现在资金收益、资金安全以及资金效率三个方面。从宏观意义上来讲，对房地产企业资金链的营运管理是从项目融资开始到项目投资开发，再到销售资金回流整体过程中的一种资金链营运管理方式；从微观意义上来讲，它是对项目从前期拿地到建设再到后期销售运营整个过程的一种营运管理方式，同时，也是对资金来源和使用方面的计划、控制、考核、监督以及资金回流方面营运管理的多项工作。对于房地产企业资金链的营运管理,它涉及面很广,例如资金构成、资金使用情况以及资金风险等多种因素。

1. 从资金链营运管理的结构方面来看

在项目筹资层面,房地产企业主要从筹资方式、筹资成本等方面进行营运管理;在资金使用层面,对资金链营运管理主要针对资金使用情况、资金使用风险以及投资成本等方面;在资金回流层面,主要对项目运营管理的获利方式、资金回流效果以及资金回流风险等方面进行运营管理。

2. 从资金链运营管理的操作内容方面来看

对房地产企业资金链营运管理,首先要对资金在营运过程中产生的风险进行运营管理。资金风险因素主要包括流动性风险、汇率风险、利率风险、国际运作风险、市场环境风险、法规风险、信誉风险、营运风险、管理风险等。

房地产企业资金链营运管理主要包括：现金管理、资金信息与流动性管理、融资与融资关系管理。在公司实际运营中,这三个方面的内容会相互重叠且相互支持和配合。对房地产企业资金链的营运管理是基于公司资金营运基础上的一种管理,其重点关注项目是否拥有完整的现金流、关注公司资金来源和营运是否得当,以及资金经过循环能否产生增值等。

4.1.7 房地产企业资金链营运管理目标

房地产企业资金链营运管理目标既要充分保证项目资金使用的安全性,又要为企业带来一定的营利性,让资金在整个流动过程中保持顺畅循环。在资金的来源阶段、使用阶段和回笼阶段能够正常流动,不出现断裂风险,充分利用资金,实现资金使用效率的最大化。

1. 获取充分资金

房地产企业在开发具体项目时,对资金的需求量大。因此,要保证项目开始阶段获取足够的资金,仅通过单一渠道较难满足,需要多元化的融资渠道。另外,还可以对融资结构与具体方法进行完善,也能不断降低融资成本,为企业带来充分资金。

2. 提高资金使用效率

在房地产企业开发具体项目过程中,对资金使用情况做出适当的计划,并严格按照计划执行,既能保证资金使用上不出现缺口,又可以充分利用资金,提高使用效率。

3. 保证资金安全

资金安全是指企业在资金链的各个环节能够顺畅运营,资金链能够完成循环,项目可以顺利完工。如果将项目分为多期,每一期都可能发生资金流入或流出,资金安全是指每一期及其以上所有期的累计资金流入应大于累计资金流出,而不是指每一期的资金流入大于当期的资金流出。如果以后者作为标准,资金安全性虽然可以保证,但同时也会增加企业的资金使用成本。

4. 实现资本增值

资本具有逐利性，所有的资本投入都是为了获取回报，实现增值。而资本安全性是实现资本增值的必要条件，但并非充分条件。资本增值是指项目的回流资金应能完全补偿所有的成本费用支出，实现赢利。同时，企业或项目的经营目标不仅要实现资本增值，更追求利润的最大化。这需要企业在资金循环的各阶段都选择最优的资金安排，例如在资金筹集阶段，应选择最优的资金来源结构，在保证资金顺畅循环的前提下，最大限度地降低筹资成本；在资金使用阶段，应按工程进度选择最优的资金支出计划，加速资金周转，提高资金利用效率；在资金回收阶段，选择最优的营销方案，尽快实现资金回笼和利润最大化。

5. 提高资金盈利能力

房地产企业资金管理方面的特点之一就是收回资金的周期较长，资金在整个周期中被占用的时间较久，产生的成本较高，对资金链营运管理目标之一就是要加强对资金的回收，使资金链能够顺畅地循环流动，充分实现资金的营利性，通过缩短回收资金的周期，提高资金的使用效率，提高盈利能力。

4.2 房地产企业多项目开发资金链营运管理

房地产企业多项目开发运作的资金总量需求往往是单个项目的数倍，项目与企业、项目与项目、项目与外界之间关系复杂，需要与时俱进、切实可行的现金流营运管理战略。

多项目开发模式下的房地产企业现金流营运管理的首要原则是实现企业整体最优而非单个项目最优；其次还应做到现金流预算的制定应与企业发展目标和战略规划相统一，以最少的资金成本实现项目投资收益最大化，控制资金风险，保证投资人权益。

4.2.1 多项目开发模式及资金流动的特征

按照项目开发期的分布情况，多项目开发模式主要包括以下三种：多项目同期并行开发；多项目阶段内连续开发；多项目并行开发与阶段内连续开发兼有。

（1）多项目同期并行开发（图4-8），即多个项目开发周期基本重合。在此模式下，资金需求总量是单个项目运作的数倍，要求企业具有较强的资金实力和融资能力。在项目建设期，资金投入压力巨大。项目陆续预售后，回笼的预售资金可投入项目的后期建设，可以缓解项目资金压力。随着销售的持续进行，又将迎来资金集中回收的高峰，形成大量货币资金。

（2）多项目阶段内连续开发（图4-9），即多个项目的开发周期存在重合但并非完成重叠。在这种模式下，房地产企业在一定时期内可以对某个大盘项目进行分期滚动开发，或对多个不同地块的项目进行连续开发。相对于多项目并行开发，房地产企业在项目开工、主体结构完成、项目竣工等特殊时间点的资金压力可以得到分散。项目

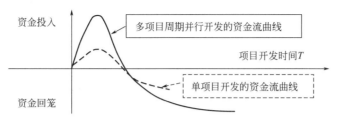

图 4-8 多项目同时并行开发资金流动情况

开始时间和销售时间得以错开，房地产企业可以利用部分项目的销售资金回笼来弥补其他项目的资金缺口，提高资金的使用效率，节约信贷成本，保障项目开发正常运行。

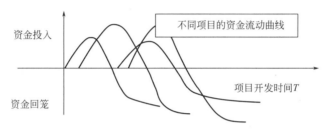

图 4-9 多项目阶段内连续开发资金流动情况

（3）多项目并行开发与阶段内连续开发兼有。这种模式的资金流动情况包含以上两种多项目开发模式的特点，如图 4-10 所示。它要求企业具有较高的市场洞察能力、策略调整能力、品牌塑造和运营能力，主要出现在多城市多项目发展阶段和多城市多项目区域化管理阶段的大中型房地产企业。

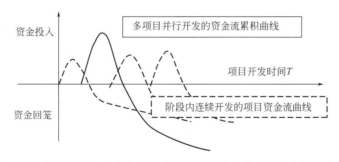

图 4-10 多项目并行开发与阶段内连续开发兼有的项目资金流动情况

采用多项目开发模式，不论房地产企业是多项目并行开发还是阶段内连续开发，不论房地产企业经营单一物业类型还是同时经营高档住宅、普通住宅、写字楼、酒店产品等多种物业类型，只要掌握好不同项目的投资回收期和资金流情况，根据企业整体的资金实力和融资能力，合理设计项目开发顺序和开发节奏，协调好开发期内项目间的资金流向、流速和流量，就能从整体上降低财务风险，提高利润水平，改善资金流。根据上述分析，设计出理想状态下的房地产多项目开发资金流图，如图 4-11 所示。

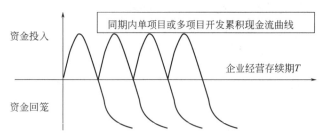

图 4-11 理想状态下的房地产多项目开发资金流动图

4.2.2 多项目开发资金营运管理模式及选择

多项目开发模式下，项目与企业、项目与银行、项目与合作方、项目与项目间的资金往来复杂，若资金分散管理，企业可能需要设置更多的银行账户。每个账户存放一笔备用金，既造成资金闲置又难以实现账户资金聚沙成塔的效用。资金使用信息传递路径增长，速度放缓，企业难以根据各项目进展情况做出及时、有效的资金调整方案。资金作为项目之间的纽带得不到良好发挥，企业资金得不到合理配置和优化组合。实施房地产资金集中管理，将有效杜绝上述不良现象的发生，利用资金为企业创造更多的效益。

房地产企业资金营运管理一般分为五种方式，见表 4-1。

房地产企业资金营运管理方式　　　　　　表 4-1

模式	报账中心	结算中心	内部银行	财务公司	现金池
特点	"收支两条线"，统收统支或拨付备用金，企业统一对外结算，各项目公司不单独设立账户	总部设一级账户，统一拨付开发资金和对外融资；各项目设立二级账户，可独立核算	仿效银行模式，下属项目公司在内部银行开设虚拟账户；项目之间的资金占用实行有偿信贷	独立法人资质的非银行金融机构，提供金融服务，不能直接决定资金的使用方向	利用商业银行的现金管理方式和互联网信息技术，实现账户资金自动调拨
集中程度	高度集权	集权＆分权	集权＆分权	分权	集权
资金管理职能	存放和拨付	结算、调度、融资和监管	结算、内部贷款、监管	结算、融资、投资、信贷	结算、信贷、实时监控
信息技术依赖程度	一般	一般	较高	较高	极高
资金管理实施效果	报账手续极其烦琐，资金完全控制，使用僵化	资金使用均衡有效；项目独立核算，具有经营决策权，可调动项目开发积极性	一定程度市场化运作，管理高效；提高项目责任人的资金成本和风险意识	完全市场化运作，最大限度地实现企业资金融通和配置；对外获取低利率资金	账户资金每日清算，资金配置实时、高效；资金信息传递迅速

续表

模式	报账中心	结算中心	内部银行	财务公司	现金池
适用企业	创业初期,单个城市布局,1~3个项目,物业形态单一,下属项目多为非独立核算主体的企业	成长期,增长速度较快,4~10个项目,业务区域少于3个城市的中型房地产企业	部分成长期房地产企业;进入扩张期,拥有11~20个项目,业务区域遍及省外5个城市的大型房地产企业	成熟期,拥有超过20个项目,业务区域10个城市以上,资金往来金额巨大,资金控制要求较高的房地产企业	成熟期房地产企业、跨国房地产企业或者使用外汇结算较多的大型房地产企业
其他要求	资金借支/报销及时审批、及时处理	企业决策层对项目职业经理人高度信任,经营决策授权较充分	财务部门资金管理能力极强,熟悉商业银行运作模式	财务公司资金运作能力极强,充分服务项目公司资金管理	企业信息化建设充分;银企关系密切,结成战略联盟

如表 4-1 所示,不同资金营运管理模式下,房地产企业对下属项目公司的控制权集中程度、与银行关系的密切程度、对网络信息技术的依赖程度皆存在差异。我国的房地产企业存在"五个梯队"分化的格局,各个企业的从业时间、经营规模、发展战略、经营的物业形态、内部管理水平也各不相同。因此,房地产企业应该在充分分析自身情况的基础上,用发展的眼光寻找与企业多项目运营相匹配的资金集中营运管理模式,最终实现企业资金的聚而不死、分而不散、高效有序、动态平衡。

4.2.3 房地产多项目开发融资管理决策

多项目运作的资金需求总量是单个项目的数倍,且短期内经常需要大量资金注入。因此,缺乏雄厚的资本实力和良好融资渠道的房地产企业难以有效运作。从单纯依靠商业银行贷款,转向股权融资、合作开发、房地产金融创新等多渠道筹资,是满足多项目开发资金需求的必要途径。确定合理的融资结构、制定最佳的融资决策,是做好房地产多项目开发融资的关键。

1. 多项目开发融资决策的核心问题

股权和债权融资结构、长期和短期融资结构关系企业的融资成本,影响项目控制权、财务风险和资金流动性,也是房地产企业在多项目开发融资决策的核心问题。

多项目开发模式下,房地产企业应该充分考虑企业战略发展规划和该项目的重要程度,设计合适的权益型融资和债务型融资比例。对于重要性高的项目,一定要保证企业对项目公司的控制权。对于重要程度相对较低的项目,以保证投资收益为主。

长期和短期融资结构关系企业长远发展、开发期内资金充裕度和流动性。房地产企业作为供应链核心企业,大多数房地产企业已将设计、施工等环节外包,固定资产需求较低,长期债务资金所占比例相对较少。考虑房地产企业发展所需土地储备的资金占用,多项目开发中某些项目开发周期较长,项目销售不景气时,商品房变现能力降低等,应适当持有一定数量的长期融资,缓解短期融资压力。

短期融资的资金成本相对较低,但是到期还本付息压力巨大。多项目开发资金需求巨大,项目关联性强,如果大量持有短期贷款,若使用不慎就会殃及其他项目资金链的安全。多项目开发企业更应重视有息短期债务资金的比例和到期时间,合理错开还款期。同时利用好无息短期债务资金,例如物料集中采购时,供应商提供的信用期。

2. 房地产多项目开发融资方式的选择

多项目开发模式下,房地产企业除了传统的内/外源、直接/间接、股权/债权等融资方式以外,还可充分利用公司融资和项目融资的方式筹集开发资金,进一步选择不同融资方式和确定各方式下的融资量,形成融资组合。

公司融资是公司利用自身的资信能力(财务状况、商业信誉等)为主体所进行的融资。外部资金提供者决定投资或贷款主要依据公司整体的资产负债、利润和现金流量情况。

项目融资是以项目为主体,以项目收益及资产作为偿债来源。外部资金提供者主要依据该项目的预期现金流量和资产价值决定是否提供资金。

根据表4-2的分析可以发现,房地产企业多项目开发模式下,对于涉及超过自身资产规模的项目投资,或者同时进行多个较大项目的开发,采用项目融资可以以有限的财力撬动更多的项目,并分散投资风险。项目融资属于资产负债表表外融资,能够为企业采用其他方式融资提供便利。对于规模较小的单个或者多个项目,采用公司融资的方式较为合适。若采用项目融资,融资成本高、耗费时间长,将削弱项目的利润率且不利于项目资金周转。

公司融资与项目融资的区别　　　　　　表 4-2

主要区别	公司融资	项目融资
贷款主体	公司资信能力	项目预期收益和资产价值
还款来源	公司的全部资产和收益	项目投产收益和项目资产
担保结构	单一;以抵押、质押或保证贷款为主	严谨而复杂;要求与项目有利害关系的参与人提供担保
追索形式	完全追索形式	有限追索权或无追索权
可融资规模	根据公司的经营情况	根据项目预期,一般可获得较高的融资额
融资使用期限	依据融资合同中的使用期限	根据项目实际需要和项目的经济生命期
融资使用范围	根据公司安排	仅用于融资项目
耗费时间	较短	较长
融资成本	相对较低	前期费用一般占贷款金额的0.5%~2.0%,利息高于同等条件下公司贷款的0.3%~1.5%
风险情况	公司完全承担风险	风险在与项目开发有利益关系者之间分担
资金提供者的参与度	参与度较低	承担更多风险,为保证收益,参与度较高

续表

主要区别	公司融资	项目融资
对公司资产负债表的影响	公司负债型融资,资产负债比或超过安全警戒线	非公司负债型融资,以说明的形式反映在资产负债表的注释中
适用情形	规模较小的单个项目,同期开发、总额较小的多个项目	超过自身资产规模的项目投资,或者同时进行多个较大项目的开发

房地产企业解决多项目开发资金问题,首先应对企业经营情况以及各项目的具体情况进行充分分析,包括公司资产负债情况、近期开发项目总数量、各项目规模大小、资金需要的紧迫性、融资成本可接受程度等,进而综合运用项目融资和公司融资获得更加充沛的开发资金,以最经济、安全的方式扩大财务杠杆效用。

3. 房地产多项目开发融资的决策思路

房地产企业融资程序可分为投资决策、融资决策、融资结构分析、融资谈判和融资执行五个阶段。融资决策是整个融资程序中至关重要的一环,它是项目可行性分析的重要组成部分,与投资分析相互影响,最终决定项目投资在经济上是否可行。因此,科学的房地产融资决策分析与项目的投资分析双向互动,在投资分析的基础上进行融资决策的调整、分析、再调整,最终确立最优的融资结构和融资方案,如图4-12所示。

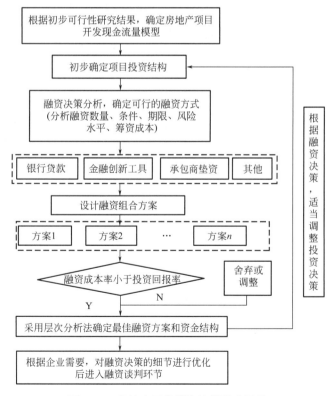

图4-12 房地产开发融资决策基本思路

4.2.4 多项目开发资金配置策略

1. 科学的项目可行性研究确定资金需求

房地产可行性研究报告是房地产企业向政府相关部门申请正式立项的必备材料，也是其筹集开发资金的重要依据。

多项目开发模式也是由单个项目组合而成。一些房地产企业为了通过审批、获取融资，在编写该报告时，想方设法地得出项目可行的结论，导致项目仓促上马、盲目开发，造成商品房积压、烂尾，更有可能波及其他项目的资金链安全，甚至造成企业倒闭。

房地产项目可行性研究确定投融资量时应该注意以下几点：

（1）多项目开发模式下，可行性研究应作为一项日常工作。房地产企业应设置专业部门或岗位，持续关注土地市场和楼市变化，尤其是企业战略规划区域内的地块，寻找投资机会。

（2）项目可行性研究应充分调动项目公司和职能部门参与完成。工程、财务、营销、成本、运营等多个部门应提供必要的数据、技术和人力支持。

（3）可行性研究应以充分的市场调研为基础，深入、客观、全面调查拟开发项目的周边配套环境、供需情况、竞争格局等，在调研数据的基础上，做出科学的项目选址与规划、市场定位和产品方案。

（4）可行性研究应采用定性与定量相结合的分析方法，确定项目的投融资需求总量和阶段性资金需求量。

（5）报告撰写目标明确，重点突出。项目投资可行性研究报告，应突出项目的投资回收期和预期收益。项目融资可行性研究报告，若以获得股权融资为主，应突出项目良好的净现值；若以债务融资为主，应突出项目的安全性和稳定持续的现金流。

2. 从企业整体角度出发的各项目进度计划和资金平衡

多项目开发模式下，各项目开发计划的制定应从企业发展全局的战略视角出发，协调安排，而非单纯从项目本身出发。

房地产企业多项目开发首先要解决项目开发的顺序问题，即不同地块项目开发和同一地块项目的分批开发的次序。多项目开发资金管理的一大优势就是可以利用某些项目的销售资金回笼来弥补其他项目的资金缺口，实现项目资金之间的科学流动，提高资金的利用率。

其次应明确在各项目开发中，涉及资金大量流动的关键控制节点（表4-3），即项目土地取得权、取得"四证一书"、正式开工、取得预售证、项目开盘、销售额完成30%、销售额完成45%、销售额完成70%、项目竣工、项目入伙等。同时分析各项目资金流向、流量和流速，为项目之间资金调配做准备。在此基础上，系统规划多项目开发次序、开发节奏，从而优化项目开发资金配置。

第4章 房地产企业资金链营运管理控制

多项目开发工程年度进度表　　　　　　　　　　　　　　　　表 4-3

	-2	1	2	3	4	5	6	7	8	9	10	11	12	+1	+2
项目 1					土地确权										
项目 2	项目竣工														
项目 3															
…			单元格内填入各项目所处的关键控制节点的起止时间跨度，如"土地确权"。详细进度则需参照各项目开发运营计划												
项目 n															

多项目开发资金运营管理可采用"资金平衡计划"反映房地产企业整体和各项目在开发经营各期的资金盈余或短缺情况以及资金流构成情况。资金平衡计划表（表 4-4）是房地产企业进行项目开发资金集中管理，合理协调多项目资金流动，制定适宜的融资方案和偿还借款的依据。资金平衡计划的制定要考虑一定的风险因素，切忌满打满算或留有大量缺口，否则将影响项目的正常开发甚至波及其他项目的资金安全。

××房地产企业××年多项目开发资金平衡计划表　　　　　　表 4-4

项目	科目	一季度	二季度	三季度	四季度	合计
资金流出	土地费用 项目 1 项目 2 项目 n					
	前期工程款 项目 1 项目 2 项目 n					
	建安工程款					
	配套设施建设费					
	开发间接费					
	不可预见费					
	贷款付息及还本					
	税费					
	其他					
	资金流出合计					
资金流入	股东投资					
	借入资金					
	销售回款					
	经营性物业收入					
	其他					
	资金流入合计					

续表

项目	科目	一季度	二季度	三季度	四季度	合计
资金盈/缺	总额 项目1 项目2 项目 n					

3. 加强资金营运管理信息化建设，提高资金营运效率

企业信息化建设是多项目开发模式下，房地产企业资金集中营运管理的基础。实践证明，房地产企业信息化建设能提高项目资金营运管理效率，有效防范财务预算管理"虚"，减轻资金结算管理"散"，解决监督考核环节"弱"，降低资金使用的"险"，进而增强企业资金营运效益。

在多项目开发模式下，通过一体化的信息系统，将各项目开发进度情况、成本管理情况、资金使用情况、销售情况、物业管理情况等信息进行收集、汇总、集成，达到财务类和业务类系统的高度整合、全局共享。各项业务通过工作流审批贯穿，借助办公自动化（OA）和BIM信息平台实现信息实时交互，项目资金管理一目了然。企业管理者随时掌握最新的一线情况，科学合理地调配项目资金，实现企业整体效益最优。

4.2.5 采用PDCA进行多项目开发资金链营运管理

房地产企业多项目开发过程中资金链营运管理可借鉴PDCA循环，结合动态管理的理念和方法，持续改进资金营运管理工作方法，提高资金链营运的效率和效益，如图4-13所示。

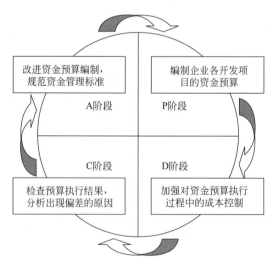

图4-13 采用PDCA的多项目开发资金链预算营运管理思路

融合 PDCA 的多项目开发资金链预算营运管理能够使企业战略目标落地化、经营活动目标化、管理方式精细化、经营活动受控化、资金控制提前化、绩效管理依据化、成本控制约束化，详见表 4-5。

融合 PDCA 的多项目开发资金链营运管理　　　　　表 4-5

阶段	P	D	C	A
投资机会研究及土地竞投	1. 各项目公司和职能部门共同参与年度预算编制，对结果负责，每年12月30日之前； 2. 各项目公司和职能部门月底之前完成下一月的预算编制； 3. 制定项目开发不同阶段的成本控制方案； 4. 制定和优化各类合同中付款方式和付款时间； 5. 提前税务筹划	1. 提前获得土地信息，现场勘察、市场调研，测算土地成本和制定心里价位； 2. 避免竞标时盲目加价	1. 资金管理的日常检查； 2. 各阶段结束时，进行资金管理分析； 3. 项目整体结束时，进行项目资金管理后评价	1. 优化资金预算编制程序和更新编制参考数据； 2. 适时调整资金管理标准，形成正式文件
项目定位策划及前期准备		1. 确保调研质量，避免浪费； 2. 避免拆迁安置费用过高或延误工期； 3. 勘探、土方等前期工程实行总价招标； 4. 施工水、电线路铺设要兼顾项目建成后的使用需要，避免二次施工增加成本； 5. 与政府相关部门协商，争取提高容积率		
规划设计		1. 对设计单位进行招标投标； 2. 限额设计； 3. 成立联合小组，进行设计图纸会审，减少设计不当引起的损失； 4. 按合同约定支付设计费用		
工程施工		1. 不同工程的施工单位选择； 2. 材料及设备采购成本控制； 3. 现场签证价款控制； 4. 索赔价款控制； 5. 工程价款支付控制		
市场推广及销售		1. 售楼处、样板房的装修供应商选择； 2. 宣传物料、广告投放、公关活动的费用按预算执行； 3. 营销代理机构选择及费用支付控制； 4. 项目价格策略、开盘时间及推货量执行		
售后及物业管理		1. 物业自营时实施减员增效，使用节能设备等； 2. 物业外包时招标投标选择优质第三方，要求对方提前介入，共同参与房屋验收和交付		

主要步骤为：
1. P 阶段：编制企业各开发项目的资金预算
房地产企业资金预算包括年度总预算、季度或月度预算。年度预算的编制需要各项目公司和各部门共同参与，共同确定并对预算结果负责。例如工程部门需提供年度施工计划、物资采购预算、工程款支付预算等；营销部门需提供营销推广费用预算、营销提成预算、收入预算等;行政部门需提供办公费用预算、通勤车辆预算等;财务部门提供融资方案等。各项目公司和各部门的预算提交给企业的全面预算管理中心审批通过后,形成统一的企业年度预算。年度预算经过反复修正和调整后形成,需在每年12月30日之前完成。

月度预算由各项目公司和职能部门根据企业年度预算和本月预算执行情况,在月底之前完成下一月的预算编制,上报至财务部门经审核通过后再报总经理办公室审批,经过修正和调整后确认。它是各项目公司和各职能部门资金管理的具体依据。

2. D阶段:加强对资金预算执行过程中的成本控制

资金预算一经确认,各项目公司和各职能部门必须坚决执行,并建立专门的预算管理簿,详细记录预算执行情况,同时将资金使用信息及时录入信息管理系统并上传总部,实时反馈预算的执行效果。

房地产预算管理贯穿于项目开发全过程。因此,对项目开发每个阶段、每个环节的开发成本和资金使用都需要进行科学、严格地控制。

(1) 投资机会研究及土地竞投阶段:房地产企业应尽可能在招标公告前获得土地信息,尽早进行现场踏勘和市场调研,测算出地块的土地成本和制定心理价位,避免在土地竞标过程中盲目加价,增加项目开发成本。

(2) 项目定位策划及前期准备阶段:项目定位是项目成功的关键,市场调研是项目定位的基础工作。本阶段应注重市场调研费用的支出,在确保调研质量的前提下避免浪费。房地产企业应熟练把握国家和地方有关征地和拆迁的法规和政策,以免造成拆迁安置费用过高或延误工期。勘察、土方工程等前期工程应采用市场价格,实行总价招标。施工水、电线路铺设要兼顾项目建成后的使用需要,避免二次施工增加成本。此外,房地产企业还应积极与政府相关部门协商,争取提高容积率,一旦成功将大幅度降低项目楼面地价。

(3) 规划设计阶段:设计图纸是项目施工的依据,尽管设计费仅占总成本的1.5%~2%,但对工程造价的影响可达85%。本阶段的成本控制是实现资金管理事前控制的关键,科学合理的设计可降低10%的工程造价。房地产企业应对设计单位进行招标投标、限额设计。组织内部设计人员、工程人员和外部专家成立联合小组,对设计图纸进行会审,避免或减少设计不当引起的损失。设计合同中应明确设计完成后业主方支付85%设计费用,剩余费用待施工完成后支付,一方面以合同约束设计单位的工作行为,降低设计风险造成的损失;另一方面为企业暂存更多的类似于短期无息贷款的可用资金,增强运营资金的流动性。

(4) 工程施工阶段:施工阶段应重视施工材料及设备采购成本控制、现场签证价款控制、工程索赔价款控制、工程变更费用控制、工程价款支付控制以及其他工程费用控制等,如图4-14所示。

多项目开发模式下,企业可选择优质的施工单位长期合作,形成战略伙伴,双方默契配合可有效利用合作方垫资和加快工程进度,加速项目资金周转。主体施工单位

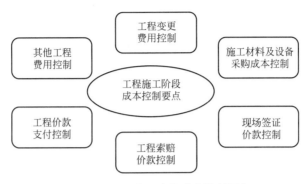

图 4-14　工程施工阶段成本控制要点

必须采取公开招标或邀请招标；对于零星工程，施工单位的选择应综合考察两家以上；水、电、气、消防等带有垄断性质的工程项目应尽量展开公关。各项工程严禁擅自转包，最大限度地减少交易黑幕和降低造价。

多项目开发模式下，房地产企业应整合一定时期内各类材料需求量，发挥规模化集中采购的议价优势。甲供物资的采购可在大宗建材批发市场和电子商务采购平台广泛询价，进行招标。在物资质量、价格、供货时间均能满足的前提下，选择赊销信用期长、定金较低、接受房屋抵扣材料款、售后服务和信誉良好的供货商，所购材料须经验收合格后方能办理结算。设定乙供物资价格上限，避免施工单位借机侵占企业权益。同时，项目公司应以"零库存"为目标，根据开发进度合理安排到货时间和数量，减少库存费用支出。

现场签证管理必须规范严格，以总承包合同和其他合法资料为准，"时发时签"，且必须由项目现场总工程师、造价工程师、第三方监理工程师共同签字。签证单据的内容、原因、工程量等必须填写完整、详细明确，涂改无效，杜绝盲目签证造成的经济损失。

工程索赔价款控制需要各项目公司强化索赔和反索赔能力。由于建筑市场竞争越发激烈，许多建筑承包商采用"低价竞标、高价索赔"的策略获取利润。索赔事项一旦发生，房地产企业应认真分析事项发生缘由和合同及相关文件规定，证明对方索赔报告不符之处，推卸或减轻赔偿责任。若确系房地产企业责任，应与对方协商，使其尽量让步。若因施工方工程质量存在缺陷、延误工期或其他造成房地产企业损失的情况，应积极索偿。

工程价款支付控制方面，应要求施工方按房地产企业要求开设结算账户，以便房地产企业增进银企关系和监督工程款项的使用。在施工合同中，工程款的支付时间和计算方式应考虑房地产企业资金充裕情况、融资能力，尽量延后支付时间。为掌握结算主动权和防范工程质量风险，合约中应规定工程造价的 10% 属于工程尾款、3% 属于质量保证金，二者在项目交付使用一定期限后支付。

（5）市场推广及销售阶段。本阶段的资金管理主要是对费用的支出控制，主要包括样板房装修费用、展示区装修费用、营销现场费用、广告投放费用、宣传物料费用、销售中介费用等。同时，本阶段是项目开发资金回笼和实现项目利润的关键，一方面要控制各项费用的合理支出，另一方面要实现营销费用效益最大化。

售楼处、样板房的装修采用公开招标或邀请招标，选择合适的供应商，装修效果应与楼盘调性相符，突出楼盘品质和其他优势。宣传物料（楼书、DM 折页等）应追求美观、实用。例如总价不高的普通住宅、三线城市项目等，考虑普通报纸大小尺寸的 DM 折页即可，不必采用高档楼书。广告媒体的选择应根据项目体量、目标客户消费习惯、竞争楼盘的广告投放和效果等进行分析。一味追求大而全的营销模式，只能增加成本，对销售的改善并不明显。外展、路演等公关活动要进行预算审批，效果评估。结算时无论金额大小，财务部都要认真复查，杜绝谎报、虚报费用现象。

营销代理合同中应明确销售周期、代理费用计算标准和支付方式。代理公司支付不少于代理费用 5%的保证金。代理费用支付与销售业绩挂钩，按销售业务完成比例和完成时间分阶段支付，刺激营销代理机构的工作热情，进而提高销售速度，加速资金回笼。

房地产项目价格策略应以实现项目开发资金回笼和利润最大化为目标，提前开展销售价格的税务筹划，寻找销售价格、销售量、回款时间与缴纳税费之间的最佳点。

推货量方面，当房地产市场价格预期看涨时，在不影响企业资金正常周转和不触碰"禁止开发商捂盘惜售"政策红线的前提下，开发商可减少新推房源，以实现整体销售利润最大化。当房地产市场萧条、企业资金链日益紧张时，应采用"以价换量"手段加速去化，同时采用"小步快跑"的销售策略逐步加推房源，动态调整售价，实现销售额最大化。

（6）售后及物业管理阶段。良好的物业管理能给消费者带来更好的客户体验，进而影响潜在客户，促进项目后期销售和加速企业品牌建设。

选择物业管理自营的房地产企业应提前做好税务筹划，收取合理的物业费用。日常管理中，实施减员增效以控制人力成本；使用节能设备，加强物业巡查以降低公共水电耗能等。

选择物业管理外包的企业应以招标投标的方式，选择优质的物业管理公司并要求对方提前介入，共同参与房屋验收和交付。

3. C 阶段：检查预算执行结果，分析出现偏差的原因

预算工作是资金管理的事前控制，检查工作就是对资金管理的事中控制和事后控制。

资金管理的日常检查能够及时发现问题，是有效控制开发成本的关键。随着上述各阶段、各环节的工作开展，应加强事中控制。资金管理的事后检查即每个阶段结束和项目整体结束时，要进行项目资金管理后评价。

项目资金管理后评价，不单是将项目成本的结算成本与目标成本进行简单比较和分析，还是对项目开发全过程的资金使用和项目效益进行深入分析。房地产开发资金管理并非简单地追求成本最低，而是要实现利润最大化，现金流动最畅通。一些细部的改善可能会增加一些成本，但可以创造更多的价值，应注意积累和推广工作经验。对于其他造成预算超支的做法，应该加以警示，并制定和完善相关防范措施。通过项目资金管理后评价，进一步挖掘企业成本控制和资金管理的潜力。

4. A 阶段：改进资金预算编制，制定资金管理标准

资金预算只是项目开发前对项目资金进行估算，出现结算与预算不符也是正常现象。房地产企业应该根据项目资金管理的后评价结论，优化资金预算编制程序和更新编制参考数据；结合房地产市场变化和企业发展情况，适时调整资金管理标准，形成正式文件，规范项目后续开发及企业其他项目的资金管理。

4.3 房地产企业资金链营运管理控制对策

4.3.1 完善筹集阶段的资金链营运管理

1. 开拓企业筹资渠道，优化企业资本结构

现阶段房地产企业大多依赖贷款获取资金，金融危机爆发后，银行在审批过程中逐步提升放款标准，融资渠道受到限制。企业不应局限于银行贷款这一种融资方式，必须拓宽融资渠道并建立多元化的融资模式，例如上市融资、债券融资、信托投资、互联网金融平台等多方向发展。同时房地产企业应结合自身实际情况，综合分析各种融资方式、资金成本及融资条件，择优选择融资成本低且还款周期长的渠道。

（1）房地产合作开发

房地产合作开发，即为持有房地产开发资格的机构和资源提供机构一起承担风险，并分享利润的承建活动，这里的资源可以是资金、土地、技术等。之所以进行合作开发，一方面房地产企业需偿付较高的融资成本，且资金周转困难，再者房地产企业通过合作开发模式，有助于分散项目风险。另一方面，可合理借助双方优势，发挥合作的积极影响，双方进行的合作实质是资源互补、分工的一种模式。相对而言，房地产合作开发可方便快捷地实现融资，和其他机构建立合作关系后，能为项目的实施获取更多资金，解决项目运营中融资难问题，再者有助于规避风险，积累资本，带动房地产企业稳步增强自身综合实力，实现双方同步发展。

（2）房地产信托融资

房地产信托融资，即利用专业的投资机构管理房地产企业融资。简而言之，即由信托投资企业制定信托规划，汇集投资人资金，从而为投资人带来利益最大化。参照投资者的意愿，分配好资金，合理投向项目。现阶段我国大多数房地产公司均采取此类模式，灵活性强的房地产信托已经成为房地产企业最重要的融资渠道。此种融资方式监管方式灵活且发放贷款速度快，较传统的银行融资贷款具有多重优势。

（3）融资性售后回租

售后回租，是房地产企业出售房地产项目后进行回租的业务，是现阶段相对个性化的租赁模式，房地产企业利用金融租赁企业进行售后回租，该模式的实质为融资行为。房地产企业在获得资金之后，能够实现持续运营，同时有相应的资金用于投资活动。融资性售后回租，能确保房地产企业实现平稳运行，在不对日常生产带来干扰的基础上，提升资金规模，此种方式具有共享资源、分散风险的作用。通过融资性售后再提供平台扩展商业银行、金融租赁企业、房地产开发的合作模式，实现多方共赢。

（4）众筹融资模式

2014年，房地产企业开始尝试众筹模式，但是采取较为单一的模式。2015年WD、WK等房地产企业都积极开展众筹项目，其融资方式主要包括向员工融资、项目跟投制度等。房地产企业依托众筹模式得以提高融资效率，降低融资成本，弱化融资风险。另外众多投资散户也借此机会参与相关投资。作为金融行业的创新模式，众筹逐渐成为房地产最佳创新融资方式。但是就当前的实际发展来看，此种融资方式尚存在诸多不足，存在一定的风险，房地产企业在选择时需要结合自身的实际情况。

2. 完善使用阶段资金链营运管理的对策

（1）重视开发项目前期的可行性研究

房地产企业应将资金链中资金的使用管理提前到项目可行性研究阶段，通过实地调查获取相关资料后，多角度分析项目实际需求，剖析现阶段供给规模，总结出相对准确的预测金额，确定售价、目标客户、开发及销售周期等，初步确定投资成本和资金使用量。房地产开发投资巨大，必须在投资前做好充分的调研和测算，合理安排资金使用。

（2）实行项目成本动态管理，控制成本偏差

房地产项目运行时一直处于动态调整中，客观环境出现新情况后，项目也会随之调整，所以房地产企业运用资金时，需尽可能获取成本方面的数据，和预期消耗成本进行比较，分析二者之间是否存在偏离。假设二者保持趋同，项目便能依计划推进，否则需分析为何存在差异，有针对性地推行纠正措施，扭转二者之间的偏差。房地产企业需采取动态成本监控机制，管理好日常中消耗的成本。其一，界定项目推行的目标及整体规划。其二，项目规划落实过程中需进行必要的监督，获取成本数据，分析实际投资金额，比较实际偿付的成本及预期成本是否存在差异。其三，对比计划金额和实际金额后，分析是否存在差异并找出根源所在，总结出哪些科目上出现偏差，有针对性地做好成本监控，降低实际和计划的差距，做好对项目的管控工作，如图4-15所示。

3. 完善回流阶段资金链营运管理的对策

（1）加快存量房周转，实现去库存化。

房地产企业承建项目的最终环节是销售，亦是资金管理的关键点，企业需成功出售房屋，方能获取价值，赚取利润，不然只会变成存量房，占用大量资金，也影响资

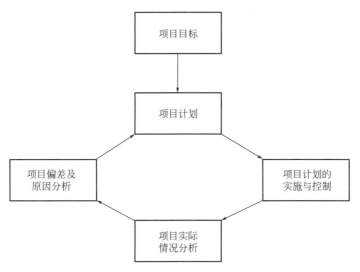

图 4-15 动态成本偏差控制流程图

金的高效周转,影响资金增值。现阶段,国内三、四线城市中分布着较多的存量房,为促使房地产企业可以高效去库存,可兼顾两点:首先,合理地界定房屋价格,以低价吸引消费需求,从而增加销售收入。其次,增加增值服务,提高商品房的性价比。例如房地产企业可以提供一年期免费物业服务,或者赠送地下车位等方式,以额外的附加服务来拉动销售额。

(2) 落实现金流运营管理制度,加快资金流转。

公司应基于以下三个方面加快资金流转:现金流预算管理;现金支付管理;现金收入管理。房地产企业应重视现金流营运预算管理,科学编制资金预算计划,具体分析销售房屋可能为企业增加的现金流量预算收入、企业投资;由于支付税而引起的现金流量流出额。在现金支付方面,应注意控制高企的土地成本,适当延长付款时限,此法有助于减少企业的运营资金需求量,延长营运资金周转期。另外在现金流出方面,可采取施工方垫资的方式。在现金收入方面,在做好销售工作的同时,应做好资金回收工作,通过及时获取销售房屋的现金,加速工程进度,全面提高工程质量。加速应收账款回笼,加大力度催收账款。

(3) 降低资产负债率,保持资金/现金流流转流畅。

根据相关统计数据显示,我国高负债房地产企业极为普遍,平均负债率达到55.7%,平均流动负债占负债总额的76%。也就是说,大多数企业需要在一年内或者一个营业周期内偿还全部债务的76%,对企业自身的资金流通提出了很高的要求。

如何才能降低资产负债率?理想方法是加快现金流转速度。如何加快资金/现金流流转速度?企业除了要修炼好资金/现金流精益营运管理的"内功"外,还必须加强以下几个方面的工作:

第一,稳定现金运营管理。譬如针对企业应收账款,可以设置房款台账,财务部门定期与销售部门核对客户信息，积极催收以保证资金回收；针对应付账款，应当尽可能使得应付账款周转时间长于应收账款周转时间，利于按期结清应付账款，减少利息费用的支出及不必要的资金占用。

第二，控制过度预支。房地产企业普遍以借贷方式筹措资金，如果未能合理计划而过度预支负债资金，自然增大了风险，一旦资金链断裂就容易导致财务危机，导致企业生存困难。

第三，保障资金信息流顺畅。由于房地产企业所跨地域广、公司内部部门复杂，资金信息流往往不是很顺畅，容易导致信息流传递缓慢而延误资金周转。

2008年以来，WK地产放慢土地储备的脚步，相比2006年、2007年的增量大幅下降，以期能保证稳健的现金流，维持当前项目运作。数据显示，当时WK地产的资产负债率约为45%，速动比例为1.1，这些指标均在行业指标的安全范围内。同样，为追求高速周转下的企业扩张，获取市场份额，WK地产又采取"薄利多销"的营销策略以及扩张二线城市中土地成本低、可持续性拓展强的开发项目以推动业绩倍增，在房地产企业纷纷资金链吃紧之时突破重围。

（4）保证企业筹资、投资、生产经营三大活动平衡。

房地产企业发展过程与一般企业的发展过程类似，是由生产经营活动、筹资活动和投资活动三大活动逐步形成的，也是企业财务风险逐步加大的过程。企业在开创时期，主要是业务创收，财务风险来源于经营活动的变现能力。当企业经营稳定后，就需要有较强的筹资能力，以支持企业迅速做大做强，而不仅依赖企业赢利来积累资本和扩大生产，企业的高速发展带来高销售、高需求、高负债，并可能带来管理效率的流失和利润率的下降，企业的财务风险就加大了。而一旦企业业务成熟之后，企业的成长受限，利润增长放缓，此时现金流量仍然充沛，企业自然就进入新的发展阶段——投资活动，寻找新的增长点，以培养新的利润创收点，这样的发展过程要求企业在生产经营活动、筹资活动、投资活动中寻找平衡。这三者之间的平衡就是一个高度的财务风险，需要动态的控制力，稍有不慎就会全军覆没。

4.4 标杆房地产企业资金链营运管理案例解析

4.4.1 HD房地产公司资金流动路径分析

资金是房地产企业各项目顺利进行的保证，资金的顺畅流通以及资金链的有序循环是企业正常运转和实现经营目标的重要前提。房地产企业属于资金密集型行业，保障资金链顺畅与安全是房地产企业资金链管理工作的重中之重。资金链的安全性主要表现在资金来源的可靠性和资金收支在项目时间节点上的匹配性，这是资金链营运管理人员需要重点关注的地方。其安全性主要体现在资金的流动路径上，HD房地产公司资金流动路径如图4-16所示。

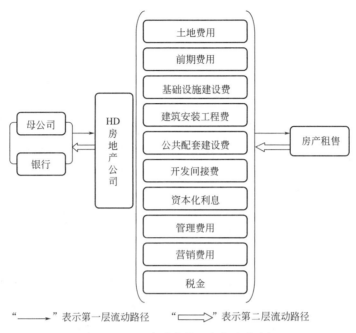

图 4-16 HD 房地产公司资金流动路径

从图 4-16 可以看出,在房地产整个项目的开发过程中,资金流动分为两个层次:第一个层次,在项目开发初期用于土地出让金、行政事业性收费、工程款以及日常支出的资金,来自母公司的自有资金和银行的开发贷款;第二个层次,在房地产达到一定预售条件后,房地产资金再以预售回款(包括现金和银行按揭贷款两种)的形式流至 HD 房地产公司,HD 房地产公司将取得的预售回款用于归还母公司的垫款和银行的开发贷款。在 HD 房地产公司用预售回款偿还银行贷款本金和利息的同时,银行会进一步为该公司客户办理住房按揭贷款。由此,在 HD 房地产公司、母公司、银行之间形成了一个资金链的链接与循环。

4.4.2 HD 房地产公司资金链状况分析

HD 房地产公司资金链通过资金筹集、资金使用和资金回流三个阶段体现,即公司从土地批租到开发再到销售的整个过程中的资金流动。本案例以 HD 房地产公司 YHY 项目、YK 项目、JX 项目、SH 项目、YJY 项目为主,对 HD 房地产公司资金链管理进行分析。

1. 资金筹集阶段分析

资金结构,也称为资本结构,是指各种资金构成及比例关系。公司资金是否能够正常运转,要看公司的资金总量及其结构是否正常合理。资金结构同时用来反映公司资金筹集阶段的管理状况。HD 房地产公司的资金结构如表 4-6 所示。

HD房地产公司资金结构分析表 表4-6

指标	项目	2012年	2013年	2014年	2015年
资产负债率	HD公司	0.97	0.91	0.83	0.81
	行业均值	0.75	0.70	0.70	0.70
产权比率	HD公司	15.74	10.47	4.89	4.28
	行业均值	0.50	0.50	0.50	0.50

由表4-6可以看出，HD房地产公司资产负债率呈现逐年降低的趋势，基本上保持在85%左右。然而同行业均值保持在70%左右，说明该公司的资产负债处于一个较高水平，主要是由于该公司的资金筹集方式较为单一，绝大部分依赖于银行贷款，进而存在较大的财务风险，同时也未能充分保证公司资金的长期供给，给公司资金链带来一定的潜在风险。

同时由表4-6可以看出，HD房地产公司的产权比率呈现逐年递减的趋势，但仍和行业标准值差距很大，总体上该公司产权比率还是偏高。一方面反映出该公司资金结构不太合理，借款经营比例大，公司自有资金比例小；另一方面也反映出该公司的偿债能力相当差，公司可能面临潜在的财务及经营风险。以上主要从HD房地产公司的角度分析该公司的资金结构，接下来以YHY项目、YK项目、JX项目、SH项目、YJY项目为例，对该公司资金筹集阶段的情况进行详细分析。

(1) 资金来源的结构分析

对HD房地产公司资金来源的结构分析，根据侧重点的不同，主要划分为三个方面：第一，资金性质，主要包括母公司投入资金、银行贷款、预售款及其他，其中预售款包括销售POS款和银行按揭贷款。第二，资金属性，主要包括内、外源融资及其他融资形式。其中，内源融资主要由公司日常生产经营活动所产生的资金，外源融资主要指通过吸收其他经济主体转化成自有资金的一种形式。第三，资金来源途径，主要以银行、母公司、客户为主。HD房地产公司资金来源结构分析具体如图4-17所示。

从图4-17可以看出，HD房地产公司主要资金来源于其母公司、客户及银行等。当该公司内源融资满足不了项目资金需求时，必然通过外部融资的途径，吸收到最佳的资金总量来满足项目生产经营的需要。

(2) 资金来源的构成

众所周知，房地产企业属于典型资金密集型公司，资金是房地产企业的血液，就其资金需求而言，房地产企业对资金的需求和占用量一般高于普通公司。HD房地产公司刚成立不久，更是如此，公司自有资金不足，只能依赖于外部融资。HD房地产公司自2010年成立以来，截止到2015年12月31日，共开发了YHY项目、YK项目、JX项目、SH项目及YJY项目等。HD房地产公司资金基本情况如表4-7所示。

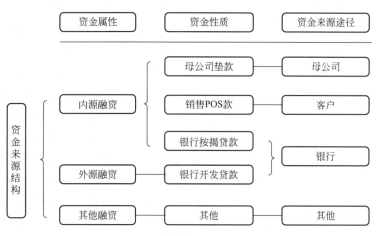

图 4-17　HD 房地产公司资金来源结构

HD 房地产公司资金基本情况表（单位：万元）　　表 4-7

项目	总投资额	现有资金总量	资金需求总量
YHY 项目	33173.42	10337.41	22836.01
YK 项目	43572.00	12635.88	30936.12
JX 项目	46570.00	13505.30	33064.70
SH 项目	28465.25	8457.00	20008.25
YJY 项目	142536.30	41478.06	101058.24

从表 4-7 可以看出，HD 房地产公司各项目总投资额都很大，并且远超出该公司现有的资金总量，以至于该公司各项目的资金需求总量大，该公司资金需求总量约占项目总投资额的 70.9%。为了满足该公司巨大的资金需求量，实现公司可持续经营发展，需要进行内源融资和外源融资，以满足公司发展的需求。该公司资金来源主要由自有资金、母公司垫款、客户以及银行开发贷款等构成，如表 4-8 所示。

HD 房地产公司项目资金来源构成分析表（单位：万元）　　表 4-8

项目	母公司投入	销售 POS 款	银行开发贷款	银行按揭贷款	其他
YHY 项目	940.80	2822.39	15523.17	3763.19	470.40
YK 项目	1237.44	3712.33	20417.84	4949.78	618.72
JX 项目	158.72	3967.76	21822.70	5290.35	661.29
VSH 项目	938.77	2470.21	9744.55	5150.23	555.91
YJY 项目	4042.33	12126.99	66698.44	16169.32	2021.16

从表 4-8 可以看出，HD 房地产公司项目资金来源主要包括该公司直属母公司投入、销售款、银行贷款以及其他方式，其中来自银行的开发贷款约占总投资需求量的 67%，可见该房地产公司银行借贷所占比例较大，需要支付高昂的利息费用，容易存

在一定的金融风险,同时容易造成资金结构不合理。同时,HD房地产公司以银行贷款为主导的筹资方式,一方面影响公司的偿债能力,另一方面影响公司的再融资能力,极易给公司带来筹资风险。

2. 资金使用阶段分析

在当前市场经济大环境下,房地产企业经营核心是资金的循环运动。如何使资金安全快速运转,为企业创造更多的增值,是房地产企业资金链管理的一项重要内容。如果企业对资金利用效率高,资金周转速度快,就认为企业对资金链的管理效果好;反之,就会认为房地产企业对资金链的管理效果不理想。因此,可以用资金的利用能力来反映房地产企业资金使用阶段的管理效果。HD房地产公司的资金利用情况如表4-9所示。

HD房地产公司资金利用情况分析表　　　　表4-9

指标	项目	2012年	2013年	2014年	2015年
存货周转率	HD公司	0.15	0.39	0.47	0.46
	行业均值	0.6	0.5	0.6	0.6
应收账款周转率	HD公司	2.74	3.47	3.89	3.28
	行业均值	5	6	6	5
总资产周转率	HD公司	0.14	0.46	057	0.57
	行业均值	1	0.7	0.7	0.8

从表4-9可以看出,HD房地产公司的存货周转率、应收账款周转率以及总资产周转率总体上呈现逐年递增的趋势,但与行业均值相比仍处于较低水平,说明该公司资金利用效果不理想。一方面,由于该公司存货的不断增加,销售情况与预期的增长状态不太匹配导致存货资产占比较高;另一方面,存货周转和应收账款周转周期长,也直接影响了总资产周转周期的延长,导致该公司资金占用高,很容易造成在资金使用阶段资金链条的突然断裂,这是房地产企业在资金链管理中需要格外注意的。

综上所述,HD房地产公司的资金利用水平较低,所以改善HD房地产公司的资金利用能力成为该公司的当务之急,也是该公司资金链管理过程中的重中之重。接下来以YHY项目、YK项目、JX项目、SH项目、YJY项目为例,对该公司资金使用阶段的情况进行详细分析。

投资成本结构主要是房地产企业进行投资分析及决策的重要依据。HD房地产公司资金支出的主要部分是开发投资支出,同时,银行开发贷款本息支付也构成该公司的成本支出,所以负债经营成为房地产企业的一大特色。一般而言,房地产企业的开发投资支出可以说是房地产企业的主要支出,大约占到项目总支出的70%~80%,这部分资金的大量占用也是造成我国房地产企业资金链"紧绷"的主要原因。HD房地产公司的投资成本结构如表4-10所示。

第 4 章 房地产企业资金链营运管理控制

HD 房地产公司投资成本结构表　　　　表 4-10

成本组成	成本明细	主要组成部分
直接成本	土地费用	包括土地出让金、契税、印花税及土地财务成本等
	前期费用	包括设计费、三通一平、临时设施费、行政事业收费等
	基础设施建设费	包括供水供电工程、绿化、热力工程、室外照明系统等
	建筑安装工程费	包括建安费用、分包工程、分包工程配合费、甲供材等
	公共配套建设费	包括文娱健身设施、物业等房产以及其他公共配套设施等
	开发间接费	包括造价咨询费用、监理费用、施工采购合同印花税等
	预备费	—
期间费用	资本化利息	包括银行借款产生的利息，按照每平方米 100 元计算
	管理费用	包括工资、差旅费、办公费等，按销售收入的 2.5% 计算
	营销费用	包括销售代理费用、广告费用、宣传费用、样本费用等
税费	营业税金及附加	主要按照销售收入的 5.7%
	增值税	住宅>144m^2，按销售收入的 3.5%；住宅<144m^2，按销售收入的 1.5%
	所得税	(销售收入×25%－期间费用－增值税－营业税金)×25%

从表 4-10 可以看出，HD 房地产公司投资成本主要由直接成本、期间费用和税费组成，其中直接成本支出占项目总成本的比例较高，约占项目总投资额的 70%～80%。截止到 2015 年，HD 房地产公司各项目的投资成本如表 4-11 所示。

HD 房地产公司各项目投资成本分析表（单位：万元）　　　　表 4-11

成本组成	YHY 项目	YK 项目	JX 项目	SH 项目	YJY 项目
土地费用	2158.83	6100.08	5588.40	1850.00	31923.91
前期费用	1725.02	2832.18	3027.05	3102.70	9710.83
基础设施建设费	1492.80	2614.32	3027.05	2395.05	7848.81
建筑安装工程费	20667.04	22657.44	25147.80	14456.79	65405.62
公共配套建设费	451.00	566.44	325.99	448.2653	286.12
开发间接费	141.96	87.14	139.71	99.59	484.35
预备费	—	—	—	—	1674.41
一、直接成本合计：	28960.40	33114.72	37256.00	22352.4	117334.06
资本化利息	860.00	1132.87	1210.82	782.65	3389.04
管理费用	1163.87	1394.30	1490.24	348.54	2289.18
营销费用	868.26	958.58	1955.94	740.10	3552.24
二、期间费用合计：	2222.62	3485.76	4657.00	1871.29	9230.46
营业税金及附加	1990.41	3485.76	2607.92	2277.22	8698.88

续表

成本组成	YHY项目	YK项目	JX项目	SH项目	YJY项目
增值税	431.25	1002.16	558.84	654.70	2955.98
所得税	1194.24	2004.31	1490.24	1309.40	4316.92
三、税金合计：	3649.08	6535.80	4657.00	4241.32	15971.78
四、总计：	33173.42	43572.00	46570.00	28465.25	142536.30

从表4-11可以看出，HD房地产公司各项目的直接成本占总成本的75%~82%。其中，YHY项目、YK项目、JX项目、SH项目及YJY项目直接成本所占比例分别为76.3%、76%、80%、79.15%、82%。在房地产项目的直接成本中，其中土地费用和建筑安装工程费所占比例较高。一般而言，在房地产项目开发中，过高的土地出让金和建筑安装工程费，会造成整个项目成本偏高，会对企业资金链产生不良影响。所以，在HD房地产公司的项目成本控制中，土地费用和建筑安装工程费是进行成本控制的重点，也是房地产企业资金链营运管理的重点。

3. 资金回流阶段分析

一般来说，针对房地产企业的资金回流阶段尤其需要关注资金的增值能力。资金增值能力是指公司在生产运营中，能够利用现有资金持续地为企业带来部分增值的一种能力。房地产企业资金链是由现金到资产再到现金（增值）的一种循环链条。经过这一阶段的循环，如果运营得好，就会实现企业资金的增值，反之企业就会亏损。HD房地产公司的资金增值能力如表4-12所示。

HD房地产公司资金增值能力分析表　　表4-12

指标	项目	2012年	2013年	2014年	2015年
销售增长率	HD公司	2.78	3.67	0.39	—008
	行业均值	5.8	12	10	10

从表4-12可以看出，HD房地产公司的销售增长率呈现逐年下降的趋势，远低于行业均值，说明HD房地产公司的销售增长率很不理想，主要是由于公司销售情况太差导致存货积压相对较多，造成资金占用情况比较严重，严重降低了该企业的资金增值能力。HD房地产公司的资产回报率如图4-18所示。

从图4-18可以看出，HD房地产公司的资产回报情况很不理想，该公司2012~2015年的资产回报率始终在0.08以下，且远低于行业均值，处于一个比较差的状态，可以看出HD房地产公司的资金使用效率远低于预期标准。要想实现房地产企业的资金增值，该公司必须在经营管理和资金链管理方面下功夫。接下来以YHY项目、YK项目、JX项目、SH项目、YJY项目为例，对该公司资金回流阶段的情况进行详细分析。

HD房地产公司的资金回流主要包括两个方面：销售和租赁资金回流。房地产企

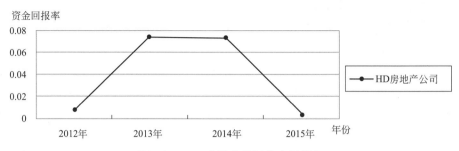

图 4-18 HD 房地产公司资产回报率

业的资金循环周期比一般企业要长,说明房地产企业对资金的占用时间较长,这就给企业资金的循环运转带来一定的压力。如若企业资金回流状况较好,可以很大程度上缓解资金压力;若房产销售不力,资金回流缓慢,容易导致企业资金链条趋紧。HD 房地产公司销售情况如表 4-13 所示。

HD 房地产公司各项目销售情况表　　　　表 4-13

项目	YHY 项目	YK 项目	JX 项目	SH 项目	YJY 项目
可售面积	86000.97m²	100165.42m²	83189.49m²	78265.39m²	338903.97m²
已售面积	57620.65m²	58095.94m²	44090.43m²	36002.08m²	77947.91m²
待售面积	28380.32m²	42069.48m²	39099.06m²	42263.31m²	260956.06m²
出售率	67%	58%	53%	46%	23%

从表 4-13 可以看出,HD 房地产公司的房产出售率处于一个较低的水平,部分资金无法及时回流,致使该公司资金回流缓慢且资金压力比较大。最早完工的 YHY 项目,从 2011 年开盘销售至今,出售率达到 67%,原计划该项目的投资回收期为 5 年,还有 33% 的房产待销售,就形成了存货积压,占用了该公司房产的流动资金。YK 项目和 JX 项目,从 2012 年开盘销售,预计的投资回收期为 5.36 年,截止到目前,该项目销售仅完成 58% 和 53%。HS 项目和 YJY 项目,从 2013 年末开盘销售,投资回收期均为 5 年,其中 HS 项目房产出售尚可,YJY 项目出售率较差。

综上所述,HD 房地产公司整体房产出售率较低,房产销售状况不理想,直接增加了该公司资金回流的难度。

4.4.3　HD 房地产公司资金链营运管理现状

1. 资金链营运管理流程

(1) 公司运营管理工作流程

HD 房地产公司在每一个项目具体开发建设前,首先要对房地产市场进行充分调研与规划设计,形成可行性研究报告。然后经过专业测算项目房产是否符合现有的经济技术指标以及目标成本。接着对产品进行专业的设计规划,进而实现对房地产项目的开发，包括项目运行中对具体成本进行控制。最终实现该公司对产品的销售，从而快速实现 HD 房地产公司的资金回流，进而完成资金运动的全过程。HD 房地产公司运营管理工作流程如图 4-19 所示。

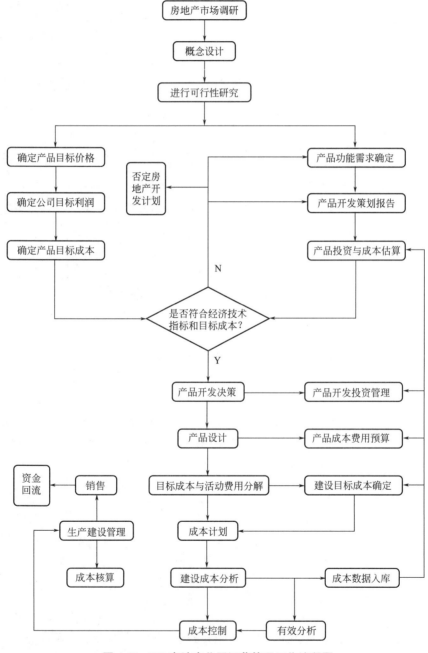

图 4-19　HD 房地产公司运营管理工作流程图

(2) 公司资金链营运管理流程

HD 房地产公司的资金链营运管理，采用一种从事前项目的立项与项目可行性分析，到事中对项目资金的管理控制与监督，最终到事后对房地产企业资金使用情况进行严格考核的资金链管理方式。

HD 房地产公司资金链营运管理流程如下：

① 前期计划和资金筹划。

前期计划和资金筹划是基于调查研究和分析而采取的一项行动，最大限度地使该企业在资金运行中的潜在问题得以发现。对房地产企业进行前期计划和资金筹划，能够最大限度地评估各种可选择方案与修改资金计划，按照"企业战略—项目规划—经营计划—全面预算"的流程将总体目标层层分解，从而进行合适的资源配置的过程。财务部门首先会对企业的资金使用过程中的成本支出、资金回流过程的销售回款、资金筹集过程中可获得的银行开发贷款以及需要母公司前期垫支的资金进行估算，形成可行性报告，并与成本合约部等职能部门联合编制以下文件：《X 项目经济技术指标表》《X 项目投资计划表》《X 项目成本计划表》《X 项目总投资估算表》等，对 X 项目的整体可行性、收益可实现性、风险可控性进行评估，最终形成对 X 项目的经营决策文件。

② 资金管控和预算调整。

HD 房地产公司完成资金计划后，会对前期的资金计划和资金筹划进行监督和营运管理控制，力争通过一系列的管控措施和调整将前期的预算转换为企业的利润。房地产企业的资金运动一般呈现动态变化，所以，如果房地产企业按照预算进行资金链营运管理，与企业实际情况也是不尽相同的，需要企业进行日常的监督和反馈。在 HD 房地产公司的资金营运管控和预算调整阶段，主要是企业资金链营运管理人员将当期发生的资金变动情况，通过电子表格汇总的形式上报财务总监，主要包括银行存款余额调节表、月度营运管理报表、季度盈利及现金流量表等，再由财务总监以月度汇报的形式上报总经理或副总经理。

HD 房地产公司通过这些报表对每一个项目的资金运行情况进行实时监控，对项目具体运营情况进行营运管理，同时也对项目资金的潜在风险进行预防，用来保障企业资金的安全、高效运转。HD 房地产公司的资金营运管控措施如表 4-14 所示，其实质是对项目经营计划和项目经营目标的分解，该公司会根据开盘时点、销售方案和行业周期的特点，在每个月将总回款任务进行分解，以期达到预期利润。HD 房地产公司规定，在预算调整过程中，对财务数据进行预测，其预测值与实际发生额之间的差额应当控制在一定的偏离度内，偏离度应该控制在 5% 以内，若二者差额超过 5%，那么将计入当期考核。偏离度为实际数据与目标数据相差的绝对值所占目标数据的比例。如果预测数据与实际发生额的差额在偏离度内，说明 HD 房地产公司的预算管理有效；如果二者差额在偏离度外，说明 HD 房地产公司的预算管理无效。

HD 房地产公司资金营运管控表　　　　　　　　　　表 4-14

名称	时间	内容	作用
银行存款余额调节表、现金盘点表	每月 6 号前	银行对账单	确保企业银行存款和现金账面金额与银行对账单一致;若不一致,对未达账项进行检查并处理
资金管理报表	每月 9 号前	资金收支、内部往来、融资情况表、土地价款以及对项目整体现金流分析	确保资金的使用、筹集在预算范围内,及时发现异向,进行管控
现金流表(包括每个项目经营期表,根据实际发生值与预算进行调整)	每季度末前	主要包括差异对比分析、节点计划、进度节点和付款比例;成本说明、支出汇总(成本支出明细);销售认购、销售合同以及销售回款情况	以项目整体经营目标为依据,根据节点计划将整体收入指标在每月进行分解,以保证项目整体经营目标的实现;进度节点及付款比例是对房地产项目进行的专业化处理,以最大限度地提升公司对资金使用情况的把握程度
盈利预测表(需要定期调整、每月调整)	每季度末前	类似利润表,包括营业收入、营业成本、期间费用、净利润等	对项目经营目标的完成及监控;财务负责人为资金管理第一责任人,将对资金使用情况的考核指标与对盈利预测的执行、监控和分析工作相挂钩

③ 资金营运考核。

对于房地产企业资金计划完成情况的考核,主要包括经营期内的年终考核和经营期结束后的总体考核。由企业在经营期内和经营期结束后的考核方式的结合,共同构成对资金营运管理者的约束、激励和引导机制。考核内容主要包括项目开发经营关键点控制和成本、费用、利润目标控制,其中项目开发经营控制主要包括开工、开盘、主体封顶、竣工验收、交房等。在进行大规模资金营运考核时,要明确哪些因素是营运管理人员可以控制与非可控的。参与考核的目的是保证 HD 房地产公司资金能够按照原计划进行运转,保证资金的流畅运行。HD 房地产公司对资金进行流动路径的规划、节点设置以及对资金计划执行情况进行监督和调整,最大限度地降低资金在使用和销售两个环节的时间耗费,进而缩短资金周转时间,以确保企业资金链的安全性和效率性。

2. 资金筹集阶段营运管理现状

HD 房地产公司专门设立了财务部门,用于专项办理该公司的借款以及资金业务,进而保证该公司在资金链的各个阶段有足够的资金供给。公司各项目责任中心会根据上级下达的利润任务计划来编制各项目的资金需求计划,然后上报财务部门,财务部门在进行多方面的经济效益综合衡量后,才能够编制该工作总的资金筹集计划,报上级批准后方可实施。HD 房地产公司资金筹集计划分为月度、季度以及年度资金筹集计划。其中,月度和季度资金筹集计划归属于年度资金筹集计划。

HD 房地产公司年度资金计划主要根据成本合约部、营销策划部、工程管理部各项目资金需求的不同情况加以汇总,最终形成该公司的年度资金预算。在一个会计年度中，财务部门会依照公司资金预算情况来进一步控制具体项目的借款情况。例如由于项目工程原因向上级申请贷款，应该结合项目的实际情况以书面形式进一步说明造成项目资金超额的具体原因，经由财务部门落实，最终上报总经理审批追加。HD房地产公司的季度、年度资金计划呈现在公司的年度财务预算报告中。

HD房地产公司在每年6月末，开始对各项目后两个季度的资金筹集计划进行进一步的修正与调整，经财务部门一系列汇总后，形成调整后的HD房地产公司下半年资金计划。HD房地产公司的月度资金筹集计划，主要以年度、季度资金计划为依托，在项目各个节点上进行资金的筹集和调控。公司财务部门在每一个月的16日前统计、反馈上一个月公司及项目中心月度资金计划的执行情况。此外，公司财务部门也会对月度资金计划执行情况进行进一步的分析与总结。

3. 资金使用阶段管理现状

在资金使用阶段，投资成本是企业资金流出最主要的部分。HD房地产公司为实现在资金使用阶段资金的安全高效运转，按项目进度编制了资金预算，主要由四个方面组成：项目投资预算表、项目投资进度表、项目融资进度表及项目现金预算表。当资金净流入量为正数时，表示项目当前资金筹集状况能够满足项目资金流出的需求；当资金净流入量为负数时，表示项目资金不足，需要公司加大融资力度或者对项目进度进行调整。项目建设的整个流程都可以通过资金预算来加以预测、运筹及调整，该公司对资金的管理将由此入手。HD房地产公司资金预算工作流程如图4-20所示，其中细箭头代表编制新预算时的工作流程，粗箭头代表将形成现金流的分析结果反馈循环到各个部门，并且对相关预算计划进行调整优化的资金预算工作流程。

从图4-20可以看出，HD房地产公司在资金使用阶段的管理主要以资金预算为主，需要重点关注工程款支出和地价支付的资金计划。控制好资金使用阶段的资金支出，能够在一定程度上保证房地产企业资金链条的安全有效循环。具体到HD房地产公司，该公司的资金计划主要包括月度资金计划、季度资金计划和年度资金计划三个时间段的计划。

（1）年度、季度资金计划

① 工程款支出。

HD房地产公司各项目责任中心工程款项的计划，是由各项目责任中心的成本核算专员根据各项目实际情况编制。各项目的成本核算专员编制后，必须交由项目负责人进行严格审核，最终交由成本合约部。成本合约部结合该项目的实际情况来确定该项目的工程款项计划是否合理，一方面包括该项目季度、年度计划的合理性，另一方面主要评估该计划是否考虑各种不可控因素。经过成本合约部的层层审核，最终报送财务部门再次审核，如果有需要调整的事项，则进行下一步骤的反馈修订。

② 地价支付。

HD房地产公司各项目责任中心根据土地使用权转让合同的规定，进一步编制该项目的土地支付计划。如果涉及本项目建设土地的情况，需要先交由公司成本合约部

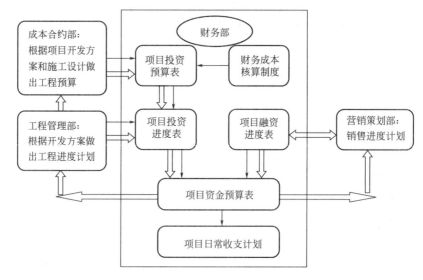

图 4-20　HD 房地产公司资金预算工作流程

进行审核，再上报财务部门。该公司项目土地计划具体体现在公司的年度财务预算报告中，即该公司第四季度末的项目预算中。该公司于每年 6 月末，各项目责任中心可对土地计划进行进一步的调整与修改，最终由财务部门汇总后，形成公司第三、四季度土地计划的修正版。

（2）月度资金计划

① 工程款支出。

HD 房地产公司月度工程款支出是由多个部门协商确定的，例如成本合约部、财务部门以及工程管理部门等。各项目责任中心于每月 1 日根据各项目的资金需求量编制项目的工程款支出计划，且上交财务部门进行审核。财务部门审核各项目工程款项支出是否具有合理性。在月度资金计划执行期间，公司财务部门管理专员将实时监控各项目工程款项的支出情况，并于每月 31 日前在公司层面上对各项目每月工程款实际发生数额与月度资金计划数额进行比对。若二者存在差异，公司要实时测算各项目月度的可使用额度，其中月度工程款可使用额度就等于月度工程款项的计划数与月度实际支付款项的差额。

② 地价支付。

HD 房地产公司各项目责任中心于每月 1 日，根据公司所需支付的地价项目来进一步编制该项目的地价支付计划，并由项目责任中心报送公司财务部门。该公司各项目在编制季度资金计划时，特别要注意最后一个月的资金计划，一般来讲，每季度最后一个月的地价支付计划就等于该项目本季度土地支付计划与该季度前两个月的实际土地支付数额。如果根据二者关系倒推出来的数额与最新计划数额差异较大，还是以项目最新实际情况所预测的计划数额为依据。

4. 资金回流阶段管理现状

（1）年度、季度销售回款资金计划

HD 房地产公司的项目销售回款计划是根据该项目的销售计划，并且依据特定的回款率计算出来的一种数额。各项目季度、年度销售计划是由该项目销售负责人编制，并上报公司财务部门，若有调整事项，公司财务部门将交由各项目负责人进行修正与调整。各项目的年度销售回款计划将根据项目实际情况分摊至各个月份，一般而言，各个月份的销售回款计划比较细致。公司财务部门会依照项目销售回款经验及各项目的销售回款率，进一步计算出各项目计划的回款数额。在此，需要注意公司的月度、季度以及年度销售回款计划，一般体现在公司的年度财务预算报告中，也就是公司第四季度末的项目经济测算表中。每年 6 月末，公司各项目责任中心会对项目第三、四季度的销售计划依据项目实际情况进行调整，主要表现在第二季度末更新的经济测算表中。最终，经由公司财务部门汇总后形成该公司第三、四季度销售回款计划的修正版。

（2）月度销售回款资金计划

HD 房地产公司的销售回款月度计划是由该公司营销部门与财务部门相互配合共同确定。该公司各项目营销责任人负责提供各项目的销售及认购签约计划，而财务人员于每月 1 日根据项目签约认购及回款情况，提供下一个月重新增加的项目认购及签约详细计划，公司应该按照既定的销售回款计划来预估其当月汇款金额。而财务部门负责再次审核各项目销售回款计划是否合理，并且确定该公司当月的实际回款金额。在 HD 房地产公司资金计划的月度执行期间，公司将实时核实各项目的回款金额，并于每月 10 日和 31 日逐次比对公司及项目层面的实际回款金额与计划金额的差额。在不影响该公司整体利益的前提下，营销部门人员与财务部门人员进行进一步的详细沟通，以确保及时采取行之有效的措施，最大限度地减少销售回款的偏差率。

4.4.4 完善 HD 房地产公司资金链营运管理的对策措施

1. 完善筹集阶段资金链管理的对策

（1）实施多元化的融资方式

对于 HD 房地产公司而言，最主要的资金筹集方式是银行借贷。近年来受国家及银行政策影响，该公司的资金筹集渠道日益狭窄，所以 HD 房地产公司在开发资金筹集方式方面就有了现实意义。房地产企业可以从实施多元化的融资渠道入手，结合企业自身发展特点，考虑资金的流动及利率风险等，使每一种融资方式产生的融资成本都近乎合理化，以实现公司价值最大化，避免因单一融资方式引起较高的财务风险。房地产企业实施多元化的融资方式，既可以有效地分散企业融资风险，又可以优化企业资本结构，降低企业融资成本。针对 HD 房地产公司目前的实际情况，可以采取合作开发的融资模式。

① 合作开发的可行性。

房地产合作开发是指具有房地产开发资质的一方与提供资金、土地、技术、劳务的另一方或多方当事人之间共担风险、共享收益的一种合作建房行为。房地产合作开发的原因不仅是因为融资成本高、企业资金链吃紧，还是房地产企业通过合作开发共同分担开发风险，同时利用双方的资源优势进行开发的一种策略。利用合作开发的融资方式本质上是一种资源互补、分工合作、强强联合的方式，即房地产企业通过合作弥补自身某些方面的不足。HD 房地产公司进行项目开发时，首先要支付高昂的土地费用，同时在开发过程中需要大量的资金注入，在整个开发过程中，由于资金流入小于资金流出，很容易形成资金缺口，使得该公司的资金链备受考验。而部分企业拥有资金，却没有房地产开发资质或者土地，这种情况在房地产市场中很常见。此时，这些企业可以通过合作开发的形式共同完成房地产项目。合作开发是一种可操作性较强的融资方式，通过与其他公司的联合开发，一方面房地产企业可利用资金变多，资金短缺的问题得到解决；另一方面可以降低投资风险，实现资本积累，使房地产企业做大做强，最终实现双赢。

② 合作开发的实施。

A 公司是一家服务于金融与零售领域的大型公司，主要从事担保业务、零售百货和其他业务，A 公司与多家银行都保持着良好的业务合作关系，是一家著名的投资企业和零售企业。A 公司一直寻求在该市 B 地段开设零售商场的投资愿望，但苦于没有开发商在此进行房地产项目的开发。而 HD 房地产公司于 2016 年 3 月在 B 地段购买了一块土地，已获得土地使用权，原本打算用于商业地产和居住住宅的开发，但由于该公司前几个项目资金回流不畅通，致使该项目缺乏融通资金，自从获取土地使用权后一直搁置，并未施工。基于此，HD 房地产公司与 A 公司进行了积极磋商并达成开发意见：将地上商业建筑和地下商业建筑及部分居民住宅销售给 A 公司，同时 A 公司将对项目开发分四次提供共计 20000 万元的运作资金。HD 房地产公司 SD 项目的资金筹集与原 YHY 项目的资金筹集对比如表 4-15 所示。

HD 房地产公司项目资金筹集对比分析表（单位：万元） 表 4-15

SD 项目	金额	资金结构占比	YHY 项目	金额	资金结构占比
一、项目投资金额	64536.63	100.00%	一、项目投资金额	33173.42	100.00%
二、资金来源			二、资金来源		
1. 自有资金	16779.54	26.00%	1. 自有资金	9337.41	28.18%
2. 引入合作方资金	20000.00	31.00%	—		
3. 银行贷款	16714.71	25.90%	2. 银行贷款	18000.00	54.26%
4. 母公司投入	1290.73	2.00%	3. 母公司投入	940.8	2.80%
5. 销售资金回流	9809.57	15.10%	4. 销售资金回流	489.21	14.76%
6. 合计	64536.63	100%	5. 合计	33173.42	100.00%

第4章　房地产企业资金链营运管理控制

从表 4-15 可以看出，HD 房地产公司在引入合作开发之前，资金来源主要以银行贷款为主，且占到总投资额的 54% 左右；而该公司在引入合作开发之后，资金来源初步呈现多样化趋势，其中，引入合作方资金约占总投资的 31%，银行贷款约占总投资的 25%。对于 HD 房地产公司而言，利大于弊，一方面该公司实现了多元化的融资方式；另一方面获得了融通资金，规避了资金链断裂的风险。

(2) 建立合理的资本结构

房地产企业的资本结构主要由自有资金和债务资金组成，二者在资本结构中所占比例是否合理，决定了企业能否可持续健康发展。通过对 HD 房地产公司相关财务数据的分析，该公司目前的资本结构并不合理，自有资金比例过低、债务资金过高，存在"短款长用"的现象。为了改善 HD 房地产公司当前不合理的资本结构，进一步加强资金链的安全性，采取以下措施：第一，在房地产项目开发建设的前期阶段主要是资金流出大于资金流入，会对资金链产生一定的压力，公司会出现资金缺口，房地产企业为了保障项目的正常运行，会通过短期借款的方式来满足项目的资金需求。HD 房地产公司通过加快项目开发建设的方式来改善公司不合理的资金结构，尽量在确保项目质量的前提下，最大限度地缩短工期，进一步提高开发效率，以实现项目的资金回流。第二，HD 房地产公司的开发模式是多项目同时开发，要想保证新项目的顺利开发，就要加大对原项目的销售力度，加快销售资金回流，通过原项目回流资金来缓解公司资金链紧张的压力，一定程度上可以减小新项目在资金筹集阶段的资金需求，进而提升 HD 房地产公司的偿债能力。

2. 完善使用阶段资金链管理的对策

(1) 实行项目成本动态管理，控制成本偏差

HD 房地产公司对项目的成本管理偏重事中和事后管理，使得管理人员在进行投资决策时不能依据项目的动态变化获取有效信息，致使该公司在资金使用阶段项目成本支出偏高。房地产项目在实施过程中是不断变动的，会随着不确定性因素的变动而变动，需要公司在整个资金使用阶段及时收集其成本的实际发生额，同时将其与成本控制目标值进行对比，分析是否存在偏差。若无偏差，则项目可以继续按计划进行，否则要找出成本偏差的具体原因，进而采取相应纠正措施来及时修正偏差。为改善 HD 房地产公司在资金使用阶段成本偏高的问题，该公司应实施动态成本控制，以控制该公司成本偏高，首先，确定项目的总体目标和计划；其次，对项目计划的实施及对项目计划进行监控，定时收集各种资金支出科目的实际投资金额，定期对项目计划金额和实际金额进行对比分析；最后，通过对项目计划金额与实际金额的分析比较，找出偏差原因并进行纠偏，进而对项目成本目标进行调整，以此形成对项目的循环控制。HD 房地产公司的动态成本控制如图 4-21 所示。

为了便于掌握 HD 房地产公司项目动态成本的实际发生情况，编制动态成本控制表，以项目发生的各项费用为基础，与目标成本分项对比，汇总后再进行成本总金额的对比，如表 4-16 所示（以 YHY 项目为例）。

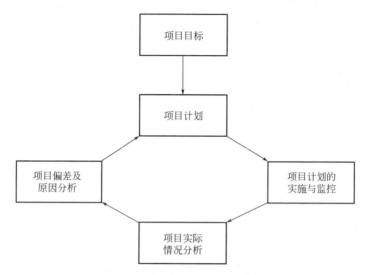

图 4-21　HD 房地产公司项目动态成本控制示意图

HD 房地产公司动态成本控制汇总表（单位：万元）　　　表 4-16

科目名称	目标成本	动态成本（已发生＋待发生）	差额（目标－动态）	备注
土地费用	1918.83	2158.83	－240.00	
前期费用	1697.72	1725.02	－27.30	
基础设施建设费	1391.35	1492.80	－101.45	
建筑安装工程费	19134.36	20667.04	－1532.68	
公共配套建设费	425.63	451.00	25.37	
开发间接费	126.69	141.96	15.27	
预备费	—	—	—	
资本化利息	820.00	860.00	－40.00	
管理费用	1188.87	1163.87	25.00	
营销费用	743.26	868.26	－125.00	
税金	3627.38	3649.08	－21.70	
开发成本合计	30874.70	33173.42	－2098.70	

从表 4-16 可以看出，HD 房地产公司的动态成本包括已发生成本和待发生成本两部分，差额为目标成本与动态成本之差。随着项目的进展，HD 房地产公司实时对目标成本的实际发生情况进行动态反馈，以便该公司项目管理者随时掌握项目开发成本的实际数据。由于该公司土地费用及建筑安装工程费占项目总投资比例较高，也可以单独对二者实施动态成本控制。可以看出该公司具体在哪些项目成本超支，进而针对性实时进行动态成本控制。HD 房地产公司采用动态成本控制，对影响项目成本比

较大的土地费用和建筑安装工程费用进行实时动态监控。通过实时监控可以及时发现项目具体实施过程中的偏差，并及时找到产生偏差的原因及解决方案，实时调整项目目标，使项目成本控制在合理范围内。

（2）加强资金预算的控制和考核

房地产企业作为资金密集型企业，具有资金使用量大、资金循环周期长的特点。如何科学、规范地对项目进行合理的投资规划及加强资金预算，是房地产企业在资金使用阶段的必要工作。HD 房地产公司可以依据项目进度合理调度资金的使用情况，将资金使用可能产生的问题扼杀在摇篮里。HD 房地产公司可以从以下三个方面加强对资金预算的控制和考核：

① 加大资金预算的执行力度。

相对于房地产企业资金预算编制，其执行更加具有可操作性，是严格意义上预算管理与控制的重要基础，也是进行预算绩效考评的基本依据。HD 房地产公司存在资金预算与实际执行偏离度较大的问题，暴露出该公司预算准确率和实际执行率偏低的问题。HD 房地产公司资金执行预算编制的主要流程和内容，主要通过项目投资匡算和总体项目开发计划编制资金预算，根据年度、季度资金计划，按月调整资金预算。在预算调整方面，要强化对公司预算调整的审核力度，公司财务部门事先将反映各项目预算实际执行情况的数据呈现给各部门，以便各部门在进行预算调整时有相应数据作为基础，从而使其预算的准确性更高。

② 加大对资金预算的分析与考核。

HD 房地产公司资金预算的考核，要以公司的实际执行为标准。依据其实际执行情况，进一步合理地将管理人员的绩效与资金回流的速度相结合，即按照公司个人绩效进行考核。HD 房地产公司将"资金预算执行率"纳入资金预算的绩效考核指标，以提高预算编制和执行两个环节的准确度。HD 房地产公司财务部门根据资金预算和实际资金收付，对月度、季度超预算情况、超资金预算率以及资金预算的实际执行率进行统计分析。HD 房地产公司通过严格的资金预算来保证项目资金链的流畅性，以实现该公司资金的良性运转。

③ 加强对资金预算的监督管理。

HD 房地产公司要对影响公司资金流动的各种活动进行定期或不定期监督检查，不仅要对该公司的现金流量表、利润表进行全面分析，还要通过专项检查挖掘预算执行中可能存在的诸多问题。对于 HD 房地产公司在资金预算过程中出现的公司实际发生额与预算额不相符的地方，要深层次分析其原因并且加以改进。

（3）采用敏感性分析降低资金风险

在 HD 房地产公司开发经营的全过程中，很多不确定因素会对资金链的循环与周转造成影响。这些因素的变化会对 HD 房地产公司项目的利润产生不确定性影响，进而不利于 HD 房地产公司资金链管理安全性和增值性的实现。为进一步做好资金链管理中的风险管理，HD 房地产公司的资金链管理人员需要进行敏感性分析，制定相应策略，以确保资金链管理目标的实现。

① 敏感性分析的可行性。

敏感性分析是指在影响房地产项目投资收益的诸多不确定因素中，考察影响项目投资收益指标的一个或者几个敏感性因素发生变化时的一种敏感程度。对项目进行敏感性分析，实际上是对项目风险的一种度量，本质上是通过不同因素对项目影响的多种比较，为最终的项目决策服务。HD房地产公司通过敏感性分析可以确定哪些因素变动对项目经济效益的影响较大，从而明确该公司在资金链管理过程中的重点控制方面。HD房地产公司的实际情况是该公司在资金风险管理方面比较差，需要进一步对项目实施敏感性分析，最大限度地降低公司项目资金风险。

② 敏感性分析的实施。

对HD房地产公司进行敏感性分析时，要分析项目不确定性的来源，在分析项目各种风险的基础上，针对该公司当前项目可行性存在不足的问题，进行调整与改动。该公司在资金预算中依据的单价、建设投资、成本及建设期等参数都是预测的，在项目建设和生产期间可能发生变化，有必要分析这些不确定因素发生变化时的敏感性因素，并确定其影响因素，以便预测项目可能承担的风险能力，有利于企业资金链良性循环与周转。以HD房地产公司YJY项目为例，就销售收入、经营成本及建设投资三个方面的不确定性因素，分别按照±10%的变动幅度，进行单因素敏感性分析，如表4-17所示。

HD房地产公司YJY项目敏感性分析表　　　　　表4-17

不确定因素	变化率	内部收益率	净现值(万元)	敏感性系数
基本方案	—	12.53%	6994.74	—
销售收入	+10%	17.70%	22183.57	4.31
	-10%	6.88%	-8194.09	
经营成本	+10%	12.23%	6153.49	0.24
	-10%	12.83%	7835.99	
建设投资	+10%	9.37%	-1871.18	2.73
	-10%	16.20%	-15860.67	

从表4-17可以看出，HD房地产公司在-10%～10%的变动范围内，销售收入的敏感性系数最大为4.31，即在运营销售期，销售收入的变化幅度对项目收益的影响最大，该影响因素为最敏感因素，在运营期要采取防范措施应对其产生的不利影响。当销售收入上升10%时，内部收益率达到17.7%。HD房地产公司的YJY项目销售收入比与测试值低10%时，其内部收益率为6.88%，小于行业基准收益率，其财务净现值没有达到投资者的预期收益，说明销售收入对目标值的影响很大。其次为建设投资，敏感系数为2.73，当建设投资为-10%时，内部收益率高达16.20%。最不敏感的因素为经营成本，敏感系数为0.24，其经营成本增加10%时，内部收益率

为 12.23%；经营成本减少 10% 时，内部收益率为 12.83%。HD 房地产公司应该加强对 YJY 项目资金回收和建设投资方面的管理工作，对项目进行敏感性分析也使房地产企业的资金链管理者能够更加有针对性地对项目存在的问题进行管理控制，使该公司资金风险降到最低。

3. 完善回流阶段资金链管理的对策

（1）改进营销手段，加快资金回流

房地产企业的资金回流阶段对整个资金链能够顺畅循环起到非常重要的作用，资金回流主要指销售时收到的房款，其周转时间直接关系到公司的偿债能力、再融资能力以及资金链能否保持顺畅循环。在取得预售许可证之前，销售部门就应制定相应的预售计划，财务部门从销售部门获取相关信息，评估预期资金回流的情况，制定回收资金计划。同时，将资金回流的规模、周期、方式记录于资金链管理信息系统中，实时监控资金回流的情况，定期生成资金回流情况报告，并采取相应保障措施。

① 监控市场变化，预估资金回流情况。

房地产企业必须实时掌握房地产市场的变化，尤其针对目标市场和目标消费群体要做好充分的市场调查，了解同类细分市场的供求形势、目标消费者的偏好及关注点，了解竞争对手正在或将要采取的营销策略，全方位把握本公司产品的最大卖点，以最大限度地准确预估公司资金回流状况。

② 制定合理的销售方案。

销售方案的制定要建立在准确的项目成本核算的基础上，综合考虑目标人群的购买力、支付愿望、销售费用、税负及项目利润空间，明确销售价格区间及折扣空间。HD 房地产公司想要实现销售资金的快速回收，首先要明确每个销售时间段工作的关键要素，确定每个阶段的预计工作进度、预计销售率及销售回款进度。鉴于 HD 房地产公司销售回款并不是那么理想，先从销售进度计划上着手，如表 4-18 所示。

HD 房地产公司项目销售进度计划表　　　　表 4-18

工作项	项目前期准备	开盘强销期	持续销售期	尾盘冲刺期
销售时间阶段	项目动工至预售证取得之前，接受咨询	预计×年×月取得预售许可证	预计×年×月主体封顶，×年×月完工	预计×年×月
工作进度	进行项目宣传，对客源情况和购买意向进行详细统计，积累客户资源，深入筛选客户（排号）为开盘销售做准备	集中通知排号客户，项目首次开盘，筛选消化未排号客户，积累新客户，挖掘老客户；第二批次深入筛选客户（排号）	前期逐步推盘，畅销户型与难销户型结合推售，售价结合市场情况频繁微小上调；后期推出所有房源，视情况调整价格策略	进行尾盘促销
销售率	0	实现规定销售率 20%	实现规定销售率 80%	清盘
回款进度	0	20%	80%	100%

(2) 加快存量房周转

销售是房地产企业项目开发的最后环节,也是资金链管理的重要环节。房地产企业只有将商品房销售出去才能实现价值的增值,否则,商品房转换为存量房,不但占用企业资金,还会降低资金使用效率、影响资金增值。HD 房地产公司在存量房方面存在诸多问题,为实现该公司存量房的快速周转,可以从以下两个方面着手:

① 适当降低产品价格。

要想降低 HD 房地产公司资金链断裂的风险,该公司首要任务是去库存,加快公司存量房周转,采取有效措施增加销售收入,以期实现项目资金的快速回流。通过适当降低产品价格,增加该公司存量房的销售力度,设定使其具有竞争力的产品价格,以此吸引目标客户群体。通过薄利多销的形式,一方面加快库存周转;另一方面提高该公司的销售收入,最终实现资金的快速回收。

② 转变产品定位。

HD 房地产公司只有合理把握市场大环境,使产品的销售方式更具合理性,以缩小产品的销售周期,用来加快存量房的周转,最大限度地提升公司的利润水平。由于之前 HD 房地产公司客户目标定位不准确,致使该公司错失一大批有购房需求的客户,以至于该公司存量房周转缓慢。以 HD 房地产公司的 YHY 项目为例,重新界定产品定位及目标客户,如表 4-19 所示。

HD 房地产公司项目户型匹配　　　表 4-19

面积区间(m²)	套数(套)	比例	原产品定位	现产品定位
50～59	32	4.76%	以满足单身客户为主	以满足单身客户为主
60～69	160	23.82%		
70～79	110	16.37%	以新婚、养老及小户型投资客户为主	以满足刚毕业大学生首套房为主,并针对大学生实施相应的价格优惠
80～89	180	26.78%		
90～99	60	8.93%	以三口之家、拆迁客户为主	以拆迁客户为主,且拆迁客户只能购买≥90m² 的户型
100～109	80	11.90%		
110 及以上	50	7.45%	以改善型客户为主	以改善型客户为主

目前受国家房地产政策的影响,各地纷纷出台"限购"政策,很明显 HD 房地产公司针对存量房的原产品定位存在一定问题。经过全方位的市场调研,目前市场需求量最大的客户为刚毕业大学生,针对这一特殊的市场需求,HD 房地产公司对产品定位进行了相应调整,以期通过价格优惠方式,实现该公司项目资金的快速回流。另外,通过广告宣传突出产品优势,以市场竞争度、房屋销售进度、市场占有率等为参考,吸引全国各地的潜在消费者,拓展市场,实现存量房的快速周转、资金快速回流。

4.4.5　HD 房地产公司资金链管理优化方案

1. 资金链管理优化目标

资金链管理优化方案的具体目标是对 HD 房地产公司资金链管理中存在的问题以

及潜在的风险进行修正与规避，通过优化方案实施具体的优化措施，从而使资金链能够保持顺畅流转和循环，提高资金的使用效率，避免发生资金链断裂的风险。HD 房地产公司资金链管理优化目标可以分为以下两个方面：

一是偿债能力的提高。HD 房地产公司对资金的需求较大，筹资渠道比较狭窄，使得公司必须保持一定的负债经营，负债率较高。房地产企业偿债能力的高低直接决定了资金能否按期偿还，以及资金链能否顺畅流转和循环，对降低资金链风险具有重要作用。

二是提高企业的盈利能力。任何一家企业的盈利能力都是维持其正常生产经营最重要的因素，通过不断改善房地产企业在资金链流动过程中管理方面存在的问题，尤其是通过缩短资金回收的周期，提高资金使用效率，不断提高企业的盈利能力，实现企业价值最大化，这是 HD 房地产公司在资金链管理优化中最重要的目标。

2. 优化方案的整体结构

HD 房地产公司优化方案基于资金链管理存在的具体问题如图 4-22 所示，优化方案的整体结构如图 4-23 所示。

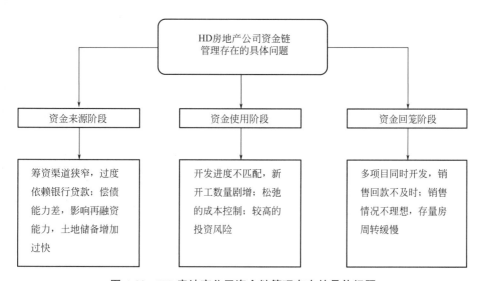

图 4-22　HD 房地产公司资金链管理存在的具体问题

3. 资金链管理优化方案具体内容

（1）对内部管理体系的优化

HD 房地产公司在资金链管理上出现的较大问题与较高风险，很重要的原因是内部管理体系不够完善与合理。在对 HD 房地产公司资金链管理优化时，首先要对其内部管理体系进行优化。

一是要加强内控制度的完善。在使用企业资金时，一定要对内部关键人加强制约与约束，避免人为因素造成资金流失与浪费，也可以避免因关键人对房地产市场判断不准确做出错误决策，对整个企业带来不利影响。所以对资金链管理优化要加强内控

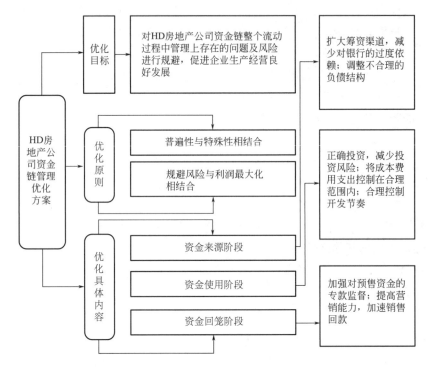

图 4-23 HD 房地产公司资金链管理优化方案结构图

制度的完善，建立岗位责任制，对岗位员工进行定期轮换与考核，还要保持高级管理人员的独立性，避免企业高层职位之间的重合。

二是对内部审计制度进行完善。HD 房地产公司在内审制度方面非常不健全，没有培养专业的内审人员，内审制度的不健全直接对 HD 房地产公司资金安全造成一定的影响。HD 房地产公司要设立独立的内部审计部门，选择具备能力的合格的内审人员对公司财务资金进行审计，确保 HD 房地产公司资金一定的安全性。

三是对不同项目之间的资金往来进行规范化。HD 房地产公司采取多项目同时开发的模式，各个项目之间的资金往来比较频繁，应该建立相关的财务机制，对项目之间的资金流动随时进行监控与动态调整，确保各个项目之间没有互相占用对方资金的情况，从而对整个公司的资金链管理起到优化作用。

(2) 对资金链风险预警机制的优化

HD 房地产公司在资金链风险预警方面缺乏完善的制度，对该机制的优化主要有以下三个方面：

① 在对内部控制完善与优化的基础上，通过企业风险规避与企业内部资金管理相结合，消除信息沟通不畅，解决财务信息难以实现共享的问题。

② 在 HD 房地产公司各个项目之间深化财务共享思想，提高管理层及各个员工对资金链管理的重要认识，明确财务信息共享的重要性，建立财务共享制度。

③ 以资金链动态变动情况为基础，检查资金在预算计划与实际执行之间出现的差异与波动，分析执行偏离计划的具体原因，识别出具体的资金链风险。

(3) 资金来源阶段的管理优化

① 扩大筹资渠道，减少对银行的过度依赖。

从 HD 房地产公司近三年的筹资现状分析，筹资渠道单一，全部是银行贷款，产生较高的融资风险，对资金链带来一定的影响。所以在对 HD 房地产公司资金链管理研究中，首先应扩大筹资渠道，改变目前资金来源单一、对资金需求量比较大，尤其是缺少有效扩大融资渠道方法的现状。所以 HD 房地产公司务必要建立正确的融资观念，提高自身融资能力，积极利用多种融资方式。我国目前正在放宽对民间借贷行为的规定，所以可以充分利用国家宏观金融政策以及对民间资本借贷合法化的相关政策，建立多层次的融资渠道，积极开发民间融资渠道，改变过去房地产企业只有银行借贷这一唯一融资方式或者只能等待上市融资的融资观念，应该加强对民间借贷的认识，通过民间借贷等直接融资方式来拓宽融资渠道，不断壮大 HD 房地产公司的资金实力。

② 适当对负债结构进行调整，促进企业可持续发展。

通过对 HD 房地产公司相关财务数据的分析，该公司目前负债结构并不合理，可能存在"短款长用"的现象。为了改善 HD 房地产公司不合理的负债结构，加强资金链的安全性，采取措施：首先，由于项目开发建设前期主要是资金的大量投入，随着资金的流出而没有对应的资金流入，对资金链产生了一定的压力，企业为了保证项目的顺利进行，会通过一定的短期借款等资金来源来满足对资金的需求，为了改善这种不合理的负债结构，要加快对具体项目的前期开发建设，提高效率，缩短前期工作时间，尽快达到预售资格，进而加大销售力度，收回一定的预售款项，加快资金的回流速度。其次，因为 HD 房地产公司采取多项目同时开发建设的模式，要想保证新项目如 JX 项目的资金能够尽快回笼，要通过合理的营销手段，不断加大对原有项目如 SH 项目的销售力度，加速资金的回款速度，通过 SH 项目及时的资金回笼来缓解资金链紧张的压力，可以减少 JX 项目在资金来源阶段对外借款的筹资需求，从而提高整个 HD 房地产公司的偿债能力。

(4) 资金使用阶段的管理优化

① 正确投资，减少投资风险。

HD 房地产公司资金链在资金使用阶段存在较大的投资风险。如何在资金使用上规避风险，对 HD 房地产公司整条资金链动态流动中的管理至关重要，从以下几方面分析如何降低投资风险，减少因投资决策出现的失误。

第一，在对每一个具体项目和楼盘进行投资之前，要先做好可行性研究。房地产行业具有对资金需求比较大、每一个项目从投资到最后资金回收周期比较长、资金周转时间比较慢等很多不确定性因素，导致房地产行业的投资风险和经营风险都比较大。可行性研究需要对当前整个企业面临的内外部环境因素，包括国家宏观政策以及企业自身存在的问题，综合分析可能存在的投资机遇与风险。通过可行性研究，可以在企业做出投资决策之前，先对收集来的各种信息、资料进行分析，从而对风险做出预估。先对投资项目进行准确定位，再根据企业自身特点，选取最能符合与代表企业自身特殊性的投资模式，通过建立相对应的投资模型进行决策，可以降低企业因了解不足而出现失误，减少因为投资失误导致的资金链在流动循环过程中的风险。

第二，将投资进行充分组合与分散。房地产企业要将投资资金尽可能地分散，选取合适的、适当的项目组合在一起。灵活运用投资分散等财务管理原则，不要把所有鸡蛋放在一个篮子里。HD房地产公司可以根据目前各个具体项目的风险程度、收益程度以及公司对其要求的投资回报率等，选择不同类型的房地产进行组合，例如居住地产适合风险和收益都较低的项目，商业地产适合风险和收益都较高的项目等，分别对其进行投资，可以达到分散和降低投资风险的目的，从而缓解资金链上较为紧张的压力。

② 将成本及各项费用的支出控制在合理范围之内。

HD房地产公司在资金使用阶段存在成本及费用支出较大的情况，对资金链产生一定的影响，所以要加强对资金链的管理，要将成本及各项费用的支出控制在合理范围之内。首先，对HD房地产公司而言，在投入资金开发建设之前要进行预测，要做好对利润值和现金流两大指标的预测，尤其是做好对现金流的预测。通过对现金流和利润值的预测，可以更加准确地预测出成本的计划支出，提前对成本及费用的支出做好规划。其次，在项目开发建设过程中进行控制，主要指对目标成本的控制，可衡量指标有销售毛利率和销售净利率。房地产企业可以随时监控这些关键指标，保证在成本以及费用的支出过程中反复将目标值与实际值进行对照，分析具体支出的成本动态变化，满足其目标的设定。最后，在开发建设完成后，主要是在成本费用支出后，对各项财务指标包含收入成本分析、利润分析、现金流分析等，将公司同期数据与历史数据进行对比分析，找出问题所在，将成本及各项费用的支出控制在合理范围之内。

③ 遵循市场规律，合理控制开发节奏。

由于全球经济市场的萧条以及较为紧缩的房地产宏观政策，我国房地产市场开始逐渐萎靡。针对目前市场现状，房地产企业要遵循市场供求关系，要尽量合理地控制开发节奏，具体建议为：

第一，针对已开发的项目和楼盘，继续做好后期售后工作，不断加大销售力度，丰富营销手段，提高品牌价值，扩大市场占有率。在促进销售方面，在保证基本成本的基础上，也可以适当降低销售价格，扩大在售楼盘的销售，加快资金回笼，确保资金链安全。

第二，适度地放慢开发速度。对于HD房地产公司而言，对于已经建设完善的项目，应该加大销售力度，加速资金回收速度。对于刚开工或者还只是计划中的项目，可以适度地放慢开发速度，减少资金快速流出，确保项目能够顺利如期地开发完成。

(5) 资金回笼阶段的运营管理优化

1) 加强对预算资金的专项监管。

目前我国房地产企业实行预售制度，HD房地产公司在达到预售条件后进行销售回收的预售资金，要加强对其的运营管理。要设有专门的监管账户，使HD房地产公司收回的预售资金能够专门满足本项目后期开发建设等资金的投入需求。

2) 提高营销能力，加速销售资金回笼。

作为房地产企业销售的主要手段，营销在资金回笼阶段对资金链的安全性有重大影响。通过分析，HD房地产公司销售能力较差，销售回款速度比较慢，为企业资金链带来一定的风险。针对HD房地产公司目前的销售水平提出以下建议：①发掘具体项目的隐藏信息。目前我国房地产市场中，无论是住宅项目、商业项目还是旅游项目等，各项目都具有其特殊性，可以通过深入发掘每一个具体项目的特点与潜在信息扩大销售。②扩展新客户的同时维护好老客户，打响企业的品牌效应，扩大市场占有率，从而改进销售能力。③寻找优质的代理商，通过优质代理商扩大销售规模，也是快速提高营销能力的重要手段。

4. 房地产企业资金链营运管理优化方案建议

房地产企业在资金链管理中存在的问题比较多，风险也比较高，需要对其资金链管理进行不断地改善、优化，才能实现其在房地产行业中健康良好的发展，为企业带来效益最大化。根据HD房地产公司资金链管理优化方案，对我国房地产行业以及其他企业在资金链管理优化方面带来一定的建议与借鉴意义。

(1) 政府制定相关改革政策，拓宽资金来源渠道

在对我国房地产企业资金链管理优化中，政府作为外部环境最重要的因素，应该制定相关的宏观调控政策。为了缓解房地产企业资金链较为紧张的现状，首先，可以扩大二级市场上相关信贷融资等金融机构的范围，降低进入市场的门槛，使一些具有能力的非国有商业银行也可以通过二级市场参与抵押贷款业务。其次，政府应该制定相关政策，减少对房地产企业上市融资的限制，降低企业发放债券的资格要求，积极鼓励房地产企业通过各种途径获得融资需求。另外，基于制度和规范的完善，可适度放松新型融资渠道的运用等，拓宽资金来源渠道，充分解决房地产企业融资比较困难的局面。

(2) 制定合理的融资方案

房地产企业应该在项目开发建设初期，通过对企业自身以及具体项目对资金的需求情况做出判断与规划，制定出合理有效的融资计划与方案。具体措施有以下几个方面：首先，企业应根据外部融资环境，尤其是政府近期颁布的宏观调控政策，对企业未来的融资方向进行适当的预测。其次，要根据具体开发项目或楼盘的特点，具体问题具体分析，例如所需要的资金数额、具体的筹资途径、后期的收益情况以及预售是否能达到预期效果等。根据项目本身和不同融资方式的特点，对融资结构以及融资数额进行相应的调整，制定有针对性的、可行的、有效的融资方案。

（3）在项目开发建设中应控制成本

资金使用阶段在资金链的循环当中起着承上启下、衔接的作用，应该更加重视对资金的使用。首先，在项目开始前期，收集并整理相关的原始资料，对具体项目规划好成本定额，相关的财务部门根据成本定额做好预算方案，并加强对预算的有效执行。其次，在项目开发建设时期，要结合前期规划与制定的成本定额、财务部门制定的各种财务指标，与项目实际发生的各种成本进行对比，完成日常成本基础的管理控制。最后，对各个具体项目的成本执行过程进行考核与监督，严格按照考核标准执行，随时反馈执行情况。

（4）在销售过程中加速项目资金回流

房地产企业的资金回笼阶段对整个资金链是否顺畅循环起到非常重要的作用，资金收回主要指销售时收到的房款，其周转时间对房地产企业来说非常重要，它的及时与否直接关系到企业的偿债能力、再融资能力、持续发展能力以及资金链能否顺畅循环。为了提高资金的周转时间，房地产企业应该仔细分析当前市场的供求信息，提高自身的销售能力，合理利用营销手段，增加房产的销售数量，缩短开发建设时间，尽快达到预售条件，加快资金回收，为企业带来利润收益的同时，也降低了财务风险。

4.5 房地产企业资金链风险管理控制

企业通常将获取利润最大化作为财务管理目标之一，企业管理层往往会把更多的精力放在业务拓展和运营管理层面，而忽视了财务管理和风险管理，当企业发展到一定规模时，就会引起资金效率低下，导致资金周转速度减缓，严重时会使企业无法正常运转。当企业出现确定日期的债务到期无力偿还时，资金链上某个环节便出现了瞬间的"中断"现象，这个现象被称为"资金链断裂"。引发资金链断裂现象的可能性因素，称之为"资金链风险"。一旦出现资金裂断裂现象，一方面企业无法或很难维持健康运转，另一方面，如果经营不善而导致企业连续亏损，就会让股东和商业银行等金融机构对企业失去信心，可见资金链是否断裂对企业存亡至关重要。

对于房地产企业而言，资金链的正常运转，类似于人身体中流淌的"血液"，如果一个企业的"血液"流通顺畅、安全和健康，企业就能保持旺盛的生命力和创造力，就能源源不断地创造更多的价值。因此，资金链的稳定运转是维持房地产企业生产运营的根本前提。近年来我国房地产行业发展迅猛，房价节节攀升，国家为了抑制房地产业快速发展，出台了一系列的调控政策。随着调控的不断深入，房地产行业环境变得日趋严峻，逐渐呈现融资困难、成本上涨、销售低迷的态势。面对复杂环境带来的众多不确定性因素，房地产企业开始面临较大的资金运转压力。因此，如何在这种形势下分析和管理不确定因素给企业带来的资金链风险，提高房地产企业的资金运营能力，是亟待解决的问题。

4.5.1 房地产企业资金链风险概述

1. 房地产企业资金链风险含义

房地产企业资金链风险是造成房地产企业无法正常经营甚至破产的最主要原因，分为狭义的资金链风险和广义的资金链风险。狭义的资金链风险主要是指企业资金总流入小于资金总流出，从而导致企业不能正常经营的财务风险。广义的资金链风险是指房地产企业从资金筹集、资金使用再到资金回笼的整个资金链环节上，在资金的计划、组织、管理、协调及控制活动中，各种不确定性影响因素给房地产企业正常资金运转带来的损失可能性。

对于房地产企业资金链风险来说，销售回款与项目融资决定了企业的资金流入，新项目投资建设以及对资金支出的把控决定了企业的资金流出。资金流入与资金流出的资金缺口变化决定了企业资金链压力及风险大小。如果资金流入持续小于资金流出，那么企业将面临很大的资金链风险。因此，房地产企业资金链风险从某种角度来说取决于销售状况、融资额大小和投资项目成本等方面。

2. 房地产企业资金链风险因素

结合鱼骨图法，可以对资金链风险的影响因素进行辨识和分析，如图 4-24 所示。

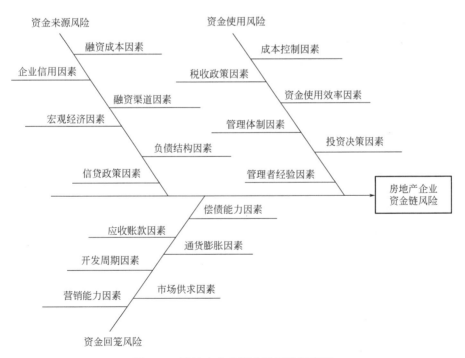

图 4-24 房地产企业资金链风险因素图

房地产企业资金链风险就是房地产企业资金在整个资金链流动循环过程中，对企业的盈利状况以及经营活动带来的不利影响。包括：

（1）资金来源阶段风险。企业资金筹资风险主要表现在两个方面，一是筹资的债务到期时企业能否具备偿付能力；二是企业持续经营时面临较高的资金需求时是否具备能够及时筹集资金的能力，即企业的再筹资能力。

（2）资金使用阶段风险。即企业在资金使用上的计划并不合理有效，使得企业在投资经营上未能达到预期收益，甚至原有资金也会产生损失的风险，包括投资风险和经营风险。

（3）资金回笼阶段风险。是指企业在项目开发建设前期投入的资金，在对外销售具体项目或楼盘时，未能及时收回或者回收时间不确定等风险。

4.5.2 房地产企业资金链风险的管理措施

针对房地产企业资金链风险的具体表现及其影响资金链风险的内外部因素，房地产企业资金链风险管理策略和措施应从事前防范、事中控制和事后治理三个方面进行（图4-25）。

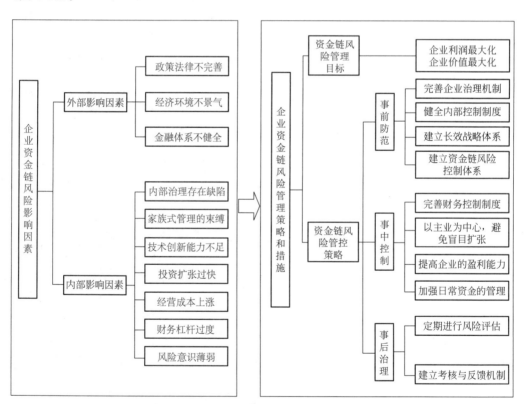

图 4-25 房地产企业资金链风险管理策略实施架构

1. 完善治理机制和内控制度

（1）完善企业治理结构

影响资金链风险的内部因素中，内部治理结构流于形式是造成资金链风险的重要因素之一。所谓企业治理结构机制，就是在坚持企业所有权与经营权相分离的前提下，形成的公司所有者、董事会经营者（经理人）及企业职工和监督者的"三权分立"局面（图4-26）。

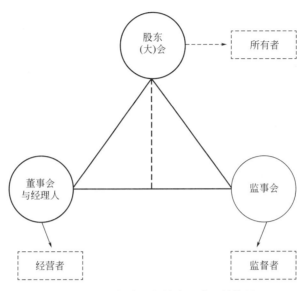

图 4-26 "三权分立"的企业治理结构图

在"三权分立"治理结构下，处于最顶端的是企业的所有者（股东），由全体股东组合而成的最高权力机关——股东会（或股东大会）。代表股东（大）会对企业进行业务执行的机构是董事会和经理人，即经营决策与执行机关。代表股东（大）会对经营决策与执行机关进行监督的机构是监事会。这三者之间各有职权分工，相互牵制约束，配合得当并有科学决策机制。通俗地讲，就是公司的所有者委托经营层具体管理和运营公司，同时所有者也委托监事会对经营层进行监督，既相互协调，又相互制衡，这样就能够保证企业的运营安全、平稳和健康，使得所有者的利益（即股东利益）和其他利益相关者（包括国家、企业职工、供应商、客户等）的利益得到保护。

这三者形成企业治理结构中最稳定的"三角形"。一旦破坏这个稳定的"三角形"平衡，就很可能出现损害公司和股东利益的情况。

（2）健全内部控制制度

房地产企业要建立健全和完善相关内控制度，诸如授权批准控制、组织结构控制、会计记录控制、资产保护控制、企业全面预算管理和风险控制以及业绩报告等，对涉及发展规划、投资融资活动、营运活动（研发/采购/生产/仓储/销售）、资产管理、客户信用管理、研究开发、工程预算与建设、财务会计报告、全面预算管控、合同文档管理以及内部管理信息传达等管理活动做好相关管控。

建立和完善内部审计制度。会计职务与审计职务要相互分离，把原来财务审计部的职务重新梳理、"拆分"。房地产企业要设立独立的内部审计部门和专职的内部审计人员，以保障内部审计工作不受到利益相关者的干扰，保障内部审计工作开展时能够保持一定程度的独立性与客观性。

2. 建立战略风险控制体系

（1）投资战略风险管控

企业投资战略是指按照企业整体经营战略的要求，为了保持现有的生产规模，也为了进一步扩大经营规模，对投资活动进行提前规划，规划时要坚持全局性和前瞻性原则，把企业有限的资源/资金投入到战略项目中，以保证投资最佳效果而做出的选择。企业进行投资战略管理的基础工作和重要环节，并从事项目投资活动的前提条件是制定企业投资战略机制。

对于房地产企业来说，寻找和拥有外部投资机会是实现迅速扩张的重要手段。由于大多数房地产企业面临法人治理结构还不够完善、内控机制和管理制度也不健全、投资机制比较缺失的尴尬局面，常常引发投资活动面临非常大的风险，甚至导致投资失败，进而影响整个公司的运行。因此，房地产企业应当建立有效的投资战略机制，分析企业内部管理机制和现有资金以及其他资源配置，能否满足投资项目的高效运行。房地产投资项目需要的资金较大，如果企业无法及时保证投资项目的资金需求量，同时加上日常运营活动需要消耗资金，一旦资金链运转不通畅，就会出现资金链断裂的危险。基于此，房地产企业应当建立科学的投资决策机制，不能一味追求规模扩张而盲目投资。

房地产企业制定投资战略要从以下六个环节开展工作：

① 确定投资战略目标。

企业财务管理的最优目标是获取利润最大化和实现企业价值最大化，房地产企业投资战略目标也是围绕企业财务管理这一目标来开展。在投资战略上要明确公司的各项目标，包括企业的产业规划目标、产品规划目标、技术规划目标和市场规划目标等。一方面要详细地分析企业的整体现状，另一方面要预测其未来走向。分析现状是为了掌握企业现有资源，使其战略目标建立在现有资源的基础上；预测未来是为了估算未来趋势，使企业投资战略目标具有一定的超前性和先进性。

② 进行投资战略条件分析。

战略环境分析是指对企业所处的内部环境和外部竞争进行阐述分析，通过分析发现自己的核心竞争力，明确未来发展方向、发展途径和发展手段。企业战略环境分析的目的是展望和畅想企业未来，是寻求企业发展目标与内外环境变化、企业能力、企业资源之间达到动态平衡，需要对国家经济形势、国家宏观和微观经济政策，尤其是货币政策、投融资政策和产业政策进行深入分析与研究。

投资活动的战略环境分析如图4-27所示。

企业内部条件分析，就是通过对其自身各项资源和综合能力进行分析、评价，发现自身的优势与劣势，目的是发掘企业参与竞争的优势根源与基础能力。

战略态势分析，就是企业通过对所处的宏观环境与微观环境进行分析，找出企业

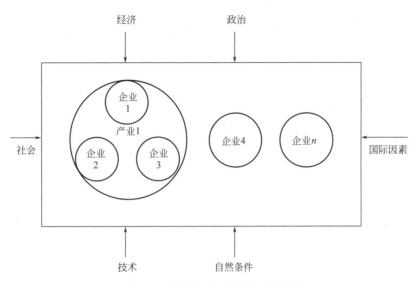

图 4-27　投资活动的战略环境分析

面临的外部机遇与威胁，进而预测其发展趋势；对企业内部资源与战略能力进行分析，找出企业面临的优势与劣势，并将企业与同行业进行比对研究。结合上述分析研究，提出企业发展战略的开发方向。

③ 确定投资战略的重点。

房地产企业的战略投资活动应当遵循其自身成长的规律，并且通过战略投资活动适时优化和调整企业的经营资源结构、产业结构和产品结构。

④ 制定投资战略方案。

房地产企业要根据战略目标的具体要求，制定切实可行的投资战略方案。通常，制定投资战略方案时可以有多种可行的方案供选择。

⑤ 投资战略方案的选择。

所谓投资战略方案的选择，就是根据战略方案选择的标准和依据，在多种可行的方案中进行优选，并最终选择出最佳方案的过程。

⑥ 投资战略的实施与修正。

投资战略的实施与修正，就是把房地产企业的投资战略方案细分化、具体化，形成可以实施的措施，并且把它付诸行动的过程。在实施过程中，可能还要根据内外环境和实际执行情况进行分析与纠正。实施时要将方案分解为具体可操作的细节，根据投资战略方案建立相应的组织结构，以确保方案涉及的活动能够有效落地。同时，要根据外部环境（经济、市场、货币等政策环境）的变化来对投资战略进行适时的修正，以保证投资战略的可靠性。

（2）筹资战略

对于房地产企业融资来说，银行一贯的做法是"惜、恐、慎"。融资渠道窄、贷款难一直是阻碍和困扰房地产企业发展的主要问题。房地产企业正规的融资渠道一般有商业银行贷款、上市融资、发行债券和短期融资等。对于房地产企业来说，通过商业银行贷款仍然是其选择筹资的主要途径。由于大多数房地产企业规模小、竞争能力低、治理结构不完善等，导致房地产企业在银行贷款方面没有什么优势。对于上市融资和发行债券来说，并不是所有房地产企业都可以在短期内做到。另外还有一种融资方式——民间融资。民间融资条件限制少，但成本非常高，如果到期无法支付利息和本金，企业将更加难以生存。因此，房地产企业应当提升自身的竞争力水平，拓宽融资渠道，合理选择融资方式，以保持企业的良性发展。

① 提高企业信用等级。

首先，要按照现代企业制度"政企相互独立化、产权归属明晰化、权责分配明确化、企业管理科学化"的标准来规范运行。其次，要全面落实《中华人民共和国公司法》的有关规定，建立、完善符合现代企业制度要求的内部组织架构和内部管理机制，提高企业信息透明度并确保在组织内得到充分传递，确保企业融资策略经过集体、科学地决策，保证贯彻执行和有效监督。最后，在日常经营过程中，要注重提高自身的信用等级水平，同时要加强与商业银行和其他金融机构的合作。

一方面，信用等级是商业银行和其他金融机构审核贷款的重要参考标准，另一方面，企业较高的信用等级有助于树立自身良好的形象，为企业争取商业银行的信用带来积极作用。

② 拓宽企业融资渠道，优化融资结构。

房地产企业要充分发挥自身的有效资源，拓宽融资渠道，改善融资结构，降低融资风险，适度发挥财务杠杆，严控财务风险，保障企业持续、快速发展所需要的资金。在使用传统的商业银行融资渠道方面，也需要开拓多种融资方式，而不仅局限于抵押贷款。除了抵押贷款以外，还可以采取诸如应收账款保理、商业信用证融资、票据贴现融资、信用担保融资、股权融资、项目融资等方式。在开展多元化融资方式时，应对融资方式进行合理地搭配和选择，要根据企业所处的环境和发展阶段，既要做到较低的融资成本，又要注意控制融资风险。

③ 改善企业的资产与负债结构，把控财务风险。

一方面，企业要改善资产与负债的结构比例，尤其当市场环境欠佳、信贷政策缩紧、融资成本较高时，要适当降低负债的比例。另一方面，还要注意负债的内部结构比例，例如长期负债、短期负债和商业信用负债的比例，这和企业的资金投向有着密不可分的关系，同时还要顾及企业的财务风险。从财务稳健的角度考虑，应将短期负债投向日常运营，长期负债既可投向日常运营，又可以投向周期较长的项目，但是要结合融资成本和资金流量、资金回收期等。使用商业信用负债时，以不伤害与供应商之间的信用度为准。当然，这是从内部因素来考虑资产与负债结构问题，企业同时应考虑信贷政策、行业市场环境等因素，才能真正降低资金链风险，保障资金链安全。

(3) 业务战略

业务战略就是让企业的一切资源进行有效配置与运营，利用最具竞争力的优势，差异化企业自身和竞争对手之间的产品与服务，最终给企业客户创造更大的价值。企业应当分析自身最具竞争力的优势，发现适合企业生存、竞争与发展之道，整合资源，创造价值，满足客户，保证企业资金的良性循环。

另外，企业还要建立营运战略和股利战略。营运战略是指站在战略的高度，事前对营运资本进行规划与筹谋，包括日常营运资本管理策略、在重要客户和供应商之间建立长期商业信用关系等。股利战略是指站在战略的高度，根据企业战略管理要求和内外部环境状况，在股利分配方面进行的事前性、全局性和长远性的规划，包括重大股利分配方向的筹划等。股利战略应当包括留存收益的分配方案、股利政策的长远安排等。

3. 建立资金链风险控制体系

首先，建立适当的筹资制度，优化筹资结构，多渠道、多形式地筹集资金。其次，加强投资活动的事前预防、事中控制和事后反馈。涉及内部投资和外部投资时，均需要评价投资的可行性与效益性，事中掌握资金投放节奏和力度，事后及时分析、评价和反馈，采取恰当的补救措施。再次，强化营运资金的管理，合理测算营运资金的盈缺，尤其是加强存货、应收账款和应付账款的管理，建立客户信用管理体系，尽快回收资金，以免造成坏账损失。最后，在向股东和相关利益者分配资金时，应当合理地预估下一个周期需要使用的资金数量，留足发展基金和风险资金后，再进行分配。

(1) 建立信息共享机制

使用现代信息手段和财务共享服务功能，把企业的财务信息进行集合，以提高企业经营效率、控制成本费用、加强内部控制管理、实现有用信息共享、提升客户满意度和其资源共享等，它对于加强资金链风险内部成因和外部成因管理都具有重要的作用。

(2) 建立资金运行预警机制

导致企业战略失败的财务危机主要有缺乏经营性现金流、过多赊销（应收账款过大）、过多的滞销存货、过大的长期资产投资以及过多的短期负债。这些财务危机均与资金链有关，因此企业应当建立资金运行预警机制，定期做好资金计划，预测现金流，分析现金流预算与执行的差距。经营管理层一定要认识到"现金为王"的重要性，而不是"利润为王"。据调查数据显示，房地产企业倒闭的主要原因之一就是资金链断裂，而不是因为企业没有利润。诸如国美电器、苏宁控股集团有限公司和沃尔玛百货有限公司等企业，尽管它们的利润比较薄，甚至有时候发生亏损，但这些企业的共同特征是有大量的现金在手，因此发生倒闭的可能性相对来说比较小。除了要做好计划和预测外，还要加强过程中的监控，尤其是要强化约束机制，而不是经营管理层"一言堂"，否则一旦执行发生重大偏差，同样会有资金链断裂的风险。事后要加强分析、考核与反馈，不完善的地方要及时总结和纠正，吸取教训。

（3）强化项目投资的风险识别与评估

投资过程是一种投资过程复杂、期限漫长、结果高度不确定的过程，任何投资项目的风险都是客观存在、无法完全避免的，因此，作为投资方应当加强投资风险的识别。项目投资的主要风险包括技术风险因素、管理风险因素、市场风险因素、财务风险因素、环境风险因素和政策风险因素等多种侧面和环节。市场风险、政策风险和环境风险属于外部风险因素，企业自身难以把控，甚至有时候不能准确预测。因此对于多变的政策风险和环境风险，需要建立风险应对机制。而其他风险属于内部风险因素，企业较容易识别与评估。企业内部必须建立内部风险评估机制，不仅评估投资项目的未来收益，更要注意投资项目潜在的风险。

（4）建立客户信用管理系统

很多企业一味追求收入规模的扩张，不注重客户回款管理（应收账款回收管理），企业常常因为账款被拖欠以及风险管理责任不清等问题，出现资金链断裂的风险。企业应当制定信用标准，确定信用期限，制定现金折扣和收账政策，加强对应收账款回收的监督。

（5）实施资金预算管理

资金预算管理的控制目标是：公司资金预算应当遵从风险管理原则；预算编制得当、合理，能够有效传递到公司各级单位；资金划拨及时、准确；定期对资金预算的执行进行事后考核与反馈。因此，资金预算管理包括预算编制、预算审批、预算下达、预算调整与追加、预算过程执行与监督、预算事后分析与反馈等环节。对于房地产企业来说，不仅要全面实施资金预算管理机制，还要把其所属单位全部纳入到资金预算管理范畴中，不能让部分单位的资金游离在资金集中管理范围之外。房地产企业应采取如图4-28所示的资金预算管理流程模式，推行全面的资金预算管理。

4. 实施资金运行过程控制

（1）健全财务控制制度。

要加强内部财务控制力度，尤其是涉及资金活动的每个环节，建议建立专门的资金集中统一管理机制，把集团本部及集团所属全资子公司、控股公司、分公司的资金统一归集到集团总部，由集团总部对资金实施统一调度、使用、营运、管理和监控。资金集中管理方式通常有"资金池（现金池）"等，通过这种管理方式，企业可以实现集团范围内资金的聚拢与调控，盘活企业资金存量，有效提高资金使用效率和效益，达到降低财务费用和资金风险的目的。

财务控制制度必须服从企业整体利益最大化，必须遵循它的财务战略、财务政策与财务管理目标，完善集团公司治理机制，强化对分/子公司的财务活动进行监测和控制，是提高财务资源配置与使用效率的重要手段。

（2）以主业为中心，避免盲目扩张，特别是不相关多样化项目盲目扩张。在寻求新的利润增长点项目开发过程中，一定要注意"看菜吃饭"——有多大的资金量，就

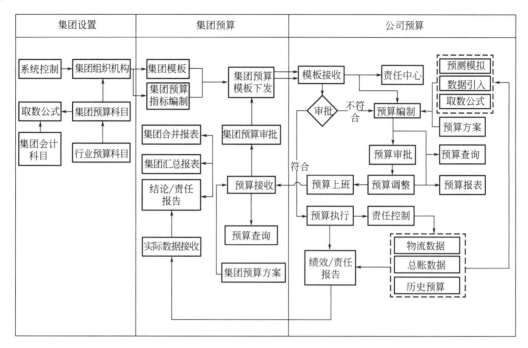

图 4-28 房地产企业资金预算管理流程图

做多大的事情,切不可冒进。

(3) 提高企业盈利能力。

企业财务管理的目标之一是获取企业利润最大化。如果一个企业的盈利水平低,企业的发展机会和空间就会减少,要么想办法提高企业的盈利水平(开源节流),要么寻找新的盈利模式,否则长期亏损的最终结果就是"关门"清算。

(4) 加强日常资金管理。

日常资金管理的重要环节之一是对营运资金的管理,可以用营运资金缺口大小进行衡量。营运资金缺口是支付供应商货款日期和收回客户货款日期之间存在时间差而造成的资金短缺,也就是说,营运资金缺口的计算主要涉及三个方面的管理:应收账款、应付账款和存货。当营运资金缺口出现负数时,负数越大,表明营运资金短缺得就越严重,负数越小,表明营运资金短缺就越少,企业应当做到资金余缺的平衡。如果企业预估资金余缺出现负数时,可能就需要进行外部的融资活动。当然,融资金额越大,企业需要支付的利息成本就会越高,这既会影响企业资金余缺,也会影响企业盈利水平。因此,加强营运资金管理显得非常重要。

① 应收账款管理。

在营运资金管理中,应收账款是企业出于商业信用和扩大销售规模的需要,而暂时被客户占用的资金。因此,企业要在日常经营活动中加强应收账款的回收管理,应收款回收越快,资金缺口就会相应减小。

② 应付账款管理。

相对于应收账款来说,应付账款就是供应商出于商业信用和扩大销售规模的需要,而被其客户占用的资金。在不影响信誉的前提下,企业可以适当延长应付账款的支付,占用供应商一定的资金,降低资金缺口。

③ 存货管理。

存货是指房地产企业被大量的存量房、在建房和原材料占用的资金。该资金被占用得越多,资金缺口就会越大,因此需要提高存货的周转率、降低存货占用金额,降低资金缺口。

5. 强化考核评价与信息反馈

(1) 定期进行风险评估

对于资金链风险管理,企业要设定控制的具体目标和风险应对策略,结合企业不同发展阶段和业务拓展情况,定期对资金链风险进行风险评估,实现对资金链风险的有效控制和应对。资金链的风险评估要做到及时管理、有效管理和量化管理。

(2) 建立考核与反馈机制

企业要建立检讨、分析、评价和考核机制,这是对资金链风险事后的"补救"管控措施。对于控制有效的部分要继续加以管控,对于发现的问题不断改进和完善。只有将执行结果纳入考核中,才能对出现的问题进行责任追究和反馈,否则事前预防和事中控制也只能停留在形式上。

企业还要对资金链循环过程进行监督检查,评价其执行的有效性,发现控制中存在的缺陷,及时加以纠正和改善。尤其是事后审计功能不可缺少,结合事前的预算控制机制,充分发挥资金链风险预警机制的效用,见图4-29。

另外,房地产企业应强化经营管理层风险意识。任何企业机制和系统建设,都离不开经营管理层的风险意识。没有意识到风险,才是企业最大的风险。企业经营过程中出现的各种不确定性因素,即为企业风险。企业风险与企业发展相伴相生,其中一些风险甚至会威胁到企业的生存发展,企业经营管理层必须意识到这些风险的防范与化解。房地产企业在日常经营、投资活动、筹资活动、营销活动、人力资源建设、企业文化建设等方面,都应当具备一定的风险意识,尤其是财务风险意识,不能过于冒进、激进。首先,经营管理层要树立正确

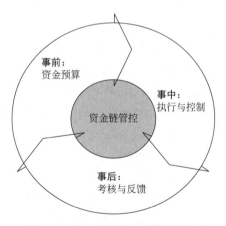

图4-29 企业资金链风险管控循环图

的企业财务风险管理理念。经营管理层是企业的决策层和"舵手",他们决定着公司的发展方向。对于房地产企业涉及重大风险的管理事项进行集体决策,制定风险管理制度。其次,企业要提高员工的财务风险意识,财务风险存在于房地产开发项目管理

活动的各个方面，任何部分的工作失误都可能给房地产企业和房地产开发项目带来较大的财务风险。

4.5.3 房地产企业资金链风险的对策措施

1. 房地产企业资金筹集风险对策措施

（1）改善融资方式，降低融资成本

在当前房地产业环境下，信贷政策趋紧，信贷规模缩减，房地产企业已不能过多地依靠银行信贷这条渠道来满足项目开发资金的需要。努力开展多种类型的融资方式，是降低资金筹集风险的有效措施。由于融资渠道的不同，融资成本也各有差异。所以，在开展多元化融资方式时，应对融资方式进行合理地搭配和选择，以降低企业的融资成本。

（2）合理安排负债配比，改善负债结构

企业在对融资方式进行选择时，应注意金融市场的相关政策，当某种融资渠道较易融资或融资成本较低时，应加大该种融资方式在融资结构中所占的比例。当融资成本上升时，应适当调整负债结构，尽量减少因融资成本上升而给企业盈利带来的不利影响。

此外，企业还应根据自身需要，合理安排长、短期负债的比例。短期负债有利于快速解决企业暂时的资金周转问题，但是融资成本较高，大量到期短期负债会对企业资金链造成巨大的偿债压力。长期融资成本较低，偿债压力较小，但总体费用较大，适用于企业长期战略投资。企业在确定负债结构时，除应考虑上述因素外，还要综合考虑信贷政策、行业环境等多方面因素，才能减轻企业资金链压力，保障企业资金链安全。

（3）改善企业环境，提高企业信用等级

企业在筹集资金过程中，企业的信用状况是银行及其他金融机构审核的重要内容。企业信用等级越高，贷款机构对企业投资的信心就越大，越有助于企业减少贷款审核手续，尽快获取贷款。此外，较高的信用等级还有助于树立良好的企业形象，为项目顺利开发和销售周期缩短带来一定好处。同时，还可以获得一部分房地产项目商品的预收资金，加快资金回笼速度，为项目的滚动开发提供资金支持，提高企业的经济效益。因此，企业应不断提高自身信用等级，这有助于企业降低资金筹集风险。

提高企业信用等级应做好以下几个方面：①不断完善公司组织架构，提高企业盈利能力；②加强团队建设，提高团队素质；③珍惜企业相关信用记录。

2. 房地产企业资金使用风险对策措施

（1）改善管理体制，提高管理者经验

管理体制不健全、管理者经验不足是引发资金使用风险的重要因素。因此，应建立系统的管理制度和管理部门，明确各部门的分工和工作职责。同时，加强管理者的素质，对管理者广泛开展再教育工作，提高管理人员的风险意识，丰富管理者经验，使管理者了解并清楚可能存在的风险问题,掌握处置风险的常用办法。

(2) 加强成本控制,减少资金流失

房地产企业在资金使用过程中一般存在以下几个问题:①成本控制力度不够,造成项目总成本超过预算支出。②在建项目时,因市场环境发生变化,造成资金成本增大。③项目设计、施工等方面考虑不周,造成工程成本增加、项目交工日期延后。

因此,在资金使用过程中,为减少不必要的资金支出,应制定严谨的资金使用计划,编制详细的资金使用预算表,对已有资金超支迹象的地方加强控制力度,以降低资金使用风险的发生。同时,成本控制应从设计、施工、质量等方面进行全方位控制,避免资金浪费。另外,房地产企业还可以采用保险的方法,对工程项目进行投保,以支付少量的保险费用,换得受到损失时得到补偿的保障,从而减少资金成本的增加。

(3) 合理支配资金,控制扩张速度

由于房地产企业的资金支出量很大,当扩张速度过快时,由于在建项目资金占用量大,企业流动资金少,再加上原本的负债,就会造成资金链运转压力加大。一旦房地产市场环境出现变化,企业资金链很可能出现断裂的危险。所以,房地产企业应根据自身实际情况,建立科学的投资计划,避免盲目扩张、盲目囤地,合理支配资金。同时,也应储备一定的现金,用于防范资金链风险的发生。

3. 房地产企业资金回笼风险对策措施

(1) 做好项目定位,提升项目品质

由于房地产项目资金需求量大,市场竞争激烈,所以企业应对项目的定位策划方面提出更高的要求,提升项目品质,在项目销售中获得先机,这样才能保证项目有较快的回款速度,从而降低企业资金使用风险,确保资金链的安全。在提升项目品质时,应做好以下几个方面的工作:

① 注重户型设计:随着购房者的日趋理性化,户型设计的好坏成为购房者关注的重要方面。好的户型设计,有利于房屋去化速度,从而加快销售款的回笼。

② 加强配套设施建设:目前,购房者选择房屋时,除了对户型有要求外,对住宅区各种配套设施,如小区景观、运动场、泳池、会所以及幼儿园等也越来越重视。所以,房地产企业在进行产品设计时应着重考虑。

③ 提高物业管理水平:物业管理水平关乎每一位业主的切身利益,也是提高企业形象、树立企业口碑的重要手段。因此,销售完成后还应注重提高物业管理水平,这不仅对房屋的销售具有辅助作用,更对企业未来发展起到积极推动作用。

(2) 制定营销策略,提高营销能力

房地产企业要想保证企业资金顺利回笼,就得在存量商品的去除化上下功夫,创新营销理念,加快销售。提高营销策略的方式主要有:品牌营销、网络营销、体验式营销、关系营销等。

4.5.4 建立企业资金链风险监控体系

风险监控是房地产企业资金链风险控制的重要环节，所以房地产企业应建立系统的资金链风险监控体系（图 4-30）。通过对资金流入流出的层层把控，可以降低资金链风险的发生。为保证监控体系的全面性，资金链风险监控体系应设有指挥部、组织部门和职能部门。监控指挥部负责调整和制定企业资金链风险监控的相关决策。企业财务部门即组织部门，负责企业资金流入流出的日常监控。资金链风险监控的职能部门主要负责企业各项目的资金流入和流出管理，例如投融资部主要负责企业融资成本、土地成本的监控，销售部主要负责房屋销售资金的监控，成本部负责项目工程款的监控。各个职能部门定期将资金的流入流出量上报给财务部门，由财务部门进行监控，财务部门将企业资金流动情况反映给现金流监控总指挥，由总指挥依据实际情况做出决策。

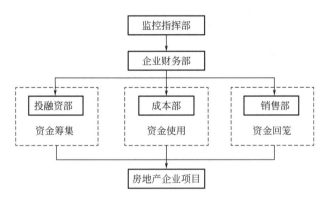

图 4-30 房地产企业资金链风险监控体系

1. 资金链风险监控指挥部

资金链风险监控指挥部是资金链风险监控的核心部门，它由房地产企业的总经理及各部门负责人组成，总经理是指挥部领导人。企业指挥部通过对各部门分阶段定期上报的企业资金计划和实际资金收支情况进行分析，及时改进和调整企业的投资计划和战略部署规划，如融资方式、项目销售速度、土地储备情况等。通过不断调整资金计划，从而降低企业资金链风险发生所带来的损失，保证资金链的稳定运转。

2. 资金链风险监控组织部门

资金链风险监控组织部门即为企业的财务部门，主要负责控制和监督企业日常的资金收支情况。一方面，整理汇总各职能部门上报的资金收支资料，分析销售项目盈利情况、融资情况和在建项目成本费用收支情况。同时，将各部门的计划和实际资金流动状况按周或者月制成资金流入流出表，以便及时发现资金流动异常点，找出资金链的风险环节，制定风险应对措施。另一方面，根据指挥部下达的企业未来投资规划，结合目前房地产市场、国家政策调控情况，对企业未来投资规划后的资金收支情况做出预测,将资金链风险发生程度控制到最低。

3. 资金链风险监控职能部门

资金链风险职能部门主要由投融资部、成本部和销售部构成。因为资金链风险的不确定性因素集中体现在以上三个部门,所以这三个部门是企业资金稳定运转的关键。一旦某个部门出现问题,企业的资金流很可能遭受到巨大的损失。所以对各职能部门要制定严格的资金监控体系,按周或者按月为一个周期,将资金收支情况制成资金流量表,上报组织部门,以便组织部门及时掌握资金流动情况,进行交叉管理,对资金链风险做出相应的应对措施和有效监控。

4.5.5 建立企业资金链动态管理体系

由于房地产行业的特殊性,每一笔资金的流入流出都是大额的,这就要求企业管理者对企业资金的收支情况做好合理、细致地规划,才能保证企业资金链的稳定运转。因此,建立资金动态管理体系来监控资金链风险是十分必要的。

编制动态资金流入流出表可以实现对企业资金的动态管理,其实质是用资金流入与资金流出的差额来反映企业的资金余缺情况,如图 4-31 所示。若企业的资金流入大于资金流出,说明资金链运转正常,企业可以维持项目的生产运营,同时剩余资金还可以投资新项目;若企业资金流入小于资金流出,说明企业面临较大的生存压力,这时企业必须在规定的回款时间内采取一定的措施,用新的资金流入弥补资金差额,才能避免资金链风险给企业造成的影响。因此,在编制动态资金流入流出表时,应对房地产企业资金链的各个阶段中每一笔资金情况进行管理,从而降低资金链风险的发生。

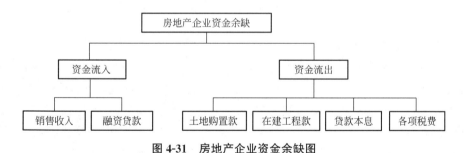

图 4-31 房地产企业资金余缺图

通过房地产企业资金余缺图可以看出:资金流入主要包括销售收入和融资贷款,资金流出主要包括土地购置款、在建工程款、贷款本息、各项税费。分析得出的资金余缺可以通过建立资金流入流出动态表来反映。在资金流入流出表中,可以按月度、季度和年度三个时间段分别制定,月度的资金调整情况可以反映到季度上,季度的资金运转情况又可以反映到年度上,形成一个资金动态管理体系,这样可以对资金链风险造成的资金损失进行更好地把控,同时进行适当的资金规划调整以及时避免资金链风险给资金链造成的恶性循环。

对于已建项目，资金的流入流出包括销售收入和在建工程款的支出；对于未建项目，资金的流入流出可以通过已建项目的经验来预测销售收入和工程款的支出；对于融资贷款情况，资金的流入流出通过企业融资的本利、银行借贷的本利和贷款还款期来预测。通过动态资金监控预测企业未来每月、每季度、每年的资金盈余和可以储备量的大小，从而为房地产企业管理者调整投资决策规划提供依据。

4.6 标杆房地产企业资金链风险管控案例解析

4.6.1 BL地产资金链风险管控职能

BL地产资金链的主要运动过程以资金的筹集阶段为起点，到资金的使用阶段，再到资金的回收阶段，因此BL地产的资金链管理过程就分为上述三个阶段的管理过程。结合BL地产的组织结构（图4-32），详细分析BL地产为了应对资金链风险，各职能部门采取的风险管控措施。

1. 资金筹集阶段

资金筹集主要是企业通过债务、权益等融资方式获取资金，满足资金的使用需求，因此对资金筹集阶段情况的分析，涉及银行贷款、中期票据发行、公司债券发行、偿债能力分析、负债结构等一系列内容，这些指标主要是公司的相关财务指标，因此在资金筹集阶段主要以公司的财务管理中心为主要负责部门，但是需要投资管理中心、技术研发中心和成本管理中心协同合作，也就是公司编制资金计划的过程。

首先，公司的技术研发中心和投资管理中心通过市场调研，充分收集资料并分析后，制定未来几年的项目投资计划，据此确定出具体的项目投资方案，确保其可行性，然后交由管理层及董事会讨论通过。

其次，公司的成本管理中心根据具体的项目投资方案，结合公司成本限额及单位成本定额等指标，制定出公司整体的成本预算方案，同时保证投资周期中资金的流动性，资金能够随着市场的实际情况做出快速调整，交由部门经理及上级领导批准。

最后，财务管理中心根据可获得的成本预算，结合公司自有资金现状，考虑公司的融资能力、债务结构、偿还能力、经营状况，核算出公司现阶段缺失的资金总额，分析各种融资手段下资金的可获得性，制定出本年度资金筹集计划，经过总经理及董事会批准做出最后决定。在资金筹集计划通过后，财务管理中心的任务并没有结束，应时刻关注后续融资方案的实施情况，监控后续债务融资的还款计划及债务信用的评级等。

2. 资金使用阶段

资金投入阶段也是资金的使用过程，主要是将资金筹集阶段获得的资金按照项目投资要求分配到各个房地产项目中，保证资金的使用需求，同时还要保证资金的安全性、资源的合理配置。主要运用的评价指标包括营业成本率、毛利率、销售费用

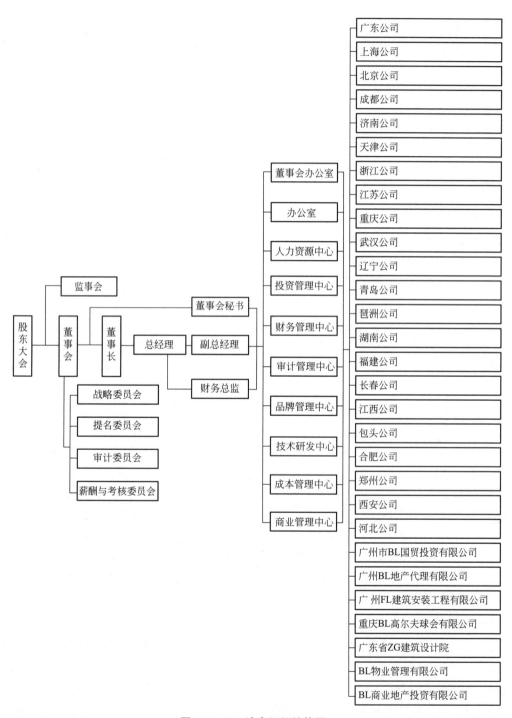

图 4-32 BL 地产组织结构图

率、总资产收益率及关乎管理层营运能力的评价指标。涉及公司的投资管理中心、财务管理中心、成本管理中心、商业管理中心、技术研发中心及审计管理中心的相互配合。

首先，财务管理中心和成本管理中心根据公司的战略规划，测算营业成本率、销售毛利率、销售费用率等，评测众多未来资金项目的优劣及所需资金额度，根据各项指标和资金需求对各投资项目排序。结合资金筹集阶段公司筹集到的资金，按照项目投资需求分配到投资管理中心、商业管理中心、技术研发中心，要确保资金分配的合理性。

其次，投资管理中心、商业管理中心、技术研发中心取得资金后，需要严格控制资金的使用情况，并且明确责任分管制度，要做到合理运用项目资金，确保资金使用人之间的独立性，提高资金管理安全性，使得资金的利用效能达到最大化。

最后，审计管理中心要定期对资金进行监管。资金链是一个动态循环的过程，需要根据制定的财务计划，对资金进行定期地监督与检查，运用各投资项目的销售费用率及销售毛利率等成本费用与盈利指标，结合内部经营战略和外部环境的变化情况来评判资金使用情况，还需要根据未来的经营目标及时做出相应调整，实现对资金链的动态调整与管理。

3. 资金回收阶段

资金回收阶段主要是公司将投入的资金通过各部门的生产经营和投资行为赚取利润，在收回投入资金的同时实现盈利，因此主要管理部门涉及投资管理中心、技术研发中心、商业管理中心及成本管理中心。主要涉及的管理评价指标为项目建成后是否及时销售的存货周转率、存货积压情况、应收账款周转和坏账计提情况。

首先，技术研发中心在项目资金的周转与流动过程中，考虑资金营利性，也就是能否得到充分利用并发挥其最大价值，为企业带来盈利。根据房地产开发建设的流程，建成的已有项目是否及时销售，未销售地产测算其存货周率及未销售的住房占据公司资产的百分比；已销售地产项目测算其应收账款金额、周转率及其坏账准备等财务指标，确保对资金的回收情况进行定期考核。而投资管理中心要对投入的项目划分到具体区域进行测度，对各个区域的资金回收和地产项目结算情况展开详细分析，保证公司回收战略上的准确性。

其次，要建立风险防范与预警机制。我国一些房地产企业因为资金链断裂而破产，其主要原因是投入资金不能及时回收，因此资金回收情况应该及时监测，在后续管理时需要进行规避与防范。合理建立风险防范与预警机制，做到提前防范未知潜在的风险，加强对资金链风险的识别能力，将可能出现的资金链风险降到最低。

最后，建立激励机制。对上述获利能力前三名的项目要实行激励制度，保证员工及管理人员的积极性，保证各项目的可持续运营、后续资金链活动的有序开展，减少资金链断裂的风险。

4.6.2　BL 地产资金链风险管理的对策措施

BL 地产资金链在各阶段存在一定的问题，其根本原因为：在资金筹集阶段，长、短期筹集计划不合理、预收账款制度不健全、各渠道融资份额分配不均匀以及缺乏债务偿还的风险预警机制；在资金使用阶段，人力资源机制不完善、各区域经营业务分配不合理、成本预算制度不健全；在资金回收阶段，销售政策不恰当、会计政策缺乏谨慎性。因此，对 BL 地产资金链风险管理提出以下对策措施：

1. 资金筹集阶段风险管理对策措施

（1）按照资金需求时限，合理安排公司长、短期融资计划。

BL 地产债务融资中，短期债务比例较高，长期融资占比偏低，说明公司投资项目的资金需求中短期债务融资为主要部分，长期融资不足，公司管理层面对不同资金需求，未能及时做出合理的融资规划方案，造成短视行为，增加公司未来资金偿还的压力，有可能产生资金链断裂的风险。因此，公司管理层应在制定投资项目规划的同时，制定投资项目的资金预算，按照所需资金的时限要求，合理安排与之相对应的长、短期融资计划，避免通过短期融资来满足长期融资需求，防止后期短期资金偿还时因没有投资回收的现金流入而产生资金链断裂风险。

（2）完善公司预收账款制度。

BL 地产短期债务中，预收账款占比达到 60%，说明未来一旦房地产项目因不可控因素不能及时建成交割，预收账款的偿还压力剧增。因此，在保证预收账款短期融资渠道畅通的前提下，适当减少合同中预收账款的计提比例，并针对预收账款设置专款账户、专职人员进行管理。除此之外，还需要严格审批预收账款并建立监督机制，要对审批、监督和管理等不相关职务做到相互分离，减少预收账款舞弊的风险，保证资金的安全，做到即使后期合同违约，预收账款也能及时得到偿还。

（3）合理分配公司各渠道融资资源。

BL 地产长期融资中，主要以银行借款融资为主，公司债券与中期票据融资占比不足 30%，虽然债券和票据融资证监会等监管部门的监督和限制较多，但在公司已经获得批准发行的前提下，相比银行贷款融资，中期票据和公司债券两种融资渠道具有融资期限更长、资金筹集范围更广、特定期间内融资规模选择性更强等特点，为公司资金需求的满足带来更多优势。因此，在 BL 地产已经获得发行债券等长期融资资格的前提下，公司管理层应合理利用此种融资渠道资源，使公司融资做到最高的利用价值，从而避免浪费资源。

（4）完善存货管理机制。

企业在经营过程中要时刻关注现金流的变化，建立资金预算制度，对于现金流在一定时期内的变化，企业经营层要做到心中有数。而存货作为影响现金流量变动的主要因素，应建立严格的存货管理机制，保证存货安全的同时，还要保证存货的质量良好，更高的要求是，时刻关注存货的周转流程，避免存货积压。要做到存货入库、出库和在库期间资产的维修、维护和安全保管,做到存货出入库授权审批中不相容制度相分离,存货计价准确合理,不高估或低估存货价值,保证公司会计的稳健性。在此基础上,关注存货的流转情况,保证存货长期加压,实现资产的流动性和经营活动资金回收的及时性。

2. 资金使用阶段风险管理对策措施

(1) 健全人事考核及培训制度。

只有把高素质的管理队伍作为基础,才会有科学有效的资金管理。核心竞争力中最重要、最基本的就是人员素质,每一个企业应该培养人员素质,让其成为核心竞争力。对 BL 地产而言,完善组织内部框架结构,建立资金管理核心队伍。核心队伍可以从企业总部核心层、区域核心层及一线公司的中心层抽调部分优秀人员组成,其中企业总部核心层提供权利保障义务,区域核心层提供整个区域的资金状况,一线公司的相关人员提供一线公司最核心的资料。加强责任分配,重视责任的落实,分工需要明确。加强资金管理人员的业务培训制度,保证管理层每项投资决策有充足的专业知识体系作支撑,实现投资规划的合理性、决策的正确性。此外,还需建立健全的人事考核制度,对监守自盗、滥用职权、挪用公款等现象加大监管力度和处罚力度。同时需要设置合理的奖惩机制,按照员工对财务不同程度的贡献,设置不同层级的奖励机制,使整个公司保持一种在合作中竞争、竞争中合作的状态,确保管理人员获利的同时,公司经营业务的盈利能力也得到提升。

(2) 合理安排公司各区域业务。

根据对 BL 地产经营业务范围的详细分析,企业的主要商品房开发及公司主要经营力量均分布于广东省、北京市与上海市。其中一项原因是企业的注册地位于广东省,但是 BL 地产还是过于将业务集中在一线城市。首先一线城市拿地比较困难,因为资源有限;同时一线城市房屋价格过高,一旦国家出台宏观调控政策,限制一线城市的房价和地块资源,会对 BL 地产产生巨大的冲击。因此企业需要适当减少一线城市的业务范围,同时扩大二、三线城市的房屋开发力度。目前二、三线城市发展状况也逐渐趋于稳定,房屋价格变动较小,有着稳定的住房需求,公司可以避免较大风险,保证资金链的安全。

(3) 健全公司成本管理控制体系。

公司成本管理控制体系构建的基本目标是合理安排各项支出的结算时间点,实现资金成本的最小化,以保证公司收益的最大化。针对公司日常经营决策,分析未来预期的投资项目规划,预测未来的资金需求,筹集公司经营先期资金投入及后续成本项目具体支出,为管理者提供较为准确可靠的信息。针对房地产行业因项目投资的长期性及资金缺口量大的特点,提出以下成本管控体系管理措施:首先,按照项目投资要求制定成本预算总目标,可涵盖的成本项目涉及后期的经营收入、开发的土地成本、工程材料、人工成本、规划设计成本及可行性成本费用等;其次,将上述各阶段的项目成本加以归集;再次,深入研究企业的经营成本,与现阶段市场成本相比较,构建成本核算的具体完成考核指标，探究成本管理过程中存在的具体问题，归集到具体管理层责任，以此提出问题解决意见；最后，针对内部成本管理控制体系中存在的不足，定期举办一些专题讲座和培训，有计划地培养企业内部管理人员和员工的成本意识，做好成本核算数据的记录、保存和传递，为企业进行系统化的成本核算奠定良好的基础。

（4）改善营销管理政策，加大营销费用支出。

针对公司存货加压严重、经营活动中销售商品回款状态不良的情况，说明公司的销售力度和投资支出严重不足，BL地产的销售政策过于守旧，甚至说销售情况处于被动状态。现阶段房地产行业中公司数量急剧增加，公司规模也呈现扩大化趋势，这种被动销售的管理方式已经不能满足现阶段的销售需求，因此应该改变营销管理政策，加大营销费用支出，树立公司的品牌、知名度、信誉度和美誉度，被更多购买者所熟知，实现主动营销模式，从而保证公司主营业务盈利目标的实现。

3. 资金回收阶段风险管理对策措施

（1）加大销售资金投入，完善公司销售政策。

BL地产经营活动现金流入中，主营核心业务收回的资金比例呈现逐年下降的趋势，说明公司汇款状况不良，结合销售费用率较低的状况，说明公司销售投资不足，房屋销售受阻，库存滞压严重，资金周转速度下降趋势明显，公司最终的现金回流总量未达到初始目标要求。BL地产经营范围涵盖住宅、写字楼、星级酒店、购物中心、商贸会展、高端休闲地产等多种业态，而BL地产的营销主要分区域划分，应该更加细分市场，进行数据挖掘精准营销，根据不同层次客户和人群的需求，线上、线下营销手段相结合。还可以结合现代年轻人的心理需求特点，开辟多元化的营销手段，配合国家出台的去库存政策，可以缓解公司库存积压成本上升、投入资金不能有效回流的矛盾，实现资金回收总量的增长。

（2）选择适当的会计政策。

虽然BL地产应收账款具有周转速度较快、质量优良的特点，其备抵账户坏账准备的计提比例政策简单易行，但未充分考虑坏账因期限的逐渐增加，不能及时收回的风险，未落实准则要求会计政策的谨慎性原则。因此，为防范BL地产资金不能回收的风险，应制定合理的应收账款坏账计提会计政策，随着应收账款期限的增加，加大坏账准备的计提比例，保障应收环节资金流的安全性，从而实现公司整个资金链的通畅。

（3）加强信息技术在资金链管理中的应用。

BL地产在房地产行业中的经营管理及盈利能力处于行业先进水平，但前期的优秀业绩不代表公司以后可以一劳永逸，在信息技术快速发展的今天，任何机会都转瞬即逝，任何风险都可能会无限扩大，因此BL地产应注重信息技术在资金链风险管理中的应用，构建公司的信息管理系统，实现从内部控制、管理流程、沟通机制的网络化和模块化联动管理，实现管理效率的提升。

资金链风险管理信息系统的构建，能够加速资金筹集、资金使用和资金回收各阶段信息联动性和传递快速性，减少各阶段信息间的阻碍和不对称，降低信息协调成本和管理成本，加快资金周转效率，提高信息的准确性。因此公司应加大信息技术在资金链风险管理中的人力及物力投入，构建适合公司管理经营的资金管理模式，实现资金流转的便捷性、安全性和高效性，实现资金的流量、存量和流向互动管理机制和实时监控体系，提高资金管理的效率、效果，同时在资金链各流转阶段建立信息技术预警防护机制，降低资金链运转风险，保障资金安全。

第5章 房地产企业现金流精益营运管理

房地产作为资金密集型"准金融"行业,现金流就如同企业的血液,血液充沛、结构合理,企业才能得到生存和发展;一旦出现贫血或缺血(现金流断流),就可能出现项目烂尾甚至企业倒闭。因此,现金流问题是房地产开发的核心问题。对现金流进行有效管理,对实现房地产企业资金链安全、良好运营显得尤为重要。安全、稳定的现金流是企业生存的基础,尤其是对房地产企业而言,由于资金需求量大、开发周期长等特点,使得企业自身的资金链安全度不高,从而加大了房地产企业的运营风险。因此,如何在房地产项目开发建设过程中合理、高效、安全地筹集和使用资金(即现金流营运管理),是每一家房地产企业必须关注的问题。

5.1 现金流的概念与类型

5.1.1 现金流的概念

现金流是指现金的流转和流动过程,是一个动态的概念,包括现金的流向、流量、流速和流程等内容,涉及企业的营运现金流、资产现金流、战略现金流(投资现金流、资本性筹资现金流)、自由现金流等,其完整的流转过程表现为从现金流开始再回复到现金流的一个闭环。

现金流作为企业资金运动的动态表现,可综合反映企业生产经营活动的主要过程(供、产、销)和主要方面(筹资、投资、融资、成本费用的发生、利润分配等)的全貌。

5.1.2 企业现金流的类型

企业现金流一般分为三类,如图5-1所示。

1. 经营活动现金流(Cash Flow From Operating,CFFO)

指企业产品的生产、销售和服务提供相联系的交易形成的现金流入与流出。具体包括销售商品、提供服务、购买材料、经营租赁、接受服务、广告宣传、推销产品、交纳税款等。

房地产开发经营性现金流如图5-2所示。

房地产开发累计经营性现金流如图5-3所示。

房地产开发自有资金相关的累计经营性净现金流如图5-4所示。

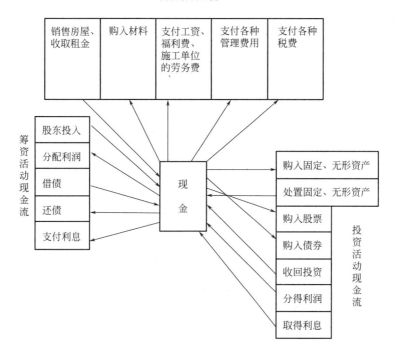

图 5-1 企业现金流的三种类型

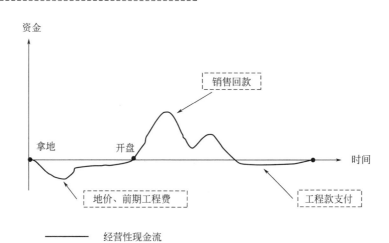

图 5-2 房地产开发经营性现金流示意图

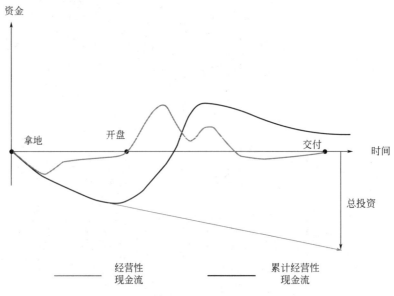

图 5-3 房地产开发累计经营性现金流

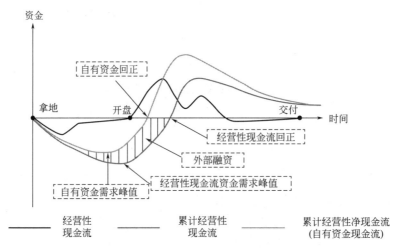

图 5-4 房地产开发自有资金相关的累计经营性净现金流

2. **筹资活动现金流**（Cash Flows From Financing，CFFF）

指企业股东权益、长期债务筹资与短期债务融资相联系的交易形成的现金流入与流出，主要包括吸收投资、发行股票、分配利润、发行债券、向金融企业借款、偿还债务等。

3. **投资活动现金流**（Cash Flows From Investment，CFFI）

指企业固定资产与长期证券等的购进与出售相联系的交易形成的现金流入与流出，主要包括取得与收回投资、购建和处置固定资产、无形资产和其他长期资产等。

不同类型现金流的投入与资金营运的关系如图 5-5 所示。

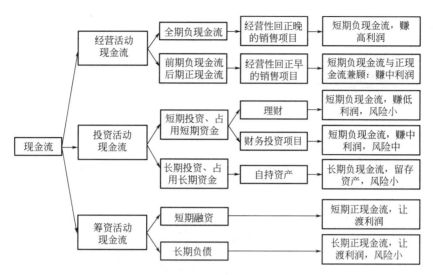

图 5-5 不同类型现金流的投入与资金营运的关系

5.2 房地产开发现金流需求分析

5.2.1 房地产开发现金流需求分析模型

1. 房地产开发现金流需求模型如图 5-6 所示。

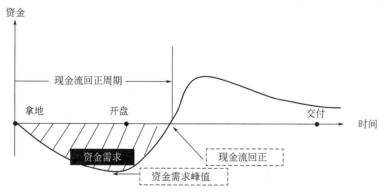

图 5-6 房地产开发现金流需求模型

2. 房地产开发现金流需求逻辑关系

房地产开发现金流的逻辑关系：新项目开发，如图 5-7 所示。

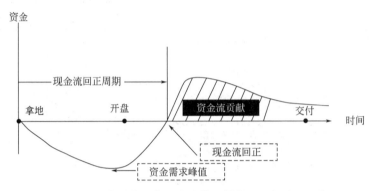

图 5-7 房地产开发现金流的逻辑关系：新项目开发

房地产开发现金流的逻辑关系：项目开发时间、规模与现金流贡献的关系，如图 5-8 所示。

房地产开发现金流的逻辑关系：现金流回正，如图 5-9 所示。

5.2.2 房地产单项目开发现金流需求分析

1. 单项目开发现金流特征

根据房地产企业在项目开发中的关键控制节点及其资金流动的来源、方向、大小、速度等情况，将房地产开发流程分为六大阶段，即项目投资机会研究及土地竞投阶段、项目定位策划及前期筹备阶段、规划设计阶段、工程建设阶段、市场推广和营销阶段、售后及物业管理阶段；其开发运作流程主要包括投资决策、土地获取、项目立项、开工准备、建设施工、开盘销售、物业管理等多个业务环节和运作流程，具有涉及行业多（供应链体系）、相互影响大、与外部接口多、协调成本高，机械化程度不高、需要大量人工协作、运作周期长、运作成本高以及结果是一次性的，一旦有误则事后较难更正等运作特点。

2. 单项目开发现金流的特点

房地产开发现金流大致分为三个阶段：第一个阶段是现金纯流出阶段；第二个阶段销售现金开始回笼；第三个阶段销售现金流入和工程流出都趋于平稳，净现金流平稳增加。从单个房地产项目开发来看，项目的现金流呈"棒槌"形，前期现金的流入和流出都很大，到项目中后期，现金的流入和流出逐渐平缓和平衡，如图 5-10 所示。

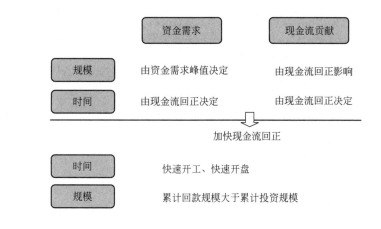

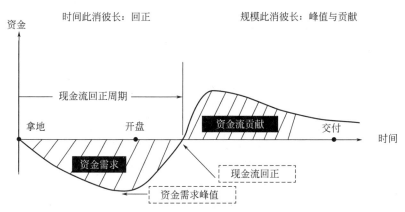

图 5-8　项目开发时间、规模、现金流贡献与资金需求的关系

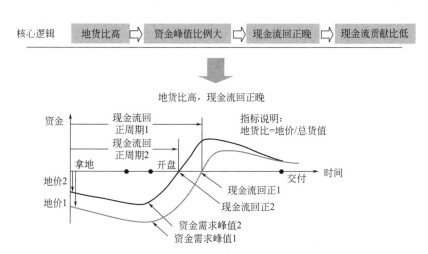

图 5-9　房地产开发现金流回正与资金需求的关系

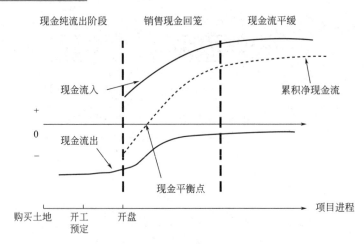

图 5-10 房地产开发的现金流模型

3. 单项目开发的现金流转过程（图 5-11、图 5-12）

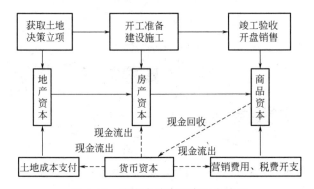

图 5-11 住宅房地产开发现金流图

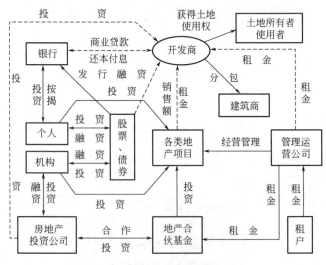

图 5-12 商业地产项目现金流图

房地产开发过程中的现金流构成要素主要包括开发成本、期间费用、销售收入和各项税费，见表 5-1。

房地产开发全过程现金流构成要素表　　　　表 5-1

现金流构成要素		简要说明
开发成本	土地费用	土地出让金、土地征用费和拆迁安置补偿费等；平均占到总成本的 30%，其中一线城市占 40%～50%，二、三线城市占 20%～30%
	前期工程费	开发前发生的关于可行性研究、规划设计、初步勘察、详细勘察、测绘、"三通一平"和其他用于土地开发的政府收费等
	建安工程费	地基处理费，土建安装工程费，通风、消防、空调、电梯等工程费，监理费，质量监督费，人防设施建设费以及变更与签证费用
	基础设施建设费	即室外工程费，建筑物 2m 以外和项目用地规划红线以内的各类管线基础施工费用，以及其与市政管网的接口费用；道路、绿化、供电、照明、围墙、环卫等设施的工程建设费用；开闭所、换热站等投入
	公共配套设施建设费	为居住小区服务配套建设的各种非营利性的公共配套设施的建设费用
	开发间接费	具有独立核算资格的项目公司在开发现场进行组织管理产生的各项费用，如工资、办公耗材费、水电费、周转房摊销等。若项目不设立现场机构，此类费用可直接计入企业的管理费用
	不可预见费	基本预备费和涨价备用费，用于应对设计变更、意外事故、国家政策调整需增加的投资以及材料涨价。上述 6 项费用之和的 2%～5%
	其他费用	施工图审查费、工程交易服务费、施工噪声及排污费、保险费、施工执照申领费等。个别项目还会发生临时用地费和临时建设费
期间费用	管理费用	房地产开发企业的管理部门为管理项目开发而发生的各项费用，包括员工（除销售人员）工资、差旅费及业务招待费用等。单独项目开发的管理费基本维持在 2%～4%
	销售费用	广告宣传、销售物料准备、委托销售代理、自建销售团队等费用支出（销售提成和销售佣金除外）。房地产企业销售费用维持在销售收入的 3%～5%
	财务费用	企业为项目开发融资而产生的各种费用，主要是借款利息、金融机构手续费和其他财务费用
销售收入		来自购房者的一次性付款、银行按揭贷款、分期付款、公积金贷款等资金流入
各项税费		与项目相关的各种税金和政府部门征收的各种费用。约占房价成本的 12%～14%

房地产开发项目的现金流入和流出用时间轴的形式表示，如图 5-13 所示。

从图 5-13 中看出，只要将时间轴上标明日期，在现金流入和现金流出坐标轴上标明具体金额，就可以用它对项目现金流量进行预测和控制。

4. 单项目开发过程的现金流需求

房地产企业单项目开发过程中的现金流需求如图 5-14 所示。

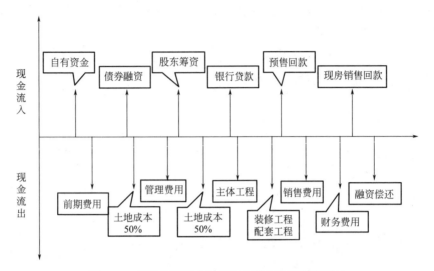

图 5-13 房地产开发全过程现金流入和流出时间轴

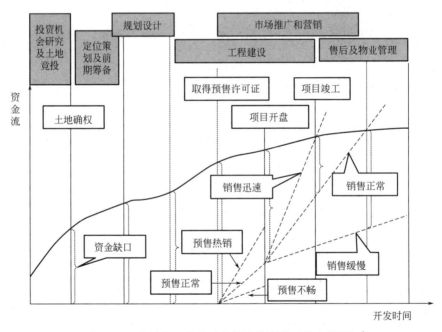

图 5-14 房地产开发全过程的资金需求（单个项目）

5.3 房地产企业现金流预算管理

房地产开发的现金流营运管理，首要与最重要的应当从现金流预算管理开始。在一个项目开发的初始阶段，制定预算有助于确定该计划是否可行，即总收入是否涵盖总成本。只有进行充足的现金流向、流量预算，确定了可行性，才可以投入资金。

当一个项目投资计划开始时，现金流向、流量预算流程也要立即开始。即使是从纸上的粗略估计为起点，随着时间的推移，可以从企业员工、承包商、业主、其他利益相关者处取得更多的信息，从而完善最初的粗略估计，使现金流预算变得越来越准确。

5.3.1 现金流预算管理内容

现金流预算管理主要包括现金流战略规划、现金流预算（月度）、现金流活动预算三个方面的内容，如图 5-15 所示。

1. 经营活动现金流量管理

生产经营活动现金流量管理的目标主要有：①保证资金安全；②缩短现金周转期；③提高现金利用率。为实现目标，首先，企业应当对应收款项建立信用评级制度、提前付款现金折扣等激励制度，并设立专门的催款人员保证款项的收回。其次，企业应当尽量避免库存商品以及原材料的积压，应当努力减少库存，随时与购货方保持联系，尽量避免因购货方的违约给企业造成损失。与此同时，企业应当提高车间生产效率，避

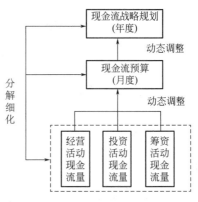

图 5-15 现金流预算管理的主要内容

免因产品合格率问题造成不必要的返工和材料积压。最后，企业应当重视应付款项的管理。一方面要充分利用资金的时间价值，不要过于快速地使用现金付款；另一方面也要避免支付时间过长而影响自身的信用与形象。

2. 投资活动现金流量管理

投资活动产生的收入包括投资利息、项目收回等，现金流出包括购置固定资产以及权益性、债权性投资等。企业在投资决策过程中，应当合理计算最佳现金持有量，要考虑营运资金的需求量以及不确定性的支出，进而进行投资。与此同时，企业投资对象的选择也应当慎重，应当对其进行具体细致的财务分析，并在此基础上判断投资对象的获利能力、持续性以及可能面临的投资风险，该过程可以提高现金流的安全性。

3. 筹资活动现金流量管理

首先，应当对未来经营需要的资金进行评估，在此基础上进行筹资计划。一定时期的营运资金预测可以以企业的现金流量表为依据。其次，企业要实时对自身的财务状况进行分析，充分分析自身的偿债能力，避免借入超过自身偿债能力的资金，不要给企业过大的偿债压力。最后，企业应当考虑筹资渠道与筹资成本，尽量拓展筹资渠道，寻求多角度、多方面的筹资方式，并且尽量缩小筹资成本，充分发挥财务杠杆的效用，在市场中抓住更多的发展机会。

5.3.2 现金流预算管理流程管理

1. 资金/现金流预算管理流程设计

资金/现金流的预算管理流程是整个现金流管理体系中的重要组成部分，资金的调拨也是根据预算管理流程实现的，通过预算管理流程监督、控制并分析企业资金/现金流的流入流出情况，同时也可以对整个公司的资金收支、存量等信息进行掌控，并实现资金/现金流需求的平衡。企业的现金流预算坚持从上到下，再从下到上的设计原理，这样反复多次，直到把企业有限的资源，按照生产经营目标进行合理分配，以期实现最优匹配：公司生产经营目标→公司资金/现金流预算→各子公司、项目部目标→各子公司、项目部资金/现金流预算。

企业建立全面预算管理体系，总体思路为依据四个导向、构建四大体系、做好五层衔接、实现四项目标，资金预算以年度目标为导向，以年度计划为基础，以年度销售预算为起点，以年度资金预算为中心的全面预算编制框架（图 5-16～图 5-18）。

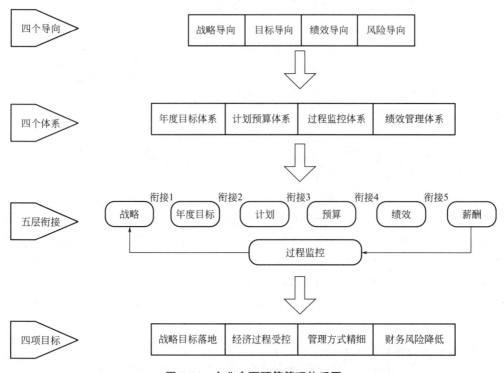

图 5-16 企业全面预算管理体系图

通过资金/现金流预算管理，可以确定一定时期内全部现金流入和流出数额并加以平衡，借助预算机制与管理形式实现企业可持续发展。企业的预算制度能够保障各项运营活动的有序开展，保证资金集中管理的有效进行，成为公司实施资金/现金流管理、监控、考评以及审计的指标。公司进行全面的预算管理就是对企业运营的全部

第5章 房地产企业现金流精益营运管理

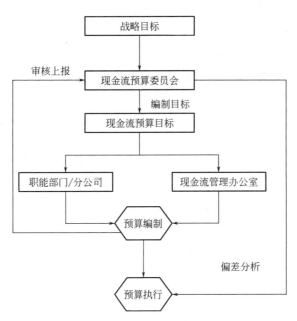

图 5-17 资金/现金流预算编制流程图

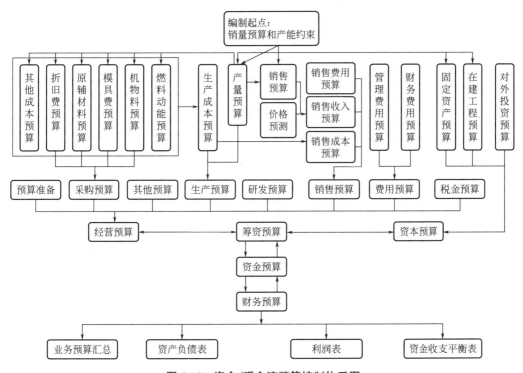

图 5-18 资金/现金流预算控制体系图

进程预算,并将全体运营产生的资金流入和流出全部纳入公司的预算管理系统中。

2. 房地产企业现金流预算动态管理

房地产企业现金流动态预算是运用业务模型,对未来的拍地投资、销售回款、项目建设、运营费用、税收解缴、融资计划等影响现金流要素发生的各种可能性进行综合分析,以现金流动态预算表和现金余额示意的外在形式来描述未来的现金流趋势。具体包含三个方面的内容,即现金流规划、现金流常规预算以及大额资金计划。从现金流预算的编制来看,现金流规划属于现金流总预算范畴,是月、季度常规预算和大额资金周计划编制的基础,即是月、季度常规预算和大额资金周计划是现金流规划具体分解和细化的结果,又是现金流规划落到实处的体现。但从现金流预算的实际运行来看,每周大额资金收支与否,会影响月度资金的预算情况,而月度资金预算的调整又会带动季度资金的预算变动……依此类推,即现金流规划又会是常规预算、周计划发生重大变动而动态调整的结果。它们的关系可以用图5-19表示。

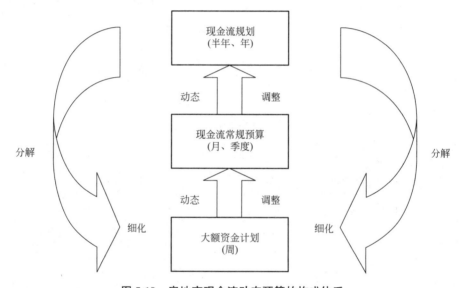

图 5-19 房地产现金流动态预算的构成体系

以各类现金流预算表单的基本格式为例,分别说明房地产企业现金动态预算的构成及编制要求。

(1) 现金流规划——现金流年度(半年或1年以上)预算

现金流规划原则上每年或每半年(预算期视情况具体确定)编制一次,只有在出现新的房地产及金融政策、预计房地产市场发生重大调整、公司发生重要的拍地、开展重大的投融资行为以及月、季度常规预算发生重大的执行偏差……预计将对房地产公司现金流产生重大影响的事情发生时,并经现金流管理委员会或董事会批准后,才能进行现金流规划的调整或更新。

从其编制过程来看,主要包括以下内容:

① 未开发项目现金流预测：依据项目总控计划的安排，运用项目现金流预算的编制方法，详细测算各阶段的资金需求，作为编制房地产企业动态现金流预算的数据来源。

② 已开发项目现金流预算：根据项目现金流预算和销售收款、工程付款的实际情况，以动态调整的项目销售、付款现金流预算作为数据来源，包含已到决算期的项目的应支付的各项工程款项。

③ 固定费用开支：维持公司正常经营必须开支的费用为固定费用，如工资、日常办公、广告宣传费，该项数据依据公司历史数据进行测算。

④ 信贷资金预测：信贷的变动主要是还贷、续贷、信贷规模的增减引起的现金流动，该项目的预算根据已签订的银行信贷合同和拍地拟取得的项目开发建设贷款的时间、额度预测。

现金流规划是进行现金流运营管理的基础，通过对分析预算期内各种现金流要素发生的可能性的预测和计划，对分析期间内可能实现的销售回款、现金流最低点及资金盈缺、拍地合理时机、土地储备量、信贷净增加额等进行判断，进而进行现金流运营与决策。

(2) 现金流常规预算——月、季度资金预算

现金流常规预算是现金流规划的分解和落实，以会计核算期间为编制时点，根据各个中心、部门预测上报预算期将取得或实现的资金收入（如销售款、信贷款以及其他各种垫付款的回收等）、将支付和发生的现金流出（包含土地储备资金、预计将支付的土地款、工程款、工资、办公费等）以及融资中心提供的信贷资金计划而汇编的现金流收支预算，包括月度预算和季度预算两个类别，如表 5-2 所示。一般要求在上月末编制下月、季度资金预算，报现金流管理委员会审批后，作为现金流管理、调控的依据下达。现金流常规预算确定后，原则上计划的现金收支不能轻易进行调整，当月回款的缺口以相应控制当月付款来弥补，当月付款的超支要通过当月的现金增加来调和，只有在预算的内部、外部基础发生重大变化，经现金流管理委员会批准后才能进行调整。

现金流常规预算表　　　　　　表 5-2

期初资金余额	上旬(n月)	中旬($n+1$月)	下旬($n+2$月)	合计
销售收入				
租金收入				
经营收入				
其他收入				
其他				
现金流入合计				

续表

期初资金余额	上旬(n月)	中旬($n+1$月)	下旬($n+2$月)	合计
工程款、材料款				
土地款				
土地储备				
固定资产购置支出				
广告费				
报建费、契税				
工资支出				
管理费用				
税金				
利息支出				
股利分配支出				
其他支出				
不可预见支出				
现金流出合计				
当月经营性现金流量				
还银行贷款				
新增加融资额				
融资后现金余额				

（3）大额资金计划——现金流周计划

大额资金周计划是现金流常规预算的控制与执行、预算管理策略执行的重要保证。每周由财务或资金营运中心组织销售中心、成本中心、投资中心以及融资等部门，根据资金月度预算中计划的重大销售收款、工程付款、土地款、银行信贷资金以及重大税、费支出等编制的每日大额现金收支计划表（表5-3）。周计划在每周五下午汇总后报分管财务的副总裁，作为每天资金收支管理的重要依据，对于未纳入预算的付款项目，原则上不得支付，特殊情况须报公司总裁批准后才能开支。

现金流周计划预算表　　　　　　表5-3

日期	现金流入				现金流出							当日收支差额	资金余额
上周期末	销售收款	按揭收款	融资收款	流入小计	工程支出	土地款	报建费	融资付款	大额税款	产权税费	流出小计		
202×-×-×(周六)													
202×-×-×(周日)													

第5章 房地产企业现金流精益营运管理

续表

日期	现金流入				现金流出							当日收支差额	资金余额
上周期末	销售收款	按揭收款	融资收款	流入小计	工程支出	土地款	报建费	融资付款	大额税款	产权税费	流出小计		
...													
合计													

（4）现金流动态预算模型

1）总体模型

全程动态现金流预算的实现方法是将所有项目的现金流预算按照时间段进行合并叠加，获得所有项目总的现金流趋势，再考虑公司主要的固定开支、信贷变动和存量现金，对未来较长时间内的净现金流趋势进行预估并提前进行融资安排。全程动态现金流预算模型如图5-20所示。

全程动态现金流预算的编制要点为：

① 未启动项目：依据项目总控计划的安排，运用"销售-回款控制模型""项目付款控制模型"，获得单项目现金流计划，作为参加总预算的数据来源。

② 已启动项目：在项目执行过程中，项目销售计划和付款计划难免会与总控计划偏离，所以，已启动的项目应以动态调整的销售和付款计划为数据来源。

③ 决算期项目：该阶段的项目主要安排支付工程应付款，本预算模式要求应付账款的支付计划的预算期为至少半年。

④ 固定支出项：公司维持正常经营需要支付的费用为固定费用，例如工资、管理费用等，该项数据依据以往的经验值进行测算。

⑤ 信贷变动项：信贷的变动主要是还贷、续贷、信贷规模的增减引起的现金流动，该项目的预算计划性较强，预算准确。

将以上项目数据源和存量资金进行合并汇算，即可获得全程动态现金流预算，反映未来相当长时间内（半年以上）的现金流趋势。

2）全程销售回款控制模型

全程销售回款控制计划由财务中心设计模板，由销售部每月按此模板编制（调整）全程销售回款计划，最后该表由销售中心和财务中心共同审核。

全程销售回款控制计划的作用为：

① 对于已启动的项目，该数据是参与动态预算汇总的依据。

② 该表由于全程考虑相关影响因素，所做的回款计划更加合理，因此可成为编制月度、季度现金回款计划的依据。

全程销售回款控制计划的编制方法为：

① 已启动的项目，将历史发生数填入已发生的月份。

② 根据剩余资源状况的项目销售过程中的销售任务调整计划，编制以后阶段的

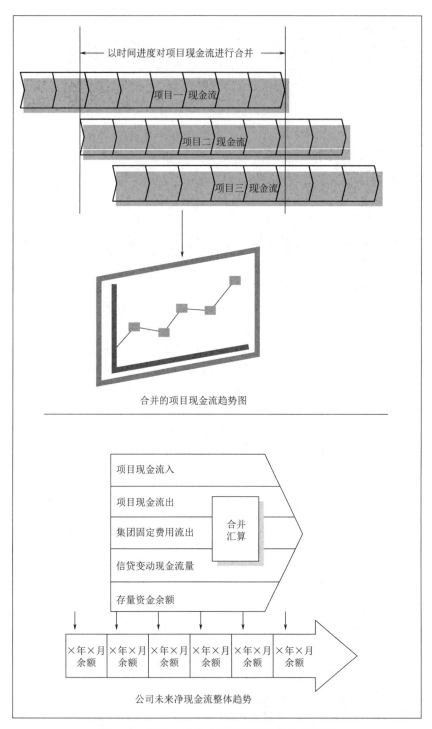

图 5-20 房地产企业未来净现金流整体趋势图

现金流趋势计划。

③ 应当认真把握项目结构比例、首付比例、应收款规律,完成此表。

全程销售回款控制计划如表 5-4 所示,表格中数据均为举例数字。

全程销售回款动态控制计划 表 5-4

项目名称:

说明:分期二期收款比例:40%;按揭收款比例:70%

年/月	销售方式	当月销售				应收账款				回款合计	剩余销售资源	剩余现金资源
		销售结构	销售金额	首期比例	回款金额	期初余额	本月形成	本月回款	累计余额			
202×年×月	当月销售任务											
	一次性收款方式											
	按揭销售方式(商铺)											
	按揭销售方式(公寓)											
	预收申购金											
	小计											
202×年×月	…											

3)全程项目付款计划模型

由财务中心设计全程项目付款计划模板和决算期项目应付款支付计划表,由工程管理中心预算部按此模板编制计划,上报财务中心。

全程项目付款计划模型的作用为:

① 对于已启动的项目和决算期项目的现金流出,将以此作为数据来源参与整体预算。

② 该全程付款预算也可作为月度、季度现金预算的依据。

全程项目付款计划的编制方法为:

① 未启动的项目按总控现金流计划填报。

② 已启动项目按模板填报。每次填报要先填入一发生数,再依据应付账款和工程进度调整后期付款计划。

③ 决算期项目按模板填报,付款计划至少安排半年。

(5)项目月度回款、付款计划

作为房地产企业,其一个个项目是现金管理的主要目标,项目现金流规划的月度分解应制定相应的原则。

项目销售、回款月度分解计划的编制原则:

① 项目销售、回款月度分解计划的编制,必须以项目总控计划作为编制基础,严格遵循其销售任务的重要控制点要求。

② 项目月度分解计划应当分期编制,再按月合并。

③ 项目销售收款方式比例，按已销售的同类型楼盘类比确定一次性付款、分期付款、按揭贷款的比例；若楼盘类型尚未确定，可按"按揭60%，一次性付款30%，分期付款10%"标准执行。

④ 销售任务月度分解计划，按项目总控计划的销售阶段性目标，以天数分解至各月，开盘当月可根据历史规律适当增加销售额。

⑤ 项目分期收款进度，按此方式分解：签订合同当月收款40%（首期款）、签订合同第四月收款40%（二期款）、交房当月收款20%（尾款）。若该项目制定了具体的分期收款政策，可按具体政策执行。

⑥ 项目按揭贷款计划，按此方式分解：签订合同当月收款30%（首付款可按该楼盘与银行的具体协议执行），次月完成按揭贷款到账50%（总按揭合同房款×70%×30%）、第四月完成按揭贷款到账20%（总按揭合同房款×70%×20%）。

项目工程付款月度分解计划的编制原则：

① 项目工程付款月度分解计划的编制，必须以项目总控计划作为编制基础，严格遵循其销售任务的重要控制点要求。

② 项目工程付款计划应当分期编制，再按月合并。

③ 项目各期工程应分解为地下室、样板房、地面建筑、安装工程、景观园林、零星工程等分项工程，分别计划付款进度。

地下室：工程达±0.00后的次月支付该项工程合同总额的30%，以后两个月各付20%，至总工程量的70%（总包部分可根据项目规模及招标情况分段控制付款比例）。

样板房：该项工程开工至完工当月（开盘）期间，按月平均支付至总工程量的70%，开盘后6个月，支付至95%。

地面建筑、安装工程、景观园林：均为该项工程开工到项目竣工验收期间，按月平均支付至总工程量的70%。

零星工程：从项目开工到竣工验收期间，按月平均支付至70%。

项目竣工验收的当月，各项工程均支付至总工程量的10%（样板房除外，至总工程量的80%）。

项目竣工验收后的8月内，各项工程（样板房、零星工程除外）支付至工程量的95%；地下室土方地勘护壁等单项工程的尾款在结算后即可付清。

5.4 房地产企业现金流精益营运管理

现金流营运管理是指企业以现金流为重心进行的一系列营运管理活动，细分为现金流的战略性营运管理和现金流的战术性营运管理，在此基础上又细分为现金流的流向管理、流量管理、流速管理、流程管理等。

5.4.1 房地产现金流营运管理系统模型

现金流营运管理不是一个孤立的活动，它与企业的外部环境、内部因素密切相关，是一个系统工程，必须构建一个系统的现金流营运管理范式。

房地产企业现金流营运管理模式由内外两部分，纵向、横向、侧向三个纬度，投资性活动、融资性活动、营运性活动三块，流向、流程、流量、流速四个变量，以及八个评价指标（简称两部三纬三块四变量八指标）模型组成。依据这一模式对现金流实行分层、分块、分因素管理，如图 5-21 所示。

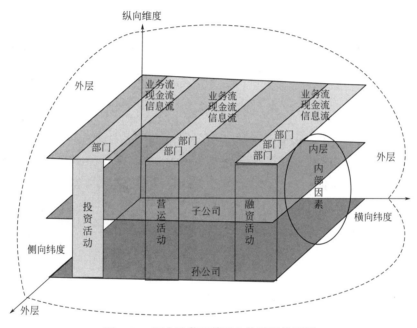

图 5-21 现金流营运管理立体透视模型图

1. 模型中之两部：内、外部

模型中的两部就是指企业的内部和外部。房地产企业在对现金流营运管理时，要具体分析外部影响因素和内部影响因素，针对不同影响因素采取不同的营运管理措施。如在进行诸如投资决策等活动时，首先要仔细分析外部宏观形势，针对不同的经济形势、政治形势、行业发展趋势、产品市场变化，选择投资方向、投资项目，把握好企业现金流的流向。其次要分析内部影响因素。内部影响因素可以从现金流立体透视图的俯视图中看清楚，如图 5-22 所示。

为了便于分析企业现金流的内、外部因素，陈志斌教授构建了一个现金流管理"飞行器"动因分析模型。陈志斌教授把企业比作一架飞行器，把企业的正常经营看成飞行器的飞行，飞行器上有许多系统协调工作保障飞行器的正常飞行，但飞行器飞行能力的强弱取决于发动机的马力大小和性能好坏，飞行器能否正常安全地飞行还取

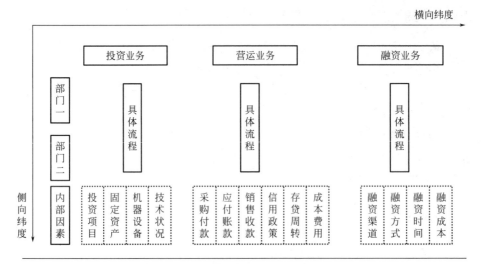

图 5-22 某一层面的俯视图（如总公司层面）

决于外部提供的飞行补给（供油等）和飞行条件（起飞条件、空中飞行条件等），外部环境甚至会决定飞行器是否要加装额外的设备等。房地产企业的经营活动使其正常运转并产生相应的现金流，与此飞行器模型有相似之处，如图 5-23 所示。

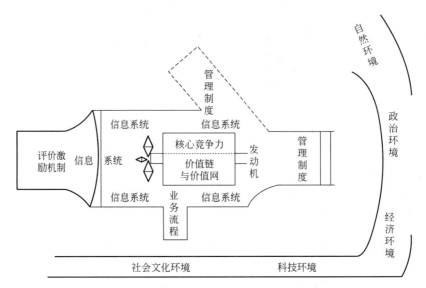

图 5-23 现金流营运管理"飞行器"分析模型

首先，企业要有一个核心竞争力，这如同飞行器的发动机，它是由企业基因所决定的，所以，要对企业基因、价值链、价值网进行分析，分析企业的核心竞争力。其次，企业有相应的各种系统保障企业的正常运营，这些系统包括战略决策系统、管理组织及其结构、管理制度系统、业务流程系统、考核评价系统、信息系统、薪酬激励系统等，这些就像飞行器上由各种各样的零部件组成的飞行保障系统，所以，在现金流管理中，除了要分析企业的核心竞争力之外，还要分析企业的业务流程、组织结构和管理制度、管理方式、信息系统和考核评价、激励机制。再次，外部环境对于企业的运营如同飞行条件对于飞行器飞行一样重要，影响运营的外部环境包括政治、经济、社会文化、科技、自然等，经济环境还细分为货币金融、市场、税收等，所以更重要的就是要对企业的外部环境系统进行分析，这种分析不但可以指导当前的现金流管理工作，而且可以发现新的机会，挖掘新的创造价值和现金流的项目。

总体来说，现金流管理"飞行器"动因分析模型包括内在动因分析系统和外在环境分析系统。内在动因分析系统包括核心竞争力分析系统、管理结构分析系统、流程分析系统、信息系统分析系统、管理机制分析系统等。外在环境分析系统包括政治环境分析系统、经济环境分析系统、社会文化环境分析系统、科技环境分析系统、自然环境分析系统等。

2. 模型中之三纬：横向纬、纵向纬、侧向纬

模型中的三纬是指横向纬度、纵向纬度和侧向纬度。可以从这三个不同的纬度对企业现金流营运管理的主体内容加以分析，如图 5-24 所示。

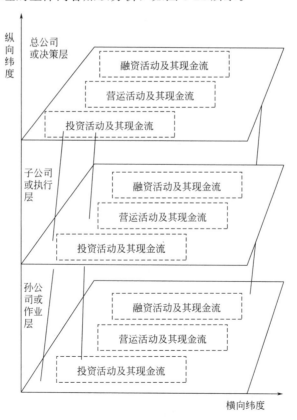

图 5-24 现金流分层侧视图

从纵向纬度来看，对于公司来说，现金流管理一般分为总公司层面的管理、子公司层面的管理和孙公司层面（或基层企业）的管理；对于一般企业来说，现金流管理分为决策层管理、领导层管理和运作层管理。在管理实践中，大型房地产企业特别是集团公司的现金流管理大多实行集中管理或综合调度，以提高现金的营运效率。

从横向纬度来看，大多数企业在每一个层面上要开展各种各样的生产经营活动，这些生产经营活动会不同程度地影响企业的现金流程、现金流量、现金流速等。为了有序而有效地管理企业的现金流，可以将企业各种各样的业务流以及与之相应的现金流分门别类地加以分析和管理。按照企业经济业务的不同，可以将与之相对应的现金流分为三块：投资活动现金流、融资活动现金流、营运活动现金流。图 5-25 为现金流分层管理平视示意图。

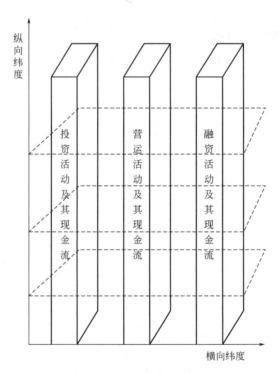

图 5-25　现金流分层平视图

从侧向纬度来看，在每一个层面上，不同的业务是由企业不同的职能部门承担。某一块业务在这一层面会经历不同的流程，受不同因素的影响。分析企业的业务流程以及现金流程，找出不合理的流程进而进行相应的流程再造；分析影响企业经营活动和现金流的不同因素，有针对性地采取相应的措施加以管理。

3. 模型中之三块、四变量、八指标以及预警和控制

现金流管理模型中的三块就是从图 5-25 中看到的企业三块主要经营活动，这三

块经营活动与企业的现金流运动密切相关。因此，现金流管理可以与三块主要的经营活动管理相联系，企业具体的现金流就是投资性现金流、融资性现金流和营运性现金流。

考察企业现金流的管理状况可以从现金流的流向、流程、流量、流速四个方面加以评价。流向、流程、流量、流速即是现金流管理的关键，也是考核现金流管理成效的关键变量。所以，它们是现金流管理模型中重要的四个变量。

现金流流向的内涵主要包括三个方面，一是指现金流的流入和流出；二是指现金流在公司，子公司、孙公司之间和公司内部各组织及部门之间流动的方向；三是指现金流的投资方向，这一流向是战略性的，对企业的影响意义重大。现金流流程的内涵包括现金流流动的路程，也包括现金流流动的程序。有关现金流流动路程的管理主要着眼于流程再造、流程优化；有关现金流流动程序的管理主要关注程序是否合理合法，内控关键点是否得到有效的控制。现金流流量包括流入量、流出量及其流入与流出的差额（即净流量）。流量综合反映了企业每一项财务收支的现金盈余，是企业经济效益的最直观体现。不管是企业日常经营活动中的现金流量，还是战略性投资所耗用或回收的现金流量，在平时都表现为日常现金的收支量。现金流流量管理就是要保证现金流满足企业日常经营的需要，而又不至于现金过多压库形成浪费，流量管理的关键在于确定一个最佳现金流余额。现金流流速是指企业现金流流动的速度，对于某一具体经营业务而言，现金流流速是指从支付现金到收回现金所需时间的长短。对于战略投资性现金流而言，流速是指资本从投入到回收的速度。

构成现金流管理的完整体系，除了管理目标、管理对象、具体管理措施外，更重要的一个因素就是考核评价，考核评价指标体系是考核系统的核心。在现金流管理模型中，设立了两级别的八个指标作为考评参数。这八个指标包括一级指标（价值、风险）、二级指标（安全性，流动性，灵活性，持续性，效益性和效率性）。

作为完整现金流管理体系中一个重要组成部分的还有预警和风险控制，这是这一管理模型的重要部分，也是现金流营运管理的关键内容。

5.4.2 房地产企业现金流精细化营运管理

1. 房地产企业现金流营运管理基本原理

房地产企业现金流营运管理是以现金预算为基础，通过对现金流入、流出的管理和控制，运用投资、融资管理工具调节现金流动的不均衡，实现现金流的总体平衡、稳定。具体来说，就是通过对现金余缺的调整，平衡房地产企业在不同阶段的现金收支、需求水平，使不同项目、不同开发环境下的现金收入与支出在现金流动的数量、时间和内容上基本保持平衡，具体关系见图 5-26。

2. 房地产企业现金流营运管理决策

现金流营运管理决策，就是房地产企业通过建立的现金流营运动态决策模型，绘制未来某一期间的现金流流动趋势，并通过对预算期内各种现金流要素发生的可能

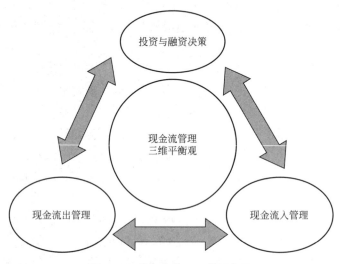

图 5-26 现金流管理三维平衡图

性，对重大现金收支进行预测和计划，例如：可能实现的销售回款、现金流最低点及资金盈缺、购入土地的合理时机、最佳土地储备量、最佳信贷净增加额、最佳项目开工进度、最佳项目销售进度等。从而在宏观上保障现金流管理的均衡性，在微观上实现现金流管理的前瞻性和统筹性，以便围绕企业经营、投资和筹资活动，更好地进行战略规划、投资和融资决策，如图 5-27 所示。

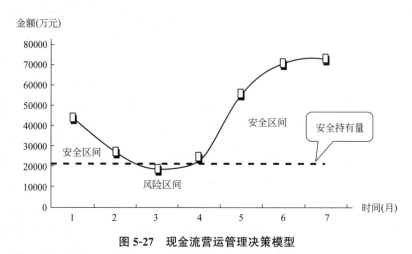

图 5-27 现金流营运管理决策模型

3. 房地产企业现金流营运管理控制

现金流营运管理控制的目的是使项目运行的实际现金流能按照总控计划制定的轨迹前行。及时观察计划与实际的偏差，以调整收款和付款的进程。图 5-28 为现金流营运管理控制系统图。表 5-5、图 5-29 为现金流总控计划和实际对比分析图表。该图表对资金调度、销售回款计划调整、付款进度把握等方面有直观的指导效果。

第5章 房地产企业现金流精益营运管理

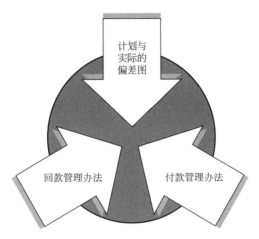

图 5-28 现金流营运管理控制系统

××项目净现金流总控计划与实际对比分析表 　　　　　表 5-5

日期	2004.01	2004.02	2004.03	2004.04	2004.05	2004.06
总控累计流入(万元)	1000	1890	2850	3500	5400	6000
总控累计流出(万元)	−500	−600	−800	−1500	−4000	−4500
总控净现金流(万元)	500	1290	2050	2000	1400	1500
实际净现金流(万元)	—	900	1100	2000	1500	900
实际累计流出(万元)	500	1500	2000	3500	4500	5000
实际净现金流(万元)	−500	−600	−900	−1500	−3000	−3000

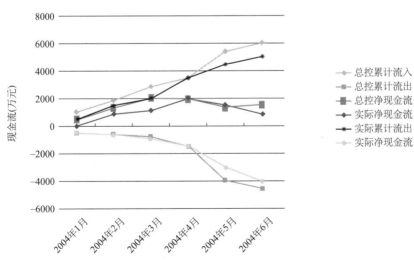

图 5-29 ××项目净现金流总控计划与实际对比图

4. 现金流多维平衡营运管理体系

（1）现金流多维平衡营运管理的战略规划

现金流战略规划结合企业盈利和现金流的安全性、持续性的多方平衡目标后，对企业现金流管理具有重要意义。多维平衡的现金流分别为营利性现金流、安全性现金流和持续性现金流。营利性现金流是安全性现金流和持续性现金流在企业运作中共同作用的结果，产生的盈利现金流又为下一期的投资经营提供了安全性和持续性现金流的支持。战略规划的现金流多维平衡关系相互作用，共同推动着企业价值创造目标的实现。多维平衡思想下的现金流战略规划框架如图5-30所示。

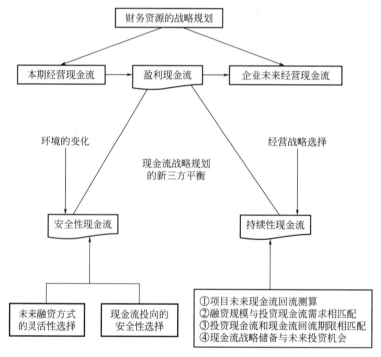

图5-30 现金流多维平衡战略规划框架

（2）现金流多维平衡营运管理目标体系

企业总体战略目标是实现企业的持续发展与价值增值，现金流管理应服从和服务于企业的总体战略目标，持续创造价值、有效防范风险。

持续创造价值、有效防范风险是现金流管理的总体目标，显示了现金流管理的总方向。营利性、安全性、持续性是现金流管理的具体目标，其中营利性目标是根本，安全性目标是保障，持续性目标是前提，三者缺一不可。

现金流持续性目标是指通过现金流管理实现现金流的持续性周转，现金流的持续性可以用现金流的成长性、稳定性和充足性来衡量。现金流的持续性是企业可持续经营的前提，也是企业持续创造价值的前提。

现金流安全性目标是指通过现金流管理实现现金流的现金保管安全、流转安全和现金流的价值安全。企业现金流的流转安全可以用现金流的平衡性、流动性和资金融通的灵活性等指标予以衡量。在现金流安全性目标的三个子目标中，现金保管安全是基础，现金流流转安全是关键，实现现金流的价值安全是根本。

现金流营利性目标是指企业现金流转的增值性，具体表现为现金流管理的效率性和效益性。效率性即现金流转的速度，可以通过应收账款周转率、存货周转率等指标来衡量；效益性即现金流转过程中的价值创造能力，可以通过销售利润率、总资产收益率、投入资本回报率、权益利润率等指标来衡量。

图 5-31 中，企业价值最大化是企业经营过程中的最高目标。根据现金流价值评估模型，要实现企业价值最大化，保证企业整体现金流的持续化和最大化是必经之路。一般认为，企业的内增长可以提供较为持续的现金流，但是增长的源泉还是企业盈利。所以，企业在现金流安全性和持续性下的盈利是创造企业价值最基本的目标。因此，企业的高质量盈利是战略目标的集中体现。

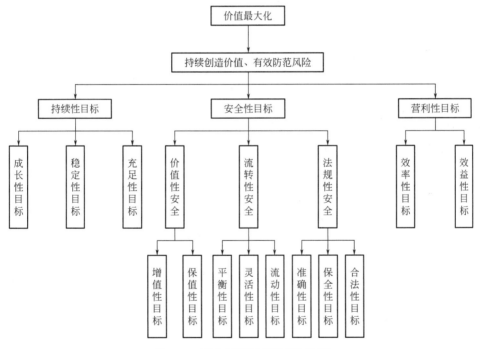

图 5-31 现金流营运管理目标体系

图 5-31 中，企业现金流的营利性、安全性和持续性是不可分割的三个层面，各自都在为企业价值的提升增添强大的动力。

企业的总目标是为了盈利，而提高盈利水平、保持企业经营安全性和可持续性是总目标下的三个分目标。高质量的盈利是增加企业现金流的关键，因此，现金流的营利性、安全性和持续性三者存在着紧密的联系，它们是保持企业可持续化现金流的三个目标、三条路径。

总体来说，由企业盈利和安全持续的现金流构成的现金流营运管理战略目标体系，是创造企业价值的合理判断，是提高现金流管理效率的有效指引。

（3）现金流营运管理多维平衡的关系

企业现金流营运管理的战略目标告诉我们，实现现金流营利性、安全性和持续性，对企业创造价值具有重要的意义。企业战略现金流的安排是遵循现金流管理目标进行的，在安排思路上，需要保持战略现金流的均衡性，并和目标相匹配。目前学术界对企业战略现金流的认识有一些很有见地的观点。陈志斌教授认为要创值、增长和防险三方保持平衡，因为企业除了举债进行的债务性现金流入和发行证券的权益性现金流入，主要依靠企业内源增长带来的现金流入，从防范风险方面看，这样的现金流安排才能够使风险降到最低，从而实现创值最大化。这种三方平衡思想为企业现金流管理提供了思路。但仅就创值、增长和防险构成三方平衡的关系似乎并不完整，难以从根本上解决企业的现金流问题。因为创值是企业经营的最高目标，它的实现需要通过多种因素的结合才能够产生。而在现金流战略规划中，创值是通过现金流均衡运行产生的，所以笔者提出将企业创值作为现金流战略规划的总目标，而这个为目标而进行的过程——现金流的营利性、安全性和持续性，即本书提及的现金流新三方平衡关系。

根据现金流营运管理目标体系图（图5-31）可以清楚地看到，企业的现金流战略管理的目标体系建立在创值的总目标下，通过现金流的安全规划和持续经营，以盈利来体现企业健康运行的效果。具体而言，盈利作为企业经营的目标，应该贯穿于企业经营的始终，放弃盈利的经营是毫无意义的。在以现金管理为中心的财务管理时代，虽然大家认为企业因为盈余操纵而使营利性指标的可信度不高，但是不可否认的是，在加强现金流管理下的高质量盈利仍然是企业的核心经营目标。一方面，现金流的安全性和均衡性可以为企业的盈利提供安全保障；另一方面，高质量的盈利可以为企业的进一步发展提供充足的资金支持。企业的投资、融资和经营三块业务是共生共存、不可分割的，而企业的融资来源于举债的债务性融资、发行债券的权益性融资和利用企业自身经营留存资金的内源性融资。对于企业来讲，资金来源最安全的和低成本的是内源性融资。而高质量的盈利正为这一途径提供了现金来源。高质量的盈利是提供充足而安全的现金流的有效方法，而现金流的安全性和均衡性是保证获得高质量盈利的必要条件，现金流的均衡性避免了企业因为现金流的短缺而停工停产。在战略层面上，三方是相互协作和相互作用的。

① 营利性现金流。

企业现金流营运管理的目标决定了现金流管理决策中要关注现金流的使用效益，使现金流在生产经营活动中尽可能创造增量收益，增量收益的创造是创造价值的前提。企业高质量盈利的过程即是预期未来现金流量的过程，最后达到现金流量管理的最终目标——提升企业价值。

盈利型现金流连接着本期经营现金流和未来经营现金流，盈利现金流是两者的联系点。做好本期经营现金流和未来现金流匹配的关键是实现高质量的盈利现金流,而高质量盈利现金流实现的基础是财务资源合理的战略分配。而盈利现金流的实现又可以作为未来经营现金流的可分配的财务资源。所以,要做好盈利现金流的规划,必须做好两个方面的匹配,即企业财务资源的战略规划和盈利现金流之间的匹配以及企业经营现金流和企业未来现金流之间的匹配。

② 安全性现金流。

金融环境的变化深刻影响着企业现金流状况。安全性现金流是企业现金流规划的另一个重要方面。而安全性现金流包括现金流入和流出两个层面。做好安全的现金流入,即将融资现金流和企业未来可用融资方式灵活地结合起来,最大限度地满足企业经营所需要的资金。最安全的融资现金流首先来源于企业内部的现金积累,其次是权益资金的流入和债务资金的流入。而在这些融资方式中,又可以派生出不同性质的融资方式。企业可以选择的融资方式有很多,但是企业自身条件的限制会导致某些融资方式受到制约。因此企业必须做好内部管理的基础工作,为融资创造条件。另外,在资本市场上,可以发行权益性证券和债券;在银行层面,对于抵押贷款和信用额度的利用也可以获得相当数量的现金流入。但是,融资需要成本,不是每一种获得的现金流入都可以利用。因此,在现金流入方面,必须使融资现金流和企业未来可用融资方式的灵活性相匹配,注意做好投资项目收益和融资成本之间的匹配工作,实现安全的现金流出,即做好现金投向安全和经营战略选择的匹配工作。经营战略选择会附带很多风险,对现金流的安全性起到负面影响,但是,风险和收益对等性又不得不要求企业投入现金流以获得未来更大意义上的现金回流。在这方面,对于项目选择格外重要。做好现金投向安全的关键是对所投资项目进行可行性分析和对未来现金流回流的合理决策,与之相应的现金投向能够保证安全现金流流出,以获得安全现金流的回流。

③ 持续性现金流。

企业经营战略的选择影响着企业能否具有持续性的现金流,因为,经营战略往往导致现金流流向和规模的不同,对企业整体现金流使用也会产生不同的影响。一方面,现金流出和现金流入要保持对应关系,以投定融。经营战略选择往往产生一定的投资现金流需求,而融资规模正是由投资现金流需求所决定的。企业只有把握好现金流动性,才能够实现现金的持续性。而且,投资现金流的期限也是值得现金流规划者关注的,每一种现金流的获得都是有期限的,无论长短,都会产生资金成本,所以,做好投资现金流和现金流回流期限的匹配是保证持续现金流的重要规划。另一方面,要保持现金流必要的储备,为投资项目做好现金流的战略储备是提高未来投资决策有效性的根本保证。未来投资决策是建立在企业战略上的,因此,在企业战略充分分析了未来投资所面临的机会和收益的基础上,安排战略现金流储备,决定好需要储备的现金流大小和时间长短,既有效地抓住了投资机会,也为现金流持续性目标的实现奠定了基础。

④ 效率性现金流。

效率性指现金流流转速度的快慢以及流转的成效。只有当现金流具有一定的效率时，现金流创造价值的目标才能实现。

现金流的效率表现在两个方面：一是收入的效率，二是支出的效率。企业要想加快现金的流入，必须从经营活动、筹资活动及投资活动三个方面着手。经营活动现金流入的效率与现销额占销售总额的比例、应收账款周转率、存货周转率以及销售利润率等有关，筹资活动现金流入的效率与企业的资本结构相关，投资活动现金流入的效率与企业的投资方向、资本性支出的结构和大小有直接关系。

5.4.3 现金流"四流"精益化营运管理

现金流营运管理的关键是对现金流的四个变量——流向、流量、流程、流速进行精细化运营管理。企业的现金流与企业的业务流、企业的组织结构是密切相关的，一方面，具体的业务流程和组织体系影响现金流运动，现金流的管理状况反映了企业业务流程管理的好坏和企业组织结构的优劣；另一方面，现金流管理活动对现金流向、流量、流程、流速的管理统领企业的业务活动、制约企业的组织行为。现金流的流程影响企业业务流程，是企业各项管理工作的龙头，如图 5-32 所示。

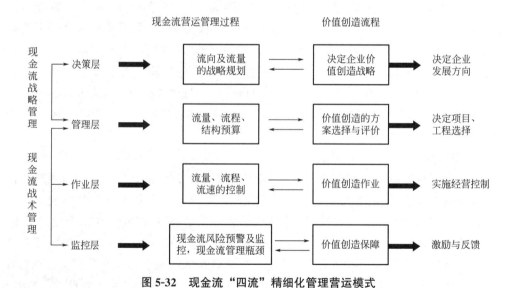

图 5-32 现金流"四流"精细化管理营运模式

1. 现金流流向管理

现金流流向的内涵主要包括三个方面：一是指现金流的流入和流出；二是指现金流在公司、子公司、孙公司之间和公司内部各组织及部门之间流动的方向；三是指现金流的投资方向，这一流向是战略性的，对企业的影响意义重大。

现金流的流入、流出管理以及在公司内部的流动方向管理范围较广，既可能是战术性管理,也可能是战略性管理。现金流的流入可以增加企业资源,现金流流入的管理与企业的业务管理相伴,流入状况反映企业竞争能力的构成及未来竞争优势。现金流的流出,一方面减少企业资源,另一方面可能是为企业取得更多资源或获取更多的能力付出代价。在这一管理活动中,重点关注三个方面:一是现金流的进出平衡,表现在数量、币种和时间上的平衡;二是关注现金流流出的代价与能够获得的新增资源能力的均衡;三是流出及流入方向结构性的平衡。

现金流投资方向的管理涉及企业的战略性管理,企业战略不仅决定着企业的发展方向,而且决定企业的大宗项目决策。这两个方面组合在一起,不仅对企业现金流具有长远的影响,还决定了企业新增的创造现金流的能力大小和企业价值创造的基本模式,对企业的影响是根本性的。

企业现金流流向战略的确定是企业根据其内、外部环境因素及其变化趋势,对现金流流向进行整体性和长期性谋划,是一项全方位的战略工程,对企业全部现金流转乃至全部资源运用具有指导性和方向性的意义。

从程序上讲,企业进行现金流流向战略决策,首先要进行环境影响因素分析和企业战略分析,现金流流向要与环境变化相协调。这是由企业战略对企业全局具有长期性和根本性作用决定的,领会企业战略精神,可以使企业现金流流向不偏离企业战略规定的大方向和总目标,从而极大地提高战略现金流向效果。其次要根据企业战略要求和投资客观规律,制定企业现金流向战略目标与原则,寻求并确定各种可能的现金流向战略机会并生成现金流流向战略,如图5-33所示。

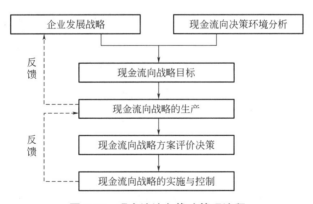

图 5-33 现金流流向战略管理流程

确定现金流流向战略一般可用一种方法或几种方法结合使用。波特的 SWOT 分析法分析"力量、弱点、机会和威胁",从而确定战略。波士顿(BCG)矩阵法划分战略经营单位(SBU),比较 SBU 或经营活动,将波士顿矩阵分为明星、问号、现金牛、瘦狗四个区域,为每一个区域制定战略。查尔斯·霍弗的生命周期矩阵分析法,根据企业各项业务所处的产品/市场生命周期阶段和业务的大致竞争地位决定战略。行业结构分析法从行业的新进入者、替代品、买方、供方和行业中原有竞争者五个方面分析企业的竞争力量,从而确定战略。现金流流向战略的确定可以结合上述方法中能突出企业价值创造因素的技巧和做法加以构建。

2. 现金流流量管理

现金流流量包括流入量、流出量及其流入与流出的差额(即净流量)。流量综合反映了企业每一项财务收支的现金盈余,是企业经济效益的最直观体现。不管是企业日常经营活动中的现金流量还是战略性投资所耗用或回收的现金流量,在平时都表现为日常现金的收支量。现金流流量管理就是要保证现金流满足企业日常经营的需要而又不至于现金过多压库形成浪费,流量管理的关键在于确定一个最佳现金流余额。

3. 现金流流程管理

现金流流程的内涵包括现金流流动的路程,也包括现金流流动的程序。有关现金流流动路程的管理主要着眼于流程再造、流程优化;有关现金流流动程序的管理主要关注程序合理合法、内控关键点得到有效控制。

企业的现金流与企业的价值流、业务流、信息流,既有相互独立的流程,又有相互联系、相互影响的流程。企业现金流流程既有企业内外部之间的流程,也有公司与子公司之间的现金流程,更多的是公司、子公司内部与业务流程相伴的现金流程,对于这部分现金流流程的再造必然要与企业业务流程再造相联系,结合业务流程再造,实施企业现金流流程再造,实现现金流流程优化。

现金流程序管理涉及内容很多,而且每一现金流程序对企业的影响都非常重要。具体来讲,包括现金流转的程序和内控关键点的安排,涉及现金流量的组织、岗位、授权及办理现金收支业务的手续程序,现金内控制度的设计,企业信用政策的安排和应收账款的回收,销售货款的回笼及其流程的安排,流动资产采购、运输、保管、使用及其资金的安排程序,固定资产、机器设备的购建以及长期投资过程中的现金安排和程序优化,相关现金筹资安排(包括程序和速度的安排),每一个内控环节的责任落实和业绩考评,相关预警系统的构建。

所有这些都是企业现金流程优化的内容,如图 5-34 所示。

4. 现金流流速管理

现金流流速是指企业现金流流动的速度,对于某一具体经营业务而言,现金流流速是指从支付现金到收回现金所需时间的长短;对于战略投资性现金流而言,流速是指资本投入到回收的速度。

现金使用效率影响企业价值创造,效率的高低集中体现在现金流流速上。现金流流速用现金周转期衡量,要增加价值创造就必须加速现金流的周转速度,缩短现金周转期。在实际工作中,衡量流速一般采用周转率指标,从而产生全部资产周转率、流动资产周转率、应收账款周转率、存货周转率等具有不同功用的多类周转率指标。但综合反映以上周转速度的是现金周转率。

通常缩短现金周转期的途径有:①缩短存货周转期;②缩短应收账款周转期;

③延长应付账款周转期。在其他因素不变的情况下，加速现金流的周转，也就相应地提高了现金的利用效果，从而增加企业的价值创造。

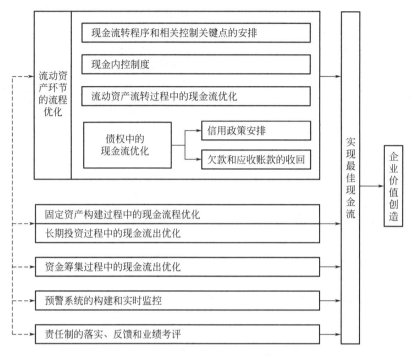

图 5-34　现金流流程优化管理

5.4.4　基于 BCG 矩阵的现金流营运管理

1. 波士顿矩阵法中各种业务单元及对现金流的影响

波士顿（BCG）矩阵认为，企业所有业务都是在几个互不相同的产品部门中运行，企业内部的业务集合被称为"业务包"。对企业业务包内的每一种业务，都应该建立一个独立的战略。

（1）相对竞争地位（市场份额）与业务增长率对现金流量的影响

相对竞争地位（市场份额）决定一项业务产生现金流量的速率。一个与其竞争对手相比占有相对较高市场份额的企业，一般拥有较高的利润幅度并因而提供较高的现金量。而业务增长率参数对企业的战略选择具有双重影响。首先，业务增长率影响获得市场份额的难易程度。在一个增长缓慢的业务领域，企业市场份额的增加通常来自于竞争对手市场份额的下降。其次，业务增长率决定了企业进行投资的机会水平。处于增长状态的业务领域为企业把现金回收的现金再投资于该领域并获得更好的利润回报提供了机会。当然，这一机会同时也给企业带来一些问题，因为某项业务领域增长越快，为支撑这一增长所需要的现金量就越多。

（2）公司整体经营组合图

基于上述相对竞争地位（市场份额）和业务增长率对现金流量影响的进一步分析，产生了波士顿矩阵的核心部分——公司整体经营组合图，如图 5-35 所示。

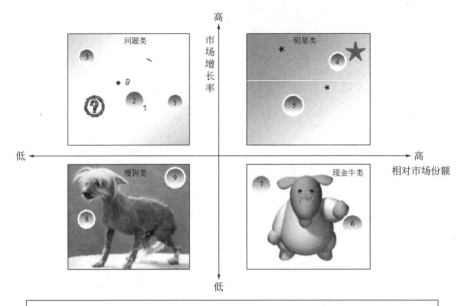

横坐标轴代表相对市场份额，本品市场份额为分子，该品类最大竞争对手的份额为分母；纵坐标轴代表企业内增长率；坐标原点是占最大竞争对手的平均份额，企业内部平均增长率

图 5-35　波士顿矩阵（BCG Matrix）模型

从现金流量分析角度来看，对企业业务单元进行分类的目的是预测企业未来现金流量的获取能力。

①"现金牛"型业务。

"现金牛"型产品、业务部门或单位具有低业务增长率和高市场份额。由于高市场份额，利润和现金产生量应当较高。而较低的业务增长率则意味着对现金再投入的需求量也较低。于是，大量的现金余额通常会由"现金牛"创造出来，其为全公司的现金需求提供来源，是公司保证目前的现金支付能力和未来发展的主要基础。

②"明星"型业务。

"明星"型产品、业务部门或单位具有高增长率和高市场份额。由于高增长率和高市场份额，"明星"运用和创造的现金数量都很大。"明星"一般为企业提供最好的利润增长和投资机会。很明显，对于"明星"最好的战略是进行必需的投资以保持其竞争地位。随着市场增长率放缓，"明星"就会成为一头"现金牛"。一个现金流量健康的企业，其业务中的主要比例应是"现金牛"型和"明星"型业务。

③"问题"型业务。

"问题"型产品、业务部门或单位具有低市场份额和高业务增长率。由于其高增长率,"问题"的现金需求量较高,而由于其市场份额所限,"问题"的现金产量又较低。由于其较高的业务增长率,对"问题"可采取必要的投资以获取增长的市场份额,并促使其成为一颗"明星"的做法。当其业务增长率下降以后,该业务就有可能成为一头"现金牛"。同时,对那些管理部门认为不可能发展成为"明星"的"问题"实施脱身战略。在现金流量分析中,"问题"型业务往往是分析的难点,从稳健的角度看,若企业中有较大比例的"问题"型业务,则认为其未来现金流量风险较大。

④ "瘦狗"型业务。

"瘦狗"型产品、业务部门或单位具有低市场份额和低业务增长率。低市场份额通常暗示着较低的现金流入,而由于其业务的增长率也较低,故为提高其市场份额而进行投资通常是不允许的。但该部门为维持其现有竞争地位所需要的现金可能大于它所创造的现金量。因此"瘦狗"常常成为现金陷阱,企业应对这类业务进行"收割"或"清算"。在分析过程中,如果发现一个企业"瘦狗"型业务的比例较大,则可认为该企业未来的现金流量风险较大。

总体而言,"现金牛"型业务是企业当前现金流量的重要来源,"明星"型业务则是未来现金流量的保障,而"瘦狗"型业务和"问题"型业务则对现金流量贡献不大,甚至有负面的影响,所以应该有选择地抛弃。需要注意的是,在分析和监控企业的过程中,其产品、业务单元在经营组合图中的位置不是一成不变的,需要一种动态的观点来分析企业的产品、业务单元对企业未来现金流量的贡献,进而判断企业的现金风险。

2. 波士顿矩阵在现金流营运管理中的应用

(1) 投资项目在波士顿矩阵中所处的地位,如图 5-36 所示。

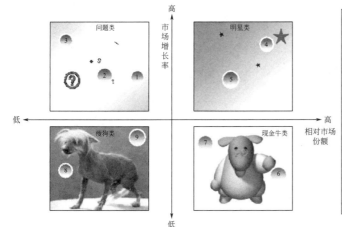

图 5-36 房地产投资项目在波士顿矩阵中所处的地位

（2）基于波士顿矩阵的房地产项目现金流营运管理，如图5-37所示。

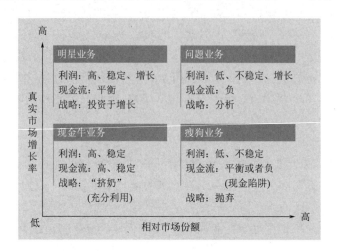

图5-37 基于波士顿矩阵的房地产项目现金流营运管理

问题产品

低份额、高增长的产品是"问号"，这些产品需要的投入总是大大超过其所能产生的现金。不提供现金，它们就会落后乃至死亡。即使给了现金，如果它们只能维持市场份额的话，那么一旦停止增长，它们仍旧是"瘦狗"。问题产品需要大量现金投入来购买市场份额；在成为市场领先者之前，低市场份额、高增长产品将一直是一种负担。这种产品需要巨额现金投入，而它本身却产生不了这些现金

明星产品

高市场份额、高增长的产品是"明星"。如果"明星"能够保持领导地位，那么在增长放缓、再投资的需求消失之后，它就会成为一颗摇钱树。"明星"最终会变成"现金牛"，产生大量高利润率、十分稳定和安全的现金回报。这些现金回报将可再投资于其他产品。

任何产品，最终不是变"现金牛"。就是变"瘦狗"。一项产品的价值就在于在增长放缓之前取得领先市场份额地位

瘦狗产品

低市场份额、低增长的产品是"瘦狗"。瘦狗产品可能会有一些账面利润，但要维持市场份额，就必须把所获利润重新注入这些产品中，而不会有什么现金盈余。从本质上看，这一类产品如果不变现，留在手中毫无价值可言

现金牛产品

把高市场份额、低增长的产品称作"现金牛"。这些产品产生大量现金，通常将超过维持市场份额所需的再投资。超额部分的现金，不必也不应再返还给这些产品。实际上，如果回报率超过了增长率，要无限制地返还现金也是不可能的，除非把回报压低

5.5 基于价值链的现金流营运管理

传统的房地产现金流管理以企业自身的各种运营活动为管理对象，围绕企业内部的业务链及工程施工作业链等开展管理，缺乏对金融机构、供应商、承包商、客户等利益相关者信息数据的及时反馈，并且缺乏对价值链业务流程再造的适应能力，现金

流的流向、流量、流程、流速都无法适应价值链运营管理的要求，使得现金流资源不能得到合理、有效地配置，从而无法实现现金流营运管理的目标，最终将影响房地产企业/项目的价值增值。因此，对于房地产企业来说，构建基于价值链的现金流营运管理体系框架，创新现金流营运管理技术，完善现金流营运管理内容，使现金流营运管理适应价值链运营管理下的房地产开发环境，提高现金流营运管理决策有效性，增强现金流的使用效率，已成为房地产企业迫切需要解决的课题。

5.5.1 基于价值链的现金流营运管理

基于价值链的现金流营运管理，如图 5-38 所示。

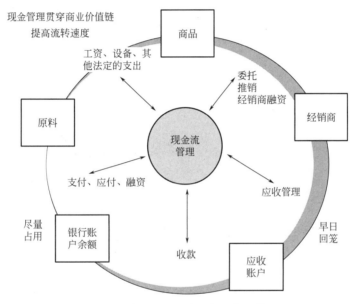

图 5-38 基于价值链的现金流营运管理

5.5.2 现金流与价值链的关系

现金流实质上就是阎达五教授指出的第四条资金流，是广义的动态的现金流。现金流管理理论不仅是价值链管理理论的一个组成部分，还是一套具有相对独立性的管理理论。工作流、实物流、信息流和现金流共同构成价值链的四个基本链条。如果将一条价值链比作一个独立的个体人，那么四个链条中工作流就是人体机能，实物流是一个人的骨骼，信息流是神经中枢，现金流则是价值链的血液，只有良性的现金流循环，才能保证价值链的正常运营。四大链条缺一不可，每个链条的断节都将造成价值链运营系统的瘫痪。

从现金流动循环中可以看出，企业的经营活动无不伴随着现金的流动。而价值链又是一系列创造价值的价值活动（经营活动）的集合。因此，价值链的构建为现金流营运管理提供了基础。与此同时，现金流营运管理又是价值链运营管理的重要组成部分，价值链的实现也离不开现金流的营运管理，所以说，两者之间一脉相承，紧密相连，是一种水乳交融的关系，如图 5-39 所示。

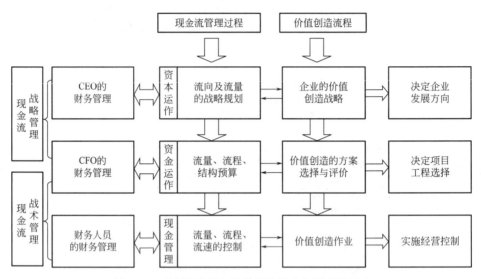

图 5-39 现金流管理与价值创造的内在关系及层次

5.5.3 价值链现金流管理目标细化分解

规划是事前管理，基于价值链的现金流规划是现金流管理的起点。它以现金流预算为工具，紧密结合价值链的业务流程再造，分解现金流管理总目标，重新规划和设计现金流管理制度，以预测企业未来的现金流流向和动态，为企业未来的现金流发展变化制订方针，并为现金流管理提供决策依据。

现金流管理总目标是现金流管理的方向和标识，是现金流流量、流程、流向和流速管理的指引和标准。因此现金流规划需以实现现金流管理的总目标为出发点和归宿，遵循现金流管理的可持续性、系统性、动态平衡性和对立统一性的指导原则，分析价值链带来的现金流管理环境的要素变化，并将总目标分解细化为各个子目标，从而对价值链各个业务流程中现金流的流转实施更加有效的控制。

价值链将企业价值活动分为基本价值活动和辅助价值活动。基本价值活动是从接受物料开始直至产品销售并向顾客提供服务的业务流程。辅助价值活动是支持基本价值活动的业务环节。现金流管理总目标按照价值链的各个价值环节可以分解为若干个子目标，这些子目标互相联系、互相作用，共同构成实现总目标的支持体系。

1. 基本价值链活动现金流管理子目标

内部后勤和外部后勤环节都是企业实物流的关键环节，这两个价值链环节都是协调快速接收材料、发送产品、降低库存、实时调配生产进度及生产所需材料，合理进行车辆调度等活动。这两个环节的现金流管理子目标通过加快物流流通减少库存,降低现金的滞留和积压。

生产经营活动通过资源投入及产品生产过程提高产品的价值含量。其现金流管理子目标是加速现金流转周期,发挥现金资源的使用价值,并通过降低生产成本实现减少现金支出的目的。

市场销售和服务是企业产品经过销售实现企业价值的环节,本环节的现金流管理子目标通过适当的渠道销售、适时送货、提高服务质量等活动,改善和提高企业现金流入量。

2. 辅助价值链活动现金流管理子目标

辅助价值链活动处于内部价值链的支持地位,其现金流管理会关联到基本价值链活动的各个环节。采购环节不仅涉及生产原料、生产设备采购,还包括其他职能部门所需办公用品的采购,所以采购也划入辅助价值链活动。采购对象是生产原料,生产原料的好坏直接影响生产经营环节的质量,所以采购环节通过产品质量作用于现金流,其现金流管理子目标通过安排合理的采购地点、严把采购质量关和价格关,降低采购成本,增加未来现金流入量。

技术开发贯穿于企业价值链的各个环节,从基础研究到产品设计再到服务程序,技术开发对企业核心竞争力的形成起着重要作用,是企业价值增值的关键环节。企业要可持续化发展,就要充分重视技术开发,合理选择自主研发还是技术引进,保障技术研发成果的转化,以提高生产效率,产生现金流入或降低服务成本。本环节的现金流管理目标主要是保障技术开发的现金资源供应,并通过现金流的量化及时向技术开发环节反馈信息,反映技术开发的效率性。

人力资源管理包括企业所有类型人员的招聘、培训、开发、报酬等各种活动,它支撑着整个价值链。人力资源管理环节的现金流管理主要是增强企业员工薪酬体系的内部公平性和外部竞争性,保证合理及时地支付员工工资。

企业基础设施包括管理、计划、质量管理等事务,其对现金流管理的影响是通过整个价值链而不是单个活动实现的。这一环节的主要任务是围绕业务流程,做好整个企业的经营计划安排,加强产品质量控制,增强企业职能部门管理效率。该环节的现金流管理子目标是通过减少不必要的事务性现金流出,增加现金净流入。

3. 外部价值链各环节现金流管理子目标

企业价值链是一个网络系统。基本价值活动和辅助价值活动是对内部价值链的划分,外部价值链是内部价值链的延伸,企业与供应商、顾客以及银行之间的活动构成了外部价值链的环节,共同参与为顾客创造价值的活动。外部价值链主要通过现金流循环周期及企业投融资能力影响现金流管理总目标,利益共享的供应商价值联盟能为企业应付账款的合理延期提供可能,顾客价值联盟会带来企业应收账款的加速回收;企业与银行之间的战略关系会减少企业现金流管理的成本,增强企业与银行之间借款还款的弹性。

综上所述，现金流规划将现金流管理总目标按照价值链环节进行分解，形成价值链现金流管理子目标体系，如图 5-40 所示。

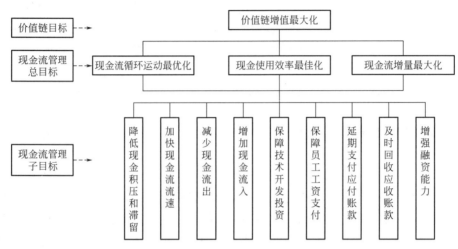

图 5-40 价值链现金流管理子目标体系图

5.5.4 价值链现金流营运管理框架体系

1. 价值链现金流营运管理理论应用框架

基于价值链的现金流营运管理框架包括基本理论体系和应用理论体系两大部分。基本理论是应用理论的支撑，应用理论是基本理论的实践。

基本理论体系包括基于价值链的现金流管理概念、目标、原则、假设和环境。概念是对管理对象的界定，目标是管理的逻辑起点，原则是指导管理活动的依据，假设是研究的基础，环境是管理的外部条件。

应用理论体系包括现金流管理规划、控制和评价。规划是现金流管理的起点，按照价值链将现金流总目标分解细化为各价值环节现金流管理子目标，以增强现金流管理目标的执行力。预算与现金流管理预测和计划起着相同的起点作用，为控制和评价提供标准。没有规矩不成方圆，制度制定为现金流管理提供了制度保证。控制是现金流管理的核心，是对现金流流量、流程、流向和流速四大要素和价值链各个价值环节的交叉控制。评价是对现金流管理效果的检验，分别对现金流的流动性、安全性、效益性和成长性四个方面进行评价。

基于价值链的现金流营运管理基本框架如图 5-41 所示。

2. 基于价值链的现金流营运管理分析框架

本书将基于价值链的现金流营运管理分为基于供应端价值链的现金流营运管理，基于销售端价值链的现金流营运管理以及基于企业内部价值链的现金流营运管理。具体分析框架如图 5-42 所示。

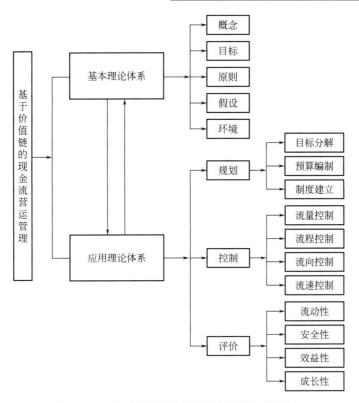

图 5-41　基于价值链的现金流营运管理框架图

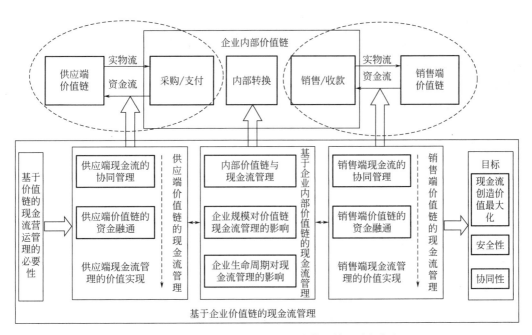

图 5-42　基于价值链的企业现金流营运管理分析框架

框架的上半部分，主要是企业价值链的实物流和资金流的流向以及转换情况。框架的下半部分，沿着基于企业价值链的现金流管理的必要性，到基于企业价值链的现金流管理，最终到达基于企业价值链的现金流管理的目标这一主线。其中，基于企业价值链的现金流管理主要研究了供应端价值链的现金流管理、销售端价值链的现金流管理，以及基于企业内部价值链的现金流管理。

对供应端价值链的现金流管理主要包括三个方面，一是在分析供应端价值链现金流获取的基础上，研究了供应端价值链的现金流协同管理；二是在与传统融资模式对比的基础上，阐述了供应端价值链的资金融通；三是合理安排供应端价值链的资金，主要通过建立现金流的协同管理机制、合理布局价值链供应端资金以及培育企业的上游供应商，实现价值创造与共享。

对销售端价值链的现金流管理主要从三个方面进行研究：一是在分析销售端价值链现金流获取的基础上，研究销售端价值链的现金流协同管理；二是销售端价值链的资金融通；三是合理安排销售端价值链的资金，实现价值创造和共享。

基于企业内部价值链的现金流管理，主要研究通过作业链优化来降低产品成本、进行实时生产减少资金；企业规模对价值链现金流管理的影响；企业生命周期对价值链现金流管理的影响。

3. 价值链现金流营运管理体系框架

现金流管理是指将现金流置于企业战略管理的高度，将其作为一种基于价值链的动态的、系统的管理理念。现金流管理将贯穿于价值链管理的各个环节、各个层面，参与企业的经营活动，记录并反映价值链上的价值增加量。现金流在价值链管理体系中是要素与工具的统一。现金流管理对能动性地运用现金资源、增强价值链的运行效率起着非常重要的作用。因此，基于价值链的现金流营运管理就是将现金流营运管理理论与价值链管理理念相融合，充分利用企业内部价值链的业务流程重组和产业价值链战略关系的建立，在面对价值链管理带来的机遇和挑战时，完善现金流的战略规划、控制和评价的内容和方法，如图5-43所示。

5.5.5 房地产企业价值链现金流营运管理系统构架

房地产开发项目运营活动的主要对象是房地产项目开发，交付使用的建筑产品也就是开发的项目，因此，从房地产企业的角度看，价值链就是从客户（购房者或业主）的有效需求出发，通过对现金流、工作流、实物流和信息流四大链条的有效管理，从投资决策、项目拿地、项目策划规划、产品设计、招标采购、施工建造、竣工验收、销售交付使用一直到后期的物业服务，将项目开发商（房地产开发企业）、金融供应商、规划设计商、材料供应商、建筑承/分包商、销售代理商、物业服务商、客户/业主等连成一个整体的结构模式，分为房地产企业内部的价值链和产业价值链。

基于价值链的房地产企业现金流管理是以价值链理论为指导思想，以实现房地产企业现金流管理为目的，通过对价值链的各个环节本身和对各个环节之间的联结来进

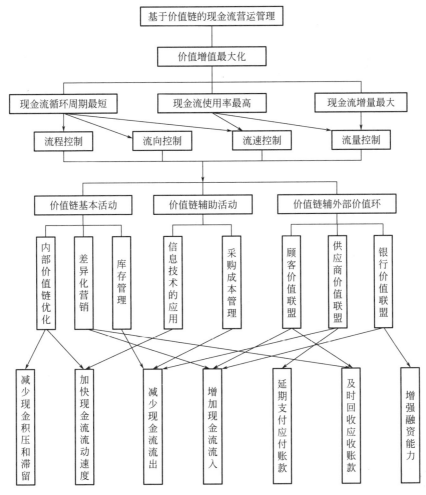

图 5-43 基于价值链的现金流营运管理体系框架

行深入分析，以寻求现金流持续健康地流转以及价值增值的途径和方法。房地产施工企业价值链现金流营运管理系统框架如图 5-44 所示。

5.5.6 价值链现金流营运管理制度设计

房地产开发建造运营特点和管理要求是现金流制度设计的前提和基础。价值链管理模式下业务流程再造，使企业的生产经营不再是顺序生产型的链条，而是以价值创造为核心的由基础价值活动和辅助价值活动及外部价值联盟组成的价值链。价值链管理对资源的配置发生了变化，它要求加大对价值增值环节人力、物力和财力的投入，同时缩减非价值增值环节的资源占用，现金资源分配也随之发生相应变化。现金流管理要适应价值链管理的新要求，必然要重新设计现金流管理制度。

基于价值链的房地产开发现金流营运管理制度设计可以分为以下几大部分。

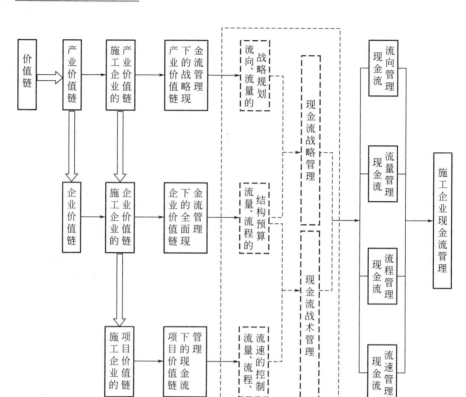

图 5-44 房地产施工企业价值链现金流营运管理系统框架

1. 供应商价值联盟现金流管理制度设计

价值链中企业与供应商的关系会影响企业的存货量、赊购物料应付账款的支付期间以及生产原材料的质量。存货的多少影响现金流的占用量，现金处于滞留状态不会带来价值增值。企业采购大部分是赊购，因为赊购可以享受现金流延期支付的收益。供应商对生产原材料质量的影响通过作用于产品质量影响现金流，顾客价值实现的基础就是产品的质量，原材料又是决定产品质量的关键，产品质量的提升会带来未来现金流流入的增加。供应商价值联盟现金流管理制度主要根据企业从采购到支付现金的业务流程特点，对涉及的现金流进行管理设计，包括企业与供应商之间信用机制、现金流流速中存货管理制度、应付账款延期支付制度以及其他与供应商有关的现金流管理制度。

2. 内部价值链现金流管理制度设计

内部价值链是价值链的基础。供应商、顾客价值链是以企业有实力和能力为其带来价值才能构建起来。内部价值链对现金流管理的影响最直接。价值链划分为生产经营、市场营销、服务等基础价值活动以及采购、基础设施、人力资源管理、技术开发等辅助价值活动，打破了原有按职能划分部门和职责。现金流转的整个流程和流量都发生较大的变化,现金集中流向价值增值的业务环节,偏离不具有竞争优势的环节。内部价值链现金流管理制度设计涉及多个层面,包括现金流筹资管理制度、现金流内部控制制度、现金流投资管理制度。现金流筹资管理制度主要是对筹资渠道、筹资方式、筹资时机以及筹资结构等筹资内容的规范。现金流内控制度是对现金流日常管理制度的设计,包括现金流管理权限制度、现金流流入和流出审批制度以及财务部门与其他职能部门之间现金流信息的传递制度等。现金流投资管理制度是对现金流流出方向的规范,包括固定资产投资管理、无形资产投资管理、债券投资管理、股票投资管理等。

3. 顾客价值联盟现金流管理制度设计

顾客价值联盟是价值链管理的导向,价值链生产经营的动力来源于顾客需求。顾客价值链的构建需要企业加大对顾客价值的研究,包括对顾客需求的细分、顾客关系管理、售后服务管理以及送货、结算方式的研究,这都会增加企业现金支出。现金流流速中应收账款的周转速度主要受到顾客价值联盟的影响,企业与顾客良好的信用关系会增加应收账款的回收速度,减少呆账、坏账的发生。这一价值链环节主要根据企业从接受订单到回收现金的业务流程特点进行现金流管理制度设计,包括对企业顾客信用、订单处理方式、送货方式、结算方式、应收账款管理的设计。

4. 价值环节各节点现金流管理制度设计

价值链是一个系统的网络,各个价值环节、各个作业之间不是孤立的。供应商、企业内部以及顾客价值链之间的资源、利益的协调及信息沟通是价值链管理的难点。现金流管理制度设计除了要对供应商价值链、内部价值链和顾客价值链单独进行现金流管理制度设计外,还需要明确各价值环节之间节点现金流管理权限的归属,对节点现金流流量、流向及流速进行量化指标设计,制订各价值环节之间现金流流动和现金流信息资源共享的协调政策,明确现金资源在各个价值环节之间的分配发生矛盾时分配的排序原则和排序标准,将有限的现金资源用于更有效的价值链建设中,增强企业整体现金流流量和现金使用效率。

5.5.7 基于价值链的现金流营运管理优化

1. 现金流循环运动最优化

现金流转是指在生产经营中,现金变为原材料、固定资产等非现金资产,非现金资产又变为现金的流转过程。在持续经营的会计假设前提下,这种现金流转无始无终,不断循环,即为现金流的循环。在正常经营条件下,价值链的构建使得现金流循环以顾客价值为导向,现金流逐渐向价值链前端运动,如图 5-45 所示。

现金流的循环运动有多条途径,有的现金流与实物流交叉运动,有的现金流用于购买固定资产,随着机器的耗损,其价值逐渐进入产品,最终通过产品销售行为回收现金,有的则通过企业投融资行为直接发生现金流的进出循环。

现金流沿着各条循环途径的循环周期不同,现金流流入和流出比例不同。现金流

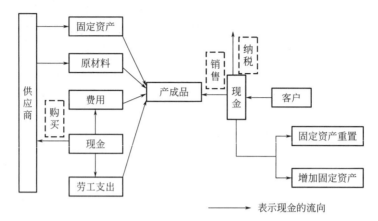

图 5-45 价值链与经营活动有关的现金流运动图

与流动资产之间的短期循环一般在一个经营周期内，原材料、产成品等短期资产的实物消耗与价值补偿通过产品销售一次完成，短期现金循环流入和流出比例比较均衡；而长期现金循环中，资产的价值需随着多个经营周期逐步回收和补偿，长期资产投资初期会有大量的现金流出，以后使用各期通过计提折旧计入费用得到价值补偿，而没有实际的现金流出，待到长期资产重置时一次性发生现金流出。价值链的构建优化了业务流程，将企业的非价值增值环节进行有效压缩，建立以顾客价值为导向的良性现金流循环系统，优化现金流循环运动，减少现金流不必要的积压和堵塞，信息技术的应用也使各种现金循环周期不断缩减。例如价值链中建立了与供应商之间的战略合作伙伴关系，企业可以实现原材料的较少存货或零存货，减少现金积压。价值链以顾客需求为导向，产品应根据顾客多样化需求设计研发，避免了销售环节的存货积压，也加速了现金流循环。基于价值链的现金流管理应在价值链提供了良好管理的基础上，追求现金流循环运动的最优化。

2. 现金使用效率最佳化

现金是非营利资产，现金存量本身不创造价值，现金只有作为生产资料参与生产经营活动或投资活动才能获得价值增值。提高现金使用效率通过合理的筹集资金，加快现金流高速畅通的流转，减少现金的时点存量，将有限的现金流最低限度地保持在非盈利状态，参与更有利于企业价值增值的经营活动和有利的投资利用空间，使现金增值。

价值链的构建带来企业低成本、产品差异化的综合竞争优势，产品的低成本直接减少了现金流的流出量，产品的差异化使顾客愿意支付超过产品市场价值的价格购买产品，增加了现金流的流入量，更多的现金流则流向研发、技术、知识等核心价值增值环节，还可以寻找投资机会，通过股票或债券取得投资回报。基于价值链的现金流管理应将有限资源用于更能创造价值的活动，追求现金使用效率最佳化。

3. 现金流增量最大化

现金流增量最大化的目标与企业价值增值最大化的目标是统一的。企业的资金循环和周转的起点都是现金，用货币资金购买所需的资源，然后生产出新的产品。产品出售获得的现金流入量大于投入的现金量，即为现金流增量。现金流量最大化不是现金流本身的流转问题，而是整个企业总体战略成功的体现，通过统筹合理地安排经营、投资、筹资活动，增加现金的循环使用次数，提高产品的投入产出比率并取得现实的现金净流入，减少资金使用成本，提高资金使用效率，才能从根本上保证现金流增量最大。

价值链通过内部价值环节的优化重组，使得企业经营活动更加合理，企业与客户、银行、政府部门之间的利益共享关系，又为企业投资提供了更多的机会，带来更多的筹资渠道。例如，企业与银行之间的关系就大大增强了企业的筹资能力。企业破产的直接原因是资不抵债，无法偿还到期债务。价值链中企业与银行或债权人之间建立在信用之上的战略关系，银行或债务人更了解企业的经营能力和产生持续现金流的实力，如果企业只是一时的资金周转困难，或者企业的经营实力尚在，仅由于一时的决策失误造成企业一段时间内的资金短缺或无法偿还到期债务，联盟银行可以给予资金的支持，并帮助企业渡过难关，或适当延长企业的还款期限。而对于有实力的企业，暂时的资金缺口不会影响企业的盈利能力，等企业有实力周转资金的时候，可以偿还银行贷款。这样一来，企业渡过难关，降低了企业破产的风险，并对联盟银行有了更多的信赖，联盟银行也从中获得利息，双方共赢。

传统的现金流管理比较注重现金流的流动性和安全性，缺乏对现金流效益性的认识。价值链管理使企业经营、投资和筹资活动更合理，会带来更大的企业价值增值，所以基于价值链的现金流管理追求现金流增量最大化。

5.6 基于价值创造的现金流营运管理

现金流是企业价值创造的源泉。很多房地产企业倒闭不是因为账面亏损，而是现金流断流，而现金流断流的根源在于现金流营运管理缺乏战略规划，缺乏现金流价值创造管理理念。对于房地产企业，坚持现金为王，不能局限于现金流的安全性、平衡性，更应加强现金流的价值创造管理。

5.6.1 基于价值创造的现金流营运管理体系

基于价值创造的现金流营运管理体系如图 5-46 所示。

如图 5-46 所示，以价值创造为导向的现金流管理，就是企业现金流管理要从企业价值最大化的目标出发，根据现金流折现模型下企业估值的原理，从影响企业价值的两大驱动因素（收益、风险）进行分析，最后提出现金流营运管理的策略。

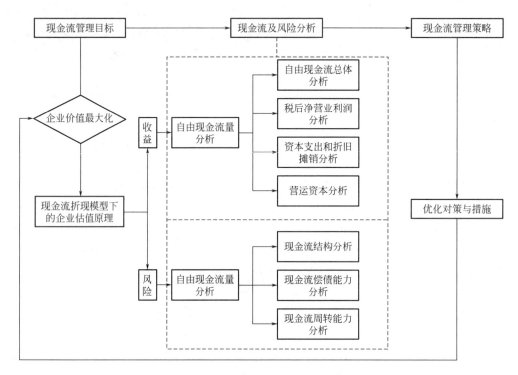

图 5-46　基于价值创造的现金流营运管理体系

5.6.2　基于价值创造的现金流营运管理策略

1. 以流动性与可持续增长为目标的筹资策略

筹资是维持现金流动性与可持续增长目标的重要手段。筹资决策是对筹资规模、筹资渠道以及具体筹资方式等因素的考量。其中，筹资规模受制于企业经营、投资行为对现金的需求，而筹资渠道则直接与筹资成本及风险相对应。筹资策略首先应考虑现金流管理的流动性目标，适度的流动性主要依靠持续的内生现金流和外源筹资的灵活性维系。前者一般来源于折旧、摊销以及利润的留存，是现金流动性目标最稳固的保障；后者需落实在筹资渠道与方式的选择中。企业不同的筹资渠道归结为内源资本与外源资本两类。其中外源资本包括权益资本和债务资本在内，体现可持续增长目标的筹资策略同样是内源筹资为主导，外源筹资为辅助，将前者作为企业价值增长的原动力，而后者只是调整企业财务结构的手段，并且对于两者构成的决策应形成一种成本与风险权衡的筹资策略。具体而言，在企业日常现金周转中，由新增的内生自由现金流以及与之匹配的债务性现金流所维持的企业价值增长模式，即稳健的企业可持续增长模式，其稳健性体现为成本较低、风险可控。

2. 以价值创造能力为基准的投资项目评估策略

投资决策是对企业现金流流向的决策，决定企业的市场定位和业务定位，决定企业稀缺的财务资源在营运资本、有价证券以及固定资产等现金占用项目上的具体分布。VBM框架的宗旨是将企业稀缺的资源分配到能够创造价值的项目中。因此，必须借助一定的评估手段来明确判断即将从事的投资项目（业务）是否能够创造价值以及创值程度。以创值能力为基准的投资项目评估，要考察项目未来所创造的现金流量以加权平均资本成本为折现率所折现的现值的高低，或更直接地将项目的投资回报率与加权平均资本成本相比较。用创值能力为基准进行投资项目评价是防止企业盲目投资的有效方式。而投资项目未来现金净流量的实现程度，是决定其能否创值以及创值能力高低的关键，也是内生自由现金流产生的源泉。

3. 以自由现金流为参照的利润分配策略

企业自由现金流是指企业在支付了包括新增项目与营运资本等资本性支出和所得税之后剩余的现金流，包括向股东、债权人在内的企业权利要求者支付现金之前的全部现金流量，一般由债务性自由现金流和权益性自由现金流构成。其中，包括债务本金、利息以及新债在内的债务性自由现金流在一定程度上有其既定性，剩余的权益性自由现金流可反映出在不影响企业持续增长前提下可供股东分配的最大现金余额。所以，利润分配既是一次筹资决策，又是一次企业利益相关者目标的协调。而企业价值最大化的终极目标是多方利益协调最终达到总和最大的结果。权益性自由现金流是股东财富实现程度的具体体现，所以企业能够创造的自由现金流量越多，就越能得到资本市场上众多投资者的追捧。在利润分配决策中充分考虑自由现金流的因素，对股东的分配以此为限，即对股东分红需求的满足，对其投资信心的提升，是企业价值持续增长的保证。事实上，决定股利分配数额的权益性自由现金流的高低从根本上仍取决于内生自由现金流的多寡。通过以上分析可得出结论：内生自由现金流不断增长意味着企业价值的持续增值。基于过程为导向的特质，VBM框架下的企业价值型现金流的管理过程，就是企业充分利用自有财务资源，适度借力于外源资金，持续创造自由现金流的过程。

5.6.3 基于价值创造的现金流营运管理途径

企业财务管理循环是指企业投资活动、筹资活动以及经营活动的循环过程，这三类活动影响企业的价值驱动因素并创造价值。企业财务管理循环同时也是结合现金流管理循环的过程，企业进行价值创造的具体过程如下：

1. 投资活动现金流的价值创造

投资活动是企业一切经营管理活动的前提。投资活动包括长期投资和短期投资。长期投资决策不仅影响企业当前现金流的支出，更决定企业未来现金流入的规模、时点和方式，长期投资决定企业可持续发展能力。短期投资决策即营运资本决策，具体包括确定现金、应收账款与存货的持有规模以及企业营运资金的管理决策。短期投资影响企业现金流的安全性、流动性和使用效率。在战略上合理规划企业长期投资的投资规模与投资方向，在战术上合理安排和筹划短期投资运营资金的来源与运用。投资活动从战略上决定企业的资源分配，决定企业资源所能创造价值的空间大小。

2. 经营活动现金流的价值创造

企业经营涉及企业采购、产品生产、产品销售以及税金支付等一系列日常管理活动，决定企业自身进行现金流创造的能力，是企业价值创造的源泉。在投资活动的基础上，经营活动通过预算控制，合理分配企业资源，通过企业经营管理业务流程的优化，提高企业资源的周转利用效率，通过建立科学绩效评价指标，及时调整和优化企业经营业务的价值创造行为。经营活动是企业正常运作的关键环节，经营活动决定企业资源的利用效率，决定企业价值创造的实现程度。

3. 融资活动现金流的价值创造

企业融资活动，一方面为企业投资经济活动提供资金保障，加速企业的增长发展速度，另一方面动态改变企业的资本结构和财务风险，影响企业资本成本。基于企业价值创造的驱动因素模型，融资活动以上两个特质从两个方向共同影响企业价值，因而融资管理是企业价值创造管理活动的战略组成部分。对企业融资活动进行管理，一方面，融资活动通过企业现金流的匹配管理，实现资金周转的安全性和流动性，降低企业财务风险；另一方面，通过优化融资管理模式，实现资金成本的降低。融资活动为加速企业价值创造提供资源支撑。

5.6.4 基于价值创造（EVA）的现金流营运管理矩阵

房地产企业现金流可以分为四种类型，分布于四个矩阵：Ⅰ增值型现金短缺，Ⅱ增值型现金剩余，Ⅲ减损型现金剩余，Ⅳ减损型现金短缺，如图 5-47 所示。针对不同类型的现金流，选择不同的营运管理战略对策。

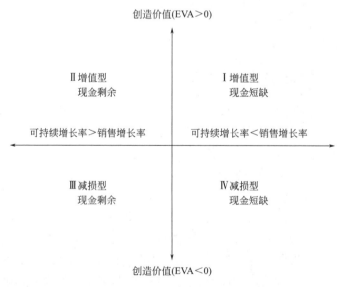

图 5-47 基于价值创造的现金流营运战略选择矩阵

1. 第Ⅰ象限：增值型现金短缺

此类型 EVA>0，继续目前的经营会带来企业价值的增加，所以企业应保留该业务单元或企业。但因为其产生的现金并不足以支持销售增长，所以会遇到现金短缺的问题。企业可采取如图 5-48 所示的调节措施。

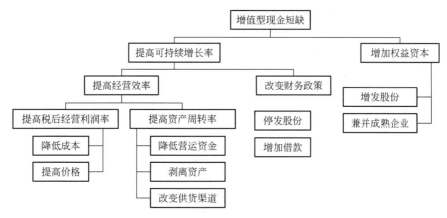

图 5-48　第Ⅰ象限企业适用的现金流营运战略

（1）提高可持续增长率。提高可持续增长率的方法包括提高经营效率和改变财务政策。

经营效率的提高，需要寻求突破性的改善，具体途径包括：①提高销售利润率：降低成本、在一定程度上提高价格；②提高资产周转率：降低营运资金、剥离部分资产、改变供货渠道。

现金流管理政策的改变可以通过：①降低股利支付率，即提高留存收益率；②增加借款的比例。但增加借款时要注意，它可能会对业务单元的资本结构、资金成本产生影响，进而会对 EVA 产生影响，所以企业管理者在实施此措施时应事先进行权衡，以确保筹资后仍能使企业创造价值。

（2）增加权益资本。如果可持续增长率的提高仍不能解决资金短缺问题，就需要设法增加权益资本，包括增发股份和兼并成熟企业两种方法。

第一，增发股份。在增发股份的同时按目标资本结构增加借款，以维持目标资本结构。增发股份的必要前提是所筹资金有更高的回报率，否则不能增加股东财富。其缺点是分散了控制权，而且会稀释每股收益。第二，兼并成熟企业，即兼并"现金牛"，其增长缓慢、现金剩余的特点可以改善企业现金短缺的现状。

（3）实施调整，降低规模。若无法通过以上途径解决资金短缺问题，或增加的资本不能有效地经营，即不能投资于创造价值的业务单元，则可以通过降低某些经营活动的规模或通过放弃那些利润率低的、资金周转慢的资产和服务来使该业务单元的增长率与其自我维护增长率相适应。这个战略的主要目的是通过使业务单元进入更加细分的市场竞争来提高保留业务的价值创造能力。

2. 第Ⅱ象限：增值型现金剩余

这一类型的企业或业务单元，既有充足的现金又能够创造价值，但是通常增长缓慢，自身经营产生的现金超过销售增长的需要，出现现金剩余。所以企业所需做的只是如何更好地利用现金盈余为企业创造更多的价值。企业可对其采取如图 5-49 所示的措施。

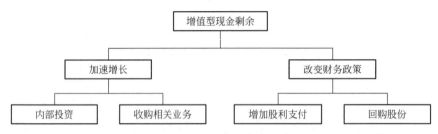

图 5-49　第Ⅱ象限企业适用的现金流营运战略

首选战略是利用现金剩余加速增长。①内部投资：扩大产销规模，增加生产线，建立大宗分销渠道等；②收购相关业务：收购相关业务，迅速扩大规模。不过经过几次购并浪潮的盲目乐观之后，逐渐积累的证据表明，购买增长并没有给股东带来多少好处。购并需支付大笔的溢价，买主得到的只是中等或较差的投资。

如果加速增长后仍有剩余现金，则应把多余的钱还给股东。企业可以提高现金股利支付率，或是回购股份。

3. 第Ⅲ象限：减损型现金剩余

此类型 EVA<0，企业的价值创造呈负向增长，同时现金的剩余存在表明企业的资源未得到充分利用，存在被收购的风险。减损型现金剩余的主要问题是盈利能力差，而不是增长率低，简单地加速增长很可能有害无利。首先应分析盈利差的原因，寻找提高经营利润率或降低资本回报率的途径。在这个象限下应实施的措施如图 5-50 所示。

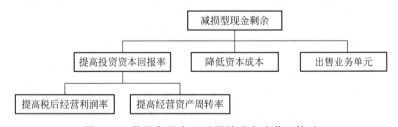

图 5-50　第Ⅲ象限企业适用的现金流营运战略

（1）首选战略是提高税后经营利润率，包括扩大规模、提高价格、控制制造成本等。

（2）审查目前的资本结构政策，以降低加权平均资本成本。

（3）提高经营资产周转率，降低应收账款和存货等资金占用等。

如果通过以上方法仍然无法改变价值减损的状态,只能出售给能够管理得更好的人。

4. 第Ⅳ象限:减损型现金短缺

处于这一象限的企业或业务单位正在减损企业的价值,并且由于增长缓慢遇到现金短缺的问题。由于价值和现金都在被蚕食,需要快速解决问题,有关战略选择如图5-51所示。

图 5-51　第Ⅳ象限企业适用的现金流营运战略

(1) 彻底重组。如果盈利能力低是本企业独有的问题,应仔细分析经营业绩,寻找价值减损和不能充分增长的内部原因,对企业或业务单元进行彻底重组。

(2) 出售。如果盈利能力低是由整个行业衰退引起的,企业无法对抗衰退市场的自然结局,应尽快出售以减少损失。即使是企业的独有问题,由于缺乏核心竞争力,无法扭转价值局面,也需要选择出售。

在不同象限中采取的具体现金流营运战略措施归纳如表5-6所示。

现金流营运战略措施矩阵各象限归纳表　　　表5-6

象限区域	特点	现金流营运战略措施
Ⅰ增值型现金短缺	企业有良好的价值创造能力,但产生的现金流不足以支持其增长	1. 提高经营效率:重构价值链,降低成本,减少资金占用,提高价格。 2. 剥离部分资产,将资产利润率较低的资产剥离出去。 3. 改变供货渠道,减少自制,减少资金占用,提高资金周转率。 4. 拓展融资渠道。 5. 停止支付股利,增发股份,增加借款比例。 6. 兼并成熟企业:兼并增长缓慢、有多余现金的企业
Ⅱ增值型现金剩余	能够创造价值,但不具备良好的成长性	1. 扩大规模,加大投资管理。 2. 收购业务,迅速扩大规模。 3. 增加股利,回购股份。 4. 加速增长,内部创业或收购相关业务。 5. 分配现金剩余,增加股利支付或回购股份
Ⅲ减损型现金剩余	不能使企业增加价值,但有比较富余的现金流,存在被收购的风险	1. 提高投资资本回报率:加强资产管理、提高经营效率、提高经营资产周转率,调整新竞争优势。 2. 调整资本结构:审查目前资本结构政策,负债比率不当。 3. 降低资本成本、出售业务单元
Ⅳ减损型现金短缺	企业股东价值被蚕食,且没有充足的现金支持其发展需要	1. 彻底资产重组,精简机构,节约成本。 2. 出售:争取新权益资本投入,争取被并购机会,变卖不使用资产

第6章 房地产企业轻资产运营转型

长期以来，我国房地产企业一直沿用传统的重资产发展模式，即先从银行贷款，然后购买土地建造房屋，为获得回流资金，未建成楼房时就进行预售的模式。在重资产运作方式下，房地产企业面临资金压力大、固定投资成本高以及资金链断裂等问题。目前我国一部分房地产企业开始尝试轻资产运营模式。相较于重资产运营模式而言，轻资产运营模式有着很多优势，但作为一种新的运营策略选择，在运营过程中会存在很多问题。因此对现有房地产企业轻资产运营策略进行归纳、梳理和分析，找出问题并进行优化的意义就显得十分重大。

6.1 房地产企业轻资产运营导论

6.1.1 房地产轻资产运营相关概念

1. 轻资产内涵

所谓轻资产，并不是无本生意，更不是空手套白狼，更多的是通过资本结构的优化和对资产的科学营运，从而获得超额收益的最佳状态。"轻"不是"少"和"没有"之意。一般来讲，常有以下几种情况：一是营运资本较多，投资性资本少；二是表外会计无法计量的资本多，如人力资本、品牌资本、渠道资本；三是企业负债较少，自营资产较多。

2. 轻资产运营

首先，轻资产运营是一种资本经营战略，以实现价值为目标，根据知识管理的要求，以人力资本经营贯穿其中，搭建经营管理平台，促进企业发展。

其次，企业迫于自身资源有限，凭借智力资本的运营，杠杆运用多种资源，达到"最低的资本投入，最大的收益回报"的商业运营价值战略的方法。

轻资产运营的基本特征有两点：一是企业固定资产及存货在总资产中占比低，流动资产尤其是现金类资产占比多；二是企业专注于品牌建设、产品设计、客户经营、营销渠道等方面的软实力，然后把自身不具备的优势或难以管理的业务交给运营合作伙伴，减少自身投资和管理的成本。

因此，轻资产运营可以定义为：从价值链层面看，指企业紧紧抓住自己的核心业务，而将非核心业务外包出去；从实现目标看，轻资产运营是以价值为驱动的资本战略，企业迫于资源有限，合理整合其他企业资源，从而以最低的投入实现企业利润最大化的一种战略。

3. 轻资产运营的特点

资产规模——倾向于小；

资产质量——倾向于精；

资产重量——倾向于轻；

资产形态——倾向于软（无形）；

资产投入——倾向于少；

资产价值——静态或分散时，小；动态或整合时，大。

4. 轻资产运营的条件

（1）轻资产运营的基础：核心能力

明确了自身的核心专长所在，方知该专注什么、该放弃什么、该依托什么去运营、并利用什么去扩张。WK地产集团正是因为具备了突出的营销能力和品牌优势，这一点也得到市场甚至竞争对手的认同，凭此才能成功实现低成本扩张和轻资产运营。没有核心能力或不知道核心能力所在的企业，是不宜实施轻资产运营的。

（2）轻资产运营的依托：知识

依托"知本"（智力资本）、知识要素、知识资产，企业才能驾轻就熟、以小博大、游刃有余。其实不论企业的核心能力为何——研发能力、运营能力、管理能力、创新能力、营销能力、公关能力、文化能力、整合能力……归根到底都是知识的能力。正是由于知识资产在使用过程中具有边际成本很低甚至为零的特点，才使得轻资产运营可以更有效地实现以小博大、杠杆他人的资产。

（3）轻资产运营的利器：品牌

品牌不仅是形态上的无形资产，而且是簿记中的零资产——它不出现在公司的资产负债表上，最多出现在被并购公司的商誉（Good Will）里。但品牌却是企业核心竞争力的集中体现，是最具价值的轻资产。大多数成功的低成本扩张，都是品牌引领的轻资产扩张。我们熟知的方式有：

——以品牌等无形资产出资与他人组建合资公司，扩大品牌的市场占有并驾驭他人资产。例如可口可乐公司在全球的上千家罐装厂都是这样组建起来的；华特迪士尼公司在全球的多家主题公园也是采取与此基本相同的投资方式。

——贴牌生产、委托加工。不论是当今全球流行的OEM、ODM，还是OBM，都是品牌商家委托生产厂家为之生产或"代工"。不仅主导权绝对在品牌商家，而且利润大头也在品牌商家。这就是品牌引领型的轻资产运营的魅力所在。英特尔、诺基亚公司、IBM等皆是这方面的操盘高手。

（4）轻资产运营的要素：客户关系

戴尔公司、微软等全球一流企业都是现代客户关系管理的典范。顾客一旦使用了他们的基础产品，就不得不一方面从横向上扩大消费面，增加使用他们的系列产品和服务；另一方面从纵向上延长消费链，连续使用他们推出的一代又一代产品和服务。

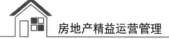

"一对一销售"一旦对上了谁,他们的产品和服务市场就会从空间和时间两个方向向客户延伸。所以说客户关系管理能力是一种基于技术、产品和营销创新的高效轻资产,在轻资产运营中发挥着重要作用。

(5) 轻资产运营的法宝:业务外包

这是实现轻资产运营的必要手段,企业的外包程度愈高,就愈发"感情专一""目不斜视",也愈加"身轻如燕"。不懂得外包或外包程度很低的企业是很难成功实施轻资产运营的。

(6) 轻资产运营的要务:协同精益质量控制

业务外包能保证工期、质量吗?贴牌生产会不会砸了品牌?实践证明这些问题和顾虑是可以解决的,那就是建立健全一套科学的、严格的协同质量保证体系和产品质量监理验收体制。那些大量采用外包的全球知名品牌企业大多已经做到了,而且还将不断总结完善,做得愈来愈好。

(7) 轻资产运营的关键:业务整合

轻资产运营及其大量复杂的业务外包需要高水平的业务整合,出路就是运用现代信息技术、寻求系统解决方案。

(8) 轻资产运营的捷径:价值链定位

价值链上的高附加值环节往往是知识密集型和轻资产型的,如PC制造业的研发、营销、售后服务,房地产开发的"圈地"、策划、营销等。不仅如此,这些知识密集型的高附加值环节还往往是整条产业链的"中枢",能对产业链上的其他节点起到节制作用。因此谁有能力占据"中枢"节点,谁就能有效地操控整条供应链,从而能有效实现以小博大的轻资产运营。

5. 轻资产运营的优势、劣势分析

(1) 轻资产运营的优势(表6-1)

轻资产运营的优势　　　　　　　　　　　　　　　　　表6-1

降低生产成本	企业将一些重资产的环节,如技术含量较低的产品、零部件的生产转移给更有成本优势的公司生产,这样不仅节约了大量的基建、设备投资,而且节约了大量的人工费用,极大地降低了生产成本
提高核心竞争力	企业发展更大程度上取决于其核心业务的成败。轻资产运营企业通过整合企业内外各种资源,将一些很难形成明显竞争力的环节外包,将企业的资金和精力集中于核心业务,如核心技术研发、品牌提升、市场拓展等,从而极大地提升本企业的核心竞争力,使企业在激烈的市场竞争中更长久地立于不败之地
提高品牌附加值	轻资产运营企业把精力集中在产品开发、市场,而不是制造上,塑造良好的品牌形象,使品牌成为承诺,成为保险,从而大大提高品牌附加值。尤其在一些产品同质化的行业,要想提高产品的附加值,而产品本身已无太多文章可做,必须在品牌概念、品牌形象建设上下功夫

续表

提高运营效率	通过各种方式成功转型轻资产运营的企业,在重资产上的投入少,较之前会大大降低,而节省出来的资金正好可以投入到利润更高的价值创造活动中,通过不断加大企业轻资产资源的投入,企业经营逐渐走向"微笑曲线"的最高级位置
降低经营风险	轻资产运营企业将制造或非核心技术的研发外包,可以与合作伙伴共同分担风险,使企业更有柔性,更能适应外部环境的变化

(2) 轻资产运营的劣势(表6-2)

轻资产运营的劣势　　　　　　　　　　　　　　表6-2

施工及建筑质量缺乏有效控制	企业重品牌、轻产品的思维模式,使企业在品牌、市场等方面投入较大精力,品牌厂商对原材料供应、施工建造以及检测等各环节难以做到足够力度的监督和审查,所以导致建筑质量最终不能得到合理的控制
易形成对外包商的依赖	外包结束企业对某项工作的内部管理,却开始对这项工作的外部管理,外部管理从某种意义上更难。想让外部人员按质按量地完成工作,却又不能动用内部管理手段。出于成本和时间的考虑,企业外包所选择的合作者短时间内不会轻易更换,长此以往便容易形成一定的依赖关系,这时企业在产品质量控制中则处于不利地位
对轻资产资源的获取及运用要求高	一方面,需要投入大量的资源来研发适合市场需求的产品,同时也要为客户提供更加丰富的服务内容和高端的服务质量,这两方面是企业盈利的核心要素。所以,轻资产运营对企业的产品研发和管理服务都有很高的要求,而这两方面恰恰是我国企业经营的弱项,主要是由于不够重视相关人才的储备、低水平的设计研发和粗放的管理服务等造成的
存在投资风险	轻资产运营使得企业对轻资产或无形资产需要大量资金的持续投入,然而品牌等无形资产的投入无法沉淀为企业的固定资产,一旦产品最终回报无法补偿资金投入,则会形成恶性循环。同时,由于无形资产受市场影响非常大,新品牌的出现会对老品牌产生很大的影响,无形资产的减值速度快,这点对运用轻资产运营模式的企业来说也不容忽视
存在融资风险	在轻资产企业融资过程中,由于重资产减少而造成商业银行融资所需的抵押、质押物较少,公司只能选择通过发行债券或者发行股票的方式来筹集企业发展所需的资金,这使得融资渠道变窄,投资者的风险增加。同时,由于轻资产的一个特征是现金流量大,所以企业发债到期还本的压力也会带来较大的财务风险

6. 轻资产运营模式实施途径

轻资产化的途径主要包括售后回租、房地产信托投资基金、商业信托、合作开发,如表6-3所示。

房地产轻资产经营模式实施途径对比　　　　　　　　表 6-3

途径	具体做法	优势	劣势
售后回租	通过出售固定资产获得所需要的流动资金,再与对方签订租赁合同协议租回固定资产,到期购回固定资产	采用售后回租的方式可以将固定资产移出表外,同时在短期内改善经营业绩,也有利于缓解资金压力	中小企业的信用较差,出现不能履约回购事件较多
房地产信托投资基金（REITs）	通过发行收益凭证募集特定资金,收取资金的专业投资机构将投资管理资金所获得的综合收益按比例分给投资者	基本能够达到安全性、流动性和收益性三者较好的结合和平衡	其过高的物业价格造成过高的租售比,在基本的商业逻辑上难以成立
商业信托	与 REITs 相似的融资工具,但比其更加灵活	商业信托不需要必须 90% 以上分红的要求;允许将开发中的物业与待开发的物业一起投资	面临 REITs 所面临的所有问题
合作开发	合作开发或与专业的投资管理机构进行合作	合作方资源共享、优势互补,解决因为资金不足或者技术原因而无法进行开发的窘境,提高效率,减少运营风险	多个合作方相互制约,可能受制于人

6.1.2　房地产行业轻资产运营的主流模式

目前我国房地产企业已形成两种主流的轻资产运营模式,一种是以铁狮门为代表,以投资机构为核心的"铁狮门基金运作模式";一种是集运营和投资一体化的"凯德模式"。

1. 铁狮门轻资产运营模式

美国铁狮门有一百多年的发展历史,在公司成立初期是以地产开发为主,经过长期的发展变革,形成了自身所擅长的开发与管理相结合战略。如今,铁狮门已经是举世闻名的房地产开发商以及基金管理公司。其轻资产运营模式为:

第一,擅长小股操盘。众所周知,"地产界的投行"是铁狮门的称号,其依托强大的品牌效力和出色的运营管理能力,将开发与管理密切结合,运用轻资产的发展模式来实现资本约束的突破。铁狮门在房地产开发业务方面拥有着全球专业能力最强的团队,为世界上许多城市建造了地标性建筑。此外,铁狮门的业务在全球广泛分布,构建起覆盖各大城市的经营网络,擅于发掘有难度但是有潜力的项目,通过铁狮门专业化的改造,使那些有发展潜力的地产项目发挥出最大的潜在价值。此外,铁狮门还拥有行业内首屈一指的物业运营管理能力,为许多世界 500 强的企业和机构提供物业管理服务工作。铁狮门高品质的物业管理水平,使得它和全球诸多有租赁需求的客户达成合作。

第二,铁狮门采取以投资机构为核心,将运营机构作为受托管理人的基金管理模式,如表 6-4 所示。

第6章 房地产企业轻资产运营转型

铁狮门地产基金运营模式 表 6-4

多元化	一方面,投资高端的商业物业;另一方面,参与住宅物业,使得公司的投资机制更加多元化,在不同的领域均可获取利润回报
投资结构	1. 资本运作主要综合了公司资本的需求及对物业价值的预期来进行,选择股权投资或债券投资的方式来改变物业的股权结构。 2. 铁狮门一般会寻找合适的合作伙伴一起完成物业收购,将其中的办公类物业放入旗下投资基金,并且在短期内出售其中部分股权,获得项目增值的收益。 3. 最后,铁狮门对剩余股权将在较长时间内持有,在获取物业租金收益的同时收取运营物业管理费
价值增长	对被收购的物业进行重新设计、重新配置来提升其物业品质,使其内在价值得以增长

综上所述,在铁狮门的轻资产运营模式中,金融募资及其资本运作能力是其最核心的竞争力。通过合资基金投资或收购各种物业,凭借高水平的价值发现和价值提升能力使物业价值得到增长,之后从地产基金的超额收益分配和收取每个阶段的管理费,用以获取丰富的利润,通过低于5%的资本投入,经过铁狮门的运作,达到获取项目超过40%资本回报的效果。

2. 凯德轻资产运营模式

凯德轻资产运营模式是指凯德集团所运用的轻资产运营模式。凯德总部设在新加坡,主要业务是房地产开发和房地产金融业务,作为亚洲最大的房地产企业之一,其业务范围面向全球,已涵盖多个国家。

凯德轻资产运营模式的核心是"房地产+全产业链资本运作",企业将开发或收购的项目合并放进信托基金或私募基金,并持有其基金一定比例的股份,其他股权由专业的投资机构持有,但是在项目运营过程中,其他投资机构不得干涉企业对项目运营的管理,必须由凯德集团派遣管理团队负责运营管理,等到项目运营成熟后,以REITs方式退出,有利于使其资金达到循环投资的效果,构造了一个以房地产基金为核心的投资物业成长通道,如图6-1所示。作为成熟的"轻资产"商业运营模式代表,凯德集团是一个经典的、值得借鉴的楷模。

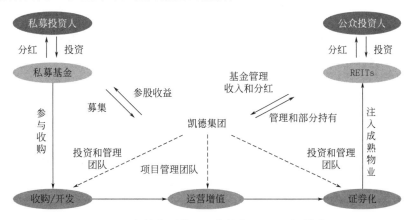

图 6-1 凯德集团的"私募基金+REITs"模式

另外，凯德轻资产运营模式，其是运营机构的同时也作为投资管理人。首先，将投资开发的项目打包纳入信托基金或私募基金，企业自身持有基金的部分股权，剩余部分则由海外投资者持有。然后，在项目运营稳定并实现资产增值以后，再以REITs方式退出，凯德集团主要采用这种方法来完成整个投资循环取得收益，其轻资产运作模式如图6-2所示。

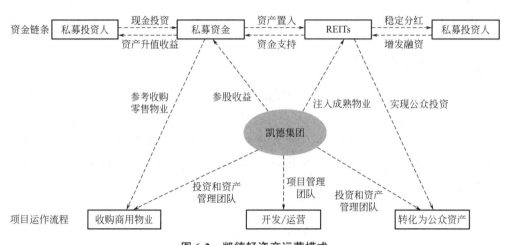

图6-2　凯德轻资产运营模式

凯德轻资产运营的融资模式，主要是以房地产PE（私募股权投资）和REITs为核心的房地产金融平台为主要方式，如图6-3所示。

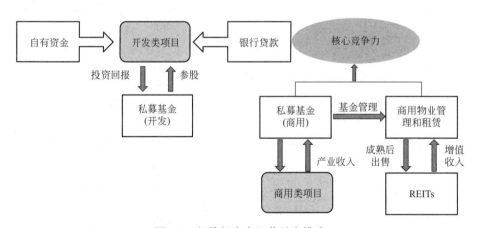

图6-3　凯德轻资产运营融资模式

凯德轻资产运营的盈利模式。凯德轻资产运营模式通过投资管理、房地产金融、招商引资合作运营等资产运营方式，实现以金融平台（REITs和私募基金）为主导，以地产金融为核心的盈利模式（图6-4），它主要以地产开发、运营管理为载体，收益则来自于基础管理费和金融业务的额外收入。

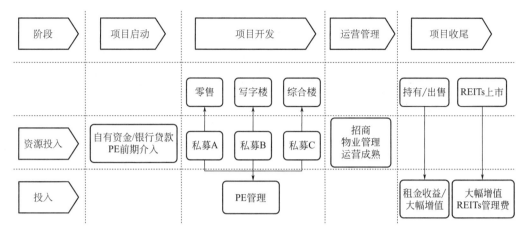

图 6-4 凯德轻资产运营盈利模式

6.2 凯德轻资产运营转型案例解析

6.2.1 凯德轻资产运营模式的特点

1. 抽离非核心资产和套现核心资产进行减债和回收资本

在转型前期,凯德集团坚决抽离非核心资产和套现核心资产进行减债和回收资本,取得了明显的效果。在 2001~2003 年,凯德集团抽离了非核心资产共计 30 亿新加坡元,利用其中一部分减少了 21 亿新加坡元的债务。2001 年凯德集团净负债权益比从 92% 降至 87%,2002 年继续降至 73%。与此同时,核心资产也不断在变现。在 2007、2008 两年内,凯德集团把约 70 亿新加坡元的资产套现后,将其中 40 亿新加坡元进行减轻债务及增添现金储备,剩余 30 亿新加坡元则进行再投资。

这些举措使得凯德集团抵挡住了 2007 年次贷危机的冲击。非核心资产和核心资产的剥离收入被循环使用,重新构建其商业投资组合。同时通过剥离非核心资产,凯德集团的业务结构更加清晰,更能专注于核心业务,例如子公司雅诗阁有限公司(以下简称雅诗阁)通过剥离非核心资产成为纯粹的服务式公寓经营者,详见表 6-5、表 6-6。

剥离非核心资产的效果　　　　　　　　　　　　　　　表 6-5

年份	剥离非核心资产的效果
2001 年	减债 13 亿~69 亿新加坡元,净负债权益比从 92% 降至 87%;雅诗阁净负债权益比从 79% 降至 52%。产生 1.25 亿新加坡元的利润,是 EBIT 同比增长 44% 的原因之一
2002 年	减债 12 亿新加坡元,净负债资本比降至 73%
2005 年	收获了 6.61 亿新加坡元的收益,净负债资本比降至 50%

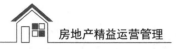

续表

年份	剥离非核心资产的效果
2006 年	变现 2.3 亿新加坡元,贡献 0.4 万新加坡元的利润
2009 年	总共获得约 2200 万新加坡元
2011 年	总共获得约 9900 万新加坡元
2013 年	总共获得约 19300 万新加坡元

套现核心资产的效果 表 6-6

年份	核心资产套现,解锁资本的成果
2004 年	雅诗阁:卖出新加坡和泰国曼谷的成熟服务式公寓资产,购入欧洲 50% 的 the Citadines 公司服务式公寓的股权
2006 年	雅诗阁:将超过 10 亿新加坡元的投资和资产卖出,取得现金收益超过 6.5 亿新加坡元;用于投资 2400 套服务式公寓
2007 年	CLL:抛售了新加坡 CBD 地区的 7 处写字楼;剥离了 8 Shenton Way(一座 52 层商业地标性建筑)获得 10.39 亿新加坡元
2008 年	CLL:抛售了两处写字楼、资金大厦等,合计 33 亿新加坡元的资产被套现,从中取得资本收益约 6.1 亿新加坡元(包括注入 REITs 的资产)

2. 地产私募基金与 REITs 的相互支持实现良性持续扩张

凯德轻资产运营模式中最核心的部分就是"PE+REITs",缺少两部分的任一部分都不能形成凯德轻资产运营模式。如果只有私募基金没有 REITs,私募基金就会缺乏一个较好的退出通道,成熟的物业不能置入到 REITs,从而无法实现稳定收益和价值套现。如果只有 REITs 没有私募基金,缺少了一个成熟物业的孵化和培植渠道,REITs 吸收成熟物业的作用大大减小。

具体而言,私募基金的作用是能够提升项目收益率,有效减少项目前期资金压力。私募基金是凯德集团成功运作的重要支撑。凯德集团通过参与私募基金的发起,能够主动进入房地产开发阶段,将孵化的项目进行培植,待其成熟后将成熟的物业置入上市的房地产信托投资基金(REITs)中或者直接转让。这一过程完成后,一方面凯德集团可以从资产溢价中得到颇丰的收益,另一方面因为商业项目中资金沉淀的减少,促使资本能够快速高效流动,资金利用效率提升。

综上所述,私募基金和 REITs 的配合可以实现资本高效流动,有效解决重资产模式下现金流压力和融资压力,并从完整的投资和退出闭环链条中获得较高的收益,解决高负债低回报的困境。凯德集团已经将这套模式运用得炉火纯青,下面是两个典型的案例。

(1) CMT(REITs)和 CRS 之间相互扶持。

CMT(Capital Mall Trust)是新加坡交易所上市的第一只房地产信托投资基金,

由凯德集团的间接全资子公司负责管理。在上市时就拥有三处由凯德集团置入的资产。为配合 CMT 的快速发展，凯德集团紧接着设立了 CRS（Capita Retail Singapore Fund）来培养更多成熟的资产项目提供给 CMT。与此同时，CMT 在 2003 年通过发行 4500 单位信托进行融资，买进了 CRS 的 0.58 亿新加坡元的高等级债权（27％股权），此举为 CRS 提供了资金支持。之后 CRS 不断将成熟的零售物业项目置入到 CMT。2007 年 CMT 将 CRS 剩余的股份以 7.1 亿新加坡元收购，吸纳其剩下的 73％ 的资产，如图 6-5 所示。截至 2017 年 3 月 31 日，CMT 拥有 16 个购物中心，2800 多套租赁物业，其市值超过 70 亿新加坡元，是新加坡交易所市值最大的房地产信托投资基金。

年份	2002年	2003年	2004年	2005年	2006年	2007年
过程	CMT上市，置入3处写字楼（凯德集团占比50%）					
		CRS设立，CRS收购新加坡三座商场				
		IMM大厦注入CMT	新加坡广场注入CMT			
		CMT以8.2%的票面利率持有CRS27%的股份		CMT在新加坡收购了四座购物中心，包括Bugis Junction		
					CMT与CCT合作收购Raffles City	
						CRS被CMT整体收购
CMT规模				CMT规模 34亿新加坡元		CMT规模 54亿新加坡元

图 6-5　CMT（PE）和 CRS（REITs）的成长时间表

（2）CRCIF（PE）与 CRCT（REITs）之间的相互扶持。

以凯德 MALL·西直门为例分析 CRCIF（PE）与 CRCT（REITs）之间的相互扶持。2006 年 5 月，凯德集团旗下凯德商用房产管理咨询（上海）有限公司（以下简称凯德商用）出资 30％设立的 CRCIF（CapitaRetail China Incubator Fund）以 13.2 亿元的代价，买进西直门购物中心一期，然后投资约 1.5 亿元进行重整设备、规划资产等改造。紧接着当年 10 月，凯德集团持股 6.3％的房地产信托投资基金 CRCT 就公告将斥资 3.36 亿新加坡元（约 17 亿元人民币）收购该物业。一买一卖间，相比初始投资（不含改造成本），买卖资产溢价达到约 28.78％。若初始投入包含后续的改造成本，买卖资产的溢价也有 15.65％。此次收购中，CRCT 利用增发股票筹措了1.88亿新加坡元的资金,剩余部分利用贷款筹集。收购前后的每股净资产(NAV)分别是0.98新加坡元和1.06新加坡元,增发价格为1.36新加坡元/股,溢价率超过30%。即投资者耗费1.36新加坡元购买了真实价值约1新加坡元的股票。此次收购交易于2008年2月完成。由此,凯德MALL·西直门顺遂地完成了从私募基金到公开上市REITs的转移,从收购环节开始,凯德集团就能够在资产管理、物业管理和基金管理等多个关卡获取收益,如图6-6所示。

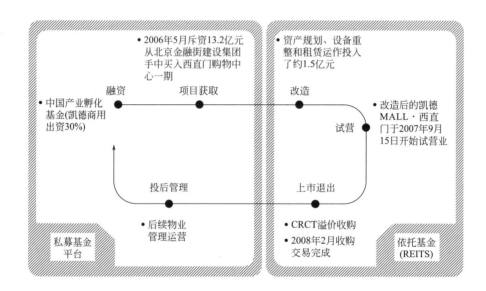

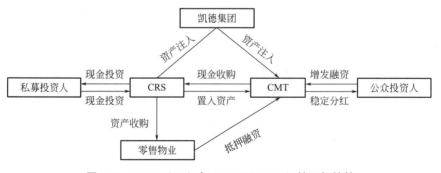

图6-6 CRCIF(PE)与CRCT(REITs)的互相扶持

3. 细分基金化各类资产平衡发展

凯德轻资产运营的基金化模式以细分化为原则,对旗下不同类型或者位于不同区域的物业进行识别,分别置入相应的细分基金。以物业位于的国家或地区细分,凯德集团拥有中国区基金、新加坡基金、越南基金、日本基金、马来西亚基金等。以物业类型细分,凯德集团拥有住宅开发基金、城市综合体(来福士广场)基金、服务型公寓基金、零售物业基金、商用(写字楼)物业基金等。

4. 由管理费用和额外收益构成更稳定的盈利模式

在凯德轻资产运营中，以地产金融平台为基石的全产业链是其盈利模式的核心架构。通过投资管理＋房地产金融平台＋招商运营，成功实现以金融资本（私募基金与REITs）为主导，以商业地产开发收购、管理运营为载体的盈利模式，既收获稳定的租金收益和持有项目增值收益，又实现金融业务发展带来"跳跃性高收益"，详见图6-7。

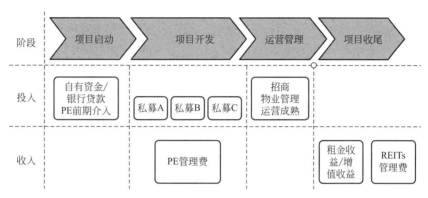

图6-7 凯德轻资产运营的盈利模式

以凯德商用中国信托（CRCT）为例（表6-7），除了基本管理费用，还可获得因REITs分红得到的额外收益。粗略估算可知，自2006年凯德商用中国信托（初始运营物业总价值为7.57亿新加坡元）上市后，凯德集团从凯德商用中国信托平均每年得到的基础管理费达0.12亿新加坡元。除此之外，由于凯德集团持有凯德商用中国信托20%的份额，年均可享受额外REITs分红收益约0.1亿新加坡元。基础管理费加分红收益，计算可得年均投入资本回报率约15%。

凯德商用中国信托盈利来源　　　　　表6-7

	费用类别	费用名称	费用金额
基础管理费	经营管理费用	基本费	物业价值0.25%
		基本业务提成费	净收入4%
		授权投资管理费	授权投资金额0.5%
	其他重大费用	物业管理费	物业总收入2%
			物业净收入2%
			物业净收入0.5%，以代替租金佣金
		收购费	授权投资物业收购价格1%～1.5%
		处置费	授权投资物业处置价格0.5%
额外收益			基金分红

6.2.2 凯德轻资产运营战略转型效果分析

1. 盈利能力的提高

据2000年凯德集团年报显示,扣除特殊项目前的ROE只有1.5%,扣除后为-4.2%;扣除特殊项目前的ROA只有3.4%,扣除后为1%。实现轻资产运营战略后,权益净利率和总资产净利率一度不断上涨,在2007年达到最高点,2007年ROE(扣除特殊项目后)为31.9%,ROA(扣除特殊项目后)为15.7%。受到2008年次贷金融危机的影响迅速回落,目前保持在ROE(扣除特殊项目后)6.6%、ROA(扣除特殊项目后)4.4%的状态。由凯德集团年报数据揭露,2015年和2016年平均融资成本分别为3.50%、3.30%。由此可见,轻资产运营下的凯德集团,回报率是大于资本成本的,如图6-8所示。

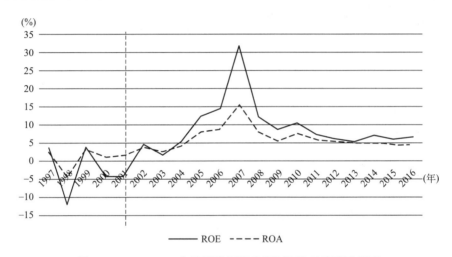

图6-8 1997~2016年凯德集团权益净利率和总资产净利率

2. 偿债能力的增强

净负债资本比[(有息负债-现金)/权益资本]很大程度上反映了企业所有者权益对债权人利益的保护程度,以及财务结构是否合理。经过2000年轻资产转型以后,凯德集团的净负债资本比保持下降趋势,2000年净负债资本达到92%,而2016年净负债资本比为41%,自2005年后几乎保持在50%以下,意味着资产结构得以优化,企业财务结构稳健,债权人利益得以保护。

利息保障倍数(息税前利润/利息费用)这一指标较好地反映了企业支付负债利息的能力。2000年以前在重资产运营模式下,利息保障倍数较低,说明凯德集团支付负债利息能力较低,债权的安全程度较弱。2000年轻资产运营战略转型后,利息保障倍数谷底反弹,在2004年后基本保持在约5倍的水平,说明偿债能力有所提高,债权得到保障,如图6-9所示。

图 6-9　1997~2016 年凯德集团净负债资本比与利息保障倍数

3. 现金流状况的改善

自 2000 年从重资产运营模式向轻资产运营转型后,2001~2016 年凯德集团几乎每年的经营活动现金净流量均为正值,目前凯德集团的现金流状况充足,财务压力较小,现金流状况更加稳定(图 6-10)。

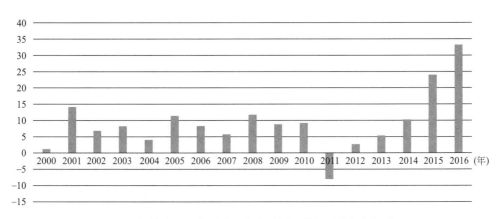

图 6-10　凯德集团经营活动现金净流量(单位:十亿新加坡元)

4. 资产管理能力的提升

截至 2016 年,凯德集团的资产管理规模(AUM)达到 479 亿新加坡元(图 6-11),并且逐年上涨,遥遥领先于新加坡其他房地产龙头企业。

与此同时,凯德集团以更安全和更高回报的方式扩张。盈利能力提升、负债水平回到安全线内的同时,凯德加速高效扩张规模。对比转型前 2000 年和 2016 年的数据发现,凯德集团进入的城市翻了 4 倍,2016 年凯德集团的业务遍布全球 138 个城市;管理的总资产增长了 2.3 倍,达到 458 亿新加坡元,其中海外资产占比从 25% 上升

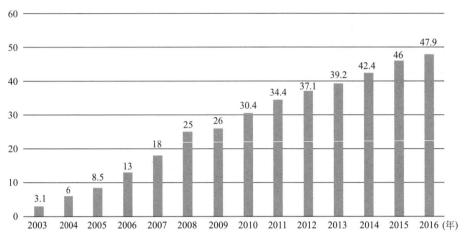

图 6-11 凯德集团资产管理规模（AUM）（单位：十亿新加坡元）

至 65%；购物中心数量翻了 12 倍，达到 84 个；服务式公寓增长 6 倍，达到 3.5 万套，如表 6-8 所示。

凯德集团业务扩展情况　　　　表 6-8

	2000 年	2016 年	增长倍数（倍）
进入城市	33 个	138 个	4
海外资产占比	25%	65%	3
总资产（亿新加坡元）	196	458	2.3
购物中心数量	7 个	84 个	12
服务式公寓数量	6000 套	35000 套	6

5. 资产和收入构成的优化

从图 6-12、图 6-13 可以看出（因为统计口径不同，故分为两张图），在转型前期，因为凯德集团频频将成熟的投资物业置入 REITs，而 REITs 具有出表的功能，2000～2010 年，凯德集团资产构成中，投资物业和发展物业的比例不断下降。而相关合资公司和合伙企业的资产比例不断上升。得益于资金的回笼，包含现金及现金等价物的"固定资产和其他资产"的占比随之有所增加。在轻资产运营模式快速发展期间，资产结构得到优化。

2000 年凯德集团提出轻资产运营战略转型时，提到要拓展以收费收入为主的新模式，从 2014～2016 年的年报数据来看（表 6-9），凯德集团初步形成了收费收入占总收入 10% 左右的成效，收入构成得到优化，因为收费收入是总收入中风险较低的部分，在经济下行时期，费用收入的稳定和低营业杠杆可以保证企业免受意外的负面冲击。

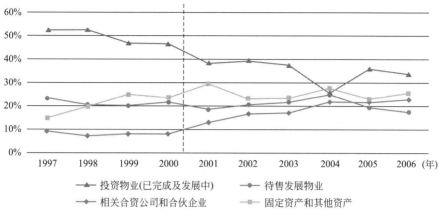

图 6-12 1997~2006 年凯德资产构成（一）

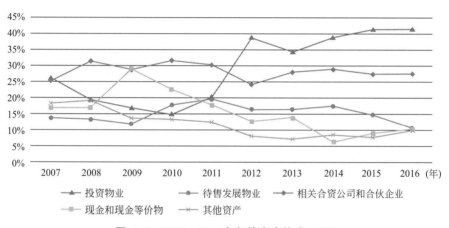

图 6-13 2007~2016 年凯德资产构成（二）

凯德集团 2014~2016 年业务收入构成　　　　表 6-9

	2014 年	2015 年	2016 年
物业交易（%）	56.1	56.3	64.0
租金及相关收入（%）	19.0	17.1	16.2
收费收入（%）	9.6	8.7	6.8
服务式住宅租金及相关收入（%）	15.2	13.4	12.8
其他（%）	0.1	4.5	0.2
合计（%）	100	100	100

6. 资本市场的认可

当资本市场投资者研究一家房地产企业财务状况时，最常用的指标有每股盈余和每股净有形资产。EPS（每股盈余＝盈余/总股本），代表每一股股票当时所具备的获利能力，如果净利润为负，EPS 也为负。而当 EPS 越高时，PE（市盈率＝每股市价/每股利润）可能会越低，说明企业股价可能存在低估的可能。每股净有形资产［（资产－负债－无形资产）/总股本］，代表每一股股票所能分配到的企业账面净有形资产的价值。每股净有形资产越大，说明每股股票代表的股东财富越丰厚，该企业发展前景越光明，企业股票投资价值越大。

如图 6-14 所示，转型前，因为利润为负的原因，1998 年和 2000 年的 EPS 分别为－31.7、－11.5。转型后，随着净利润的增长，EPS 逐年上涨，在 2007 年达到 98.6。近几年，凯德集团 EPS 稳定在 20～30。说明转型后的前期，凯德集团的获利能力迅猛增长，到后期较为平稳，比起转型前的获利能力得到很大程度地提升。转型前，凯德集团面临每股净有形资产下降的窘境；转型后，凯德集团每股净有形资产一路攀升，2015 年达到最高点，表明转型后凯德集团股东财富不断增加。

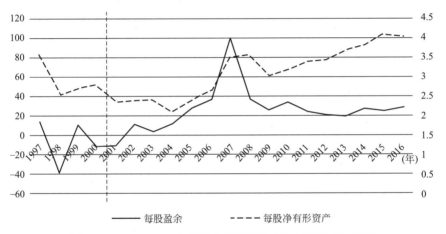

图 6-14　1997～2016 年凯德集团每股盈余和每股净有形资产

凯德轻资产运营战略转型，不但使凯德集团摆脱了转型前面临的困境，优化了财务数据，而且赢得了资本市场投资者的认可。截至目前，同为新加坡房地产企业的吉宝集团、城市发展有限公司、丰树集团设立的私募基金和 REITs 都没有凯德集团多，凯德集团是几家地产公司中轻资产运营战略推进最快的。图 6-15 可见，在 2004～2008 年凯德集团推出 16 只房地产私募基金和 4 只房地产信托投资基金期间，凯德集团股价涨幅明显高于其他几家新加坡房地产龙头企业，最高峰时股价涨幅达到 470%。截至 2017 年 12 月 31 日，凯德集团的总市值达到 150 亿新加坡元，吉宝集团总市值为 133 亿新加坡元，城市发展有限公司总市值为 134 亿新加坡元。轻资产运营模式的运用使得凯德集团品牌知名度上升，各项财务指标向好，前景光明，吸引了资本市场投资者投资。股价的表现恰恰能证明资本市场对凯德集团进行轻资产战略转型的认可。

图 6-15 2004～2016 年四家新加坡房地产企业的股价涨跌幅图

6.2.3 凯德轻资产运营模式对我国房地产企业转型的启示

凯德轻资产运营模式中最重要的一点是私募基金与 REITs 的配合（表 6-10）。私募基金能够提升项目收益率，有效减少项目前期资金压力。私募基金是凯德集团成功运作的重要支撑。凯德集团通过参与私募基金的发起，能够主动进入房地产开发阶段，将孵化的项目进行培植，待其成熟后将成熟的物业置入上市的房地产信托投资基金（REITs）中或者直接转让。这一过程完成后，一方面凯德集团可以从资产溢价中得到颇丰的收益，另一方面因为商业项目中资金沉淀的减少，促使资本能够快速高效流动，资金利用效率提升。

REITs 私募地产基金的主要优势　　　　　　表 6-10

所有权和控制力	因为私募地产基金直接持有所投资房地产权益,所以可以直接管理资产,达到其管理目标和投资策略
价值创造	私募地产基金收购资产后,利用房屋更新、财务整顿等二次包装手段实现资产升值,升值后适时卖出,就可以收获超买入价格的可观收益,实现价值创造
利益重组	私募地产基金对项目的运作更灵活,既可以合并不同的项目使其更好地卖出,又可以分拆一个项目,进行融资、租赁或者出售。分拆的一个好处是减少项目的折价,使得分拆后每一部分资产高于原来的价格
贷款优惠	与其他私募股权投资如杠杆收购相比,私募地产基金因为房地产项目具备较为稳定的现金流,从而能更轻易得到较低的贷款利率,减少融资成本
退出灵活	私募地产基金的退出方式较为灵活,主要有两种,一种是在非公开的市场上卖出资产,另一种是通过置入上市的 REITs,在公开市场完成退出
树立创新形象	REITs 在我国的发展刚起步,是新颖的资本市场产品,发行 REITs 进行融资会引起市场关注,从而打开知名度,树立勇于探索、革故鼎新的市场形象

续表

盘活存量资产	通过 REITs 方式,可以将企业沉淀资产盘活,将物业资产转换为流动性更强的现金资产,支持企业筹集运营资金的同时不会提升企业的资产负债率
改善财务指标	REITs 通过资产出表进行融资,能够明显改善公司的资本结构,调整企业的资产负债情况;企业可以在不失去物业使用权的情况下,确认房产增值的收益,改善当期利润表数据
拓宽融资渠道	可帮助企业减少对传统融资方式的依赖,拓宽融资渠道,实现融资方式多元化。专项计划能够突破传统债务融资工具(如企业债、公司债、中期票据等)在融资总额方面不超过净资产 40% 的限制
募集资金用途灵活	专项计划对募集资金的用途没有限制,不需要与项目挂钩,从而赋予企业更大的财务自主权
融资成本较低	由于资产支持的存在,REITs 专项计划产品有望进一步降低融资方的融资成本

鉴于上述分析,私募地产基金和 REITs 对房地产企业具有众多意义和优势。因此,从短期来看,借鉴凯德轻资产运营模式有助于国内房地产企业减少前期资金压力、优化企业报表、降低财务风险、提升资本回报率。从长远来看,凯德轻资产运营模式有利于国内房地产企业巩固规模优势,提升品牌价值;有助于企业更专注于资产管理,提升自身资产服务能力;有益于企业提升流动性,把握并购机会。详见图 6-16。

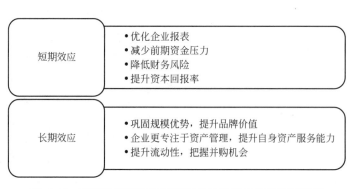

图 6-16 借鉴凯德轻资产运营模式的短期效应与长期效应

6.3 花样年集团轻资产运营模式案例解析

6.3.1 花样年集团经营业务板块

截至 2016 年末,花样年集团(中国)有限公司(以下简称花样年集团)的业务范围共涵盖八大板块,分别是:房地产开发业务、以彩生活服务集团为核心的社区服务业务、以深圳市美易家商务服务集团股份有限公司为核心的高端物业运营业务、作为发展引擎的社区金融业务、商业管理业务、涵盖酒店管理业务的大文旅业务、养生养老业务和社区教育业务，如图 6-17 所示。

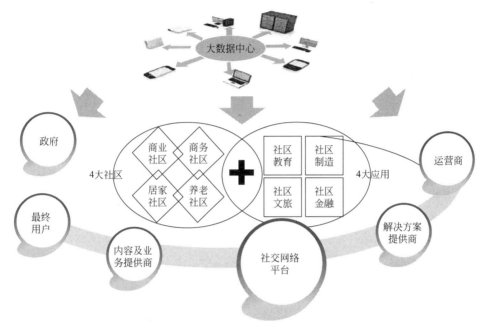

图 6-17　花样年集团主要业务范围

1. 房地产开发业务

花样年集团的房地产开发业务主要集中于中国经济发展最为活跃的珠江三角洲、长三角地区、成渝经济区、京津都市圈和华中地区，目前已经进入北京市、上海市、深圳市、天津市、东莞市、成都市、无锡市、南京市、桂林市、大理市、宁波市等一、二线城市或区域核心城市。花样年集团房地产开发产品的重中之重，是城市综合体、中高档住宅和精品高档住宅，覆盖了写字楼、多层与高层住宅、酒店、商务公寓、别墅、花园洋房等。

2. 社区服务业务

花样年集团的社区服务业务以彩生活服务集团为核心。彩生活服务集团聚焦于围绕社区生活一公里的微商圈商机，通过线上平台彩之云来不断扩大对社区周边资源的开拓与整合，从而更好地满足社区居民的需求体验和交易要求，并为社区业主提供更加优质和便捷的社区生活方式。彩生活服务集团的发展愿望是"把社区服务做到家"。截至目前，在管服务项目已有 2339 个。就其管理服务面积而言，也已超过 3.951 亿平方米。共计覆盖中国 209 个城市及新加坡，形成遍及全国范围的战略布局并开始对中国香港和新加坡的区域布局。

3. 物业运营业务

花样年集团的物业运营业务以其旗下的深圳市美易家商务服务集团股份有限公司（以下简称美易家）为核心，该服务提供商主要重视为物业综合化服务提供解决方案，其重点服务城市综合体、度假式物业以及写字楼等商业地产项目。同时还为商业地产项目的客户提供资产运营服务，其资产托管服务注重专业和全面两个因素，服务对象主要是产权所有人和物业使用者。此外还有增值服务。截至 2016 年底，美易家在管的项目已经遍及全国 38 个城市，同时美易家已经成立 16 家分公司，总服务管理面积达到 1880 万平方米，对全国性核心区域完成了基本覆盖，大致形成遍及全国的战略布局。

4. 社区金融业务

作为花样年集团"社区+"战略的重要发展引擎和核心业务板块，社区金融业务板块自 2013 年开始发展以来，基于花样年集团拥有的强大社区服务运营平台，同时利用"互联网+"等高新技术，其规模不断扩大。花样年集团的社区金融业务通过开展互联网金融模式，已经延伸到互联网金融平台、保险经纪、融资租赁、第三方支付和保理等多样化的金融领域内。凭借上述内容，让其金融服务更加便捷和全面，进一步服务社区。进而"社区+金融"的独特发展路径予以成立。社区金融旗下如深圳市中安信保险经纪有限公司（以下简称中安信公司）与成都合盈融资租赁有限公司等都是花样年集团社区金融业务的重要组成部分，中安信公司目前已经与国内各大主流的保险公司达成战略合作；后者则成功打造了社区租赁特色商业模式，两者目前都已经取得相当不错的成果。

5. 商业管理业务

花样年集团全资附属的花样年商业管理有限公司负责管理和运营花样年集团开发的城市综合体和购物中心，主要有红唐、花生唐、芝麻唐和花样世界奥特莱斯四条商业产品线，其总运营面积达到 200 万平方米。花样年集团的商业管理业务除了对自持商业资产进行管理外，还受托进行商业资产管理，是开展轻资产运营项目的主要板块之一。目前累计管理输出项目数量达 30 多个，地理位置涵盖了南至广东省，北到吉林省，西及西藏自治区，东达江苏省和浙江省，遍及我国 10 多个省份。商业品牌的输出实现了委托方和受托方的双赢。

6. 其他服务业务

花样年集团全资附属的深圳市花样年文化旅游管理有限公司和深圳市福泰年投资管理有限公司分别主导集团的大文旅板块和养老业务。花样年集团开展的大文旅业务板块主要以"酒店+旅游"为核心，其业务范围涵盖酒店、高尔夫球场、城市会所、私人俱乐部、主题公园、艺术馆、工程咨询等领域。同时花样年集团的社区养老业务体系通过深圳市福泰年投资管理有限公司（以下简称福泰年）构建，养老服务是其重中之重。此外，福泰年希望能成立一条全养老产业链，专攻居家养老、社区养老和机构养老。目前，福泰年旗下拥有老人团体旅游、居家上门服务、健康管理、康复理疗、老年大学等业务和产品线。

教育产业是花样年集团为满足业务快速发展和建立家庭温度需要而着力打造的新型产业平台,主要聚焦于社区教育、职业教育和国民教育等,以期构建新型的现代教育服务平台及儿童成长体验平台,从而为社区家庭提供高品质的服务型人才,为社区家庭提供独特体验的教育环境,并为社区儿童创造良好的成长环境。

经过近四年的探索,轻资产运营是花样年集团的发展理念,其目标是改善企业金融能力,提升服务实力。目前为止,花样年集团正在转型,从以往的传统经营模式转变成着眼于金融业务,以此服务社区、以房地产开发为工具,以互联网和移动互联网技术,包括社区大数据为基础的金融控股集团,形成了多种业务共同发展的格局。不仅如此,该集团已经向国外市场发起了探索。

6.3.2 花样年集团基于社区综合服务的轻资产运营模式转型分析

2013年花样年集团正式宣布开始向更安全和更高效的轻资产运营模式转型。花样年集团以提供社区综合服务为核心,作为"社区服务商",通过传统房地产开发业务、社区服务、社区金融、社区商务、社区商业、社区养老、社区文旅、社区教育八大板块构筑独特的社区生态圈。基于此,花样年集团不仅注重房地产开发,还有物业管理、金融服务、商业零售、养老和教育等方面的业务。

1. 以社区综合服务为轻资产转型核心

围绕社区综合服务,花样年集团转型的重中之重为住宅区物业管理服务。在许多人眼里,物业管理服务盈利不大,且附属于房地产开发行业。具体到花样年集团的转型,该企业的第一要务就是发展这个属于劳动密集型的业务。花样年集团通过构建标准化、集约化、自动化的服务标准和质量管控体系,利用现代技术,尤其是"互联网+"技术改善社区服务质量,从而让社区服务业务不再仰赖传统劳动力,让该企业进一步节省人工成本,从而缓解了其与不断升高的物业管理费的矛盾。

为了更加专业地开展物业管理服务,拓展品牌知名度,花样年集团给旗下专注于物业管理服务的业务以独立的品牌:彩生活。彩生活服务集团聚焦于物业服务、资产运营着眼于高新科技同综合型物业服务的结合,进行全面发展。彩生活服务集团的经营理念是:将社区服务做到家,体现了它对社区服务业务的重视和目标所在。随后花样年集团于2014年6月在香港交易所把彩生活服务集团分拆上市,成为中国社区服务运营第一股。彩生活服务集团的服务内容主要有:物业管理服务、工程服务和社区租赁、销售及其他服务三大板块。在物业管理服务中,彩生活服务集团不仅提供面向住宅社区的保安、清洁、园艺、维修和保养等物业基本服务,还作为物业发展商对外提供物业顾问服务。彩生活服务集团的工程服务主要提供设备安装、维修及保养,还有设备升级服务等,值得一提的是彩生活服务集团的工程服务包括对社区硬件持续进行基于互联网技术的改造。社区租赁、销售及其他服务主要以线上平台"彩之云"为核心,提供增值和延伸服务,使得社区居民凭借这个平台与当地各类服务或商品供应商联系，从而为社区居民创造更加便捷、舒适的社区生活环境。彩生活服务集团从以下四个方面提供社区综合服务来进行轻资产运营转型。

(1) 以社区综合服务为核心竞争力

核心竞争力这一资源，可以帮助企业获得竞争优势。不仅如此，更是轻资产运营模式的基本条件。企业必须明确自身的核心竞争力，才能在激烈的市场竞争中处于不败之地。进而，让其产品和服务的价值进一步提升。与国外不同，我国的居住形态密集，从而产生不同的物业管理模式，有着巨大的市场需求。彩生活服务集团的物业服务，除了在所服务的小区内设立社区服务中心外，主要通过彩之云搭建"线上+线下"的平台，构建社区场景和入口，通过与各类垂直门类的社区O2O供应商合作，为社区居民提供更加安全、便利的生活环境。除了基于基础物业服务的"扫一扫开门""E维修"（生活服务）"E租房"（房屋服务）等，还有"E理财"提供金融服务等一系列"E"服务，一方面增加了社区居民的便利性和舒适性，另一方面也增进了业主与彩生活服务集团之间的联系。此外，彩生活服务集团还提出彩生活住宅销售模式，与物业发展商和金融机构联手，在销售住宅时捆绑返还饭票优惠券用于彩之云平台上的各项消费。住宅购房人可使用有关优惠券节省生活成本，彩之云亦可改善用户忠诚度和用户活跃度。

彩生活服务集团通过互联网技术，致力于将社区服务由劳动密集型转向技术密集型，目的是有效降低过去物业管理服务成本中占比较大的人力成本。因此，彩生活服务集团一直不遗余力地通过对互联网技术的应用、智能设备的投入、管理体系的提升，让人工成本的比例进一步降低，进而可以对成本进行管控，让人力得到节省。让更新的盈利方式替代以往的旧模式，能够让企业在对社区进行服务时，获得更加持续的盈利。花样年集团通过发展互联网和移动互联网技术，已经实现总部对全国项目的有效监控，从而减少中间层级，实现扁平化。同时管理的社区根据不同的收费标准划分为若干服务层级，制定定制的设备改造和服务方案标准，通过标准化来确保客户体验的一致性，从而保证了在全国的扩张能力，并实现成本控制。

(2) 以"互联网+"构建生态圈

现代高新技术，尤其是互联网以及移动互联网技术是轻资产运营模式转型的基础。物业管理行业是目前为数不多的互联网程度较低的行业，传统物业管理模式非常粗放，提升服务品质最普遍的做法是增加服务人员的数量，且由于人治化的管理，普通物业管理企业往往面临边际效应递增，缺乏规模效应的困境。然而，在技术匮乏的行业中进行技术投入，常常可以带来服务效率的大幅提升。但与传统互联网不同，线下服务无法突破物理半径的制约，因此传统互联网漫无边际、全面铺开的做法不适用于到家服务。可是，对于物业管理公司而言，其距离社区业主很近。随着时间的变化，其同业主之间取得了信任。这样一来，以物业服务进入家庭的手段，能够最大限度地节省成本。然后通过物业管理公司服务来拓展新的利润点，提高物业管理服务，实现从社区到家庭的良性循环。因此，彩生活服务集团通过从社区的基础物业管理出发，逐渐搭建进入社区业主家庭服务的桥梁，通过与互联网等高新技术相结合，最终实现构建B2F（Business to Family）生态圈的目标。截至2016年，花样年集团已经通过互联网技术实现了社区基础物业管理的全面"E"化（"E"维修、"E"电梯、"E"清洁、"E"绿化、"E"安全、"E"缴费、"E"停车及"E"能源等），形成了标准化社区物业服务体系，对社区进行了全面的智能化提升。

(3) 树立品牌影响力，进行平台输出

品牌影响力是轻资产运营模式的特征之一，彩生活服务集团将上市后的首轮融资净额约60%的款项用于收购地区物业管理公司，目的是通过快速扩张来树立品牌影响力。目前，彩生活服务集团的在管项目覆盖了我国209个城市及新加坡，合约总建筑面积达到39510万平方米，为2339个社区提供服务，初步形成了在全国范围内的布局并开始在新加坡和中国香港的区域布局。就华东地区和华南地区而言，由于这些地区经济发达，因此服务面积高达53.2%，是彩生活服务集团影响力较大且重点运营的地区。同时通过平台输出，彩生活服务集团已经与13家企业达成战略合作，彩之云平台能够提供的服务面积将达到769500万平方米，其中包括自管面积395100万平方米和订约面积374400万平方米，从而有效树立了品牌影响力。

为了延伸自身覆盖的服务范围，拓展品牌知名度和影响力并且扩大社区租赁、销售及其他服务的客户基础，彩生活服务集团选择在收购的同时，也与地方物业服务公司签订顾问服务合同，自动化及其他硬件设备安装、租赁服务业务；管理或提供顾问服务业务等。同时开展平台输出战略，对那些迫切希望通过互联网提高服务效率、创新增值服务收益，但因为人才、经验、技术等方面的原因无法实现的物业管理行业的其他企业，彩生活服务集团一方面输出彩之云平台，帮助其节省技术投入开支，另一方面帮助彩生活服务集团社区综合服务生态圈加速扩张，并与合作伙伴实现增值服务收益的共享。彩生活服务集团通过树立品牌影响力、发挥品牌效应，进行并购整合和平台输出，将自身模式快速复制并扩张，从而获得竞争优势。

此外，彩生活服务集团通过与社区业主建立良好关系，从而建立优良口碑、扩大品牌影响力。彩生活服务集团依据社区业主的需求提供各种增值服务，利用网络科技手段进一步发展网络平台和移动客户端福荫社区业主。同时基于与社区业主间的良好客户关系，在一定程度上帮助公司在社区商业方面有所建树。

通过建设社区综合服务生态圈，截至2016年12月31日，彩之云平台的活跃用户数量已经达到174万，彩生活服务集团的增值业务收入约15690万元，增值业务毛利率约91.9%，对彩生活服务集团的税后利润贡献达到30.2%，成为彩生活服务集团的第二大收入和利润来源，从而凸显了花样年集团社区综合服务的成效。

2. 开展社区金融业务，拓展融资渠道

为了拓展融资渠道，花样年集团提出了"社区金融"的概念。从2013年开始，花样年集团启动了金融板块的建设，依托自身作为我国最大的社区平台这一独特优势，同时利用互联网技术，开始采用互联网金融模式来建设花样年集团的金控体系、

金融平台乃至金融生态圈。此举帮助该企业成立旗下各大业务板块之间的金融价值链,以"社区金融"作为自身金融业务的核心和特色来拓展融资渠道、建设金融平台。目前,花样年集团的金融业务板块已经开始在互联网金融平台、保险经纪、融资租赁、第三方支付以及保理等多个领域内开展业务,通过多元化的金融布局,在社区内提供场景化、便利性的金融服务。

花样年集团的社区金融主要通过"钱生花"互联网金融平台,以花样年旗下的社区运营服务商彩生活服务集团的基础上,进一步整合花样年集团旗下的美易家等资源,提供社区金融服务。花样年集团的社区金融立足雄厚的社区资源,为优质的中端人群的消费和服务场景提供金融绑定服务,尤其是把客户人群定位为花样年集团所管辖住宅区的社区业主,通过作为社区运营服务商而与业主建立基本信任,并基于社区大数据了解业主家庭的投资偏好,从而有针对性地提供小额贷款等金融服务。如图6-18所示,花样年集团的金融业务可以与社区生活场景绑定,并依托社区熟人经济圈满足业主的生活金融需求,依托社区大数据进行风险控制。花样年集团的社区金融业务在其信贷客户信用信息收取方面优势独特。花样年集团通过对社区居民平时的日常生活行为的评估来收集信用数据,其中包括社区业主是否按时缴纳水电费、物业管理费等的行为。花样年集团把上述信息无一例外地输入管理平台,从而依托社区大数据对潜在的信用风险进行有效控制,减少坏账风险。此外,花样年集团社区金融业务旗下的深圳市中安信保险经纪有限公司目前已经与国内各大主流保险公司达成战略合作,针对社区家庭用户提供保险顾问和风险管理服务。花样年集团旗下的融资租赁平台——

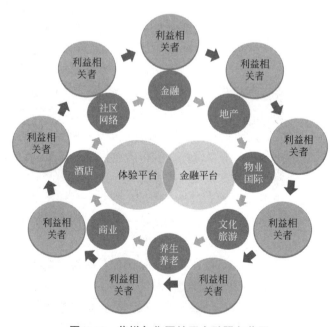

图6-18 花样年集团社区金融服务范围

成都合盈融资租赁有限公司成功地打造了社区融资租赁特色商业模式,把金融服务深入到社区每个角落的同时,也能够获取稳定的回报,其主要扎根于社区冷链物流、生鲜配送、电梯道闸升级改造、养老医疗、汽车美容、节能环保等行业,全方位覆盖社区服务。

3. 推进平台输出并注重酬金制

在花样年集团以彩生活服务集团为核心逐渐建立商业及盈利模式时,开始采用平台输出战略,获取超额利润。花样年集团通过将彩生活线上平台的核心"彩之云"的底层技术输出给合作伙伴,同时获得增值业务收益一半的分成,以较低的投入获得超额收益,提升了资金的使用效率,同时拓展了彩之云平台的覆盖面积,从而能够实现更轻、更快和更高品质的增长。彩生活服务集团亦凭借自身在物业管理行业内的优势,与其他物业公司订立顾问合同,除提供咨询意见外也能够输出自身的经验和平台,并提供社区租赁、销售等增值服务,这项顾问业务产生的毛利率接近100%,2016年贡献收入约4520万元,约占彩生活服务集团2016年总收入的3.4%,同时可以预见未来这项顾问业务也应当会带来更多的额外收益。

此外,花样年集团旗下的商业管理公司除了管理集团开发的社区商业综合体外,目前还开展受托商业资产管理业务,为那些在花样年集团体系以外的商业项目进行业务代理、顾问咨询和委托经营管理等项目输出业务,其中主要是为客户提供诸如研策顾问、规划设计、招商代理、销售代理、开业筹备和营运管理等针对商业地产的全程解决方案,并输出"花生唐""红唐""花样世界奥特莱斯"等花样年集团旗下的社区商业综合体品牌,目前已累计输出受托管理商业地产项目30多个,区域涵盖了南至广东省,北到吉林省,西及西藏自治区,东达江苏省和浙江省,遍及我国10多个省份。

大部分的物业管理公司主要采用包干制的形式收取物业管理费并提供物业服务。包干制即业主向物业服务公司支付固定的物业服务费用,而不论盈余还是亏损均由物业服务公司享有或者承担的一种物业服务计费方式。但是目前这种方式面临人力成本的上涨,而物业管理费难以上调的局面,导致物业管理公司利润空间的压缩,甚至可能导致部分物业管理公司为了获取利润而不惜降低服务质量的恶果,花样年集团旗下的彩生活服务集团主要采用酬金制,即在预收的物业服务资金中按约定的比例或者约定的数额提取酬金,从而支付给物业管理公司,剩余部分则用在物业服务合同中规定的支出内容。若出现结余或者不足,业主通过享有或者承担的物业服务计费。由业主委员会与彩生活服务集团签订合同,彩生活服务集团代理社区的物业管理工作,在管理期间社区的维修费用等由业主委员会承担,彩生活服务集团仅负责管理日常业务,在此基础上索取10%的物业管理费。这种方式使成本和管理透明,激励员工更加积极主动地开展工作,提高经营效率。

6.4 WK 地产集团轻资产运营模式案例解析

6.4.1 WK 地产集团轻资产运营模式转型实施策略

1. 轻型运营模式——"小股操盘"

小股操盘其实是 WK 地产集团进一步探索合作开发模式而得出的一种模式。2013 年，WK 地产集团通过与美国著名房地产企业铁狮门合作开发旧金山项目，学习铁狮门小股操盘的运作流程，总结其成熟的经验，逐渐推广到国内的一些项目上。2014 年，WK 地产集团正式提出小股操盘合作开发模式，开始了其轻资产运营模式的转型之路。

小股操盘模式的基本内涵如图 6-19 所示。在这种模式下，首先，WK 地产集团不再拥有控股地位，而是利用自身的专业研发能力、管理体系以及品牌营销的优势，选择项目土地持有者或资金持有者作为合作方。然后，由 WK 地产集团负责项目的全部流程，而合作方不得干预决策。最后，双方按照协议规定分配收益。

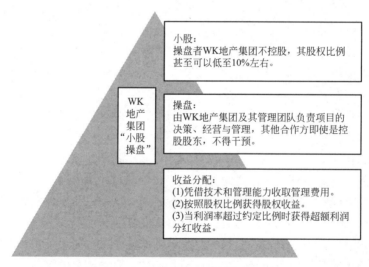

图 6-19 "小股操盘"运营模式示意图

由图 6-19 可以直观地看到，WK 地产集团在"小股操盘"合作开发模式下，可以降低自身的资金投入，充分发挥资本杠杆的作用，使企业获得较高的投资回报。

（1）WK 地产集团保持之前的合作开发模式，但是 WK 地产集团在合作项目中仅持有较低比例的股份，甚至可以低到 10% 左右，即不再成为项目的控股方。

（2）虽然 WK 地产集团不控股，但仍然由 WK 地产集团团队操盘，即不受其他投资人的影响，其他投资人不论出资比例多少，均不可干预项目的经营和管理。同时项目在建设过程中，享用 WK 地产集团的平台和渠道，建设完成后使用 WK 地产集团的品牌。

WK 地产集团的这种做法是充分发挥自己的品牌优势，既是项目的操盘者又是项目的持有者。那么 WK 地产集团的"小股操盘"是具体如何进行运作的？其运作流程如图 6-20、表 6-11 所示。

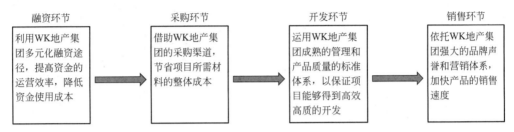

图 6-20 WK 地产集团"小股操盘"运作流程

小股操盘合作开发模式的具体运作流程　　　　　　　　表 6-11

环节	具体内容
融资环节	利用 WK 地产集团多元化的融资途径,提高营运资金效率,节约资金使用成本
采购环节	借助 WK 地产集团的采购渠道,节省项目所需材料的整体成本
开发环节	运用 WK 地产集团成熟的管理和产品质量标准体系,确保项目快速开发且输出高质量的住宅产品
销售环节	依托 WK 地产集团强大的品牌声誉和营销体系,加快产品的销售速度

从图 6-20、表 6-11 可以看出，WK 地产集团利用自身的优势，节省成本，加快项目周转，提高利润率。通过这一系列的运作，最后从三个方面获取收益：一是借助运营能力和品牌效应来收取管理费用；二是凭借项目的所占权益比来获取权益回报；三是根据与合作方所签合约，设计浮动获利方案，在项目收益超过约定标准后，获取超额利润收益，如图 6-21 所示。

云上城项目是 WK 地产集团运用小股操盘合作开发模式的典型案例。在这个项目中，WK 地产集团投入资金 0.23 亿元，股权占比为 23%。WK 地产集团不仅负责该项目的开发与销售，还利用自身的融资渠道为合作方解决了融资问题。通过小股操盘合作开发模式，最终该项目中的合作方取得收益 3.06 亿元，WK 地产集团获得收益 2.27 亿元，是其最初投资成本的 9.87 倍，包括服务费收入 1.26 亿元，股权收益 0.84 亿元，融资手续费 0.17 亿元。通过对比可以发现，WK 地产集团以较少的投入取得了超额的投资收益。

近年来，WK 地产集团的合作开发模式不断向小股操盘模式转变。通过整理 WK 地产集团 2016 年年报发现，截至 2016 年 12 月 31 日，WK 地产集团正在开发建设的项目有 600 个，其中，属于合作开发的项目有 460 个，占项目总数的 76.67%。在合作开发的项目中，属于小股操盘模式的有 151 个，占比约为 25.17%。可见，WK 地

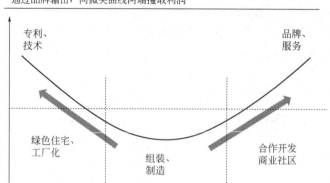

图 6-21　WK 地产集团"小股操盘"盈利模式

产集团的小股操盘合作开发模式将会得到进一步发展。

2. 出售商业地产部分股权，剥离不良资产

WK 地产集团一直都是以专业化的住宅开发为主，但是随着企业的战略转型，WK 地产集团开始进入商业地产等其他业务领域。一般来说，与住宅地产相比，商业地产的前期投入更大，且资金回收周期更长。而近几年，随着国内消费水平增长放缓，商业地产的资金占用问题更加突出。通过借鉴"小股操盘"模式，WK 地产集团通过出售自有商业物业股权的形式，处置一些盈利状况较差的商业地产项目。在此模式下，WK 地产集团利用外部投资者的资本，与合作方共同成立商业运营管理公司，继续使用自身的品牌。虽然 WK 地产集团只有少数股权，但仍负责商业物业的经营管理，通过收取管理服务费等形式取得收益。

据 WK 地产集团对外公告披露，2014 年 8 月 28 日，WK 地产集团与凯雷投资集团（以下简称凯雷）签署《××凯雷商业地产战略合作平台之意向书》，双方拟成立资产平台公司，其中凯雷和 WK 地产集团分别持有资产平台公司 80% 和 20% 的股权，该资产平台公司拟以收购股权或资产的方式收购 WK 地产集团所拥有的 9 个商业物业。同时，双方拟共同设立一家商业运营管理公司，通过签署联营管理协议，负责资产平台公司持有的各境内商业物业的招租和运营管理。同年 9 月，由于 WS 置业有限公司（WK 地产集团全资子公司，以下简称 WS 置业）开发运营的虹桥中心商业项目已连续两年亏损，WK 地产集团决定以 16.51 亿元出售 WS 置业 90% 的股权给 RECO NANSHAN PRIVATE LIMITED，但仍然由 WK 地产集团继续负责该项目后续的运营与服务。此举表明，WK 地产集团将逐步建立商业物业资本化模式，剥离经营状况较差的商业地产项目，加速资金回流，从而将收回的资金用于投资其他业务，实现企业资源的优化配置。

3. 设立房地产基金，实现资产证券化

在向城市配套服务商转型的战略目标下，WK 地产集团逐渐进军商业地产、物流地产、文旅地产及养老地产等领域。同时，WK地产集团努力打通地产开发、物业运营以及融资平台的全产业链，尝试从原来的开发商角色转变成资产管理者和服务商的新角色。房地产金融化逐渐成为WK地产集团轻资产运营模式转型发展的新方向，通过"地产＋金融"的模式，WK地产集团不仅可以获得多元化的融资渠道，更能快速实现自身转型的战略目标。

WK地产集团很早就开始学习凯德集团"地产开发＋资本运作"的模式，利用其成熟的专业管理体系和强大的开发能力，在房地产产业链的不同环节引入不同的外部资本，实现轻资产运营。2015年，WK地产集团通过与鹏华基金合作，成功发行国内第一支公募型房地产投资信托基金（REITs）——鹏华QHWK。该REITs主要是由投资者通过认购该基金份额，委托鹏华基金管理公司投资WKQH企业公馆项目，从而获得收益凭证，取得投资回报。鹏华QHWK REITs通过获取WKQH企业公馆公司50%的股权，支付价格为12.76亿元，不超过基金资产的50%，从而取得2015年1月1日至2023年7月24日期间QH企业公馆100%的租金收益，剩余基金资产则用于其他权益类产品。

据WK地产集团对外公告披露，2017年5月，WK地产集团出资50.31亿元联合招银资本集团（深圳）有限公司、湖北长江招银产业基金管理有限公司共同设立两支商业地产投资基金，分别是招银成长壹号投资（深圳）合伙企业（有限合伙）、招银成长玖号投资（深圳）合伙企业（有限合伙），用于投资收购公司所拥有的42个成熟商业地产项目。通过外部资本的力量，以轻资产化运作方式加快WK地产集团在商业地产领域的投资运作。

WK地产集团通过房地产金融创新，一方面利用地产投资基金、REITs等资本运作手段，有效解决了自身的融资需求；另一方面借助运营管理的专业能力主导项目运作，整合公司的地产资源，可以获得较高的投资回报。

4. 入股徽商银行，扩展融资渠道

入股银行是一种能够快速实现房地产金融化的途径。近年来，资金密集型的房地产行业开始步入白银时代，行业平均收益率不断下降，使得众多房地产企业急需缓解资金压力。同时，在银行业竞争日益激烈的情况下，众多中小型商业银行也希望能够获得外部资金，提升自身的规模与竞争力。随着中国银行监督管理委员会鼓励民间资本参与银行的政策出台，房地产企业掀起了一股入股银行的热潮，WK地产集团也开始选择入股银行，拓展自身的融资渠道。2013年10月，WK地产集团参与了徽商银行的IPO上市，以34.3亿港元认购8.84亿股，占其总数的8.28%，最终成为徽商银行的第一大单——股东。入股徽商银行以后，WK地产集团通过银行降低贷款限制条件或者提高贷款额度而从银行获得更多的融资金额，节省融资谈判等流程所需的时间，可以有效降低自身的融资成本，提高资金的使用效率。同时，在房地产金融化的行业趋势下，WK地产集团可以有效利用银行这一直接的金融平台，不断创新多元化的融资模式，如利用基金、信托等渠道，快速实现资产证券化。除此之外，WK地产集团也可以充分利用徽商银行这一区域性银行，打造自身的社区金融服务平台，提供诸如衣食住行、社区消费、资金投资管理等社区金融服务，以充分发挥双方的协同效应。

5. 建立事业合伙人制度

一方面，在轻资产运营模式下，WK地产集团需要依靠输出自身专业化的开发与管理优势，这必然要求WK地产集团拥有一个较为稳定的管理团队，减少优秀人才外流。另一方面，轻资产运营模式强调项目开发运营的效率和资金回收的速度，所以WK地产集团需要强化一线项目员工的责任感，加深项目运营成果与员工自身利益的融合，提高其工作积极性。因此，为了更好地实施轻资产运营模式转型，WK地产集团于2014年开始建立事业合伙人制度，其内容包括上层员工持股计划和项目员工跟投制度。

（1）上层员工持股计划

为了实现公司管理团队与公司共创发展、共享收益且能共担风险的目标，WK地产集团开始建立事业合伙人制度，弥补原先职业经理人不能与公司共患难的缺陷，其首要内容就是推行持股计划。持股计划的主要内容是将公司一定级别以上并愿意成为合伙人的员工的资金权益集中交给有限合伙企业——深圳盈安财务顾问有限公司（以下简称盈安合伙）统一投资管理，由盈安合伙代表公司的事业合伙人，通过国信证券的国信金鹏分级1号资管计划认购WK地产集团的股票。在该持股计划下，员工的级别要求主要有以下两个方面：一是集团总部的董事、监事及高级管理人员和地方公司的高级管理人员，二是集团总部和地方公司一定级别以上的员工。为支持该持股计划，自2010年以来，WK地产集团将上述员工存在3年封闭期内的年终奖扣除相应比例后作为其持股资金。据WK地产集团对外公告披露，截至2015年1月27日，该持股计划共持有WK地产集团股份494277819股，占公司总股本的4.48%。

（2）项目员工跟投制度

随着WK地产集团开始推行小股操盘模式，作为其配套措施的项目员工跟投制度应运而生。2014年，WK地产集团提出在公司新建住宅开发类项目范围内建立员工跟投制度，使得员工的利益与项目经营的效果紧密联系在一起。2016年，为了降低股权事件对公司日常经营和团队稳定性的影响，WK地产集团修改了员工跟投制度的部分内容，通过取消追加跟投安排、设置门槛收益率和超额收益率，鼓励跟投人员为公司和股东创造更大价值。据WK地产集团2016年年报披露，截至2017年2月底，WK地产集团累计已有308个项目实施跟投。自建立员工跟投制度以来，WK地产集团的跟投项目从获取到首期开工、首期开盘以及现金流回正的平均时间明显缩短，其营销费用率也得到有效控制。WK地产集团项目员工跟投制度的基本内容如表6-12所示。

第6章 房地产企业轻资产运营转型

WK 地产集团项目员工跟投制度的基本内容　　表 6-12

	具体内容
跟投人员	必须跟投人员：项目所在业务单元核心管理人员、城市公司管理层、项目管理人员； 自愿跟投人员：除公司董事、监事、高级管理人员以外的员工
跟投权益比例	合计投入资金不超过项目资金峰值的 10%； 直接或间接持有的项目权益比例合计不超过 10%
跟投运作流程	公示阶段：公司介绍项目情况及投资安排数据； 启动阶段：跟投人员进行认购登记及付款； 项目运营阶段：跟投人员根据项目的收益和风险承担相应责任

除此之外，WK 地产集团还将事业合伙人制度推广到公司物业领域。该事业合伙人机制只面向 WK 地产集团物业体系员工，其具体流程是先向 WK 地产集团物业员工参与成立的持股主体增发 10% 的股份，再根据员工业绩将股份转让给具体员工。这一措施可以有效提高物业员工的工作积极性，不仅提高了物业业务的营运效率，还提升了物业服务的质量，使得公司物业的竞争力进一步提升。

6. "热带雨林"计划——WK 地产集团生态圈的构建

WK 地产集团"热带雨林"计划在 2016 年底面市后，最先在上海 WK 的七宝地块施行。众所周知，地球生态系统中的热带雨林板块是一个独立的小生态系统，该系统中包含丰富的动物、植物、微生物等，物种复杂多样，各个物种之间相互制约、相互影响，到了一个稳定平衡的内部循环状态，生命力极强。WK 地产集团依托地产核心业务，孵化了涵盖商业、物流、教育、医养、长租公寓、城市更新等的发展平台，与上下游企业共同缔造"资源嫁接，共赢共生"的业务生态。

"热带雨林"在医疗、养老、教育和商业领域蔓延，满足居民多元化需求的生态平台正在搭建起来。以上海 WK 的七宝板块为例，2014 年 10 月，上海 WK 将首个"嵌入式养老机构"智汇坊落地于上海西南七宝镇，满足社区及周边的养老需求；2016 年 9 月，位于上海的 WK 双语学校在上海七宝地开学，满足全龄教育的需求；2016 年 11 月，上海 WK 第一个 WK 广场系购物中心项目——七宝 WK 广场开业，满足项目周边社区居民的配套需求。上海 WK 深耕七宝板块构建的包括住宅、商业配套、医养、教育等在内的城市配套服务生态体系，成为城市"热带雨林"的最佳注脚。

7. "沃土"计划——WK 地产集团互联网＋信息化平台

WK 地产集团的"沃土"计划于 2016 年 1 月正式启动，"沃土"计划，WK 地产集团的设计初衷应该是将整个企业内部以及与外部的信息沟通和交流寄托于此，好似一方沃土，滋养着 WK 地产集团整个企业的运作。该计划将企业内部的信息沟通板块有机地联系在一起，其中包含多业态客户数据、办公用户网站数据、人力资源信息系统数据等，节省了交易成本。此外，与企业外部的沟通也更加便捷，以"互联网＋"的思维实现业务和客户信息的互联互通、共建共享，有利于打破企业边界，重构整个产业链的流程，全面提升整个产业的经营效率，并推动产业的转型升级。

2016年正式启动"沃土"计划，推动精益化运营，提高组织协同效率，构建统一的信息平台，重构业务流程。不仅如此，WK地产集团依托互联网，结合当下环境中消费者生活需要及爱好倾向，建立了社区物业O2O平台，多角度整合资源，向客户提供休闲场所、医疗卫生等与日常生活息息相关的专业智能化特色服务，其主要内容如图6-22所示。WK地产集团在大数据时代的探索过程中，不仅提高销售速度，同时极大地对WK品牌进行了宣传和推广，提升了品牌影响力。

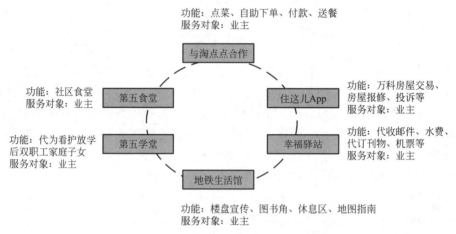

图6-22 WK地产集团特色服务项目

8. "互联网＋"房地产

WK地产集团作为房地产行业的标杆，在行业中最先开始积极探索"互联网＋"房地产的发展之路。2014年，WK地产集团开始与百度合作，"百度迁徙"是WK商业和百度合作的核心技术，借助百度的大数据、定位技术等分析各个城市人们的生活方式，以便为其提供更加满意的服务。住宅房地产方面，WK地产集团建造了通过"百度迁徙"设计的首个房地产项目，即杭州良渚的"未来城"，该项目原理就是利用百度大数据，通过对不同城市的客户需求进行细化分类，针对性地对住宅项目进行设计建造。商业地产领域，WK地产集团联手百度合作建造了北京金隅WK广场，通过大数据技术分析人们的需求，精准地进行营销，达到为顾客提供个性化服务的作用。同年与北京链家房地产经纪有限公司牵手，将其作为渠道服务战略合作伙伴，推出"OC闭环"商业模式，旨在推动行业创新、落地精细化运营销售。2015年，WK地产集团与淘宝网合作，实行"账单抵房款"的促销方式，加快房屋销售，使资金能够快速回流，并且为了创新其营销渠道，和搜房网合作探索"众筹营销"这一全新的销售方式。

9. 与互联网公司合作，促进销售与提高服务水平

在互联网快速发展的趋势下，房地产行业也逐渐受到互联网思维的影响，WK地产集团是第一个引入互联网思维的房地产企业。2013年，WK地产集团就开始向百

度、阿里巴巴、深圳市腾讯计算机系统有限公司、小米科技有限责任公司等互联网企业学习，借鉴互联网思维，利用自身的品牌、客户资源、技术等优势，主动整合网络渠道资源，不断创新 WK 地产集团的销售与服务模式。

2013 年，WK 地产集团提出"幸福社区计划"，围绕客户的居住感受，持续开展服务创新。为满足互联网时代的业主生活需求，公司联合合作方推出"WK——韵达全国包邮合作""WK——天猫自提服务合作"，联通数据库系统等服务，方便业主接收包裹。2014 年，WK 物业推出了全新的物业服务解决方案"睿服务"体系，截至 2015 年底，WK 物业共在 42 个城市，向非 WK 地产开发的 377 个住宅项目提供了基于"睿服务"体系的物业服务。2016 年，WK 地产集团特别推出"友邻计划"，将"友邻市集"利润捐给社区，用于设施更新和社区文化建设，进一步提升了 WK 物业品牌的独特性与美誉度。

6.4.2　WK 轻资产运营模式转型的效果分析

1. 总体效果分析

（1）轻资产运营模式转型降低了 WK 地产集团的融资成本和经营风险

通过实施轻资产运营模式转型，WK 地产集团拓展了多元的融资渠道，加快了资金周转速度，使得自身的融资成本和经营风险有所降低。

在融资成本方面，WK 地产集团利用小股操盘进行合作开发，减少了自身在购买土地、开发建设过程中的投入，同时积极利用各种融资途径，如房地产众筹、地产投资基金、信托、入股银行等，摆脱原先比较单一的贷款和债券融资方式，减少了利息支出，降低了融资成本。据 WK 地产集团年报披露，WK 地产集团的有息负债比例由 2013 年的 16.01% 降至 2016 年的 15.5%，其中 2015 年只有 13%。由此可见，轻资产运营模式转型降低了 WK 地产集团的融资成本。

实施轻资产运营模式转型也降低了 WK 地产集团的经营风险。WK 地产集团不仅利用小股操盘模式加强供应链管理，还积极运用互联网平台，提升产品库存的周转速度。自 2013 年以来，WK 地产集团的存货周转期下降，存货周转率逐年上升，存货变现速度加快，总资产周转率也有所提高。同时，小股操盘模式又能避免自身大量的资本被长期占用，提高了 WK 地产集团的营运能力，这使得 WK 地产集团的经营风险有所下降。

（2）轻资产运营模式转型创新了 WK 地产集团的盈利模式

与之前的重资产运营模式相比，轻资产运营模式使得 WK 地产集团拓展了自身的盈利来源，其已不再只依靠土地、房产的增值获取收益。在轻资产运营模式下，WK 地产集团依靠强大的品牌声誉、专业的运营管理能力等竞争优势，可以在房地产价值链中的各个环节取得不同形式的收入。

一方面，小股操盘合作开发模式可以为 WK 地产集团带来三种收益，不仅包括一定比例的项目管理费用和与自身股份相对应的股权收益，还有项目利润率超过协议规定比例时的超额分红。另一方面，通过运用互联网思维和发展房地产金融化，WK地产集团取得了房地产金融产品的运作收入，创造了多种服务收益，如供应链金融服务收益、社区金融服务收益等。通过轻资产运营模式转型，WK地产集团改变了原先比较单一的盈利模式，扩展了自身的盈利来源，且新的盈利模式具有一定的优势，如盈利稳定性更高，受行业经营环境波动的影响较小，同时盈利能力更强，能够使WK地产集团利用自身较少的投入，通过资本杠杆以小博大，获得超额的回报。

（3）轻资产运营模式转型提升了WK地产集团的企业价值

在轻资产运营模式转型过程中，WK地产集团利用品牌优势，提升客户认可度，有效整合供应链资源，加强现金流管理，使得自身的现金流逐年增加，公司价值明显上升。

WK地产集团结合小股操盘策略，加强管控自身的供应链，在项目合作开发过程中占用合作方的资金，并联合上下游企业拓展多渠道的融资模式，打造金融合作生态圈，保证了自身资金最小限度地投入。同时，WK地产集团坚持"现金为王"的策略，持续加快销售回款的速度。WK地产集团通过逐年增加现金储备，提高企业现金流的管理效率，为企业创造了充足的自由现金流。因此，通过实施轻资产运营模式转型，WK地产集团提升了现金流营运管理水平，使得企业的资金周转效率提高，经营业绩逐年上升。

WK地产集团良好的经营业绩提升了投资者对其转型发展的信心，保证了公司股价的稳步增长。同时在转型过程中，WK地产集团减少自身资本投入，利用自身品牌、技术、管理等竞争优势，组织整合行业资源，通过资本杠杆提升公司价值，品牌影响力越来越大。

（4）轻资产运营模式转型提高了WK地产集团的核心竞争力

在轻资产运营模式转型过程中，WK地产集团利用领先的行业地位及强大的运营能力，减少自身在开发等低附加值环节中的投入，集中优势发展房地产产业链的高附加值业务，如技术研发、运营服务、品牌营销等。同时，WK地产集团通过整合和利用行业资源，逐渐加快技术输出，不断完善管理服务体系，努力提高品牌溢价能力和客户忠诚度。自2013年以来，WK地产集团不断创新住宅系列产品和物业服务，其市场份额不断上升且多年保持行业第一的位置，WK地产集团的品牌价值也已突破500亿元，其核心竞争力得到很大提升。

同时，WK地产集团积极学习和运用互联网技术，通过持续地借鉴、模仿及创新，不断完善具有自身特色的产品和服务体系，满足了客户的多元化需求，成功打造了WK地产集团独有的竞争优势。通过房地产金融化，如地产基金、信托、入股银行等，WK地产集团不仅缓解了融资压力，提高了资金周转效率，也提升了WK地产集团的资本运作能力，加快了业务扩张的步伐，使得WK地产集团在转型过程中能够保持强大的核心竞争力。

通过轻资产运营模式转型，WK地产集团取得了较好的经营业绩，为其他房地产企业的转型提供了一些借鉴。首先，对于那些仍是重资产运营模式下的房地产企业，需要分析自身是否已积累一些具有核心竞争力的轻资产。然后，房地产企业在轻资产运营模式转型过程中，可以结合自身特点选择不同的途径，充分借助互联网思维，不断实现房地产金融化。同时，房地产企业应考虑是否需要改革企业内部的管理制度，以适应轻资产运营模式的新要求。

2. 财务指标的效果分析

（1）偿债能力保持相对较高

短期偿债能力主要通过流动比率和速动比率两个指标反映，一般认为，二者的数值越大，说明短期偿债能力越强，但并非越大越好。由表 6-13 发现，WK 地产集团的流动比率在实施轻资产运营模式转型后持续下降，但是，其速动比率却有所上升，主要是因为在转型过程中，WK 地产集团利用互联网等销售渠道，持续加快销售速度，库存数量逐年减少，同时收取预收款项，导致流动负债增加。同时在轻资产运营模式下，WK 地产集团加强现金流回流管控，开始注重短期投资，提高了资金使用效率，导致两者的变化趋势有所不同。通过分析可以发现，在实施轻资产运营模式转型以后，速动比率的变化更能反映出 WK 地产集团短期偿债能力和资金流动性日益好转的趋势。

WK 地产集团偿债能力分析表   表 6-13

年份	2011 年	2012 年	2013 年	2014 年	2015 年	2016 年
流动比率	1.41	1.40	1.34	1.34	1.30	1.24
速动比率	0.37	0.41	0.34	0.43	0.43	0.44
已获利息倍数	4.77	4.55	4.29	4.38	9.83	9.89
资产负债率（%）	77.10	78.32	78.00	77.20	77.72	80.54
除预收资产负债率（%）	63.35	66.85	67.43	64.52	65.81	70.92

长期偿债能力主要通过已获利息倍数和资产负债率等指标反映。由表 6-13 可知，在实施轻资产运营模式转型以后，WK 地产集团的已获利息倍数逐渐上升，在 2015 年达到 9.83，较 2012 年增加一倍以上。WK 地产集团的资产负债率也略有降低，虽在 2016 年重新增长到 80.54%。但在一般情况下，并不构成实际偿债压力的预收账款占房地产企业总负债的比例较大，因此，为了更好地反映 WK 地产集团的长期偿债能力，本书选择并计算分析剔除预收账款后的资产负债率指标，发现其变化趋势和资产负债率差不多，说明在转型初期 WK 地产集团的长期偿债能力略有增强。在轻资产运营模式下，一方面，WK 地产集团通过建立小股操盘模式和项目跟投制度，同时利用房地产金融化拓展多种融资渠道，不仅降低了自身投入，减少了有息负债，还创造了多种收益来源。另一方面，WK 地产集团适当剥离不良资产，结合互联网促进销售，加快资金回笼。WK 地产集团的销售收入增加，息税前利润增加，财务费用减

少，其负债利息的偿还能力上升，WK地产集团的融资压力减小，资产负债率降低。2016年，WK地产集团的资产负债率有所回升，其原因可能是WK地产集团积极探索新的业务领域，加大了对新业务的投入力度。

另外，针对WK地产集团业务经营的特点，同时考虑到BL地产集团也是以住宅开发业务为主，在发展规模、市场地位排名等方面与WK地产集团相近，同时其近年来也在不断尝试轻资产运营模式转型，故本书选择BL地产集团的相关财务指标与WK地产集团进行对比分析，并与行业平均值比较，以便更好地反映轻资产运营模式转型对WK地产集团财务效果的影响。

通过将WK地产集团、BL地产集团的资产负债率及行业资产负债率平均值进行对比分析，以便更好地反映实施轻资产运营模式转型对WK地产集团财务风险的影响。由图6-23可知，在转型前，WK地产集团和BL地产集团的资产负债率比较接近且均超过行业平均水平，自2013年WK地产集团实施轻资产运营模式转型后，WK地产集团的资产负债率有所下降，由于整个行业仍是重资产运营模式，行业平均资产负债率一直处于上升趋势，2014~2015年，WK地产集团的资产负债率已降至行业平均水平。2016年，由于受到行业环境及自身业务扩张等因素的影响，WK地产集团的资产负债率有所上升，而BL地产集团则继续下降。通过比较可以发现，在实施轻资产运营模式转型以后，WK地产集团资产负债率的变化具有一定的波动性，说明轻资产运营模式转型对WK地产集团资产负债率变化的影响不是特别明显。在转型初期，WK地产集团控制自身财务风险的效果更好一些。

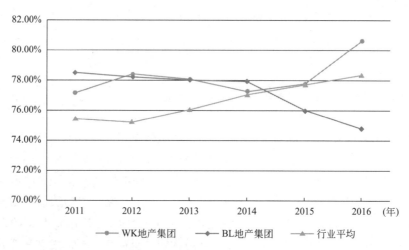

图6-23 WK地产集团、BL地产集团及行业资产负债率对比分析图

总体来说，通过轻资产运营模式转型，WK地产集团加快了资金的回流速度，增强了自身的短期偿债能力。同时，轻资产运营模式降低了WK地产集团融资的利息成本，在转型初期提高了WK地产集团的长期偿债能力。由于WK地产集团的资产负债率具有一定的波动性，未来WK地产集团在转型过程中需要注意控制自身的财

务风险。

(2) 资产营运效率上升

对于处于行业调整期的房地产企业来说，资金回款和库存周转等问题尤其重要。WK 地产集团亦是如此，以下主要从资金周转和存货周转两个角度分析 WK 地产集团的资产营运能力。

首先看资金周转情况。在实施轻资产运营模式转型以后，WK 地产集团的应收账款周转率稳步上升，2016 年达到 104.88 次，较 2012 年增加了 44.25 次，这说明 WK 地产集团应收账款回收速度加快，资金利用效率上升。在轻资产运营模式下，一方面，WK 地产集团通过掌握合作项目开发经营管理权，占用合作方资金，减少自身经营活动的支出。另一方面，WK 地产集团利用新型互联网销售模式，积极销售产品库存，提高销售回款率，自 2013 年以来，WK 地产集团的销售回款率连续超过 90%，2016 年甚至达到 95% 以上，WK 地产集团应收账款的管理水平不断提升。同时，WK 地产集团通过房地产证券化或者处置地产项目股权，不仅形成比较完善的地产退出机制，而且使 WK 地产集团能够获得充足的资金，从而更有效地进行其他投资和经营活动。

再看存货周转情况。自 2013 年转型以来，WK 地产集团的存货周转率明显提高，2016 年比 2012 年增加了 0.13 次，其存货的变现能力显著上升。

首先，通过小股操盘模式和事业合伙人制度，WK 地产集团员工工作的积极性增强，提高了项目建设的效率，缩短了项目开发运营周期。其次，WK 地产集团逐步建立自身的互联网大数据技术平台，精准分析客户需求，快速应对市场变化，以又好又快的标准确保新开盘项目当月取得高质量的销售业绩。同时，WK 地产集团坚持"零库存"政策，努力提高库存去化率。最后，WK 地产集团联合投资基金等金融资本，借助 REITs 等，不断推动以自身物业资产等为标的的资产证券化运作模式，加快资金周转速度。由表 6-14 可以发现，在 WK 地产集团的资产结构中，存货占流动资产和总资产的比例分别下降了 6%、11% 左右，其存货结构日趋合理健康。因此，通过实施轻资产运营模式转型，WK 地产集团缓解了自身库存积压的压力。同时，也可从其流动资产周转率和总资产周转率的变化情况看出，WK 地产集团的资产运营效率不断提高。

WK 地产集团营运能力分析表　　　　表 6-14

年份	2011 年	2012 年	2013 年	2014 年	2015 年	2016 年
存货占流动资产比例(%)	73.71	70.34	74.91	68.36	67.30	64.80
存货占总资产比例(%)	70.33	67.36	69.10	62.49	60.22	56.26
存货增长率(%)	56.25	22.48	29.77	−4.05	15.86	26.96
销售收入增长率(%)	41.54	43.65	31.33	8.10	33.58	22.98

续表

应收账款周转率（次）	46.18	60.63	54.54	58.87	88.79	104.88
存货周转率（次）	0.25	0.28	0.32	0.32	0.40	0.41
流动资产周转率（次）	0.29	0.32	0.34	0.32	0.39	0.38
总资产周转率（次）	0.28	0.31	0.32	0.30	0.35	0.33

考虑到库存周转对于房地产企业的日常营运情况十分重要，本书选择存货周转率作为分析指标，通过对比分析WK地产集团、BL地产集团的存货周转率及行业存货周转率平均值，以便更好地反映WK地产集团营运能力的变动情况。由图6-24可以发现，WK地产集团在实施轻资产运营模式转型后，其存货周转率显著上升。另外，WK地产集团的存货周转率一直高于BL地产集团和行业平均值，且这种领先优势在转型之后更加明显，可见轻资产运营模式转型能够有效改善WK地产集团的存货积压问题，提高其营运效率。

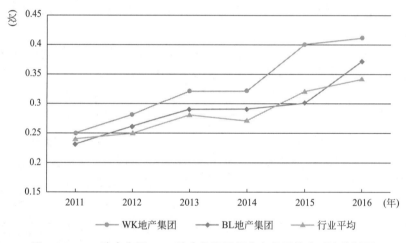

图6-24　WK地产集团、BL地产集团及行业存货周转率对比分析图

综上所述，通过轻资产运营模式转型，WK地产集团的应收账款周转率、存货周转率等不断上升。资金使用效率上升，保证其能够加快扩张自身的业务规模，存货周转效率不断提高，缓解了WK地产集团库存积压的压力，从而使得WK地产集团整体的资产营运效率得到提升。

（3）盈利能力维持较高水平

近年来，房地产企业的利润率逐渐下滑。由于土地成本越来越高，房地产销售市场竞争日益激烈，传统重资产运营模式下的房地产企业纷纷采取"薄利促销"等方式促进销售，但其利润率却很难提高。由表6-15可知，尽管WK地产集团已开始实施轻资产运营模式转型，其销售业绩也有所上升，但其利润率却逐年下降。在轻资产运营模式转型过程中，首先，WK地产集团注重培养自身的品牌竞争力，加大品牌投入力度，促进产品销售，如升级品牌理念，重新设计品牌 Logo，通过互联网媒体广泛宣传，开展形式多样的促销推广活动等。然后，WK 地产集团加快建设信息化服务系统，建立"睿服务"智能化管理服务模式，推出"八爪鱼""V-LINK"等创新服务产品，努力打造基于互联网技术的社区服务 O2O 平台，持续推进城市服务商战略。因此，WK 地产集团的销售费用、管理费用等成本费用逐年增加，也使得其销售净利率持续下降，已从 2012 年的 15.19％降至 2016 年的 11.79％。

WK 地产集团盈利能力分析表　　　　　　　　　　表 6-15

年份	2011 年	2012 年	2013 年	2014 年	2015 年	2016 年
销售收入(亿元)	1215.40	412.30	709.40	2151.30	2614.70	3647.70
销售费用/营业总收入(％)	3.56	2.96	2.85	3.09	2.12	2.15
管理费用/营业总收入(％)	3.59	2.70	222	2.67	2.43	2.83
销售毛利率(％)	39.78	36.56	31.47	29.94	29.35	29.41
销售净利率(％)	16.16	15.19	13.51	13.18	13.27	11.79

通过对比分析转型前后销售毛利率或者销售净利率下降的趋势发现，WK 地产集团转型后的盈利下滑速度更慢，说明轻资产运营模式转型能够抑制其盈利能力下降的速度。在实施轻资产运营模式转型以后，WK 地产集团改变传统的业务模式，加大小股操盘合作开发模式的力度，并将其作为未来业务开发的主要方式。因此，WK 地产集团考虑将经小股操盘模式带来的新收益视为经常性收益，连同其商业地产资本运作收益等一起计入投资收益。由图 6-25 可以发现，在实施轻资产运营模式转型以后，WK 地产集团的投资收益明显上升，2016 年达到 50 亿元左右，较 2012 年增加了约 40.85 亿元，可见投资收益已经成为 WK 地产集团新的收益增长点，在一定程度上起到对其利润的支撑作用，减缓了 WK 地产集团利润率下滑的趋势。

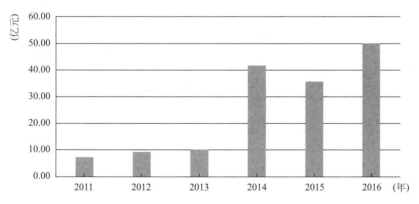

图 6-25　WK 地产集团投资收益变动情况图

为了更好地反映轻资产运营模式转型对 WK 地产集团利润率下滑的抑制作用，本书选取 WK 地产集团、BL 地产集团的营业利润率及行业营业利润率平均值进行对比分析，其结果如图 6-26 所示。通过对比分析可以发现，在转型之前，随着房地产行业营业利润率不断下降，WK 地产集团和 BL 地产集团也不可避免，且二者下降的速度并无太大区别，但 WK 地产集团的营业利润率始终高于 BL 地产集团及行业平均值。而在转型之后，WK 地产集团的营业利润率虽然仍继续降低，但其下滑的速度较之前明显变缓，远不及行业平均营业利润率下降得快。虽然 BL 地产集团在 2014 年和 2015 年的营业利润率高于 WK 地产集团，但其之后下降的速度比 WK 地产集团快得多，从而导致其 2016 年的营业利润率比 WK 地产集团低得多。因此，轻资产运营模式转型确实可以起到抑制 WK 地产集团营业利润率下降的作用。

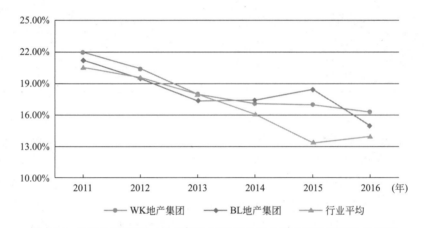

图 6-26　WK 地产集团、BL 地产集团及行业平均营业利润率对比分析图

总体来说，在实施轻资产运营模式转型以后，WK 地产集团的利润率仍旧呈下降趋势。但是，轻资产运营模式为 WK 地产集团创造了新的利润增长点，改变了 WK 地产集团的盈利模式，在一定程度上减缓了其利润率下滑的速度，使得 WK 地产集团的盈利能力能够保持较高水平。

（4）公司成长发展态势良好

首先从经营业绩角度看，本书选取销售收入增长率和净利润增长率两个指标进行分析。从表 6-16 可以看出，随着房地产行业进入白银时代，WK 地产集团库存销售业绩的增长速度越来越低，虽然其在 2013 年已经开始轻资产运营模式转型，但由于转型力度不大且行业整体景气度下滑，WK 地产集团的销售收入增长率、净利润增长率持续降低，于 2014 年达到最低点，分别为 8.1% 和 5.41%。2014 年以后，WK 地产集团坚持以住宅业务为主，加快轻资产运营模式转型的步伐，积极运用互联网新技术，不断创新研发住宅产品，不断构建信息化平台和渠道，提升营销和服务水平，持续做大做强主营业务。因此，从 2015 年和 2016 年的相关指标来看，WK 地产集团销售收入、净利润的增长情况有所改善，但仍然受到行业整体环境影响而有所波动。因此，WK地产集团未来仍需要加大轻资产运营模式转型的力度，以缓解外部环境对自身稳定发展的影响。

再从资产规模角度看，本书选取总资产增长率和净资产增长率两个指标进行分析。从表6-16可以看出，随着房地产行业逐渐进入成熟期，行业竞争日益激烈，WK地产集团资产规模、资产增值保值的增长速度逐年降低，这种趋势一直延续到转型初期，其总资产、净资产的增长速度在2014年分别只有6.09%、9.92%。在之后的轻资产运营模式转型过程中，WK地产集团积极拓展新的地产业务，如养老地产、教育地产、休闲旅游地产等，同时借助地产投资基金、REITs等资本运作渠道，加快布局商业地产、物流地产等领域的步伐，不断完善地产业务生态链，努力提升自身资产的规模和价值。因此，在2014年以后，WK地产集团的总资产增长率、净资产增长率明显上升，说明轻资产运营模式能够给WK地产集团带来一定的成长空间，公司未来的发展潜力巨大。

WK地产集团发展能力分析表　　　　　　　　　　　　　　表6-16

年份	2011年	2012年	2013年	2014年	2015年	2016年
主营业务收入增长率(%)	41.54	43.65	31.33	8.10	33.58	22.98
净利润增长率(%)	31.22	35.02	16.82	5.41	34.54	9.25
总资产增长率(%)	37.36	27.88	26.51	6.09	20.24	35.89
净资产增长率(%)	24.27	21.09	28.37	9.92	17.62	18.61

最后，通过对比分析WK地产集团、BL地产集团的营业收入增长率及行业的营业收入增长率平均值，以便更好地反映WK地产集团成长能力的情况。从图6-27中可以看出，在转型之前，由于整个房地产行业的状况越来越差，WK地产集团、BL地产集团的营业收入增长率不断下滑，且前者下滑得更快。在转型之后，WK地产集团2014年的营业收入增长率继续下跌，且比行业平均水平还低。但是，由于轻资产运营模式转型的力度不断加大，在2015～2016年，WK地产集团的营业收入增长率明显上升，尽管具有一定的波动性，但总体情况要好于BL地产集团及行业平均水平。通过对比分析可以发现，在实施轻资产运营模式转型以后，WK地产集团的经营业绩能够保持较高水平，公司未来的发展前景较好。

总体来说，虽然在转型初期WK地产集团的成长能力有所下滑，但这是为转型不得不付出的代价。在企业未来十年"城市配套服务商"的战略目标下，WK地产集团积极实施轻资产运营模式转型，利用自身具有的行业竞争优势，整合产业链资源，借助互联网、金融化等新思维，不断做大做强专业化住宅业务，同时努力探索新业务，加快构建由住宅地产、消费体验地产、产业地产等组成的城市生活生态链。因此，WK地产集团的成长潜力巨大，其发展前景十分广阔。

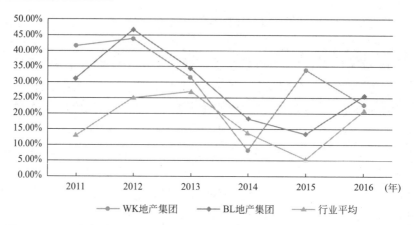

图 6-27 WK 地产集团、BL 地产集团及行业平均主营业收入增长率对比分析图

3. 非财务指标的效果分析

（1）改善了产品和服务质量

实施轻资产运营模式转型以后，WK 地产集团的融资压力减小，使得 WK 地产集团能够将更多的精力投入到改善产品和服务质量方面。WK 地产集团利用其领先的技术研发优势和专业的运营管理能力，在深入分析客户需求的基础上，从规划、设计、配套、交付等多方面提升产品适配性。同时，WK 地产集团坚持践行工匠精神，严格制定产品质量标准，持续推进工业化建造体系，积极探索新业务工程管控模式，通过季度"实测实量""交付评估"及"天网行动"等管控方案，严格把控开发工程的每一个环节，努力提升产品质量，为客户提供优质的产品体验。除此之外，WK 地产集团不断丰富产品服务体系，引入商业、教育、养老等专业服务，积极向城市配套服务商转型。基于互联网大数据技术，WK 地产集团不断拓展医疗、美食、金融、社交等多元化增值服务，完善社区服务生态链，积极打造综合的特色化交互式服务平台，提供个性化的线上线下一体式服务。2016 年，WK 物业"住这儿"APP 版本升级，通过借助智能平台新技术改进管理与服务体系，提升客户的体验度。同时，WK 地产集团通过打造并升级"睿服务"体系，不仅实现设施精细化管理，还能实现用户与 WK 地产集团员工的即时互通，大大提高了 WK 地产集团的服务品质和效率。WK 地产集团不断推动产品与服务质量的升级，努力落实"三好"的产品与服务理念，为客户提供更高质量的居住氛围。

（2）扩大了市场份额

通过实施轻资产运营模式转型，WK 地产集团提高了自身的销售业绩，扩大了自身市场份额的领先优势。首先，小股操盘模式使得 WK 地产集团可以通过合作方等获得大量的外部资本，减少了自身资金的投入，从而减少了 WK 地产集团的融资成本，使得 WK 地产集团在同等资产规模下能够开发更多的项目，加快了 WK 地产集团规模扩张的速度。其次，由于 WK 地产集团具有较高的核心竞争力，如多年积累的品牌影响力和专业的资源整合能力等，WK 地产集团在拿地、融资、开发、运营等环节中拥有绝对优势，促使 WK 地产集团能够迅速进军二、三线城市的房地产市场，扩大了自身的市场影响力。根据 WK 地产集团年报披露，截至 2016 年底，WK 地产集团的房地产开发业务已进入我国 65 个城市，比 2013 年增加了 24 个城市，其房地产开发项目达 600 个，比 2013 年增加了 202 个项目。最后，在实施轻资产运营模式转型过程中，WK 地产集团开始拓展物流、租赁、养老、旅游等新兴地产业务，不断扩张和延伸产业链，积极抢占新兴地产业务的市场份额。同时，WK 地产集团借助互联网思维，加快实施房地产金融化进程，不仅迅速提升 WK 地产集团销售与服务水平，还提升了对市场的投资运作能力，使得 WK 地产集团利用自身的核心竞争优势，快速提高销售规模，持续扩大市场份额。自 WK 地产集团 2010 年销售额突破千亿元以来，WK 地产集团的销售业绩和市场占有率不断上升，由表 6-17 可知，特别是实施轻资产运营模式转型以来，WK 地产集团销售业绩的上升速度更加明显，其 2016 年的销售额已突破 3000 亿元，市场占有率已经达到 3.1%。

WK 地产集团销售业绩及市场占有率变动情况表　　　　　　　　　表 6-17

年份	2011 年	2012 年	2013 年	2014 年	2015 年	2016 年
销售面积(万 m^2)	1075.30	1295.60	1489.90	1806.40	2067.10	2765.40
销售额(亿元)	1215.40	1412.30	1709.40	2151.30	2614.70	3647.70
市场占有率(%)	2.06	2.19	2.09	2.82	3.00	3.10

（3）促进了公司内部管理的变革

事业合伙人制度突出强调合伙人与公司共享成就、共担风险，在一定程度上避免了职业经理人在危机时期的离心现象。通过持股计划，可以有效提高经营管理者的控制权，提高其在公司治理中的话语权。首先，建立事业合伙人制度，使得 WK 地产集团的组织结构逐渐由金字塔的垂直结构转变成扁平化结构，减少了管理层级。在此制度下，2015 年 WK 地产集团对组织体系进行了调整，将总部原有的战略投资部门转型为事业发展部，并加快筹备各项新业务的事业部，促进了公司的转型发展。其次，事业合伙人制度强调管理团队的协作能力，建设纪律严明、团结一致的管理队伍。该制度谋求"人人平等"，以利益共享和风险共担为纽带，在团队成员之间形成背靠背的信任，创建一支健康的组织团队。同时，该制度要求公司不同部门之间相互配合，从而提高了公司的经营效率。最后，事业合伙人制度通过将合伙人与公司股东的利益紧紧捆绑在一起，鼓励员工为公司及股东创造更多价值，不仅可以起到长期激励员工工作积极性的作用，也可以有效促进 WK 地产集团内部经营管理的稳定性，减少优秀人才外流的风险，有利于公司的长远发展。

（4）提升了品牌溢价能力

随着房地产行业逐渐步入平稳发展的新阶段，传统的重资产运营模式面临巨大的挑战。开始向轻资产运营模式转型，充分发挥品牌优势，以输出专业开发、管理服务能力为基础，整合产业链优势资源，不断创新盈利模式，实现 WK 品牌价值的增值效应。首先，WK 地产集团通过小股操盘模式，不断降低自身的成本投入，赚取品牌输出等费用，强化了品牌资产盈利能力的持续性。同时，WK 地产集团逐步将业务重心布局到后期的运营管理中，通过赚取管理服务增值收益，加倍扩大自身品牌资源、专业能力的影响力，不断提升净资产收益率，不仅扩大了 WK 地产集团的市场规模，也提升了其品牌价值。其次，WK 地产集团开始拓展商业、家居、物流、教育、租赁、养老等地产业务，通过多种业务领域间的协同发展，努力扩大品牌影响力。同时，WK 地产集团积极开展地产金融业务，如地产基金、地产众筹等，不断增强全产业链的品牌输出能力，扩大了自身的品牌影响力。最后，在"互联网＋"时代下，WK 地产集团一方面逐步打造互联网社区服务生态圈，为客户提供完美的生活解决方案，不仅满足了客户需求，也积累了自身的品牌优势。另一方面，WK 地产集团积极加大品牌建设力度，将其品牌理念升级为"赞美生命，共筑城市"，通过创新宣传手段，努力传播贴近客户的新理念，不断提升在用户中的品牌形象。据房地产品牌价值研究报告，WK 地产集团一直稳居中国房地产品牌价值前三，其 2016 年的品牌认知度达到 80.17%，WK 物业连续多年获得"中国物业服务专业化运营领先品牌"第一名。由图 6-28 可以发现，在 2011～2016 年，WK 地产集团的品牌价值不断上升，且增长速度逐年提高。2016 年，WK 地产集团的品牌价值已达 510.28 亿元，比上年增长 28.98%，可见 WK 地产集团的品牌溢价能力日益增强。

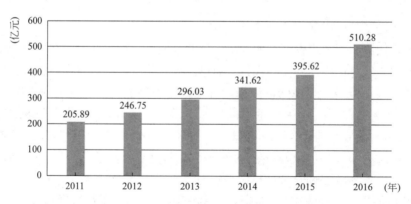

图 6-28　WK 地产集团品牌价值变动情况

第7章　房地产业供应链协同精益运营管理

目前在制造业中，供应链管理的研究与运用已经逐渐趋于成熟，供应链管理方法给制造业带来革命性的发展，而在房地产开发领域，关于供应链管理的研究却非常少。

本书结合房地产项目开发的特点，结合房地产企业内部供应链和外部供应链集成，提出了构建协同精益管理平台来连接房地产企业内部与外部的交流与协同的思路、体系、模式和方法，希望通过对房地产业供应链协同运营管理模式方法的讨论，推动供应链协同精益运营管理理论、思想、模式、方法在房地产开发企业中的实践应用。

7.1　对供应链协同运营管理的认知

7.1.1　供应链的定义

供应链（Supply Cllain）目前尚未形成统一的定义，国内外相关领域的学者从不同角度对其进行了定义，比较常见的有以下几种。

Stevcers 认为：通过增值过程和分销渠道控制从供应商的供应商到顾客的顾客的流就是供应链，它开始于供应的源点，结束于消费的终点。

Ganeshan 和 Harrison 认为：供应链是一种物流分布选择的网络工具，它发挥着获取原料，把原料转化成中间产品或最终产品，并把产品分销给最终用户的功能。

Walke 和 Albe 认为：供应链是由自主或半自主的企业实体构成的网络，这些企业实体共同负责与一类或多类产品相关的采购、生产并最终将产品送达用户等各项活动。

Beamon 认为：供应链是一个整合的制造流程，流程中包含共同合作的不同企业个体，如供应商、制造商、分销商和零售商等，致力于将原料转换为最终产品，并运送给用户的整个流程，目的在于将上下游的厂商结合在一起，形成一个链状的供应模式，以发挥整合的功效。

虽然各个学者对供应链的定义有所不同，但其基本含义是一样的。但笔者认为马士华教授提出的供应链的概念较能全面反映供应链的本质和内涵。马士华教授认为：供应链是围绕核心企业，通过对信息流、物流、资金流的控制，从采购原材料开始，制成中间产品以及最终产品，最后由销售网络把产品送到客户手中的，将供货商、制造商、分销商、零售商直到最终客户连成一个整体的功能网链结构模式，如图 7-1 所示。

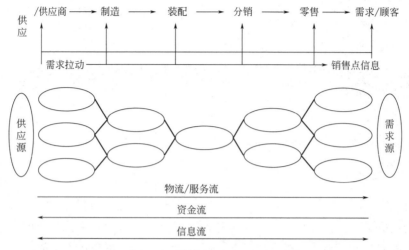

图 7-1　供应链网络结构模型

从图 7-1 可以看出，供应链由所有加盟的节点企业组成，其中一般有一个核心企业，节点企业在需求信息的驱动下，通过供应链的职能分工与合作，以资金流、物流和信息流为媒介，实现整个供应链的不断增值。

从图 7-1 供应链模型可知，供应链有以下几个层次：

（1）从构成来看，一般要有一个核心企业和若干其他企业和顾客，并形成网链结构模式。

（2）从内容来看，主要涉及参与供应链各方之间的信息流、物流、资金流的控制问题。

（3）从实施过程来看，开始于供应的源点，结束于消费的终点。

（4）从服务对象来看，锁定为产品或服务的最终客户。

（5）从目标来看，满足一定的市场/客户需求。

综合以上定义、模型分析可知，供应链是围绕核心企业，通过对信息流、物流、资金流的控制，从采购原材料开始，制成中间产品以及最终产品，最后由销售网络把产品送到消费者手中的，将供应商、制造商、分销商、零售商直到最终用户连成一个整体的功能网链结构模式。它是一个范围更广的企业结构模式，它包含所有加盟的节点企业，从原材料供应开始，经过链中不同企业的制造加工、组装、分销等过程直到最终用户。它不仅是一条连接供应商到用户的物料链、信息链、资金链，更是一条增值链，物料在供应链上因加工、包装、运输等过程而增加其价值，给相关企业带来收益。重要的是，供应链理念还包含与渠道合作伙伴之间的协调与合作思想，而这些渠道合作伙伴可以是供应商、中介机构、第三方客户提供商和客户。

7.1.2　精益供应链的定义

精益供应链就是一个有计划的、稳定的、可视化的，以及上下游相互紧密协同的供应作业运营过程。这样的供应链由客户需求拉动，以最小的投入提供客户最高的价值。

将精益思想真正融入供应链中，把关注焦点放在整个供应链上，从供应链的全过程消除浪费，降低成本，提高整个供应链的效率和效益。因此，把精益供应链（Lean Supply Chaill）定义为：一组通过产品流、服务流、资金流和信息流在上下游之间直接连接起来的机构或组织，它们通过高效和有效的拉动，满足客户所需的产品或服务来减少浪费，以降低成本。一条精益供应链就是从产品设计到最终客户得到产品，整个过程所必需的步骤和合作伙伴整合起来，快速响应顾客多变的需求。也就是说，供应链上任何一个参与者不能仅考虑其直接下游参与者的需求，还应该尽可能考虑最终用户的需求，力争把采购、制造和销售三方合为一体，采购部门以最低的价格完成适量的采购，制造部门力争以最小的消耗提高生产速度，销售部门则以最小的销售成本取得最大的销售利润。其核心就是以尽可能少的资源，最大限度地满足客户需求，创造尽可能多的价值。

7.1.3 精益供应链的特征

（1）供应商数量"少"而质量"优"。要实现供应商"少"而"优"可以有几种途径：一是通过绩效考核，通过优胜劣汰让良好的供应商管理体系自然发展；二是加强战略合作，整合采购订单，实现规模效应；三是通过"一站式"采购，将众多零散的小供应商整合成几个寡头供应商。

（2）供应链上各节点企业根据自身在供应链所处的位置，形成垂直集成。各企业分工明确，利益诉求和分配明确，各自发挥核心竞争力，高度协调一致。

（3）客户和供应商高度战略合作和协同运营管理。

（4）实现最优化物流运输方式设计。

（5）价值流连续流动，不增值环节的浪费少。

（6）供应链整体运行成本低，价值高。

（7）供应链上各节点企业都有持续改善的意识和能力。

（8）供应链上各节点企业的战略目标和供应链整体战略目标高度匹配。

7.1.4 供应链管理的系统要素

随着供应链管理思想的发展，企业开始注意从整个供应链的角度研究供应链管理的要素。供应链管理以同步化、集成化生产计划为指导，以各种技术为支持，尤其是以 Internet/Intranet 为依托，围绕供应、生产作业、物流、需求来实施。供应链管理主要包括计划、合作和控制从供应商到用户的物料和信息。供应链管理的目标在于提高用户服务水平和降低总的交易成本，并且寻求两个目标之间的平衡，本书将供应链管理综合成 10 个系统要素，如图 7-2 所示，它们分别是供应链计划、供应信息流、客户服务管理、库存管理、运输管理、选址决策、合作关系管理、企业组织结构、绩

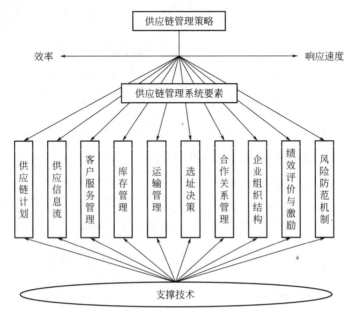

图 7-2 供应链管理系统要素

效评价与激励以及风险防范机制。

7.1.5 房地产供应链运营管理的定义

房地产供应链运营管理则是核心房地产企业将其作为项目的核心，进行资金、物资的协调、分配，通过信息共享，最终达到整个房地产供应链创值增值的运营过程。整个供应链是以房地产企业为核心，所有活动都是围绕它而展开，而政府部门则在整个供应链网络的外围，对整个供应链的运营进行监管的同时，也作为房地产供应链的一个节点参与到房地产项目的开发中，将设计单位、施工单位、销售单位、物业单位及购房客户/业主连成一个整体的功能网络结构，如图 7-3 所示。

供应链类型细分为：

(1) 房地产开发业务链（图 7-4）。

(2) 房地产开发供应链（图 7-5）。

(3) 房地产开发供应链系统细化模型（图 7-6）。

通过上述分析可知，有必要将房地产开发过程与集成化供应链相结合。通过建立房地产开发集成化供应链运营管理模型，优化房地产项目开发运营管理，提升房地产开发运营管理水平。

(4) 以施工总承包商为核心的供应链运营模型

建筑供应链根据核心企业的不同，可分为以房地产开发商为核心的供应链、以设计方为核心的供应链、以供应方为核心的供应链和以施工总承包方为核心的供应链。

第7章 房地产业供应链协同精益运营管理

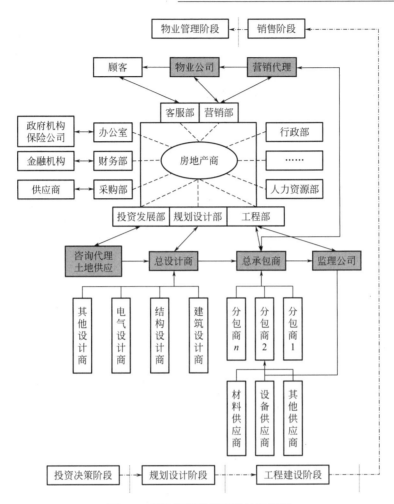

图 7-3 房地产开发供应链结构模型

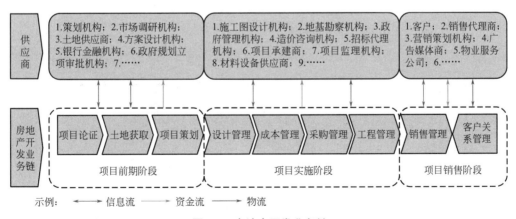

图 7-4 房地产开发业务链

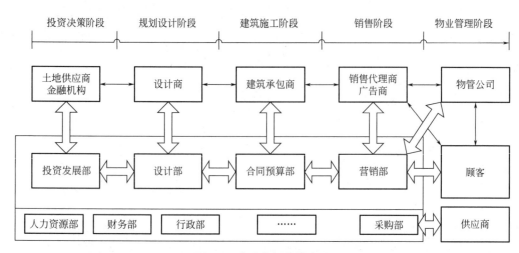

图 7-5 房地产开发供应链

图 7-6 房地产开发供应链系统细化模型

结合施工总承包建设模式的特点和供应链的相关概念,将以施工总承包方为核心的建筑供应链定义为:在工程建设项目中,以施工总承包(EPC)企业为组织者,通过发挥核心企业的管理技术优势,对物流、资金流和信息流加以控制,贯穿于项目开发的全生命周期，将业主/投资方、代理方、监理公司、承包商、材料设备供应商、分包商等连成一个整体的供需网链。其模型如图 7-7 所示。

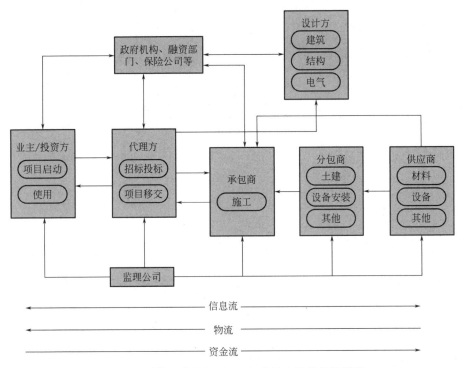

图 7-7　以施工总承包（EPC）为核心的供应链模型

从图 7-7 供应链模型可以看出，以施工总承包（EPC）企业为核心的供应链，其主要特征是施工总承包商只有一个，且处于主导地位，而在供应链上不同类型的合作伙伴可能有多个，如设计方面的合作伙伴可能根据设计内容的不同，分为建筑设计、结构设计和电气设计等设计商，供应商则包括多个材料、设备供应商，施工分包商往往也有多个，他们为施工总承包企业提供建设所需要的服务、物资和技术，施工总承包企业则为此提供资金回报，同时施工总承包企业与业主之间也有着密切的沟通交流，在各供应链参与方之间存在高频率的信息双向交流。此外，在群体工程项目中，存在一些由业主指定的材料设备供应商，在供应链运营管理当中，施工总承包企业也须考虑与这类供应商的沟通。只有全面把握了以施工总承包为核心的群体工程项目供应链的特点，才能更好地对其进行成本管理和优化，以达到供应链总体效益最大化的目标。

为一步明晰在房地产企业精益供应链运营模式中，房地产企业对自身及供应链参与各方的管理，在价值链分析的基础上，以房地产企业为核心构建了精益供应链运营模式下的房地产产品增值模型，如图 7-8 所示。

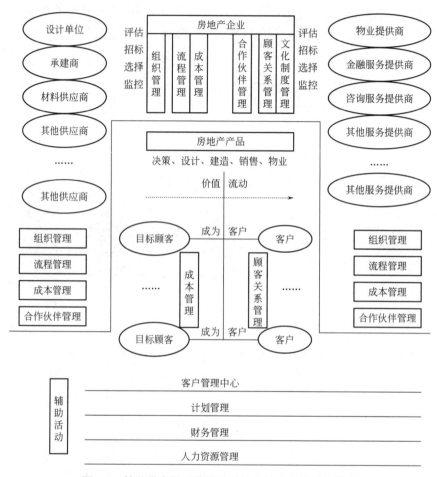

图 7-8 精益供应链运营模式下的房地产产品增值模型

7.1.6 房地产精益供应链运营管理体系

基于精益思想的房地产精益供应链运营管理体系如图 7-9 所示。

房地产精益供应链运营管理体系中包括三个基本模块：房地产企业外部精益供应链运营模块；房地产企业内部集成精益供应链运营模块；房地产企业精益供应链运营管理平台。在房地产企业外部精益供应链运营模块中，房地产企业作为核心企业发挥有效的组织与协调作用，保证所有供应链节点的合作伙伴能够作为精益企业，根据最终客户/业主的需求做出快速反应；信息资源从最终客户/业主出发，实现对上游节点企业的有效拉动。在房地产企业内部精益供应链运营模块中，项目部作为核心执行部门，保证企业内部节点上的执行部门实现项目精益管理，根据市场上最终客户/业主的需求做出快速反应，从最终客户/业主出发实现对上游节点部门的有效拉动。房地产企业以及供应链上的合作企业通过精益运营管理平台实现有效的沟通与协作。

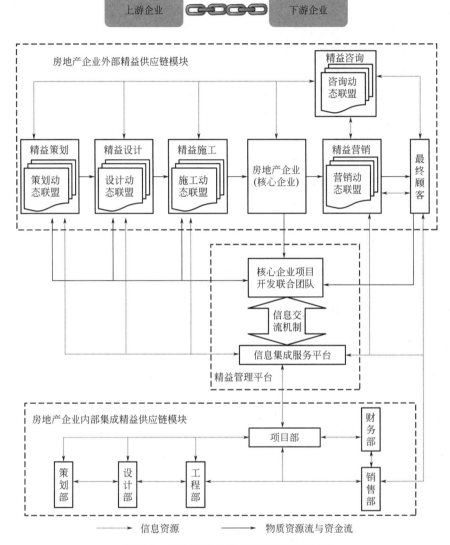

图 7-9 房地产精益供应链运营管理体系

1. 房地产企业外部精益供应链运营体系

房地产企业外部精益供应链运营体系中包括房地产企业、策划动态联盟、设计动态联盟、施工动态联盟、营销动态联盟、咨询动态联盟和最终客户/业主等节点。房地产企业作为核心企业，首先在企业内部实现精益运营管理，然后要求在房地产精益供应链上各个合作企业实现协同精益运营管理。房地产集成精益供应链运营体系的目的是通过联合具有竞争优势的先进企业，共同面对房地产市场的竞争，实现供应链运营体系上所有企业的共赢。但面临的两个关键问题是：动态联盟的伙伴选择与动态联盟伙伴的合作机制。

动态联盟的伙伴关系是从战略管理的高度，通过整合房地产供应链企业的资源优势和核心竞争力，形成以房地产企业为核心企业，土地开发、规划设计、施工建造、营销策划及各类咨询服务企业参与的，基于供应链运营体系的立体化、多层次合作伙伴关系组织集成模式。房地产供应链合作伙伴选择的依据和标准，应该是反映房地产供应链合作伙伴企业本身和经济环境所构成的复杂系统不同属性的指标，按隶属关系、层次结构有序组成的集合，形成一套较为完整的合作伙伴核心竞争力综合评价指标体系。

房地产企业作为供应链运营核心企业，必须通过建立合理且有效的绩效考评机制、协同创效激励机制、项目风险分担策略以及项目利润分配机制等，使得联盟企业能相互协同，从而保持联盟的稳定性。

2. 房地产企业内部供应链精益运营体系

在当今市场/客户/业主需求突变和实施供应链运营的情况下，房地产企业作为项目全程运作的资源整合者，需要通过其内部相关部门来获取外部供应链企业的物流、资金流与信息流资源，在企业内部形成对外部资源的集成。所以房地产企业组织结构需要实现从职能管理到面向业务流程管理的转变，通过有效的组织架构（矩阵或网络型）在企业内部形成"虚拟供应链"。这种结构不但可以实现企业对内外资源进行有效的集成，而且使内外部集成的节点对应起来，形成基于其核心竞争力的供应链内部集成。

组成精益供应链的最大挑战是企业员工、职能部门、企业三个层次相互协同、步调一致。只有这样才能增强企业凝聚力和竞争力，获得丰厚的市场回报。由此房地产企业组织架构分化为高层运营管理团队与中层执行团队。高层运营管理团队由负责决策的高层经营管理者构成，主要负责与外部供应链节点企业的协调；而中层执行团队则主要有策划部、设计部、合约部、招标采购部、工程部、销售部、财务部等基本职能部门以及横向组织项目部构成。项目部作为房地产企业内部集成精益供应链的核心部门，是房地产项目开发的执行主体，实现企业内部信息沟通，是企业内部与企业外部在项目具体业务操作层次上交流的桥梁。

3. 房地产企业精益供应链运营管理平台

房地产企业精益供应链运营管理平台是负责房地产精益供应链上各节点企业之间，以及房地产企业内部节点与外部节点之间交流的载体。核心企业整合整个供应链上的所有参与者组成核心企业项目开发联合团队，同时核心企业建立基于网络的信息集成服务平台。核心企业项目开发联合团队通过信息集成服务平台，利用最有效的信息交流机制来保证供应链上各节点企业之间以及房地产企业内部节点与外部节点之间的协同作业，快速响应客户/业主个性化需求，实现房地产项目开发的有效精益化管理，如图7-10所示。

核心企业项目开发联合团队由精益供应链上所有参与者组成，包括设计公司、施工企业、营销代理方、最终顾客等，同时可以吸纳材料供应、专业人士、政府机构、

第7章 房地产业供应链协同精益运营管理

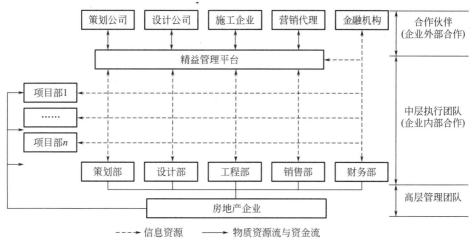

图 7-10 基于精益平台的房地产企业供应链运营体系

金融机构、物业公司等非精益供应链单位的参与，如图 7-11 所示。

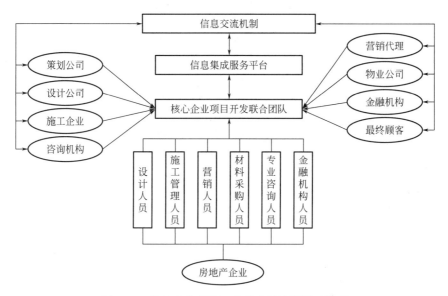

图 7-11 核心企业项目开发供应链协同团队构成

4. "互联网+"的精益供应链运营信息服务平台

随着"互联网+"技术的发展，房地产供应链运营管理基于互联网运作成为必然。对于房地产企业来说，最经济、最实用的方式就是通过建立互联网来达到电子商务、同步作业、资源共享的目的。在房地产项目开发过程中，涉及众多的合作伙伴，同时面临更加广泛的最终客户，以企业有限的资源迎接无限的市场机遇，实现以最少的消耗、最低的成本、最快的速度产出最大的价值和利润，是核心企业面临的一个重大课题。供应链体系中的合作伙伴、用户都可以通过互联网访问网络服务器，根据各自不同的权限访问数据库,并与数据库交换数据,以达到信息沟通、业务处理的功能。系统化、专业化、集成化的信息资讯和决策咨询信息集成服务平台模型如图 7-12 所示。

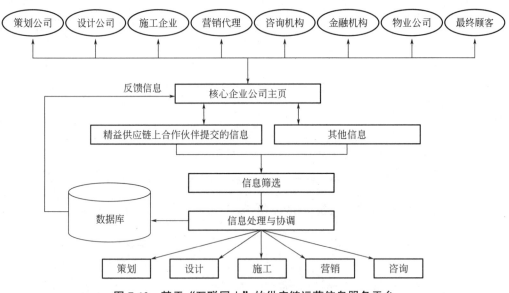

图 7-12　基于"互联网+"的供应链运营信息服务平台

7.2　房地产开发供应链运营节点构成

房地产开发供应链上每个节点的任务均不可替代,不能由其他节点取代,总体呈星状发散而不同于制造业供应链的单向链状结构(图 7-13),这种发散结构使企业能够整合(集成)内部和外部的各种资源,并实现各个相关联节点的一一对应。

7.2.1　主体企业——房地产企业

房地产企业,又称房地产开发商。基于房地产行业的特点,房地产行业应建立以开发商为核心的供应链运营管理模式,即构建以房地产开发商为核心,设计商、供应商、承建商、代理(中介)商、金融供应商、物业公司及最终业主(用户)之间长期的战略伙伴关系,从而降低开发建造成本、提高市场应变能力,强化供应链整体运营的核心竞争力。

房地产开发商作为供应链中的核心企业,是供应链得以维持的核心力量,负责制定和执行供应链的各种规则,即供应链利益主体的运营管理者,是供应链成员协同运营的"领航员"。

在房地产开发供应链中,房地产开发商控制着整条供应链的一体化整合,通过其在供应链中的绝对优势地位制定标准,建立统一的 BIM 信息系统平台,要求各节点

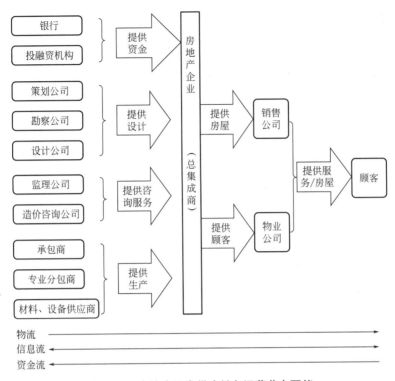

图 7-13 房地产开发供应链各运营节点职能

企业根据其要求进行业务流程重组,获得供应链内部的完全信息,实现供应链上各个企业的信息共享,实施完全信息共享下的集中决策。

房地产开发商的控制能力,还突出表现在通过有效选择设计商、供应商和承建商,并规范其行为,实现项目开发目标,向客户/业主提供性价比最优的房地产商品。房地产开发核心企业的效率、效益,直接影响和决定房地产供应链运营的成功与否,以及其他非核心企业的利益获得。通过评价优化设计方案、工程验收、制定售房价格和售后服务等方式决定供应链中其他企业的利益分配,各个非核心企业从过去竞标获得订单或产品的不稳定方式,转变为相对稳定的合作开发模式,减少了大量烦琐的工作,并相应降低了大量成本,所以在供应链运营中可以获得比单个企业更好的经济效益。

7.2.2 客体企业——供应链合作伙伴

1. 土地供应商

土地是房地产项目开发活动的载体,土地的位置直接影响楼盘的价值。房地产开发商获得土地的途径有两种:一是直接从一级市场政府部门获得土地;二是从二级市场获得土地。从一级市场通过"招拍挂"方式获得土地是企业获得开发地块的主要途径,因此房地产企业应与当地政府保持密切的关系,能够及时获取土地市场信息。从二级市场获得土地，主要指其他企业转让的地块，因此房地产企业应保持行业圈内相互之间的信息交流，既了解行业圈内土地的供需状况，也让其他企业了解自身土地的供需状况，相互之间既有竞争又有合作。因此房地产企业与土地供应商之间的合作，是房地产企业的核心竞争力之一。

2. 金融供应商

房地产开发商与金融机构合作，可以降低融资成本。有实力的房地产企业，可以争取在资本市场上融资。通过上市可以筹集到大量的资金，供房地产开发使用，只需在发行时支出与发行相关的费用，但不需要负担任何利息，是最好的一种融资方式。不过能获得上市资格的房地产企业毕竟是少数，绝大多数房地产企业取得资金的主要途径是向银行贷款。其实，银行业的激烈竞争使得各银行都十分重视发展长期稳定的房地产企业客户，但要想比较容易地获得银行贷款，房地产企业应努力提升自身实力，提高自己的资信等级和资质等级，争取与特定的一两家银行保持长期合作关系，把各项业务如流动资金贷款、按揭、结算、保函、工程监理等集中在该银行办理，这样可以让银行对房地产企业更加了解、更加信赖，获得融资也较为容易。同时要保证楼盘的品质，因为银行在对房地产企业进行融资时，注重的不仅是房地产企业的信誉，还包括在建楼盘本身的品质。

3. **设计供应商**

房地产开发总成本的70%以上在设计阶段就已确定，设计阶段对于开发项目的成本控制来说极其重要。通过与设计商合作，房地产企业能够有效地联合设计商对项目设计开展全生命周期成本分析，按照成本-价值分析结果优化选择设计方案；此外，房地产企业和设计商合作关系的建立还能有效减少双方的交易成本，保持相对稳定的设计质量，以及形成比较成熟的设计风格。对于设计商而言，寻求成熟、稳健的房地产企业作为合作伙伴，有利于其设计效果的有效体现，通过参与项目全生命周期费用分析，设计商能更好地从经济角度实施设计，提高其设计档次。

房地产企业与设计商之间较为普遍的合作模式是房地产企业主导，与不同阶段和类别的设计商（包括规划设计商、施工图设计商、景观设计商、室内设计商等）协作，并进行资源整合，以保证开发项目设计的整体性与延续性。然而，这种模式对于房地产企业设计能力与沟通协调能力要求较高，否则容易造成大量设计信息的屏蔽与流失，影响设计整体效果，甚至对项目造成重大损失。

现阶段，设计总承包的模式不失为一种较为合理的选择。在这种模式中，房地产企业的合作对象由多个不同的设计商转变为一个设计总承包商，设计工作的内部工作由设计总承包商进行，这样房地产企业可以从烦琐的设计协调工作中解脱出来，将资源与精力用于项目设计的价值分析优化等更加重要的方面，增强企业的核心竞争能力。

4. **材料、设备供应商**

一般来说，建筑安装费用占房地产开发总成本的30%～50%，而建筑材料及设备采购费占建筑安装费用的 50%～60%，即占整个项目开发总成本的 20%～30%，这部分成本的有效控制对于项目整体开发成本的控制具有重要作用，而项目建筑材料、设备的供货周期对于项目的工期控制、品质及售后服务对于项目的质量控制也都有着重要影响。通过战略合作伙伴关系的建立，房地产企业可以更好地控制项目成本、工期及质量。对于供应商而言，与房地产企业建立并维持合作关系，可以获得稳定的产品需求，同时借助房地产企业项目的实物广告以及其他宣传途径，增加商业机会，扩大营销渠道。

我国建材业与房地产业两个产业链之间消耗着很大的流通成本。即使是将工程完全发包给建筑商的楼盘，房地产企业一般也要自行采购部分材料，少到电梯等高档设备，多到卫生洁具等装饰材料。建材产品从厂家到工地要经过批发商、零售商、设计商、承建商、分包商、地产商等多个环节，减缓了两个产业之间的信息流通，并导致信息损失和失真。房地产企业与供应商之间的中间环节过多，导致采购成本增加，采购周期延长，材料及设备质量也难以得到保障。现阶段，基于网络平台的在线采购合作模式是一种更加合理的选择，在这种合作模式中，房地产企业能够对市场需求做出快速反应，保证供给与需求在时间和数量上的匹配，房地产企业采购可以扩大采购量，形成规模采购以降低采购单价，进而降低原材料成本，同时能够扩大选择范围，优化采购流程，缩短采购周期，降低其仓储、保管成本。

5. 建筑承建商

建筑承建商作为项目建设单位，施工质量的好坏直接关系到设计效果的体现程度、工程质量的优良程度等。房地产企业精心选择工程经验丰富、管理水准较高的承建商，并建立长期的合作伙伴关系，有助于维持项目的工程质量、减少管理及交易成本。对于承建商而言，与房地产企业建立较为稳定的合作伙伴关系有助于其稳步发展，对于建筑施工企业规模的平稳扩大十分有益；同时，伴随着开发项目品质被人们所认同，承建商作为项目实施团队的重要成员也会被认同，益于开创自身的品牌。

房地产企业与承建商之间较为普遍的合作模式也是房地产企业主导，与各专业包括材料供应商、建筑分包商、设备租赁商、工程分包商（包括勘察、桩基、主体、水电、装饰工程等）等协作，并进行资源整合。这种模式对于房地产企业工程管理与沟通协调能力要求较高，否则很容易造成大量的信息不对称，影响建筑工程的整体效果，对项目造成重大损失。现阶段，工程总承包的合伙模式是一种更加合理的选择。在这种合作模式中，房地产企业的合作对象由多个不同的承建商转变为一个工程总承包商，工程建设的内部协作由工程总承包商完成，这样房地产企业可以将更多的资源与精力用于项目工程建设资金、质量与工期控制等更加重要的方面，完善企业的核心竞争能力。

6. 房地产销售代理商

房地产销售代理商是房地产行业中一个重要的组成部分。房地产企业与房地产销售代理商建立长期稳定的合作关系，首先可以降低房地产企业在销售方面所花费的广告宣传费,使促销的各项举措更加有效;其次房地产销售代理商在销售过程中,可以收集大量的购房者需求信息,这对房地产企业今后的开发有着非常重要的指导作用,如果能全面、及时、准确地反馈给房地产企业,使房地产企业能够及时根据反馈信息进行调整,对房地产企业将是非常有益的,这也可以间接降低房地产开发产品的成本。

7. 物业服务商

物业服务商是楼盘的售后服务商,物业服务商的服务档次直接影响楼盘的档次,服务质量直接影响客户的工作生活。物业服务管理作为房地产开发经营的最终环节,对前面活动具有强烈的反弹和刺激作用。物业服务有提高房地产经营效益的作用,周到、良好的物业服务能吸引和提升客户对物业投入的兴趣,提高物业的使用价值和经济价值。优良、方便的物业服务是树立企业形象、招揽用户、推销物业的重要手段和策略。房地产企业在项目开发前期就选择优秀的物业服务商,加强与物业服务商的合作,对提升自身楼盘档次、招揽购房客户起到不可忽视的作用。

7.2.3 房地产供应链节点企业关系说明

1. 房地产供应链各运营节点企业的主要职能

房地产供应链运营节点企业在供应链运营中的位置和节点的角色性质决定了节点间的关系。节点企业基本分为两类,即供应链的组织者和供应链的功能分工参与者。在房地产供应链中,房地产企业是供应链的组织者。按供应链的结构模型对其他节点机构进行归类可以得到,在投入环节的节点机构主要包括政府机构、金融机构、材料设备供应商。建设环节主要包括工程承包单位、设计单位、监理单位和各类工程咨询主体。销售环节主要包括销售代理商。消费环节主要是购房客户和物业服务机构或运营机构。而各个环节内部,根据存在的业务关系,又由各类相关机构组成,如表7-1所示。

房地产开发供应链运营各节点企业的主要职能　　　　表7-1

名称	所处阶段	内部构成	主要职能	工作关系
房地产企业	整个开发过程	单个房地产开发商或房地产开发商联盟	房地产产品开发	供应链核心
政府机构	投入阶段	各级人民政府	房地产政策制定	供应链监管核心
		金融管理机构	房地产金融管理	
		各级土地行政管理机构	土地的供应及监督管理	
		各级规划管理机构	规划方案的管理	
		各级建设管理机构	建设过程管理	
		各级税收管理机构	征收房地产开发及使用环节税收	
		其他政府管理机构	其他房地产开发经营监管	

续表

名称	所处阶段	内部构成	主要职能	工作关系
金融机构	投入阶段	商业银行	提供贷款	金融供应链资金核心
		信托机构	提供房地产信托	
		证券公司	发行股票、债券	
		投资机构和个人	投资房地产开发与经营	
		房地产合伙基金公司	投资房地产企业或项目	
		评估机构	资信评估	
		担保机构	提供担保	
		其他金融机构	其他房地产金融服务	
供应商	投入阶段	材料供应商	材料供应	供应节点
		设备供应商	设备供应	
		其他供应商	工程建设其他资源的供应	
分包商	生产阶段	勘察设计单位	项目规划设计工作	知识节点
		咨询策划机构	项目策划、前期报告编制	知识节点
		工程监理机构	项目质量、进度、投资监管	监管节点
		工程总承包商	工程施工总承包项目建设	建设核心
		分包商	专业工程施工、劳务分包	建设节点
		工程咨询机构	造价管理、招标投标代理	知识节点
销售代理商	营销阶段	房地产开发商	项目策划、营销	销售节点
		销售代理机构	项目策划、营销	
购房客户	消费阶段	居住(使用)者	购买使用	消费核心
		投资者	购买投资	
		投机者	购买投机	
		其他购房人	购房做其他用途	
运维服务商	消费阶段	物业管理机构	项目交付后运营维护	服务节点
		运维管理公司	招商和经营	

2. 房地产开发供应链运营各节点企业工作内容

房地产开发供应链运营所涉及的节点企业及工作内容如表 7-2 所示。

房地产开发供应链运营节点企业工作内容　　表 7-2

节点企业	主要成员	从事工作内容
房地产投资业	融资机构、政府部门、投资单位等	主要为项目的融资、咨询、服务等工作
生产型企业	施工单位、机械材料设备、供应商	主要对项目施工全过程管理,材料、机械的生产及供应,建筑设备的供应及安装工作

续表

节点企业	主要成员	从事工作内容
咨询行业	勘察设计院、监理公司、造价咨询公司、项目管理公司	主要进行项目全过程的服务工作
房地产流通业	企业自己的销售部门、销售代理单位、房地产估价公司、房屋中介服务机构等	主要在项目建成后对建筑产品进行销售和流通服务的行业
房地产服务业	物业管理公司、家政服务公司等	主要为业主提供建筑产品正常使用的服务性工作

3. 房地产开发供应链运营各节点企业的关联关系

房地产开发供应链运营节点企业/机构间的行为关系分为三种：合同契约关系、业务关系（非合同关系）、监管与被监管关系。主要通过契约形式进行约束，在供应链中更多的是一种服务关系而不是传统的控制关系。如图7-14、图7-15及表7-3所示，在一级节点中，房地产开发商与所有节点都具有合同契约关系。金融机构与绝大多数节点有着资金借贷的契约关系。政府机构不但与金融机构、房地产开发商有着合同契约关系，还作为行政监督管理部门对所有节点实施监督管理。客户/业主也与供应链中的大部分节点有着合同契约关系。所以，在房地产开发供应链上，最重要的一级节点为房地产开发商、政府机构、金融机构和客户/业主。而节点之间的非合同业务关系则主要体现在二级节点之间，房地产开发商与他们都有关联，但不一定是直接的契约关系，而是业务关联。例如，在建设节点内部，各个二级节点分别与房地产开发商签订合同，他们之间并没有契约关系（除EPC总承包商与分包商外），但仍然因工程建设的需要而形成业务上的互为依存的合作关系。

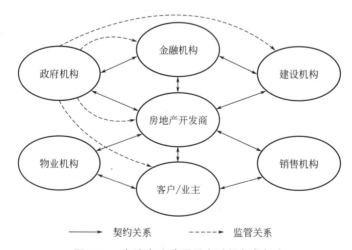

图 7-14 房地产建造项目全过程各参与方

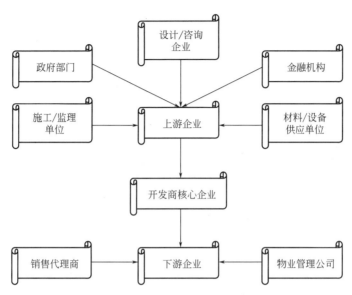

图 7-15 房地产开发供应链各节点企业关联关系图

房地产开发供应链各节点企业关联关系表　　　　表 7-3

关联企业	时间节点	功能结构
房地产开发商	整个开发阶段	项目开发投资管理
政府部门	上游立项阶段	土地供应以及项目审批等监督管理
金融机构	上游立项阶段	资金供应以及运作监督管理
设计单位	上游开发阶段	项目规划设计工作
咨询单位	上游开发阶段	项目投资概预算、招标投标代理、项目审计
材料/设备供应商	中游施工阶段	项目所需材料/设备的供应
施工单位	中游施工阶段	项目建设施工
监理单位	中游施工阶段	项目施工的进度、质量、成本监督管理
销售代理商	下游销售阶段	项目营销策划、销售
物业管理公司	下游维护阶段	项目交付后运营维护

4. 房地产开发供应链运营各节点企业关系模型

根据房地产开发过程中供应链各企业介入时间节点的先后顺序,以及各自在项目开发过程中的功能作用,本书构建出房地产开发供应链结构模型,如图 7-16 所示。

由图 7-16 可见,房地产开发商是房地产开发供应链协同运营的核心企业,它的上游企业是政府部门、金融机构、设计单位、咨询单位;中游企业是材料/设备供应商、施工单位、监理单位;它的下游企业是销售单位和物业公司。房地产开发商与它的上、中、下游企业组成一个利益共同体,面对最终房地产产品的需求者——客户/业主,在运行形式上构成一条从供应商、开发商、销售商和最终用户/业主的物流、

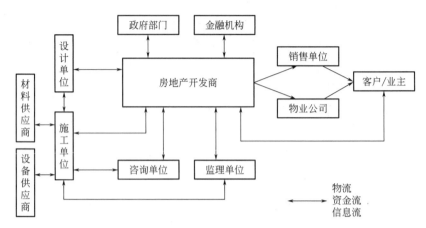

图 7-16　房地产开发供应链各节点企业关系模型

资金流和信息流网络结构,即房地产供应链。

7.3　房地产开发供应链协同运营管理流程

房地产开发供应链成本随着开发工作的进展而不断产生,因而,研究房地产开发供应链成本的构成,就需要从房地产开发过程开始。

房地产项目开发一般经历投资决策—前期工作—建设施工—营销服务四个阶段,如图 7-17 所示。其中投资决策阶段包括提出投资设想、投资设想细化、可行性研究等内容;前期工作阶段包括获取土地、筹集资金、拆迁安置、规划设计等内容;建设施工阶段包括招标投标、施工管理、竣工验收等内容;营销服务阶段包括销售管理、物业服务管理等内容。由此形成包含规划设计、施工、营销代理、咨询等诸多专业机构的产业链。

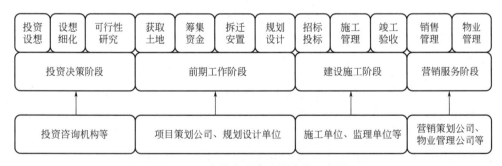

图 7-17　房地产项目开发阶段示意图

按照供应链运营的特点,房地产开发是多个节点的共同任务。因此,按照房地产开发供应链的结构,本书将房地产开发供应链的主要业务流程划分为六个阶段:策划决策与计划、土地使用权获取、资金融通、项目建设、销售及入住、移交及售后服务。这六个阶段大致按照前后搭接顺序分布在房地产开发供应链的投入、生产、销售、消费四个环节,并且在某些时点同时发生和开展。其流程体系框架如图 7-18 所示。

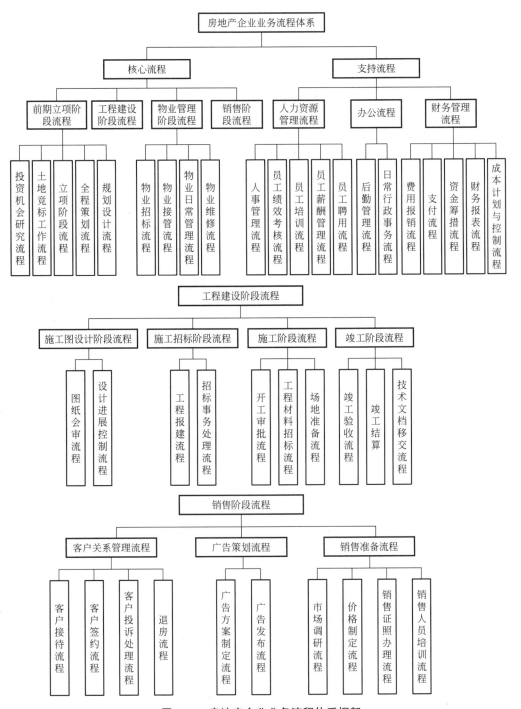

图 7-18 房地产企业业务流程体系框架

7.3.1 项目投入阶段的核心工作流程

投入阶段主要任务是获取开发需要的资源和资金，主要包括策划决策与计划、土地使用权获取、资金融通，上述六个阶段中的前三个均发生在投入阶段，这也说明房地产开发前期工作的重要性。

1. 策划决策与审批

策划、决策在任何管理中都是贯穿始终的最重要的活动。策划与决策的正确性是房地产开发得以成功的首要因素，策划、决策与审批的工作主要包括：①市场调查与分析；②投资机会选择；③可行性研究；④立项审批和规划审批。

市场调查与分析的主要内容包括了解土地位置、形状、地质状况及周边情况信息，落实规划限制条件，了解地块所属区域的规划，对以后项目开发的影响和支撑；进行地块周边及辐射范围内的客户分析、产品分析、市场竞争分析等，提出项目定位、客户定位、产品定位的策划建议。

投资机会选择和可行性研究是房地产企业通过对房地产市场的考察，寻找投资机会，确定开发项目，并对拟开发的项目进行全面综合的技术经济评价的过程。它是项目进行投资决策和建设的基本条件和主要依据。其主要内容包括项目的市场和资源分析、初步产品方案和工程技术方案、投资估算、融资方式初步策划、开发计划制定、项目经济效益分析、社会和环境效益分析以及风险分析等。二者存在深度上的差异。

立项审批和规划审批的主要内容包括项目建议书和可行性研究报告先后报当地计划管理部门立项备案。可行性研究报告应附有规划部门对项目建设选址的初审意见、土地管理部门对建设用地的初审意见等。

2. 土地使用权获取

建设用地的取得，实质是依法获取国有土地的使用权。房地产开发获取土地的主要方式有出让和转让。国有土地使用权出让，是指国家将国有土地使用权在一定年限内出让给土地使用者，由土地使用者向国家支付土地使用权出让金的行为。通过出让方式获取国有土地使用权，又可以分成通过招标、拍卖、挂牌出让方式或通过协议出让方式获取国有土地使用权。在土地投入阶段，房地产企业主要通过政府土地管理机构组织的土地"招拍挂"获取土地，与土地管理机构签订土地出让合同，向规划管理部门申请下发规划选点和规划要求通知，核定用地图、规划地界坐标图等。依据规划条件委托规划设计单位出具详细规划，报政府规划部门申请办理建设用地规划许可证。之后，到土地管理机构办理用地手续，缴纳土地出让金及其他费用，获得土地使用权证。

3. 资金融通与获取

房地产开发所用土地及后期的开发都需要大量的资金，因而，资金的融通工作在投入阶段就成为一项重要工作。在项目正式施工前，房地产企业可通过多种方式筹集项目所需资金，一方面，可以以所建项目及自身资产信用为担保，向银行申请贷款，支持项目开发；另一方面，有实力的企业还可借助自身实力发行债券或上市发行股票吸收全社会投资资金，投入项目开发。另外，寻求战略合作者，也是一种股权融资方式，通过股权转让获取必要的项目开发资金，或者双方共建项目开发公司，优势和资源互补，达到双赢的目的。其他方式还包括房地产信托融资、房地产产业基金融资、项目融资等，目前在国内并不常见或并不合法。

上述融资方式中，银行贷款是最多见也是最可能实现的融资模式。以银行信贷业务流程为例，一笔贷款从提出申请到支用的主要流程包括：申请→贷前调查→项目评估→风险审查→贷款审批→合同审查→用款条件审查→客户用款。其中，贷前调查、项目评估、风险审查、贷款审批、用款条件审查等环节基本上都是对房地产企业资信的审查。

7.3.2　施工建造阶段的核心工作流程

工程建设阶段是房地产开发中技术含量最多的阶段，该阶段完成工程建设的核心工作流程。这个阶段的主要工作包括工程招标、勘察设计、工程施工和竣工验收。

1. 工程招标

房地产企业可应用自己的主动权或借助招标代理机构，进行各项关键工作招标工作，项目的工程招标具体包括：

（1）物资采购招标（也可作为投入阶段工作），是指选择房地产项目开发所需的建筑材料及设备、部品的供应商，采购内容也包括与之相关的服务，如运输、保险、安装、调试、培训、初期维修等。

（2）施工招标，是指通过招标选择工程承包单位承担工程施工任务，并包括与之相关的服务，如人员培训、维修等。

（3）咨询服务招标，招标内容主要包括项目投资前期准备工作的咨询服务，如项目的预可行性研究和可行性研究（在投入阶段完成），工程项目现场勘察、设计等业务；工程设计和招标文件编制服务；施工监理、造价咨询服务；技术援助和培训等服务。

在上述三种形式中，咨询服务成本约占房地产工程造价的5％～10％；物资招标和工程招标是其主要内容，约占房地产产品施工成本的60％～70％。

2. 勘察设计

具体工作包括：①工程勘察；②规划设计（在投入阶段完成）；③初步设计；④施工图设计，并包括与图纸配套的其他技术经济文件编制，如投资估算、设计概算、施工图预算等。设计完成后要接受施工图纸的审核，对施工单位进行设计交底。

3. 工程施工

施工是生产阶段的核心工作，在正式开工前，除需要完成工程招标外，还需达到国家规定的其他开工条件，典型工作包括办理建设工程规划许可证和办理施工许可证。各类供应商、工程咨询机构和分包商围绕着工程承包机构的工作开展工程施工任务,在施工中确保工程质量、进度、投资、环境、安全管理等满足工程目标要求。

4. 竣工验收

指对房地产工程项目按照政府相关规定进行产品功能性验收和工程合同验收工作。工程产品功能性验收分为四个层次:

(1) 工程项目建设过程中应进行工程阶段性验收、工程产品设计试验研究项目验收以及销售用(含为配合销售而提前实施的单项项目)专项/零星工程验收及设施与设备验收。

(2) 按照政府规定必须由政府或行业主管部门组织的法定专项验收。

(3) 工程项目施工完成后,由公司组织的对项目产品设计符合性、使用功能符合性进行的全面质量验收。

(4) 建设项目的整体竣工验收。工程合同验收是指在工程产品功能性验收合格后,对与项目工程建设有关合同进行总体评估,合同验收以功能验收为基础,同时服从功能验收要求。

鉴于房地产商品的特殊性,在建造阶段销售活动就已经介入,工程建设管理与其他流程的交叉管理也是最多的。

7.3.3 销售和运维阶段的核心工作流程

房地产开发商可以自行销售,也可以委托房地产经纪公司代理销售。销售及办理入住的主要工作包括:

(1) 选择销售代理机构。

(2) 产品策划。

(3) 营销策划。

(4) 销售。

(5) 办理入住。

其中产品和销售策划是该阶段的核心工作内容,是房地产产品能够适应市场需求、进行资源最优化配置、完成企业生产获利的必然表现。产品和销售策划工作主要内容包括市场调研、项目定位、项目策划、营销策划等。需要对区域内及周边进行市场分析、客户需求分析、产品分析、竞争楼盘分析,了解投资者对竞争项目的投资意向,确定产品类型、项目规模、建设标准、建筑风格、户型设计、景观规划、配套条件、物业管理条件、价格定位等,进行品牌塑造、成本测算及利润率分析,初步制定土地开发计划和销售计划,以及项目总体经济指标要求及各阶段经济指标要求等。销售和入住两个流程的主要工作内容有办理销售许可证、开盘、日常销售、签订销售合同、备案、室内空气检测、办理住宅准入证、物业管理公司接收钥匙、验房等。

移交和售后服务阶段核心工作流程包括:

(1) 售后维修投诉处理。

(2) 装饰装修管理。

(3) 产权证办理。

(4) 物业管理和运营管理等。

7.3.4 房地产开发供应链作业流程汇总

综上所述,房地产开发供应链整体作业流程如图 7-19 所示。

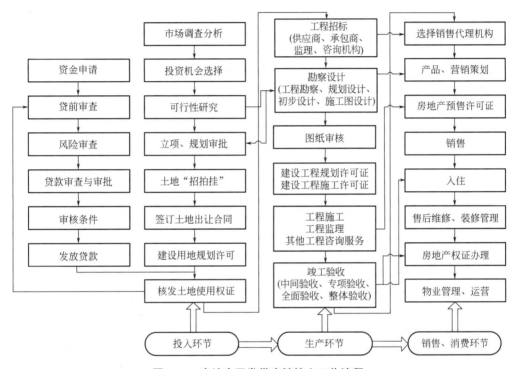

图 7-19 房地产开发供应链核心工作流程

另外,房地产开发涉及包括国土资源局、住房和城乡建设委、规划和自然资源局等 10 多个政府行政审批部门。我国现行房地产开发管理实行分部门、审批配合的方式,不同的专业审批分属不同部门,如土建、规划、消防、绿化、防雷等分别属住房和城乡建设委、规划和自然资源局、公安局、园林绿化局、气象局等审批,这些造成了房地产供应链业务流程的特殊性。

房地产开发涉及的政府管制机构包括:

(1) 国土资源部门:负责土地一级开发、储备、出让和管理工作,颁发土地使用权证。

(2) 房屋管理部门:负责房屋拆迁、预售审批、交易、登记等工作。

(3) 规划管理部门:负责规划要点审批、规划方案审批、单体方案审批、施工图报建审批、规划验收、放线、验线等工作。颁发《建设用地规划许可证》《建设工程规划许可证》。

(4) 建设管理部门：负责企业资质审批、施工许可证审批、招标投标管理备案、设计及施工单位的准入及资质审批、安全质量监督等工作。颁发《建筑工程施工许可证》。

(5) 消防管理部门：负责消防通道、消防分区、消防用料、喷淋系统、烟感系统、报警系统等与消防相关的报建审批和验收。

(6) 人防管理部门：对应建人防工事的设计进行审批和验收，并监管日常使用情况。

(7) 环境保护管理部门：负责噪声（中央空调、室外车道）、废气（排烟管道）、排污（污水排放）等污染源处理设计的审批和验收工作。

(8) 卫生防疫管理部门：负责餐饮功能部分的设计审批和验收工作。

(9) 环卫管理部门：负责垃圾集散点、垃圾压缩站的设计审批和验收工作。

(10) 交通管理部门：负责道路开口、停车场画线等设计审批和验收工作。

(11) 供水、供电管理部门：负责红线外管线敷设、施工用水用电、永久水电的设计审批和验收工作。

(12) 航空管制部门：负责航高、航灯的设计审批和验收。

另外还有地名办（地名、街道名审批）、派出所（门牌号码审批）、税务（营业税、土地增值税、所得税的征收）等部门。

7.4 房地产开发供应链协同运营管理模型

7.4.1 房地产开发供应链集成化运营管理模型

供应链运营管理是一种集成化的运营思想，它是基于"竞争—合作—协调"机制，以分布企业集成和分布作业协调为保证的集成化、系统化运营管理模式。对于房地产企业来说，房地产企业供应链运营管理就是将供应链上所有节点企业（设计商、材料供应商、建筑商、融资机构、销售代理商和物业管理公司等）看作一个整体，形成集成化的供应链运营管理体系，以"互联网""物联网""数字化""云计算"和 BIM nD 技术为支撑，将企业内部供应链以及企业之间的供应链有机地集成起来运营，进而达到将整个供应链上价值环节的策划、规划、设计、顾问服务、材料设备采购、施工建造、销售及物业服务活动联系起来，在最短时间内，以最低的成本造价为客户/业主和自身（公司、项目）创造最大的价值/效益，如图 7-20 所示。

7.4.2 房地产开发供应链运营管理结构体系

1. 房地产业供应链运营管理"三个流"结构

根据商品性质理论，整个人类社会的经济活动就是商品的实物流、资金流和信息流的运动。整个商业活动就是商品实物流、资金流和信息流"三流合一"的过程。无

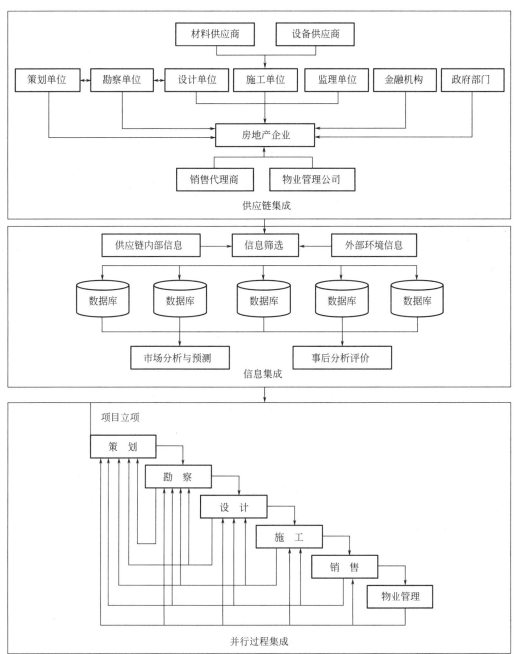

图 7-20 房地产开发供应链集成化运营管理模型

论是房地产建筑产品生产的生产要素、半成品还是商品，也都具有实物、资金和信息三种形态。房地产开发过程也都包括实物流、资金流和信息流三种物流。如果将房地产供应链运营视作一个载体，那么，房地产开发的物流、信息流、资金流即是供应链上流动的主体。从另一个角度来说，房地产开发供应链按照承载内容的不同，又可以分为实物链、资金链和信息链。

(1) 物流

房地产开发"物流"与制造业有所区别，房地产行业中的物流，部分学者提出房地产行业的物流可分为两类：显性物流和隐性物流。在显性物流阶段，即在房地产施工建造阶段，表现为原材料和设备从供应商工厂运到施工现场。在项目的前期规划设计及后期的销售阶段，把房地产建筑产品和服务交付用户，则体现为所有物权利的转移，即为隐性物流。

房地产开发项目每天的任务是需要通过专业的活动，借助于大量的物流（材料、劳动力、设备等）来实现项目阶段性目标。物流一旦未能及时地供应，将会影响项目的整体进度和工期。事实上，材料等物流的不顺畅是造成工程进度延误的最主要因素之一。

(2) 信息流

房地产企业与供应链上的成员企业、成员企业之间必然会有信息流的产生，信息流的方向是双向的，通过信息流的传递与交换，实现了供应链上成员企业间的沟通。目前房地产开发供应链是一个信息处理的过程，而信息作为一种战略资源，供应链上的每个成员企业都应该充分分析信息资源，提高生产效率，防止房地产开发供应链的信息出现"牛鞭效应"。

(3) 资金流

房地产开发供应链中资金流的流动方向由最终客户/业主将资金提供给销售代理公司和物业管理公司，然后销售代理公司将销售额通过金融机构交给房地产企业，房地产企业需要支付开发成本给施工单位和设计单位，施工单位则要给原材料供应商和设备供应商支付费用。

2. 房地产开发供应链管理"四环节"结构

房地产开发供应链系统是由六大类基本生产要素的投入方、生产方、流通方和消费方四方组成的有机联系的经济体。房地产的投入系统、生产系统、流通系统和消费系统是房地产经济系统的子系统。基于此，可以按照投入、生产、流通和消费四个环节构建房地产开发供应链的子系统。

(1) "投入"包括房地产商品的原始资源投入，例如土地资源的投入、材料物资设备等的投入以及资金的投入等，土地和资金是房地产行业核心竞争力的保障，也是房地产企业赖以生存的前提，因而，投入环节是所有生产、销售环节的基础，也是整个房地产供应链系统的基础，所以应该与生产环节相分离，成为一个独立环节而发挥作用。

(2) "生产"主要指对土地资源进行开发，建设完成房地产产品的过程，具体包括工程规划设计、施工建设等，是房地产开发供应链的核心环节。

(3) "销售"是指房地产产品的营销。鉴于房地产产品的特殊性，其销售过程与生产过程往往是并行的，这个环节中既包括房地产开发商对开发产品的销售，也包括委托专业代理机构的销售工作。

（4）"消费"是指房地产商品到达用户的过程，由于房地产产品具有生活必需品、投资品和投机品的多重特点，则其用户对房地产产品消费的目的也会有所不同，因而，消费环节较其他产品更加复杂。

整个房地产开发供应链由"投入→生产→销售→消费"四个环节组成。一方面，由于房地产商品多采用预售方式销售，消费者同时又是房地产开发的投入方，另一方面，大量的投资者或投机者仍会将房地产作为投资渠道，从而使得其在完成消费后，又会对这个行业进行再投入。所以，房地产开发供应链就会按照"投入→生产→销售→消费"→"再投入→再生产→再销售→再消费→再投入……"的流程不断循环，整体供应链结构形成按"投入→生产→销售→消费"循环的闭环结构。而房地产开发商则是能够全面参与四个阶段循环运营的唯一主体，显然，房地产开发商成为连接供应链四个子系统的核心企业，在供应链中位居中心，统筹各个子系统的运行，使房地产开发供应链结构最终表现为以房地产开发商为核心、星状辐射连接"投入→生产→销售→消费"四个子系统的闭环结构。

3. 供应链"三流""四环节""六要素"结构

鉴于房地产开发的特征及供应链的相关理论，笔者认为房地产开发供应链是以房地产开发商为核心企业，通过对物流、信息流、资金流的控制，从人力、资产力、物力、自然力、运力和时力六大类生产要素的投入开始，经过生产、销售、消费到再投入，建立的与政府机构、金融机构、供应商、设计商、承建商、销售代理商、物业管理公司及最终用户之间合作关系的功能网链结构。房地产行业供应链结构模型如图7-21所示。

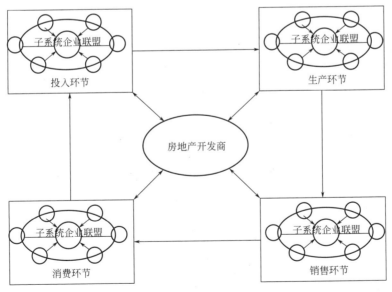

图 7-21 房地产行业供应链"三流""四环节""六要素"集成模型

7.4.3 房地产行业供应链结构模型的构建

1. 房地产行业供应链网络结构模型

典型的房地产开发包括市场调研、可行性研究、买地拿地、产品规划、项目设计、施工建设、市场营销和物业管理等众多环节，但是各个环节并不都是严格按照先后顺序进行的，常常相互交错开展，前面环节完成以后，并不可以完全撤离供应链生产过程，它还要对后续环节提供帮助和指导，如设计部门还要负责对施工企业进行技术指导，以保证实建项目与拟建项目的一致性。所以房地产行业供应链开发过程是相当复杂的，呈现出以房地产开发商为核心的发散型网络结构。基于此，本书构建了房地产行业供应链网状结构模型，如图 7-22 所示。此模型包含房地产开发全过程中涉及的所有主体要素，体现了房地产企业的核心地位，以及与合作伙伴之间的联系。

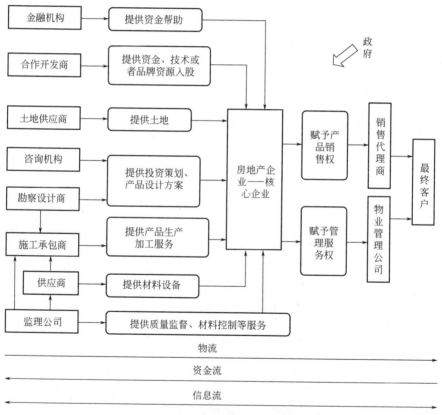

图 7-22 房地产行业供应链网络结构模型

将图 7-22 中的网络模型按照流程和职能进行拆分，可以得到以下供应链单链：
（1）房地产开发商—规划设计商—施工总承包商。

(2) 房地产开发商—原材料供应商—建材、设备/零部件供应商—施工总承包商—施工分包商。

(3) 房地产开发商—监理公司—施工总承包商—施工分包商。

(4) 房地产开发商—销售代理商—客户。

(5) 房地产开发商—物业管理公司—客户。

(6) 咨询机构—房地产开发商—客户。

(7) 土地供应商—房地产开发商。

(8) 金融机构—房地产开发商—设计规划商/施工总承包商/设备材料供应商/销售代理商/监理公司/物业管理公司。

(9) 房地产开发商—房地产合作开发商。

(10) 房地产开发商—政府。

对图 7-22 中的网络模型进行拆分，并根据相关主体之间的关系向上下游延伸，可以得到众多的房地产供应链单链。将房地产供应链网络划分为众多单链的意义在于：链状结构模型能够使网络中的合作伙伴间的关系更加清晰，有利于核心企业将控制执行得更加细化，以快速响应外界环境的变化，随时对供应链做出调整。

2. **房地产行业供应链系统结构模型**

通过对供应链的组成分析和供应链的运作流程分析可知，房地产项目的开发程序琐碎繁杂，涉及单位众多，只有设计出一个良好的结构模型，才能保证供应链各节点企业之间的协同，使供应链模型运转起来有条不紊。

在房地产运营开发的整个建设过程中存在一个主要的链条结构，即以房地产企业为核心和总集成商，从上游的土地供应商、勘察设计商、监理公司、施工单位、材料和设备供应商到下游的销售代理商、物业管理公司到最终的客户，这样一个相互关联的结构中，物流、资金流和信息流沿着整个链条流动。根据房地产企业供应链中"三流"的流动方向及房地产企业供应链的特点，分析建立房地产行业供应链的基本结构模型，如图 7-23 所示。

从图 7-23 可以看出，房地产企业居于整个房地产开发供应链网络中的核心位置，要想使房地产企业供应链顺利运行，就必须建立起以房地产企业为核心、以项目为单位的战略合作伙伴联盟，从而完成房地产企业核心竞争力的构筑，实现房地产企业的可持续发展。

3. **房地产企业精益供应链模型的构建**

一个生产系统的运作要实现精益化运作，必须运用理论上的模型，构建有效的生产系统运作模式指导生产系统的运作，从而满足精益建造的要求，实现成本最低、资源配置合理、利润最大、系统运作高效的目的。因此，结合目前房地产行业供应链存在的问题以及借鉴在精益思想和制造业领域精益供应链成果的基础上，构建房地产行业精益供应链运营体系，如图 7-24 所示。

此精益供应链运营系统模型以客户/业主需求为导向，客户/业主的需求信息流在

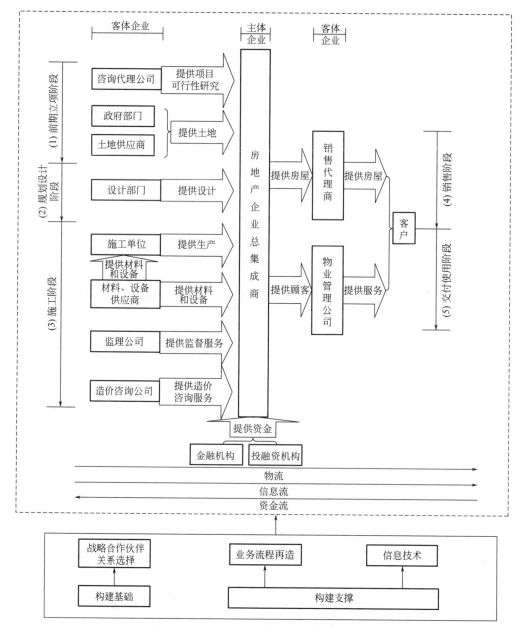

图 7-23 房地产行业供应链运营系统结构模型

整条供应链上传递。房地产开发商与房地产咨询机构根据市场外部条件,通过营销策划引导客户实现真正需求的购买,并据此进行项目策划,客户将以其真实的需求主动影响房地产开发的策划中,把客户/业主价值充分体现在项目规划和设计中,从而建造出满足客户/业主需求的建筑产品。

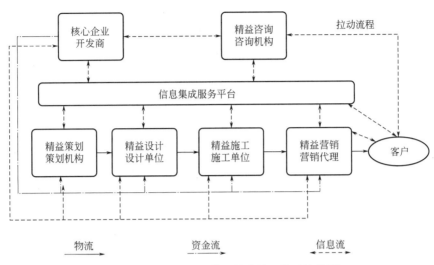

图 7-24 房地产行业精益供应链运营系统模型

7.5 房地产企业供应链协同成本管理

本节以供应链为整体，站在房地产企业的角度，首先将供应链总成本划分成三个环节，即上游成本、核心成本和下游成本，并运用成本控制的一般理论及原则对各项成本进行分析。同时，结合房地产供应链运营体系的特点，对链条上的每个成本环节涉及的成本项进一步细分，确定三个阶段中作业成本控制的关键点。其次，通过详细研究房地产企业与关联企业之间的成本关系以及房地产开发流程，构建房地产开发供应链从上游成本—核心成本—下游成本的全过程成本控制网络结构图，并据此细致地研究供应链成本结构中的关键成本项目及其相互间的关系，明晰具有针对性的关键成本控制措施，提出有针对性地成本控制的具体措施。

本节讨论我国房地产开发供应链成本构成并进行聚类分析。

在房地产供应链成本属性及结构体系分析框架的基础上，建立成本构成的四维结构：

第一维，按照成本发生的维度，分为生产维度和关系维度成本；

第二维，按照成本要素属性，分为人力、资产、物力、自然资源、运输、时间、信息成本等类型；

第三维，按照成本流动的载体，分为物流、资金流和信息流成本；

第四维，按照成本发生阶段，分为投入方、承建方、销售方和客户/业主方成本。

分析房地产供应链核心流程，按其工作结构分析所产生的成本项目，对成本按照不同属性和阶段进行归类，建立房地产供应链成本聚类结构。

7.5.1 房地产供应链成本划分

根据不同的方法，可将供应链成本划分为以下几种供应链成本：

1. 按整个供应链划分的成本

将供应链视作一个整体，进而将其进行分段分解。可以看出，供应链上涉及的各项成本在一定程度上表现为用户成本，根据关联企业先后发生的成本行为，可将其划分为三个环节：综合来看，机会成本、交易和购买时发生的成本可归入供应链上游成本范畴；作业运作时的成本、对作业进行管理发生的成本及确保作业正常运作投入的财务成本可列入中间环节的核心成本范畴；链条上游环节中出现的机会成本和交易成本依然存在于链条下游环节中，另外服务成本也涵盖其中。换句话就是：供应、生产、营销等其他活动的综合成本即表现为用户成本，对应的成本项又分别归属于整个链条中的上、中、下三个环节，具体如图7-25所示。

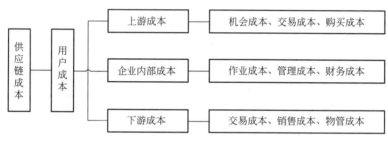

图7-25　从供应链角度划分的成本

2. 按"三流"划分的供应链成本

通过对物流、信息流、资金流的有效管理以及对供应链整体资源的合理配置，确保企业效益不断提高、成本逐渐降低等目标的实现。根据这种方法，可将链条上的成本项分成三部分：产品在实体运输、流动过程中发生的并与之直接相关的费用项目计入物流成本；链条上开发商与各关联企业在项目开发、建设时进行融资发生的成本和自身持有的资金占用成本等计入资金流成本；为促进产品的充分流动，与各关联企业协商、洽谈所消耗的时间、机会等成本计入信息流成本。根据产品所处的状态，每一类成本又可进一步细化，如图7-26所示。

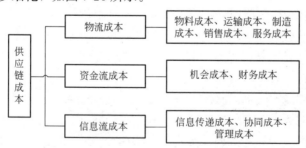

图7-26　按"三流"划分的供应链成本

3. 按"四流"划分的供应链成本

根据供应链上成本的"四流"进行划分：商流成本、物流成本、资金流成本、信息成本流,如图 7-27 所示,其中商流成本包括网上购物成本、零售成本;资金流成本包括各节点企业各种融资成本和持有资金的成本;物流成本包括与实体流动直接相关的各种费用;信息流成本包括协调与沟通所花费的成本。

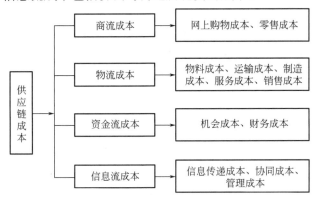

图 7-27 按"四流"划分的供应链成本

供应链成本管理就是有效协调四种流的有效运动,合理配置供应链资源,使它们产生最大效益,最终实现最佳经济效益的同时,使总成本最优。

4. 按三种层次划分的供应链成本

供应链上涉及的各关联企业(含用户)之间,在进行产品、服务交换时产生的交易成本在供应链横向一体化的链条组织中,是值得引起重视的。可将供应链成本按这三个层次分类,即直接成本、作业成本和交易成本,具体如图 7-28 所示。

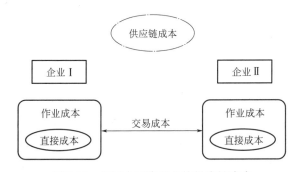

图 7-28 按三个层次划分的供应链成本

5. 按作业角度划分的供应链成本

从作业成本角度出发,可将供应链成本分为供应链运营成本、供应链核心产品的制造成本和供应链管理成本三大类。

6. 按成本承担主体划分的供应链成本

按供应链各节点企业的成本承担主体的不同划分。以房地产企业为例,分为房地产开发商成本、设计单位成本、施工单位成本、销售商成本、业主成本等,如图 7-29 所示。

7. 按价值增值划分的供应链成本

站在用户的角度，根据价值增值（价值增值等于用户价值减去用户成本）中的用户成本划分为供应链上游成本（供应成本）、企业内部成本（制造成本）、供应链下游成本（销售成本）。只因为供应链成本管理目的是实现产品价值增值的过程，其构成成本如图 7-30 所示。

以上供应链成本的划分方式，是站在不同角度分析了供应链上的成本构成。如果在实际操作过程中，不重复进行计算成本，将不会影响对整个供应链成本的结果。

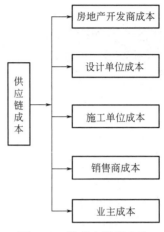

图 7-29 按成本承担主体划分的供应链成本

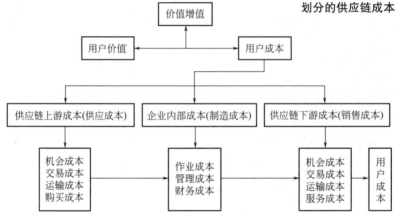

图 7-30 按价值增值划分的供应链成本

7.5.2 房地产企业供应链成本构成

为了便于成本分析，可简单地把房地产项目建造前后作为划分界线，将整个供应链划分为房地产开发商、上游企业、中游企业和下游企业。相应地，也就把房地产供应链成本分为核心成本、上游成本、中游成本及下游成本，然后分别对每个阶段产生的具体成本进行分析，如图 7-31 所示。

1. 上游成本

（1）用地成本

因开发项目需要，获取或征用土地时所发生的各项费用，如征地费、拆迁安置补偿费、土地"招拍挂"所需支付的土地出让金、对土地表层状况进行改造发生的工程费用，以及为保证后续施工的顺利进行，对于存在较明显的地上建筑物、构筑物不同位置的高差进行拆除所发生的土地平整费，都计入土地成本。房地产开发项目用地成本如图 7-32 所示。

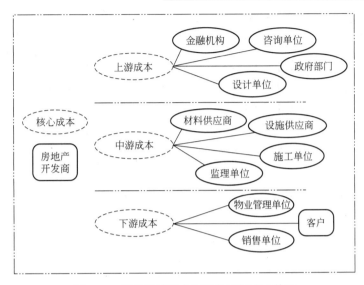

图 7-31 房地产开发全过程供应链成本体系

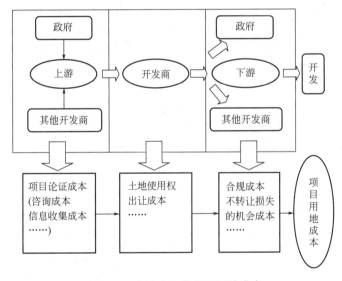

图 7-32 房地产开发项目用地成本

由图 7-32 发现一个比较有意思的现象:

① 就项目用地的供给和需求而言,都是政府和房地产开发商。面对同行业的激烈竞争和掌握行政资源的政府,房地产开发商在获得攸关自己生存和发展的"项目用地"资源上,显得力量单薄。

② 就是否获得土地的使用权来看,当获得土地使用的土地使用权出让成本、项目论证成本(包涵咨询成本、信息收集成本)以及获得土地后的合规成本(即获得并开发土地时为满足城市规划要求、土地使用权转让要求而付出的成本)之和在房地产开发商

预期的项目用地成本预期内,则获得土地使用权;反之,当获得土地使用的土地使用权出让成本、项目论证成本以及获得土地后的合规成本之和高于房地产开发商预期的项目用地成本预期时,则不获得土地使用权,因为这样获得的土地不具备开发经济性。

③ 就获得土地使用权以后是否自己开发来看,当项目用地不转让损失的机会成本低于自己开发获得的预期利润,则项目用地自己开发,不予转让;当项目用地不转让损失的机会成本高于自己开发获得的预期利润,则项目用地自己开发经济性差,考虑转让。如果考虑转让但是没有转让成功,还是可以自己开发,因为获得土地使用权的过程中,已经证明自己开发也是有利可图的,只是转让给其他开发商经济性更高。

供应链视角下的房地产开发项目用地使用权获取流程如图 7-33 所示。

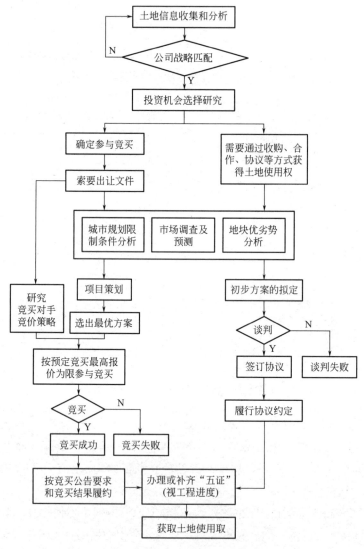

图 7-33 房地产开发项目获取土地使用权的流程

(2) 融资成本

房地产行业属于资金密集型行业,所需资金量大,房地产企业申请贷款,自有资金不得低于开发项目总投资额的30%,其余约投资额的70%需要由金融机构提供。金融机构在房地产项目运作过程中起到提供贷款的作用,并对项目资金运转进行全程监督。其中,融资成本的实质就是房地产开发商筹集和使用资金的费用。

(3) 勘察设计成本

勘察设计单位主要由设计总承包商、勘探公司等构成。勘察设计费是指对工程建设项目进行勘察设计所发生的费用。从某种意义上讲,房地产开发流程中设计阶段决定了建设项目投资规模的大小,因此,设计阶段对项目投资的影响最大,初步设计阶段对项目投资影响的可能性为35%~75%;施工图设计阶段,对项目投资影响的比例为5%~35%。因此,当建设项目决策后,控制建设项目投资的关键环节就是设计阶段。

(4) 监理与咨询成本

监理与咨询单位主要负责施工监理、项目策划、前期可行性研究、造价咨询、招标代理等活动,主要由监理公司、项目策划公司和招标代理公司组成。咨询成本是由房地产企业将项目的施工监理、前期策划、可行性研究、工程造价和招标等非核心业务外包产生的费用。项目总投资中,咨询成本所占比例很小,但是咨询工作的有效完成可以对项目成本进行实操性的控制。

(5) 可行性研究费用

可行性研究费用是指房地产开发项目的建设前期,房地产开发商从市场、科技、生产、供销甚至人文环境、法律法规、经济可行性等因素,进行具体的调研、分析、估算,以确定项目进行的利弊因素、可行性概率、成功概率以及项目开发给企业带来的经济效益大小和社会效果程度等进行的可行性研究工作而发生的费用。

2. 房地产企业核心成本

(1) 设备、材料采购成本

设备和材料供应商主要负责项目所需的设备和材料的供应。据有关数据统计,在全国房地产开发中,建筑材料采购环节占工程总造价的60%~70%,如何保质保量保价地获得材料是房地产企业制胜的法宝之一。设备、材料采购成本包括购置成本和运杂费,房地产企业与供应商之间还存在供应商成本,包括房地产企业与供应商之间的谈判费用,对项目的产品要求、交货期限等进行沟通时发生的费用,以及维持与供应商之间长期合作关系发生的费用等。研究采购环节的成本,可以加强房地产企业与设备、材料供应商的长期合作关系,从而降低供应链成本。

(2) 建筑安装工程费

房地产开发项目在开发建设阶段所发生的各种建筑安装费、维护设备、材料措施费等。具体建设费用包括安装费、器具购置费、水电气供给费、宽带光纤安装费、园林绿化等配套设施费用,这些费用都发生在项目建设过程中,约占总成本的40%,比例较大。

(3) 运营管理费用

供应链企业的运营管理费用是指房地产企业从土地获取→施工建造→交付客户→售后服务的整个过程中，维持企业正常的生产运营活动时所产生的费用。运营管理费用主要是保证房地产企业开支的正常维持，如管理者和员工工资、福利、教育培训费、业务招待费以及差旅费等其他日常经营活动所产生的费用。主要表现为供应链上房地产企业与各关联方之间发生的运营管理协调成本，其中，在协调时产生的谈判成本占其比例较大。供应链在运作过程中时常伴随着谈判成本的发生，在进行财务分析时将其视为供应链的治理成本而存在于运营管理费用中。

(4) 财务费用

众所周知，房地产项目建设周期长且资金需求量大。资金成本的大小取决于其资金来源。购买土地的价款主要来源于自筹资本金或银行信贷，纳入资金成本范畴的主要有取得自筹资本金付出的价款及向银行支付的贷款利息。例如金融机构办理贷款收取的手续费、信贷利息、代理服务费以及其他属于财务费用范畴的要素等。

(5) 税金

税费种类繁多，从项目开发→建设→销售→售后服务的过程中所涉及的税费种类主要有：房产税、契税、营业税及其附加、土地增值税、印花税等。由于税费贯穿了房地产开发的各个流通环节，我国房地产的税费占房价的比例还是相当高的。无论是房地产企业负担还是买房者负担，最终都构成房价，转嫁到买房者身上。

3. 下游成本

(1) 销售费用

销售费用是指房地产企业为将竣工待售的房屋销售出去，通过专设销售机构、寻找代理商、进行广告宣传等在销售房屋过程中产生的各项费用。例如在这个过程中产生的营销人员工资、奖金，为扩大宣传、推广而产生的费用及销售佣金等都属于销售费用的构成部分。

(2) 客户服务成本

客户是房地产供应链整条价值链的终端，是价值产生的决定因素。房地产供应链成本中，客户服务成本是指取得客户最终认可所花费的成本。房地产企业通过与客户建立良好的关系，不仅可以提高营销效率，节约营销成本，还可以最快地实现成本向利润的转化。

(3) 物业管理费

物业管理费涉及房屋产品验收合格并交付用户使用的售后服务，基于建筑物质量目标和安全目标，确保制定的物业维护方案的合理性、规范性。结合目前最新的管理方法和维护技术，根据合同规定对各类设备、设施在投入使用过程中的具体情况进行综合性、一体化的管理模式，为设施的所有者和使用者提供安全、舒适、周到的服务所收取的费用。

4. 房地产供应链成本体系汇总

基于构建的房地产供应链成本结构体系，以及对体系上每个链条所产生的成本进

第7章 房地产业供应链协同精益运营管理

行具体分析，可以看出房地产供应链成本结构是一个十分复杂的系统。如何简化这个体系使其更有利于房地产企业的成本控制管理呢？在这里，根据是否与项目开发建设直接相关，将房地产供应链成本分为项目内成本与项目外成本，将房地产行业与其上、下游企业所产生的各种成本进行汇总，建立房地产企业的两类供应链成本模型。

房地产供应链的项目内成本是指所有与房地产开发项目直接相关的成本，包括从立项、设计、采购到施工、销售、物业等全过程中产生的成本。可根据房地产供应链流程从前到后的顺序逐一加以分析整理，具体如表7-4所示。

房地产供应链项目内成本构成　　　　　　表7-4

供应链节点	成本项目		成本明细
上游成本	土地成本	土地购买成本	土地出让金； 土地批租地价； 土地征用费
	金融成本	土地交易成本	原有建筑物的拆迁补偿费； 劳动力安置费； 土地契税
	设计成本	金融成本	利息费用； 金融机构手续费
	咨询成本	咨询成本	咨询费用； 资料费用
中游成本	采购成本	采购进价成本	材料购置费； 设备购置费
		采购管理成本	差旅费； 运输费； 保险费； 装卸费； 合理损耗； 整理费； 检验费； 中转仓储费
	施工成本	建筑安装工程费——直接费	人工费； 施工机械使用费； 环境保护费； 文明施工费； 安全施工费； 临时设施费； 夜间施工费； 二次搬运费； 大型机械设备进出场及安拆费； 混凝土、钢筋混凝土模板及支架费； 脚手架费； 已完工程及设备保护费； 施工排水、降水费

续表

供应链节点	成本项目		成本明细
中游成本	开发商成本	前期工程费用	可行性研究费； 测绘费； 水文地质勘察费； "三通一平"等费用； 水电增容费
		规费	工程排污费； 工程定额测定费； 危险作业意外伤害保险
		基础设施费用	市政基础设施费用； 公共配套设施建设费
下游成本	营销成本	销售费用	销售中心建设费； 样品房装修费； 资料费用； 销售资料费； 广告宣传费； 推广活动费用； 代销手续费； 销售服务费
		客户服务成本	客服成本
	物业成本	物业成本	物业管理人员费； 公共部分运行费； 清洁卫生费用； 维修保养费； 绿化养护费

此外，房地产供应链上还包含一些与项目开发建设没有直接关系的成本，它们大多属于供应链上房地产企业与各关联企业之间的管理及交易成本，即这里定义的房地产供应链项目外成本，具体如表7-5所示。

房地产供应链项目外成本构成　　　　　　　　　　　表 7-5

供应链节点	成本项目	成本项目	成本明细
上游成本	金融链成本	金融机构成本	业务费用； 谈判、签约费用； 评估费用
		银行贷款成本	抵押物成本
		债券融资成本	债券发行成本
		预收账款融资成本	预收账款成本
		股票融资成本	股票发行成本

续表

供应链节点	成本项目		成本明细
上游成本	设计链成本	设计单位成本	谈判、签约费用； 档案整理费用； 评估费用
	设计成本	金融成本	利息费用； 金融机构手续费
	咨询链成本	咨询单位成本	谈判、签约费用； 档案整理费用； 评估费用
中游成本	开发商成本	企业内部成本	招标投标费用； 谈判、签约费用； 档案整理费用； 评估费用； 招标投标谈判、签约费用； 档案整理费用； 评估费用
	开发商成本	管理费用	工资； 养老保险费； 失业保险费； 医疗保险费； 生育保险费； 住房公积金； 福利费； 办公费； 水电费； 差旅交通费； 业务招待费
	开发商成本	财务费用	利息费用； 财产保险费
		经营费用	固定资产使用费； 工具用具使用费； 职工教育经费； 工会经费
		经营税金	房产税； 城镇土地使用税耕地占有税； 土地增值税； 营业税； 城市维护建设费和教育费附加； 企业所得税； 印花税； 外商投资企业和外国企业所得税

续表

供应链节点	成本项目		成本明细
下游成本	营销链成本	销售单位成本	谈判、签约费用； 档案整理费用； 评估费用
	顾客链成本	顾客成本	机会成本； 时间成本； 精力成本； 消费使用成本； 废弃处置成本
	物业链成本	物业公司成本	谈判、签约费用； 档案整理费用； 评估费用

7.5.3 房地产供应链各阶段成本控制要点

房地产企业供应链上成本与供应链上的各节点企业和供应链上的各项作业活动直接相关。为了满足目标成本控制的要求，应在作业成本估算的基础上，比较各项目标成本和作业成本。对供应链上的各项作业进行成本分析和价值增值分析，以实现对每项作业成本的精细化控制，如图7-34所示。

1. 上游成本控制点

在上游成本中，土地获取和项目设计阶段是关键的作业环节，其对项目的整个供应链成本控制产生很大影响。因此，上游阶段房地产企业为了达到利润最大化的目标，可以通过选择对这两个作业的资源优化配置来实现成本控制和优化。

（1）用地成本控制

在房地产企业项目开发的决策阶段，土地获取成本的高低对整个供应链的上游成本有着非常显著的影响，该阶段成本控制的重点是土地征用及拆迁补偿费用、土地使用权出让金等成本，主要内容包括征用土地及拆迁补偿费及劳动力安置费等。房地产企业可以基于目标成本法，对土地获取成本进行目标成本估算，确定预期的利润和利润率，并在此基础上计算出土地成本的区间范围，明确土地成本控制目标以及应采取的措施，以最合理的目标价格获得土地使用权。

同时房地产企业需加强对同行业竞争对手的信息搜集和分析，了解主要竞争对手的实时动态，尽量以低于其提供的价格取得土地，获得市场竞争优势。加强国家宏观调控政策的学习，及时掌握各种房地产相关政策，包括土地政策、税收政策、金融政策等，充分利用各种政策优势，以期能够降低土地获取成本。

房地产开发项目土地成本控制点及措施见表7-6。

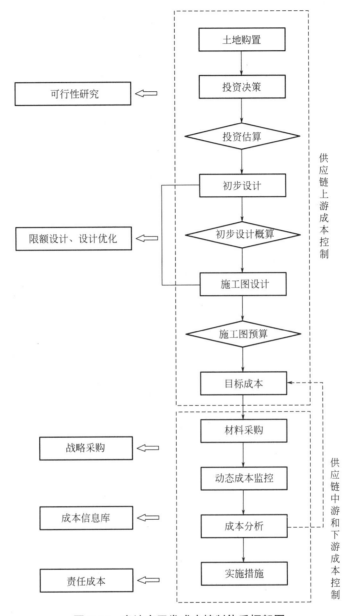

图 7-34 房地产开发成本控制体系框架图

房地产开发项目土地成本控制点及措施　　　　　　表 7-6

序号	控制节点	责任部门	控制措施
1	征地费用	计划部	控制缴款时间
2	拆迁费	财务部	拆迁安置方式，费用支出方式
3	补偿方式	计划部	细化付款条款
4	国家政策	计划部	研究费用减免政策

房地产开发项目用地成本控制决策机制如图7-35所示。

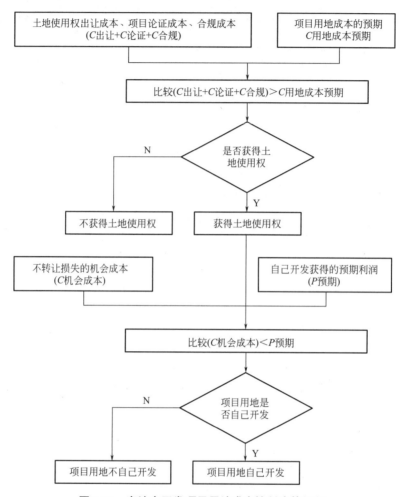

图 7-35 房地产开发项目用地成本控制决策机制

如图7-35所示,基于供应链视角,即在房地产开发项目用地成本控制模型和项目用地成本控制决策机制的基础上,通过把握成本控制的关键点,实现成本控制。项目用地成本控制将从项目用地信息分析和投资机会挖掘,到项目可行性研究分析和土地价格灵敏度分析,直到获得最终的项目用地使用权。

其中,项目用地信息分析和投资机会挖掘包括土地信息收集和分析、与公司战略的匹配和投资机会选择研究;项目可行性研究分析和土地价格灵敏度分析包括城市规划限制条件分析、市场调查及预测、地块优劣势分析以及"招拍挂"土地对竞争对手的分析和竞买策略的制定等,项目用地使用权的获得包括"招拍挂"项目土地按竞买公告要求和竞买结果履约以及其他兼并收购项目的协议履约等。

(2) 设计费用控制

设计费用虽然本身成本较低,一般占到项目总成本的2%,但其对房地产项目总成本的影响可达70%以上。因此设计是成本控制的关键一环,是关系到项目能否达到预期收益和成本的重要影响因素。如果在项目前期开发产品设计不合理,后续会产生持续的设计变更,注定会影响整体的成本控制。

因此,房地产企业必须从产品开发的策划阶段开始,向设计单位明确说明项目的品质和目标成本的要求。在可行性研究的基础上,通过多方案的对比测算,充分运用本企业类似楼盘的成本资料和同行业一般水平的造价成本资料反复进行成本测算,优化设计方案,在确认开发项目的品位和目标客户群的基础上,选择投资报酬率较高的最优方案作为决策的依据,将确定的项目目标成本作为开发产品目标成本管理的指标。

房地产项目设计成本控制点及措施见表7-7。

房地产项目设计成本控制点及措施　　表7-7

序号	控制节点	责任部门	控制措施
1	设计调研	设计公司	信息分析、设计要点
2	方案设计	设计公司	分析比较各备选设计方案
3	施工设计	工程部/设计公司	多次评审,完善图纸方案
4	环境设计	工程部/设计公司	评估公共景观环境绿化

(3) 设计成本控制策略

选择合适的设计承包模式:

① 设计总承包模式。将设计委托给设计总承包商,由设计总承包商负责项目设计工作。这样房地产企业的工作量最小,管理费用低,但是对房地产企业的要求高,需要有经验的懂设计的管理人员与设计总承包商协调,监督设计总承包商的工作。

② 阶段设计承包模式。按照项目进展的不同阶段,分别委托规划设计商、施工图设计商、景观设计商、室内设计商等对项目相应阶段进行设计。这样增加了协调的难度,管理费用增加,但是设计的专业性好,适用于追求设计高品质的项目。通常该模式下由工程总承包商负责协调工作。

③ 供应链合作伙伴设计模式。房地产企业和设计商之间的协作和委托关系,在供应链中可以上升到战略合作伙伴关系的高度上,有利于最大限度地把市场理念与设计理念联合起来,实现设计、建设、销售的结合。

模式不同,其特点和适用范围也不同。如表7-8所示,从综合管理费用、设计效用和对后续工作的影响来看,供应链合作伙伴设计模式是相对理想的一种设计模式,可以形成设计合理经济,对后续项目建设、项目销售都有益处的良性循环。但是具体设计模式的选择,还应该基于房地产企业发展阶段和具体项目情况,以追求合理化为原则。

不同设计承包模式的特点和适用范围　　　　　表 7-8

设计模式	特点	适用范围
设计总承包模式	由设计总承包商负责项目设计工作；工作量最小，管理费用低；对房地产企业的要求高	有一定开发经验的房地产企业，对项目设计的要求不是特别苛刻的项目
阶段设计承包模式	分别委托规划设计商、施工图设计商、景观设计商、室内设计商等对项目相应阶段进行设计；协调难度大，管理费用高；设计的专业性好	可以委托工程总承包商协调各阶段设计商的工作；特别强调设计品质的项目
供应链合作伙伴设计模式	可以把市场理念与设计理念联合起来，实现设计、建设、销售向设计的渗透	基于供应链，与设计商形成战略伙伴关系的房地产企业

④ 设计品质提升策略

由于设计费用是基于工程造价，按相应比例收取的，这样不利于调动设计单位的积极性，最终设计质量得不到保障。只有建立一系列的沟通、反馈、审查和激励机制，才能有效提升设计品质。

A 沟通机制。每一个房地产开发项目都应该设置一个专门与设计商进行沟通的人员或机构，保障设计符合房地产企业的市场理念和该项目的设计理念，并且可以在不断沟通中获取有益信息，改良项目的设计理念，提升项目的设计品位。有效的沟通机制可以最大限度地避免设计失误，去除设计中不合理的因素，避免设计市场接受不了的"烂尾楼"。

B 反馈机制。针对同类的设计风格和设计理念的项目情况，应该进行对比分析，掌握设计中的项目是否与已开发项目有同样的缺陷或不足，通过已开发项目的建设情况和市场反应，调整现有项目设计，追求项目设计的合理化，降低对后续建设和销售的不利影响，提高设计质量。

C 审查机制。需要项目的经济师和建设工程师甚至营销专家，一起对设计方案特别是概预算设计图和施工设计图进行审查，保证设计方案不仅美观、实用，而且适合建设、经济价值高、市场接受度高。

D 激励机制。对设计商的激励是保障设计质量和提高设计质量的重要方法，包括正激励和负激励两种。正激励就是以更高的设计费用、额外的酬金、合作备忘录甚至合作伙伴备忘录等正面激励方式。负激励则针对设计漏洞和设计缺陷等问题，在合同中设置相应的赔偿条款以便索赔，对于合作不佳的设计商可以设置黑名单，不再考虑合作。

综上所述，对项目设计的成本控制，重点不在设计成本本身，而在于以一个合理的设计模式，形成有利于提升设计品质的机制，并使这个机制高效运转起来。这样对后续的成本控制有着积极的意义。

2. 中游作业成本控制点

在房地产开发供应链中游成本中，占比较大的是材料采购成本和项目建设（建造）成本，因此主要分析对这两个成本的控制措施。

（1）材料购置成本控制

材料购置成本包括在施工过程中所需原材料、辅助材料、设备等物品的采购成本。在采购过程中，采购人员需对材料资源和供应情况深入了解，并需按要求对材料的市场价行情进行询价比价，比价数量尽量做到三家以上，确保材料在保证质量的基础上，能够拿到相对合理的采购价格，从而降低采购成本。

在物资运输上，通过物流网络共享的方式，利用互联网物流网络资源，尽可能利用返程车进行物流运输，达到采购运费控制的目的。同时应科学计算出最优订货批量，实行批量采购制以实现规模效益。

（2）建设（建造）成本控制

房地产开发项目建设供应链成本如图 7-36 所示。

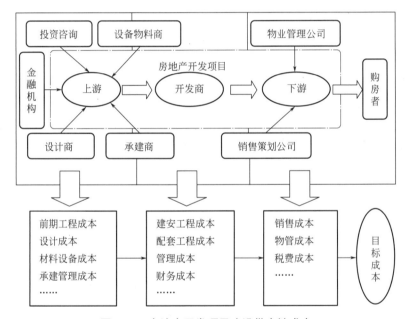

图 7-36　房地产开发项目建设供应链成本

房地产开发项目建设成本是整个房地产开发中成本支出最大、资金流动最高，也是最容易出现成本控制失调的环节，因此，在开发项目建设过程中，企业应做好成本预算和成本核算的相关报表，做好结算金额和工作量的对比工作，使每一笔工程款都要落到实处。如果发现存在成本差异，必须进行分析和改进。同时也要防止施工过程中工作量和材料预算增加导致成本中途变更、工程索赔而造成的项目成本增加。

对于项目监理公司来说，应严格按照国家的相关安全和规范政策，对整个建设项目进行跟踪、监督，在质量安全保障的基础上有效控制整个供应链成本。

中游成本控制点及措施见表 7-9。

中游成本控制点及措施 表7-9

序号	控制节点	责任部门	控制措施
1	材料设备选择	采购部	选择市场成熟的供应商,并进行三家比价
2	材料供应	采购部/工程部	制定材料使用计划,做好供应链管理
3	投标单位选择	招标投标	多家招标投标单位资质和价格评估
4	工程质量	监理公司	满足国家的相关安全和规范政策
5	项目成本	计划部/财务部	事前进行成本预算,事中对成本进行监督控制

3. 下游成本控制点

(1) 销售费用控制

房地产企业应在销售开始之前就要与销售代理机构进行充分地沟通,合理设计与确定产品销售方案以及销售目标,同时需平衡销售价格和市场接受范围,以寻求综合成本最低的方案。

促销礼品的宣传、发放要及时到位,销售费用需严格控制。通过对广告传媒的扩展作用,将广告宣传的投放效果扩大,保证投入的各项销售费用都能产生经济效益和客户增长。

通过电子商务平台实现客户数据、信息的共享。分析有效客户的信息和购买意向,可以增加房地产企业与客户的交易次数,提高交易效率,在更加有效地实现销售目标的同时,实现销售费用的控制。

(2) 物业管理费用控制

在物业管理阶段,房地产企业主要是与物业公司进行沟通和交接,对项目的整个后期运营维护阶段的各项建设措施达成共识,在保证物业服务质量和客户满意度的前提下,提高对物业管理费用的控制强度。

下游成本控制点及措施见表7-10。

下游成本控制点及措施 表7-10

序号	控制节点	责任部门	控制措施
1	销售费用	营销部/财务部	根据预算分配广告费、资料费、服务费等
2	宣传渠道	营销部	在广告费预算范围内选择合适的宣传渠道
3	客户服务	营销部	分析客户数据,深入挖掘客户需求,更加有效地进行客户服务
4	物业服务	物业公司	制定规范的物业管理制度和标准

7.5.4 房地产供应链成本控制措施

房地产企业供应链成本控制关键在于更好地整合上、中、下游的资源,从项目开发的整个上、中、下游的流程中控制降低成本,获取供应链协同成本控制的效益。

1. **构建项目供应链成本协同管控组织体系（图 7-37）**

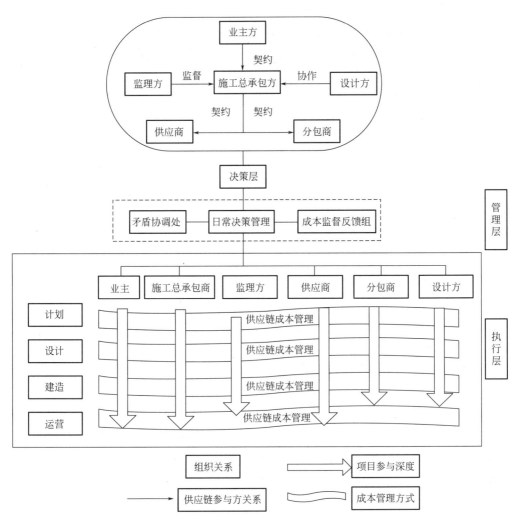

图 7-37 房地产开发建设供应链成本协同管控组织体系

2. **项目上游规划设计成本控制措施**

房地产开发项目的上游成本控制，主要是指前期工程建设的成本预算，以及项目初步的规划和设计、技术的设计以及施工设计图、勘察费用等。在项目开发流程上，主要是规划设计阶段的成本控制。虽然规划设计阶段看似项目并没有实质性的动工，但是在项目规划设计阶段，却对项目开发总成本的影响程度高达 80% 以上。规划设计阶段是房地产项目开发的关键阶段。规划设计阶段能否做好，是否符合市场的需求，是否符合成本控制的客观目标，直接决定着房地产开发项目的管理成本预算和销售状况，所以规划设计阶段对房地产开发项目来说十分重要。如何做好房地产开发项目上游成本控制，最关键是选择合适的设计商，或者和设计商选择正确的合作模式。

3. 项目中游供应商成本控制措施

房地产开发项目的中游成本控制，主要是指材料设备采购阶段以及对承建方的管理，对房地产企业内部管理成本的控制。房地产企业内部成本控制主要是指和工程总承包商以及配套工程建设企业、安装工程建设企业、材料供应商等的合作。项目中游供应商的成本控制是最关键的步骤，因为这个阶段的成本支出占整个项目开发总成本的70%左右，而房地产开发项目是自己采购材料。所以做好项目中游的供应商成本控制，直接关系着项目成本控制的目标。

在传统意义上，房地产开发项目选择合适的材料设备供应主要有三种模式：

一种是甲方供应模式。即项目建设需要的物资和材料由房地产企业负责采购，实行甲方供应模式。这样做的房地产企业一般有着丰富的材料和设备供应商信息，并且对各种材料和设备的质量价格了解比较清晰，需要花费较多的时间，往往是由房地产企业的采购部门负责，目的是购买更多的优质材料和设备，给建筑质量把关。

第二种是乙方供应模式，即所有的产品材料和设备由乙方负责采购，房地产企业以总承包的方式承包给建筑商。这样做的缺陷是很难保障乙方购买的材料和设备质量过关，所以产品可能存在质量隐患，优点则是房地产企业比较省心。

第三种合作模式是混合供应模式。是指甲方和乙方都会购买一些物资和设备，但是种类不同，根据各自的特长来分工合作。以WK地产集团为例，其惯用混合供应模式，即建筑中主要的材料和贵重的设备由WK地产集团负责购买，而其他与质量关系不是特别紧密的材料由建筑商购买。

但在供应链环境下，这些传统的材料设备购买模式正在逐渐过时。目前主要采用供应链合作模式。这种供应链合作模式和设计商的合作模式相似，即都采用战略合作的模式，建立合作伙伴关系。房地产企业应该选择一批优质的材料供应商建立合作伙伴关系。因此房地产项目供应商的选择应形成一个固定流程，采购部门建立专门的供应商管理岗位。为保证合作的供应商都是优秀的，就要从源头上剔除不合格的供应商。将供应商信息的收集作为日常工作，一旦出现招标或者供应商选择的机会，将调查出的不合格的供应商列出名单，给予直接淘汰。同时还应该建立优质供应商资源库，可以提高供应商选择的效率，尽可能降低合作成本，节约合作时间。所以在供应商管理中，建立一个完善的供应商资源库十分必要。严格控制供应商入库标准、定期对供应商资源库进行甄选，收集供应商信息，让更新供应商信息成为日常工作，都是供应商管理的有效方法。同时还要重视与供应商的长期合作，对供应商实行分类管理，加强与供应商的信息交流和沟通，建立与供应商的协调机制，完善供应商管理制度和激励机制，都是供应商管理的优质方法。

4. 项目下游销售代理成本控制措施

房地产开发项目的下游成本控制，是指和下游企业的合作成本控制。房地产下游合作的企业主要有销售代理公司、物业服务公司等。这些企业虽然是下游企业，但是直接关系着项目的销售状况，关系着开发产品的售后服务质量和市场口碑，同样十分重要。房地产企业与下游企业的传统合作模式主要是以代理费用的方式来支付合作费用。但是在供应链时代，这样的方式已经不能满足成本控制目标的需求。所以房地产开发项目采用战略合作伙伴的企业合作模式，同样也是项目下游成本控制的重要方法。在传统强化合同管理的基础上，选择优质的销售代理公司作为合作伙伴，如销售代理费用可以创新运用提成的方法，代理费用和房产代理销售费用直接挂钩，并将销售代理公司和房地产企业实行品牌捆绑，获得更多消费者的信任。

7.6 房地产开发供应链成本控制系统构建

7.6.1 房地产开发项目建设供应链成本控制决策机制

基于供应链视角对房地产开发项目建设成本进行控制涉及众多企业和众多部门，需要这些企业协同合作、目标一致，才能最大限度地实现成本控制目标。对房地产开发项目建设供应链而言，上游成本主要是前期工程建设成本，以初步设计、技术设计、扩大初步设计、施工设计图准备为主的设计成本、材料设备采购成本、对承建方的管理成本等；内部成本主要围绕房地产开发商委托的总承包，主要有建安工程建设成本、配套工程建设成本、管理成本和财务成本等；下游成本主要是销售成本、物业管理成本和相关税费成本等。

当然各个环节没有绝对的界线，有些作业贯穿整个工程建设供应链，例如营销策划和全过程咨询等，基本从项目建设供应链开始到结束。但是为了研究方便，按在该阶段的重要程度做了区分，分成上、下游和内部成本。由项目建设供应链成本控制模型可以得出房地产开发项目工程建设总成本的目标成本，以及成本控制的基本决策机制。房地产开发项目建设供应链成本控制的最终目标就是控制目标成本，使其尽可能最小化以获取最大利润。显然可以得到：

工程建设目标成本 C ＝上游成本 C_1 ＋内部成本 C_2 ＋下游成本 C_3

基于房地产开发项目建设供应链成本控制系统，形成如图 7-38 所示的房地产开发项目建设供应链成本控制决策机制，即当且仅当由上游成本 C_1、内部成本 C_2 和下游成本 C_3 的总和构成的工程建设目标成本 C 降低时，成本控制策略是合理的，符合降低工程建设总成本的目标。

7.6.2 房地产开发项目建设供应链成本逆向责任成本体系的建立

房地产开发项目建设供应链涉及的企业众多，涉及的工作流程众多，而且按照工程建设进度展开的控制流程没有办法保证符合工程建设目标成本 C 降低的要求。但是从逆向分析，将目标成本分解成互不影响的作业单元子目标成本，通过控制子目标成本，就能实现对项目建设供应链总成本 C 的控制。如图 7-39 所示，通过设定工程建设目标成本 C，逆向分解到构成上游企业成本 C_1、下游企业成本 C_3 和内部企业成

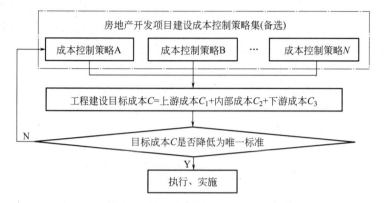

图 7-38　房地产开发项目建设供应链成本控制决策机制

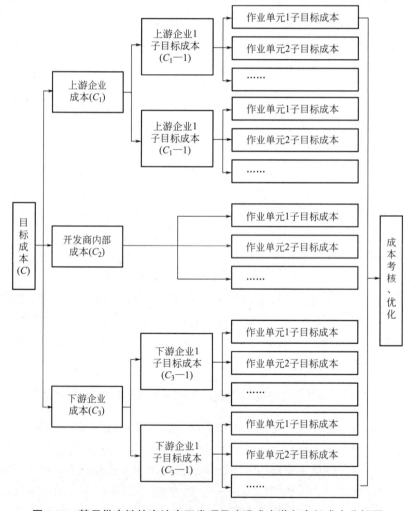

图 7-39　基于供应链的房地产开发项目建设成本逆向责任成本分解图

本 C_2 的各个作业单元中,形成对应的责任成本体系,有利于将成本控制的任务分配到岗,成本考核直接到人,带动全员控制成本的积极性。

从理论上分析,建立逆向成本责任体系,需要基于一个合理的建设目标成本,然后通过逆向分解到形成下游企业成本的各个作业中,再逆向分解到形成内部企业成本的各个作业,最后还原到形成上游企业成本的各个作业中。

1. 房地产开发项目建设目标成本的确定

(1) 可以类比土地价格的估算,使用假设开发法估算工程建设目标成本。

使用假设开发法时,已知土地价格和其他项目用地成本,按照前期可行性研究设定的开发方案和建设方案,基于预测的房地产开发综合收益,测算项目建设目标成本,其计算公式为:

项目建设目标成本=预计开发综合收益-项目用地成本-利润预期-其他成本

其中项目用地成本已知;预计开发综合收益和利润预期在前期可行性研究中已经测算过,可以在已知的项目用地成本的基础上按照实际情况进行修正,再将修正后的开发综合收益和利润预期代入公式中;其他成本则按照一定比例从预计开发综合收益中扣除。

(2) 利用详细的可行性研究阶段的投资估算额作为基数,以±10%作为调整的系数范围,估算项目建设目标成本。

2. 建立以职能部门为主体的责任成本体系

基于房地产开发项目建设目标成本分解后的单元作业成本最终要反映到房地产企业各个职能部门上。如表 7-11 所示,是某房地产企业开发项目建设责任成本体系,包括作业单元成本的选定、责任部门的确定、反馈指标的选择和评估部门的确定等。

房地产开发项目建设目标成本责任分解体系表　　　　表 7-11

	成本费用名称	责任部门	反馈指标	评估部门
房地产开发项目建设目标成本	报批报建费	项目拓展部	报建费用节减率	财务部
	勘察设计费	技术部	每平方米设计费	成本部
	招标及签约	采购部	招标比率	成本部
			最低价定标比率	
	材料、设备采购	采购部	材料设备计划及时性	成本部
			材料设备审减率	
			市场信息准确性	
			供应商档案完备率	
	设计变更	设计部	设计变更次数控制	成本部
			设计变更成本增加率	
			设计变更审减率	
	工程签证	合同预算部	经济签证准确性	成本部
			经济签证审减率	

续表

	成本费用名称	责任部门	反馈指标	评估部门
房地产开发项目建设目标成本	工程管理费	项目经理部	每平方米管理费	财务部
	工程结算	成本部	结算错漏率	工程部
	管理费用	各部门	人均行政费用	财务部
			每平方米管理费用	
	销售费用	销售部	人均销售收入	财务部
			每平方米销售费用	
			每平方米广告费用	
			人均销售面积	

7.6.3 房地产开发项目建设供应链成本控制流程

建立了房地产开发项目建设供应链成本逆向责任成本体系，就可以结合具体作业单元的目标成本，以及由目标成本设立的反馈指标，通过相应的责任部门，以是否符合追求开发流程和运营管理合理化的原则，实现对成本控制的目标。

1. 对一般作业的成本控制流程

（1）各作业单元与房地产企业内部职能部门的一一对应。

基于房地产开发项目建设供应链涉及的作业单元众多，需要逐一与房地产企业内部各个职能部门对应起来，形成有序的责任成本体系，逐步将全员成本控制理念灌输到企业文化中。

（2）房地产企业内部形成责任部门和评估部门的一一对应。

以责任目标成本为基础，以反馈指标为重点，形成责任部门与评估部门的对应，有利于形成良好的成本控制体系。通过设立目标明确、重点突出、执行和监督部门齐全的体制，有利于成本控制的实施和创新。

（3）展开以责任目标成本为中心的成本控制的具体实施。

在责任目标成本的基础上，追求开发流程和运营管理的合理化，提出改进和创新方案，并付诸实施，就能实现对成本的控制。一切可改进的、可创新的流程和管理体制，都是存在不合理环节的，成本的浪费、投入的无效率或者低效率，都是由此产生的。实现最终的成本控制，就是改进这些不合理环节，追求合理化过程。

（4）考核和优化成本控制的实施

没有对成本进行考核和优化，成本控制就很难得到持续的实施和改进，再完善的成本责任体系也得不到贯彻和实施。

当成本控制的具体策略符合追求开发流程和运营管理合理化的原则时，符合房地产开发项目建设供应链成本控制决策机制的要求，是有效的成本控制决策。反之，需要调整和修正，形成新的成本控制策略。

房地产开发项目建设基于供应链的一般作业成本控制流程如图7-40所示。

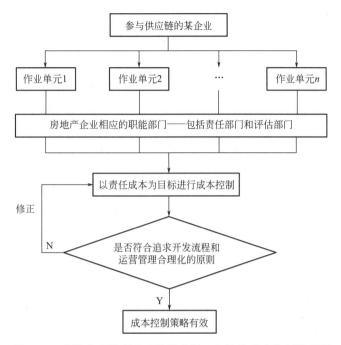

图7-40　房地产开发项目建设供应链一般作业成本控制流程图

2. 对重点和关键工作的成本控制流程

重点和关键工作其实就是对成本影响大、对成本控制影响大的工作。一方面由于部分工作占总成本的比例大，所以对成本控制的影响大；另一方面存在部分工作对后续工作有定性作用，对后续工作的成本控制产生重大影响，进而对总成本的控制产生巨大影响。所以有必要从战略决策高度，重视这些重点和关键工作的成本控制策略。

房地产开发项目建设供应链重点和关键工作成本控制流程如图7-41所示。

（1）分析和识别重点工作和关键工作

按照占房地产开发项目建设总成本的比例区分重点工作和非重点工作；按照对成本控制的影响程度区分关键工作和非关键工作；对于占项目建设总成本的比例较大，又对成本控制影响较大的工作属于关键工作。这三类工作应该从战略角度，制定成本控制策略。

（2）挖掘不合理、不经济的无效成本环节

对于重点工作和关键工作，需要从开发流程和管理运营中剖析不合理、不经济的无效成本环节。在此基础上，基于房地产开发项目建设供应链的角度，以追求合理化的原则，制定改进和创新方案，形成成本控制决策。

（3）对成本控制策略进行验证

对制定的成本控制策略同样要以是否符合追求开发流程和运营管理合理化的原则

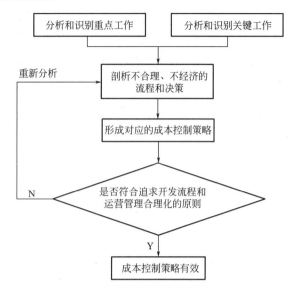

图 7-41　房地产开发项目建设供应链重点和关键工作成本控制流程图

进行验证，保障策略的实施能带来成本的改善和优化。对于不符合追求最优化原则的成本控制策略，应该重新进行不合理和不经济性的分析，挖掘成本控制改进机会，形成有效的成本控制决策。

7.7　WK 地产集团供应链成本管理案例解析

7.7.1　WK 地产集团成本管理决策体系

为了更好地管理控制成本，WK 地产集团制定了一系列系统、严格的企业成本管理制度，并要求集团上下以铁一般的纪律严格贯彻实施。WK 地产集团的成本决策体系如图 7-42 所示。

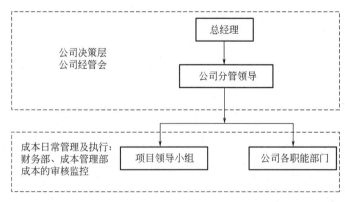

图 7-42　WK 地产集团成本决策体系

公司经管会是集团成本管理工作的领导、决策机构,规划集团的成本管理工作,制定成本管理思路和原则,审定项目定位方案和成本目标,负责成本管理控制中重大事项决策。

项目领导小组在公司经管会的领导下,统筹项目建设日常成本控制及授权范围内的决策,承担项目成本重大决策事项的技术支持工作,负责目标成本方案的制定、成本管理制度、流程和成本目标的初审工作等;项目领导小组未成立的情况下,其职能则由公司经管会代替。

财务部负责各项费用的控制、项目运作流程的监督以及成本预算的差异管理等;制定费用支出管理制度,定期汇总公司各部门费用分析报告,提供综合成本管理评价分析报告,对日常各类费用和各项目成本支出与预算目标不符的,提出预警报告。

成本管理部负责参与项目成本的日常管理并履行独立监控职能;制定招标管理方案方式及成本策划方案,推行限额设计;汇总供应商资料,建立合格供应商资料库;定期提供各类合同执行情况及分析评价报告;负责对营销成本及物业维修改造成本进行审核及监控;对各项成本发生的重大异常情况,事先提出预警报告。

工程部/项目部及各部门负责按照公司规划的成本管理目标及原则、制定的成本管理制度及流程,负责日常成本管理及授权范围及决策,落实执行各项成本管理目标。

WK地产集团的成本管理流程如图7-43所示。

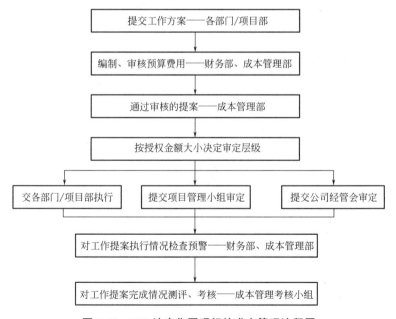

图7-43 WK地产集团现行的成本管理流程图

从WK地产集团现行的成本管理流程,可以看出该公司成本管理分工明确。根据对该公司的实地考察可知:

（1）各部门之间虽然分工明确，但他们之间的联系与沟通不是很理想，成本管理的任务分配给财务部，而财务部一般不了解项目施工现场的具体情况。产生成本的部门是现场技术管理部和物资采购部，而这些部门只从自身职能的角度考虑问题，很少关注企业的成本管理，因此部门之间很难形成成本管理的良性循环。

（2）重视该公司开发项目的实体成本管理，而忽视对交易成本的管理。

（3）该公司在开发过程中的成本管理链条相对割裂，从前期拿地、方案设计、施工图设计及工程施工等各业务环节的成本管理被割裂开，使得成本管理各节点之间没有建立畅通的管理链条。

7.7.2 WK地产集团供应链交易成本管理体系

WK地产集团的交易成本主要表现在WK地产集团与供应链上各关联企业的交易上。这些交易成本都以WK地产集团与各关联企业签订的核心契约为准，把交易成本分为事前交易成本和事后交易成本两种。

事前交易成本包括：

（1）搜寻交易对象所需成本；

（2）确定交易对象所需成本；

（3）就契约条款进行谈判所需的讨价还价成本；

（4）起草契约所需成本。

事后交易成本主要包括：

（1）建构及运营成本；

（2）监督成本；

（3）解决争议成本；

（4）协调成本。

WK地产集团的部分交易成本如图7-44所示。

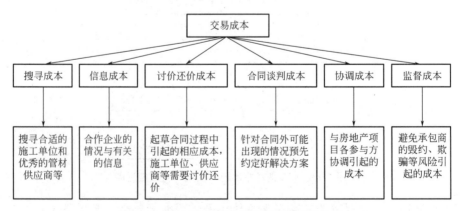

图7-44　WK地产集团供应链交易成本体系

第8章 房地产企业价值链运营管理

价值链在房地产开发活动中无处不在，上下游关联的企业与房地产企业之间存在行业价值链，房地产企业内部各业务单元的联系构成企业内部的价值链，企业内部各业务单元之间也存在着价值链连接。价值链作为房地产开发的一种运营管理工具，已超越房地产企业的边界而扩展到与项目开发相关的内外部全供应链体系。价值链上的每一项运营活动都会对房地产开发最终能够实现多大的价值造成影响。

8.1 房地产企业价值链理论模型

8.1.1 基本价值链及其模型

早期的价值链思想是由美国麦肯锡咨询公司提出来的，后来由迈克尔·波特（Mjchael E. Poner）加以发挥，使其成为一个重要的理论模型与战略管理工具。

迈克尔·波特认为，每一个企业都是设计、生产、销售、交货和对产品起辅助作用的各种活动的集合体，所有这些活动可以用一个价值链来表示。迈克尔·波特把企业的生产经营活动分成基本活动和辅助活动两大类：基本活动包括内部后勤、生产经营、外部后勤、市场营销和服务；辅助活动包括采购、技术开发、人力资源管理、企业基础设施等。他同时指出，企业价值链与上游供应商价值链、下游买方的价值链连接，这一大串的活动构成价值系统。迈克尔·波特的价值链模型如图8-1所示，价值链功能结构作用模型如图8-2所示。

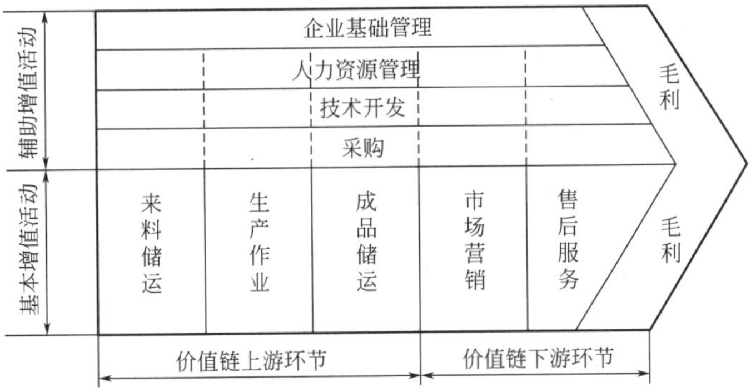

图 8-1 迈克尔·波特的基本价值链模型

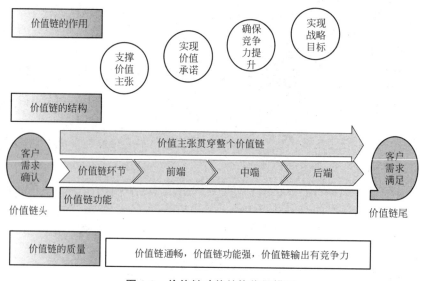

图 8-2　价值链功能结构作用模型

8.1.2　精益全价值链与实施

1. 精益全价值链的概念

精益全价值链是从持续改善到精益运营管理，再到精益数字化企业全流程专业技术构建的过程，是企业在价值链基础上，以精益运营管理思想、体系和方法为核心，更深层次地将企业各相关部门结合为一个有机整体，加强各个部门、不同系统间的协同运营管理以及自我改善，减少或消除生产运营过程中的各种浪费，达到降低成本、提高效益的目的，突出全系统、全部门价值，共同实现企业经营目标的全系统的经营管理模式。

2. 精益全价值链的构成

精益全价值链是由精益研发、精益供应链、精益生产、精益营销、精益物流、精益品质、搭建体系等多个运营管理结构构成，如图 8-3 所示。

3. 精益全价值链体系的实施

精益全价值链体系的实施通过精益运行、持续改进和现场管理等方法搭建出精益运营模块，以精益数字化为基础，以产品线项目为基石实施。实施路径可通过两步走的方式完成精益全价值链体系构建：第一步，运用精益理念构建精益营销、精益供应链、精益生产、精益研发、精益品质等模块，实现各模块精益管理机制；第二步，通过整合贯通精益研发、精益物流、精益品质、精益营销、精益供应链、精益生产等体系，形成精益全价值链经营管理体系，如图 8-4 所示。

4. 精益全价值链体系构建的目标

精益全价值链体系的构建是从精益活动的全员参与、持续改善到精益管理推行再到精益数字化的全程专业技术构建的过程，是企业运营和经营方式的变革与创新，整个过程以创造整体价值为目的，以整体价值效果最大化为目标。

图 8-3　精益全价值链体系图

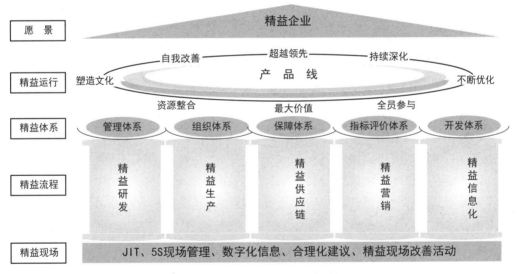

图 8-4　精益全价值链实施架构体系

8.1.3　房地产行业价值链的几种类型

根据价值链的集合程度，目前我国房地产行业的价值链方式主要有开发型、物业持有型和金融投资型。

1. 开发型房地产价值链

开发型房地产价值链包括决策拿地、规划设计、施工建造和销售服务四个阶段，如图 8-5 所示。在这四个阶段中，决策拿地和规划设计阶段的增值幅度最大。目前大多数房地产企业采用这种方式。

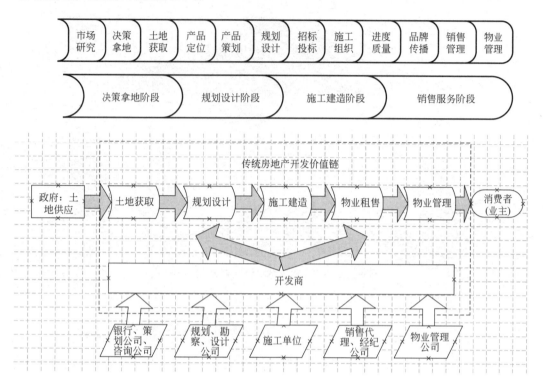

图 8-5　传统开发型房地产价值链

2. 物业持有型价值链

房地产开发增值的主要来源为长期物业投资增值（包括土地增值），该模式降低了房地产企业的持续发展风险，不会因为缺乏土地而使开发业务中断；同时这种模式对组织资源和管理团队的要求远不如房产开发型那么强烈，可以在更广阔的范围内选择投资持有对象；物业经营不仅优化了资产质量，使企业形成产业资本的沉淀和积累，而且大大提高了企业抵抗市场风险的能力，持续、稳定的模式为企业未来的长期发展奠定基础，如图 8-6 所示。

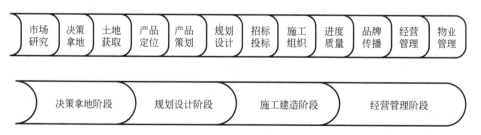

图 8-6　物业持有型价值链

但持有物业的最大问题是它会占有相当多的财务资源，需要极强大的资金实力和筹资能力,因此,持有物业的数量、结构需要根据企业的发展战略、投资战略保持一个合理的比例。

3. 金融投资型价值链

金融投资型价值链的特点是投资于房地产项目,只派出有限的管理人员(如财务人员等),着眼于获取投资收益的盈利模式,这种模式大大节省了组织资源,它从资本角度涉足房地产开发,通过开发外包与经营管理外包实现增值,注重资产增值与现金回收。它的盈利来源贯穿房地产开发价值链的各环节,既有短期参与开发销售回收投资,也有长期租金收入,总体盈利丰厚。主价值链上的投资分析、投资决策和投资管理等各个价值链环节都是关键环节,都需要企业具备,如图8-7所示。此种价值链是国外房地产运营的主要模式之一。

图 8-7　金融投资型价值链

8.1.4　房地产企业价值链及其构成要素

根据迈克尔·波特的基本价值链模型,结合房地产企业的特点,房地产企业价值链模型如图8-8所示。

图 8-8　房地产企业价值链模型

表 8-1 为房地产企业价值链基本结构。

房地产企业价值链基本结构表　　　　　　表 8-1

前期	设计	施工	配套	销售	服务	
市场调研、项目策划、项目选择、项目融资、土地取得、房屋拆迁、全程策划、可行性研究	项目定位、概念设计、方案设计、扩大初步设计、施工图设计、深化设计	项目招标、建筑主体招标、监理招标、材料采购、竣工验收	售楼处、环境、市政、教育、交通等配套设施建设	营销、渠道管理、客户管理、合同管理、办证管理	物业管理配合、社区商业管理、信息反馈	价值/利润
		制度建设与管理创新				
		土地储备				
		技术开发				
		人力资源管理				
		项目跟踪与评价				

表 8-2 为房地产企业价值链中的辅助活动内容。

房地产企业价值链辅助活动内容　　　　　　表 8-2

基础设施	履行计划、组织、领导、控制等职能总体管理、财务、会计、法律、政府事务					
人力资源	员工的招聘、培训、考核、激励、分配和使用					
技术开发	市场调查、可行性分析、融资分析	规划设计、工程造价、施工技术	客户信息与房屋信息集成	市场调研能力、营销能力、创新能力	BIM 技术、自动化	利润
采购管理	土地资金	选择承建商、建筑材料	计算机服务	销售所用物资	修缮房屋、所有设备物资	
流程管理	市场调研、土地选址、可行性研究、方案设计、前期工作	项目立项、确定承建商、征地拆迁、设计施工、工程监理、竣工验收	办理房屋交接手续、按揭抵押贷款、广告管理、合同管理	房屋销售、广告宣传、销售人员管理	管理维护、修缮房屋、确保安全、提高服务水平	
行政、后勤管理	内部后勤	生产经营	外部后勤	市场营销	服务	

　　房地产项目开发过程中涉及的价值活动构成了企业的基础活动,包括投资决策、规划设计、建设施工、项目营销、客户服务。辅助支持活动包括企业基础设施建设、人力资源管理、财务管理、技术开发和采购管理等。其价值活动贯穿于整个开发经营过程,形成了内部价值链框架(图 8-9)。该框架将价值创造活动分为价值创造基本活动和价值创造辅助活动,基本活动包括投资决策分析、项目规划设计、项目建设准备、建筑施工、市场营销及物业管理;辅助活动包括企业基础设施、人力资源管理、技术创新、企业文化、综合管理及财务管理、品牌管理等。六个基本活动是房地产开发企业的内部价值活动,这六个价值活动组成一个房地产开发链,形成互相促进的链条,如图 8-10 所示。

第8章 房地产企业价值链运营管理

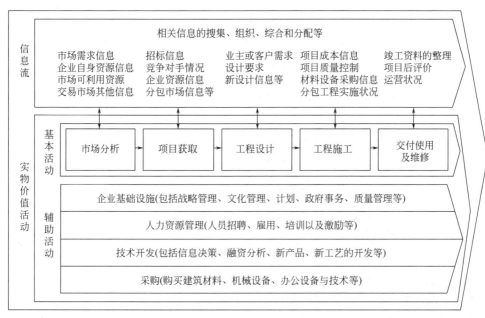

图 8-9 房地产企业内部价值链模型

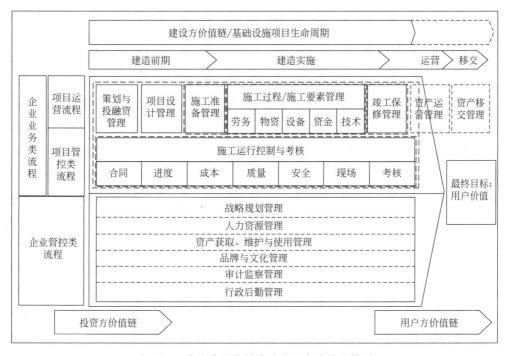

图 8-10 全生命周期的房地产开发价值链模型

"8横8纵"房地产开发全价值链运营模型：

赛普的房地产开发"8横8纵"全价值链运营模型，是目前描述房地产开发阶段与各专业衔接方面一个比较好的模型，如图 8-11 所示。

房地产精益运营管理

阶段\专业	内容立项 立项阶段	项目取得 策划阶段	项目策划会 设计阶段	方案评审会 采购阶段	主体结构开工 建设阶段	开盘销售 销售阶段	竣工 建设阶段	交付 交付阶段	决算 后评估阶段
投资	组织项目论证项目取得	投资评价指标跟踪				投资收益指标后评估			
营销	市场调研初步项目定位	项目定位	项目营销总案、项目推广方案策划销售前准备工作(含前期客户积累)			销售事务管理		营销后评估	
设计	规划要点或规划草案	概念规划设计	方案设计、扩初设计 施工图设计 景观、精装、专项设计及部品策划		工程施工配合销售及交付入伙配合				设计后评估
工程	工程条件评估	配合设计的相关工作采购策划、总包及监理单位招标地勘、七通一平、施工准备及桩基土方等工程施工			主体施工至预售条件	工程施工至竣工验收	销售及交付入伙配合		工程后评估
客服		配合设计相关工作 物业方案策划、物业公司选聘			工程施工配合	销售配合	交付事务管理 入住事务管理		客服后评估
成本	前期成本估算	配合设计成本测算	方案设计阶段成本控制、测算形成目标成本及确定合约框架		动态成本管理 工程实施阶段成本管理	结算管理			成本后评估
财务	投资经营指标估算	资金筹划			资金营运 财务口径及经济指标跟踪				财务后评估
运营	初步经营定位运营目标管理	项目经营定位 项目开发策略制定			基于TVPC大运营管理体系实施、监控、调整及评估				项目运营后评估

图 8-11 赛普的房地产开发"8横8纵"全价值链运营模型

8.1.5 房地产企业外部纵向价值链体系模型

1. 房地产企业纵向价值链体系

纵向价值链分析是将企业作为一个整体，将企业、供应商以及顾客等看作是一项单独的价值活动，通过采购、营销等方式将这些价值活动连接成一个价值链系统进行分析的过程，是从原材料的采购到最终产品消费的整个行业链条上所有价值活动的集合，如图 8-12 所示。

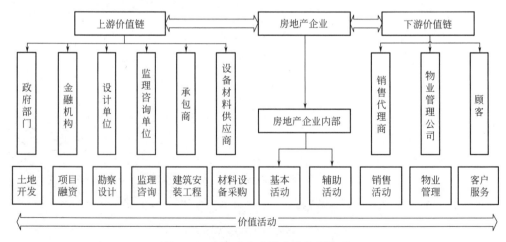

图 8-12 房地产企业纵向价值链体系

2. 工程总承包商（EPC）的外部价值链体系模型

工程总承包商的外部价值链非常复杂，除了建筑行业内的相关单位外，还涉及政府、科研机构、金融机构在内的社会价值关系网。工程总承包商的外部价值链体系如图 8-13 所示。

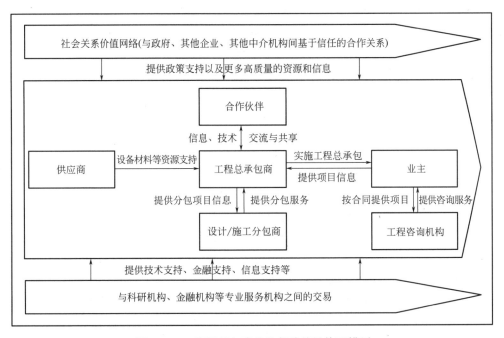

图 8-13　工程总承包商的外部价值链体系模型

3. 房地产开发参与主体的纵向价值链（图 8-14）

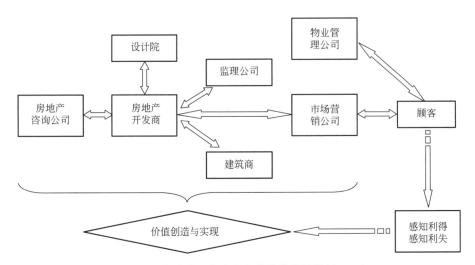

图 8-14　房地产开发参与主体的价值链模型（一）

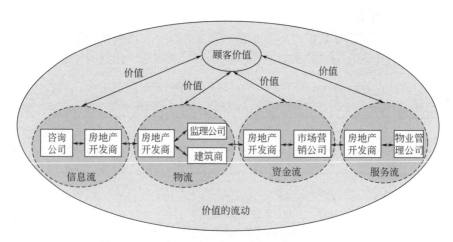

图 8-14　房地产开发参与主体的价值链模型（二）

（1）房地产咨询公司

房地产咨询公司是担当房地产项目开发咨询和提供项目投资决策、项目策划的角色。房地产咨询公司的工作包括两个方面：一方面为房地产开发商提供前期的项目投资决策建议及依据；另一方面对房地产开发商拟投资的项目进行投资机会研究、项目建议、可行性研究、项目评估与决策建议等。房地产咨询公司的核心工作是通过对建设项目的有关背景、投资条件、市场状况等进行初步调查研究、分析预测，进而对建设项目进行科学论证及评价，为房地产开发商提供决策建议。

具体来说，房地产项目的投资设想是决定房地产项目成败的关键因素，它决定了房地项目的开发目的、用途、风格等，项目设想的结果是否能够反映市场需求，直接决定了项目能否成功。而房地产咨询公司能够帮助房地产开发商明确解市场需求状况，并通过提供可靠的分析数据为房地产开发商提供决策依据。

同时，房地产咨询公司在项目决策阶段，要帮助房地产开发商编制项目建议书和项目可行性研究报告。项目建议书要客观地论述项目设立的必要性和可能性，并把项目投资的设想变为投资建议。因此，项目建议书是进行可行性研究的基础。可行性研究是对项目经济合理性、技术可行性、建设必要性等的详细分析和论证，它是投资决策、编制设计文件及银行贷款等的重要依据，所以可行性研究是房地产开发中关键且不可缺少的一步。显然，编制项目建议书和项目可行性研究报告是房地产咨询公司的重要职能之一。

（2）设计院

房地产项目的开发需要进行项目设计，而项目设计是一项系统、复杂、全面的工作。房地产项目的设计需要由专业的设计院完成。设计院在对房地产项目进行设计时，要根据房地产开发商的投资决策以及自身的积累经验展开。设计院的职能是对房地产项目进行整体设计，以符合顾客的消费需求。

第8章 房地产企业价值链运营管理

(3) 监理公司

项目施工是整个房地产价值链中实现价值创造的关键环节。整个价值创造过程是众多资源进行整合和利用的过程。显然，整个施工过程需要耗费大量的人力、物力和财力。在项目施工过程中，众多的房地产价值链活动主体都会发挥其应有的作用。由于整个施工过程周期长、参与者众多，从而容易出现各种各样的偏差，进而影响项目质量。因此，房屋建设的好坏直接影响顾客的购买及使用，是房地产开发中最重要的一环。而监理公司在整个施工过程中担当监督角色，能够避免和减少各种各样的偏差，从而保证项目的施工质量，是实现房地产顾客价值的有力保障。

(4) 建筑商

房地产项目是一个综合性项目，这导致整个房地产项目仅依靠一个房地产开发商的能力是无法实现的。因此，在项目建设阶段，各种各样的基础性建筑商会参与其中。这些建筑商包括土建商、基建商、原材料供应商以及设备供应商等。这些建筑商各司其职，分工协作完成房地产项目建设。

(5) 市场营销公司

市场营销公司的职能主要包括营销策划和销售服务两个部分。营销策划是对房地产销售过程的前瞻性规划，主要包括项目定价、价格策略制定、广告策划、销售策划等内容。销售服务是指从销售之前到销售完成后，房地产开发商围绕顾客所进行的一切活动，主要包括售前服务、售中服务和售后服务，其中售中服务尤其重要，因为这是房地产开发商与顾客直接面对面交流的过程，决定着能否达成交易，处理不好则企业前面所做的努力都将付之东流。

(6) 物业管理公司

物业管理公司是由专门的机构和人员组成，并按照合同和契约的要求对已竣工验收并投入使用的各类房屋建筑和附属配套设施以经营的方式进行管理，同时对房屋区域周围的环境、清洁卫生、园林、道路养护统一实施专业化管理，并向业主提供多方面的综合性服务。

8.1.6 房地产开发价值链"微笑曲线"模型

相比传统的价值链，房地产开发的利润高位分布在价值链的前端和后端，绩优的房地产开发企业一般会将主要资源集中在"微笑曲线"的高位，也就是集中在位于价值链前端的投资策划领域、融资拿地领域以及位于价值链后端的楼盘营销、品牌推广方面。而在利润低点，则根据不同侧重程度对工程建造及成本控制等方面进行把控。房地产开发价值链"微笑曲线"模型如图8-15所示。

从图8-15可以看出，如果把房地产开发过程分为投资策划、土地获取、项目策划、规划设计、招标采购、工程管理、销售管理、客户服务、物业管理九个阶段，那么可以粗略地把前两个阶段定义为价值链前端，中间四个阶段定义为价值链中端，后三个阶段定义为价值链后端。越靠近价值链前端，经营操作风险越大，但对整个房地产项目开发的利润贡献越高，价值链中端是整个房地产开发项目的成本控制区间，决定了利润的最终实现大小，越靠近价值链后端，经营操作风险越小，但对组织的品牌和客户价值产生重要影响。

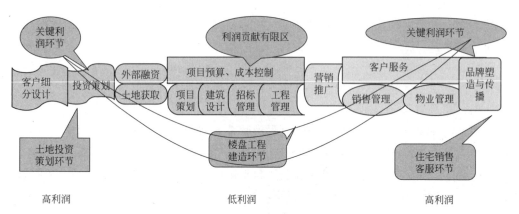

图 8-15 房地产开发价值链"微笑曲线"模型

8.2 房地产企业价值链运作管理

8.2.1 房地产企业价值链运作管理体系

1. 房地产开发项目价值链运行体系（图 8-16）

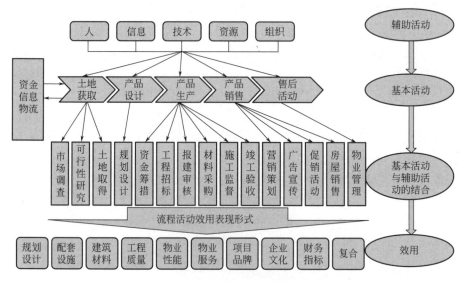

图 8-16 房地产开发项目价值链运行体系

2. 房地产开发价值链流程体系（图8-17）

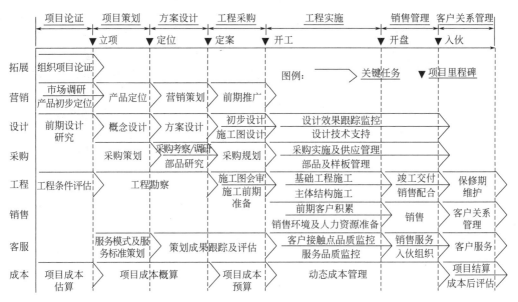

图 8-17　房地产开发价值链流程体系

3. 房地产开发全价值链精细化运作体系（图8-18）

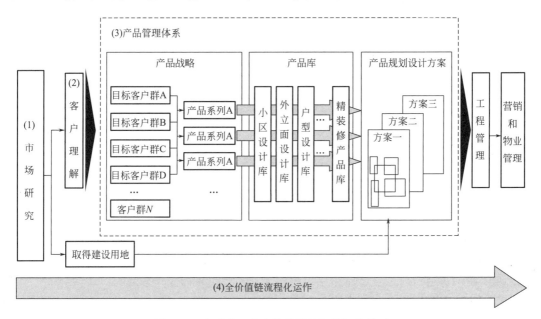

图 8-18　房地产开发全价值链精细化运作体系

4. 房地产开发价值链三级运作管理体系

根据房地产项目开发全过程和创造过程的交叉和自然嵌套关系，可以形成房地产开发价值链三级运作管理体系,如图 8-19 所示。

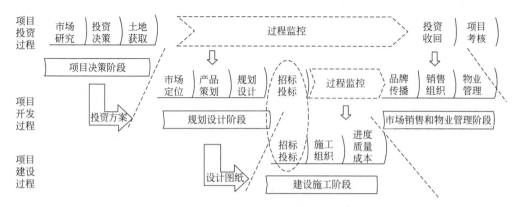

图 8-19　房地产开发价值链三级运作管理体系

5. 房地产开发价值链多维度运营体系模型（图 8-20）

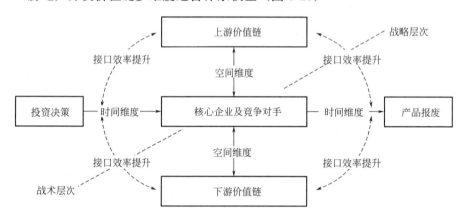

图 8-20　房地产开发价值链多维度运营体系模型

8.2.2　房地产开发价值链运作管理内容

1. 明确房地产开发价值链运作实施的项目管理组织体系

房地产开发项目组织的特点是将纵向控制的职能部门转变为横向协作的工作团队,同时还需要建立相应的沟通协作和监督控制机制,为房地产开发项目的实施创造组织环境。

2. 明确房地产价值链各阶段主要价值活动、管理重点及增值点

根据房地产开发价值链"微笑曲线"模型,越靠近价值链前端,经营操作风险越大,但对整个房地产开发项目的利润贡献越高,而越靠近价值链后端,经营操作风险越小,但对组织品牌和客户价值影响越大。在项目决策阶段,企业的主要价值活动是市场研究、投资决策及土地获取,其管理重点是对项目风险和成本的控制;在规划设计阶段,企业的主要价值活动是市场定位、产品策划和规划设计,其管理重点是对设计质量和风险的控制;在建设施工阶段,企业的主要价值活动是招标投标、施工组织和成本、质量、进度控制,其管理重点是对工程质量、成本和进度的控制;在市场销售和物业管理阶段,企业的主要价值活动是品牌传播、销售组织和物业管理,其管理重点是对服务质量和客户需求反应速度的控制,如图 8-21 所示。

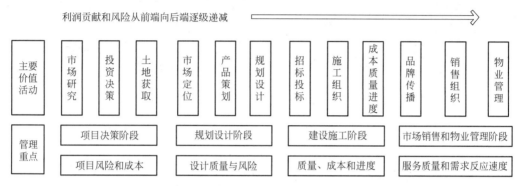

图 8-21 房地产开发价值链各阶段价值活动管理重点

根据对房地产行业的研究和分析,项目决策和规划设计阶段是企业展现核心竞争力的重要阶段,在该阶段企业可以通过土地投资决策和研发策划获取价值增值。在建造施工阶段,企业应适度整合市场资源,以提高内部管理效率,从而达到控制成本的目的,在该阶段企业可以通过成本和质量控制获取价值增值。在市场销售和物业管理阶段,企业应加强整合内外部信息,以达到有效协调内部合作、加强信息管理的目的,在该阶段企业可以通过对销售及物业进行管理获取价值增值。如表 8-3 所示。

房地产价值链各阶段属性   表 8-3

	项目决策	规划设计	建设施工	市场销售和物业管理
各阶段占成本的比例	42%	3%	45%	10%
各阶段毛利率	25%	40%	5%	30%
市场风险比例	40%	20%	10%	30%
价值增值点	土地投资决策	研发策划增值	质量控制增值;成本控制增值	销售及物业管理增值

因此,房地产开发项目需要根据房地产价值链的主要价值活动和管理重点,重点关注各阶段能够带来价值增值的活动,以此采取有效策略,才能实现项目化对关键管理活动的管理。

3. 明确房地产开发价值链各阶段所需的核心能力及关键资源

房地产开发需要企业具有核心业务能力及关键资源的支撑。根据房地产价值链各阶段的性质区分:

(1)在项目决策阶段,企业需要的核心能力包括战略规划能力、融资能力、土地获取能力以及政策把控能力,其所需的关键资源包括资金、市场信息、政策信息、行业信息以及公共关系等。

(2) 在规划设计阶段,企业需要的核心能力包括项目策划能力、营销策划能力和设计优化能力,其所需的关键资源包括设计信息和市场信息等。

(3) 在建造施工阶段,企业需要的核心能力包括成本控制能力、内外部协调能力和项目管理能力,其所需的关键资源包括资金、工程信息和技术信息等。

(4) 在市场销售和物业管理阶段,企业需要的核心能力包括销售管理能力和品牌传播能力,其所需的关键资源包括品牌、销售网络和市场信息等。

除上述特定的能力和资源需求外,为保证价值链各个阶段的顺利实施,还需要企业共享人力资源管理能力、财务管理能力、组织协调能力和信息管理能力。

8.2.3 房地产开发价值链运营管理方案

1. 构建服务于房地产开发整个价值链的协调机制

房地产开发,需要在企业内部共享资源能力,强化部门之间、公司总部和项目公司之间的沟通协作,达到对外部需求的及时响应,为此需要构建相应的服务协调机制,如图 8-22 所示。

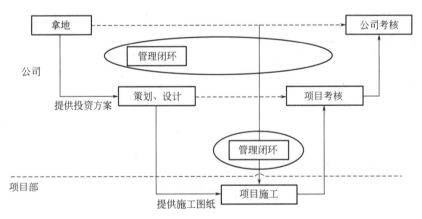

图 8-22　房地产开发供应链协同服务机制

在公司总部层面,企业提供的服务和协调包括组织区域公司参与决策过程、提供国内外先进的设计和策划理念指导与培训、对方案优化提供专家支持、建立公司项目方案库、标准化投资方案格式和内容要求以及提供核心人员轮岗机会。

在项目部层面,项目部提供的服务和协调包括提供施工过程的技术支持(图纸)、对施工过程中的设计方案调整做出决策和提供项目预算。

2. 构建服务于房地产开发整个价值链的监控机制

由于公司专业化发展的需求,各种职能分散于各单位,项目开发实施过程中需要从公司层级和项目部层级建立监督控制机制,如图 8-23 所示。

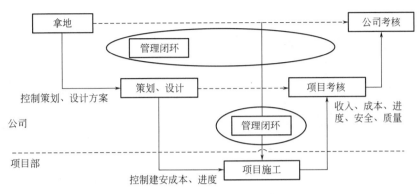

图 8-23 房地产开发过程监控机制

在公司总部层面,实施的监督控制包括对设计深度进行规范、对设计单位招标的资质和能力等进行规范(也可指定)、对方案设计进行审批、对施工图进行备案、对策划方案进行审批、对销售方案进行备案、规范采购制度流程、规范项目组织、规范合同文本和建立并提供采购信息平台。

在项目部层面,实施的监督控制包括控制大宗材料、设备采购(程序控制)、控制资金拨付(预算核量)和对总承包方选择进行规范。

3. 构建房地产开发价值链各阶段的运作体系

(1) 拿地决策机制体系

在决策管理上,建立快速响应的土地决策机制,提高外部拿地效率。为满足这一要求,需要做到土地决策与实施分离,进行专业化决策、快速响应、用人所长。在土地决策方面,利用土地估价师、规划设计师和造价工程师等专业人员的能力,扫描土地市场情况,收集土地市场信息,进行投资价值分析,为项目决策做好专业化分析。在决策实施方面,利用高层领导和公关人员的资源和能力,进行政府公关,办理征地各项手续。房地产开发土地决策机制如图 8-24 所示。

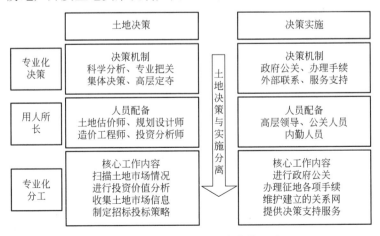

图 8-24 房地产开发土地决策机制

（2）全程质量管控体系

在质量管理上，逐步完善内部监控体系，加强对功能质量、环境质量、工程质量和服务质量的管控。房地产开发质量管控体系如图 8-25 所示。

房地产价值链	项目决策	规划设计	建设施工	市场销售	物业管理
质量体系内容	功能质量、环境质量		工程质量	售中服务质量	售后服务质量
措施	-深入了解客户需求 -完善项目的前期策划工作 -及时引入新概念、新风格 -大力采用新技术、新材料		完善工程管理与采购管理，建立行业通用的质量管理体系	作为客户的置业顾问向客户提供技术与置业咨询，同客户建立互信互利关系	-完善物业管理 -解决客户的后顾之忧
基础工作	-以专业人才为主体的人力资源 -以人为本、创新诚信的文化 -系统、规范的管理模式 -现代建筑、建材科研开发成果的应用				

图 8-25　房地产开发质量管控体系

（3）全程精益营销体系

在市场营销上，打造以价值最大化为导向的全程价值营销策划管理体系。在市场分析方面，营销企划中心对市场和客户的主要信息进行综合分析，作为策划和规划设计的重要依据，营销企划中心要对信息的准确性和真实性负责。在营销策划方面，在明确销售预算的前提下，以营销企划中心为主要推动单位，与专业策划公司进行系统合作，进行全程策划，重点突出对项目定位的建议、规划设计关键要素的建议，以及对销售各阶段媒体广告投放量和方式的方案、各阶段销售政策的制定等。在房屋销售方面，在销售指标确定的前提下，营销企划中心有权根据市场状况及时调整销售政策或采用备用方案，但销售政策的制定过程应当与其他业务单位密切协商，不给其他单位造成后患。同时，逐步加强营销能力渗透，建立从拿地开始到二次开盘的房产开发全程营销体系，房地产开发全程营销流程体系如图 8-26 所示。

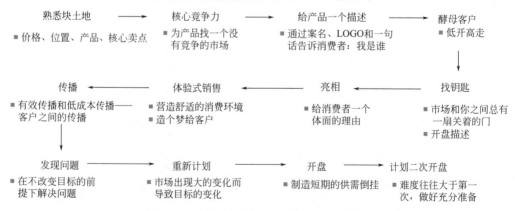

图 8-26　房地产开发全程价值营销流程体系

第8章　房地产企业价值链运营管理

全程精益营销从"市场开发""营销管理""客户维护"三个主方面开展工作，如图 8-27 所示，让"市场/项目开发"更精准、"营销管理"更透明、"客户维护"更高效，并且也可以使用一些有利于市场营销的手段，如聚焦、细分市场等，能够规划市场，并能够合理分配市场资源，得到更好的经营发展。

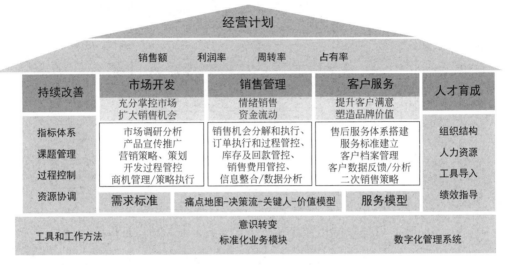

图 8-27　全程精益营销分解图

（4）全程物业服务体系（图 8-28）

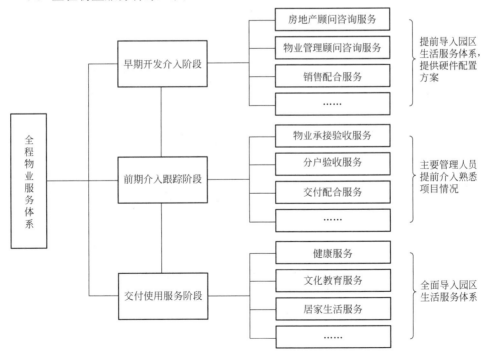

图 8-28　全程物业服务体系

(5) 精益物业管理体系 (图 8-29)

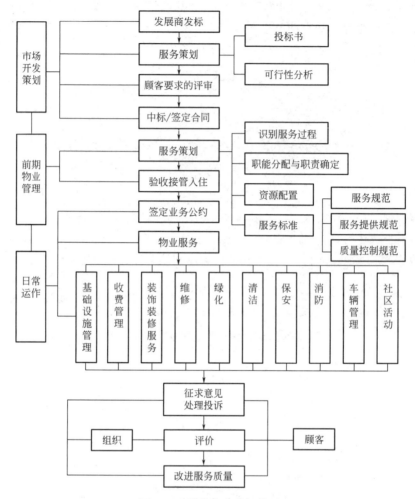

图 8-29 精益物业管理体系

(6) 全程成本控制体系

在成本控制上,通过房地产开发价值链的成本动因分析,对房地产项目开发全过程进行成本控制。房地产开发全过程成本控制体系如图 8-30 所示。

8.2.4 房地产开发各阶段价值链实施管理

房地产开发价值链工作重点主要是价值链上六大增值环节的实施与管理,以及企业内部的管控与协调。

1. 土地获取阶段价值链实施管理

土地获取工作是房地产开发价值链的起点,是运营平台上最初的项目决策,并且土地的获取价格直接决定了开发项目的利润空间。房地产开发土地获取阶段价值链实施管理流程如图 8-31 所示。

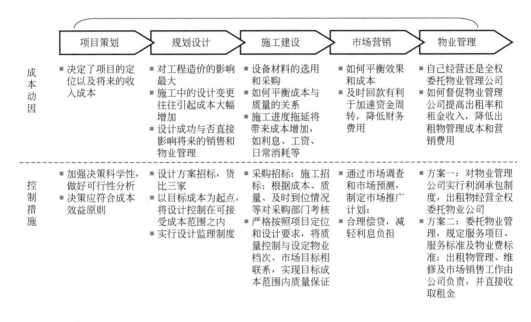

图 8-30　房地产项目开发全过程成本控制体系

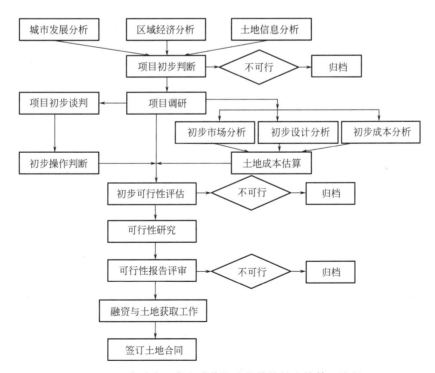

图 8-31　房地产开发土地获取阶段价值链实施管理流程

2. 项目前期策划阶段价值链实施管理

项目前期策划工作是房地产开发价值链的第二大环节，合格的前期策划应包含市场、造价、产品设计和运营四大内容要点。具体管理流程如图 8-32 所示。

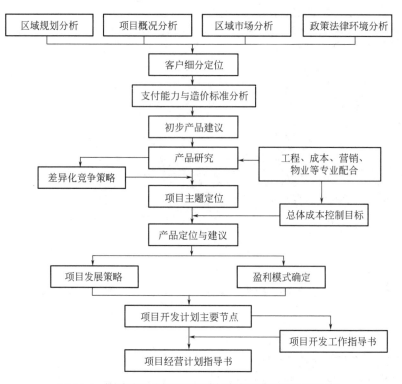

图 8-32　房地产开发项目前期策划价值链实施管理流程

3. 项目规划设计阶段价值链实施管理

项目规划设计工作是房地产开发价值链上的第三大环节，规划设计工作对开发建设环节的质量、成本和工期影响重大；对营销策划环节销售产品的风格、户型、品质等起着决定性作用；对物业管理环节的管理要求、人员配置等有重要参考性。在集成化整合模式下，规划设计工作的实施应让工程、营销和物业管理等职能部门与成本、计划等管控部门提前介入，发表相关意见，让规划设计工作从市场、造价和技术三个维度上实施管理，具体管理流程如图 8-33 所示。

4. 房地产开发建设阶段价值链实施管理

房地产开发建设是房地产开发行业的生产环节。开发建设作为房地产开发价值链上的重要工作环节，主要责任是从开发项目的质量、进度、成本和安全等方面进行综合管理，推进并完成项目建设，形成房地产企业的销售产品。集成化整合模式下的开发建设工作由房地产企业自行完成，其价值链管理流程如图 8-34 所示。

5. 房地产开发营销策划阶段价值链实施管理

营销策划是房地产开发价值链上的产出环节，在价值链运作模式下，土地获取、

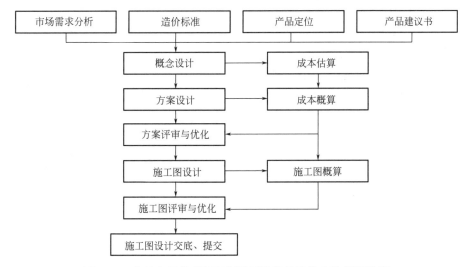

图 8-33 房地产开发项目规划设计阶段价值链实施管理流程

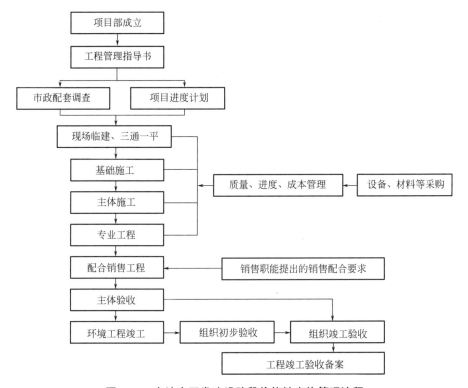

图 8-34 房地产开发建设阶段价值链实施管理流程

前期策划、规划设计和开发建设四大环节的工作均是为营销策划而做的准备工作，营销策划工作则是房地产开发价值链上全部价值的实现环节，是房地产开发的利润来源。其价值链管理流程如图 8-35 所示。

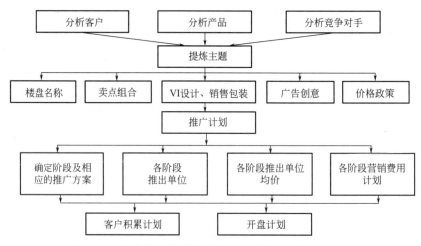

图 8-35 房地产开发营销策划阶段价值链实施管理流程

6. 房地产项目销售阶段客户管理价值链实施管理

客户管理系统应是一站式销售服务系统,包含从客户到准业主期间的售前服务、从签约到交房期间的售中服务,以及从交房到保修期的售后服务三个阶段。在房地产项目销售过程中,在售前服务阶段,销售人员应积累客户、帮助客户了解产品、推销产品;在售中服务阶段,营销策划职能部门应对业主进行回访、沟通、定期传递项目信息,维持客户满意度;在售后服务阶段,价值链管理要求由物业管理公司进行客户管理,通过售后服务为业主的购买增值,提升客户满意度。优秀的销售服务系统容易为企业带来良好声誉与忠诚度高的顾客。其价值链管理流程如图 8-36 所示。

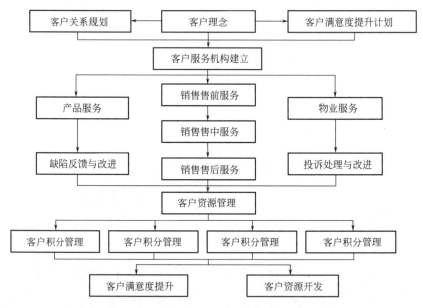

图 8-36 房地产项目销售阶段客户管理价值链实施管理流程

7. 房地产物业服务阶段价值链实施管理

物业管理是房地产开发价值链上最后的工作环节，是为房地产企业的业主提供日常管理与服务工作，主要包括对房屋建筑及附属配套设备设施、环境清洁卫生、安全保卫、公共绿化道路养护等实行统一的专业化管理。由于物业管理的日常性、服务性和直观性，物业服务管理的品质更容易受到广大业主的认识与监督，对于房地产企业的声誉影响非常大，所以其工作应引起重视。

8.2.5 房地产开发价值链运作流程的构建

在构建房地产企业精益价值链管理模式时，应充分考虑房地产企业价值链的特殊性，并在模式中体现。在明确房地产企业在价值链中核心地位的同时，也应该认识到将精益思想融入价值链中，目标在于通过应用精益技术工具及其他工具（六西格玛、全面质量管理、约束理论等），重视价值链合作伙伴之间的流程优化，通过各种技术最大限度地减少库存，以消除浪费、缩短时间和降低成本。为了在房地产企业导入精益价值链，达到降低成本、快速响应顾客需求的目标，企业必须做出改变。在精益建造体系下，精益价值链管理从价值和流程两个方面考虑产品的建造过程，运用价值链管理、流程管理和价值管理，使得企业利润最大化和浪费最小化，同时兼顾价值链上游企业的利益，并以顾客为中心，建立快速响应系统，尽可能满足客户/业主需要，使得客户/业主价值最大化。将价值链管理、流程管理和价值管理应用到价值链运营管理中，重新认识房地产企业价值链及流程设计，构建房地产企业精益价值链体系，如图 8-37 所示。

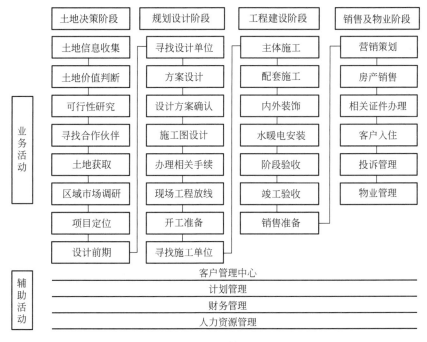

图 8-37 房地产企业精益价值链体系

8.3 房地产企业价值链成本管理

8.3.1 价值链成本管理的概念与特征

1. 价值链成本管理概念

价值链成本管理是以价值链分析为成本管理核心，突破了传统成本管理的局限性，不仅扩大了成本管理的核算口径，全面分析了成本驱动因素（动因），而且还运用系统化理念，通过价值链分析，分别基于企业内部价值链、客户与利益相关者三个主要方面考察其成本管理，是一种动态的、系统的成本管理模式。

价值链成本管理不是单纯的控制削减成本，而是在消除浪费、降低无效成本的同时，增加有效投入，能够更加系统、主动地对成本耗费进行调节，并对企业成本进行战略性预测和定位。价值链成本控制具有全面性特点，同时具备战略意义，其最终目的在于塑造独一无二的成本竞争优势，提升房地产企业及其开发项目的核心竞争力。

2. 价值链成本管理特征

相较于传统的成本管理，价值链成本管理具有以下特征：

（1）更加注重企业经营活动中的相对成本

绝对成本是企业活动中实际投入的各种成本，如果单比较绝对成本和企业实际产出效益，则不能通过分析发现企业的比较优势，不利于企业发展战略的制定，不利于企业的长远发展；而分析相对成本则是通过比较企业活动各环节的成本与收益，通过系统地价值链分析，可以发现企业价值链各环节存在的不足及优势，有利于企业根据分析结果制定适合企业的发展战略，从而提高企业长期效益，在市场中建立并巩固其竞争优势。

（2）更加注重企业价值链各环节的联系

价值链成本管理从系统的理念出发，分析考察企业内部、企业上下游利益相关者的活动，根据企业实际情况不断优化、改造作业结构，抓住了成本管理问题的关键，追求整个价值链的优化、整体效益与长远效益，有利于企业可持续发展。

（3）更加注重企业价值链中关键活动的成本

企业价值链中的不同环节，其成本与收益不尽相同，对企业发展的影响也有大有小。价值链成本管理通过分析其相对成本，从中找出与企业发展具有密切联系及重要影响的关键成本，从而进行更加有效率、有效果地计划、组织、领导和控制，降低企业成本，实现企业效益最大化与长远发展。

3. 价值链成本管理与传统成本控制的比较

传统成本控制通常采用的具体方法有节约能耗、防止事故、以招标方式采购原材料或设备等，是企业的一种战术改进，属于降低成本的一种初级形态。传统成本控制的关键点在于"控制"，思路即按照一套既定合理的预算控制标准，对日常经营活动的成本耗费进行控制,其控制目标在于通过各类方法将成本压缩至预先设定好的控制范围内,或者将实际成本与计划成本的差异控制在合理区间。

将价值链作为成本管理的工具,则能够使成本控制的方法更加高效与全面。价值链成本控制的主要路径在于以创造价值为首要目标,通过不同的方法衡量并检验企业各项经营环节的成本投入和价值创造,摆脱了"控制标准"的束缚。价值链成本控制的方法也相对更加灵活,除了能够运用会计、管理、经济、金融类的方法之外,还包括管理会计、工程技术、战略研究等方面的控制方法。因此,基于价值链理论的成本控制模式作为现代成本控制理论中的一种新思路,其作用效果与作用方法明显区别于传统的控制理论,其与传统成本控制的差异详见表8-4所示。

价值链成本管理与传统成本控制的区别　　　　　表8-4

	核心目标	管制对象	成本管理思路	成本控制范围
传统成本控制	降低成本	建造过程中的施工成本	通过控制削减建筑施工成本,实现成本降低	企业内部的生产运营活动
价值链成本管理	增强成本竞争优势	供应商成本、设计成本、采购成本、施工成本、销售成本和用户成本等	通过价值链分析,制定成本战略,消除浪费、剔除无价值增值活动、消除无效成本	贯穿价值链的企业内外部供应链、价值链各项活动

8.3.2 房地产开发价值链成本形成过程

基于价值链成本控制观和现代成本控制的基本原理,在成本控制标准制定的基础上,需要有效地控制成本的形成过程。对价值链成本控制来说,就是要有效地控制基于价值链的资源投入成本的形成过程和资源耗费成本的形成过程。而价值链成本形成过程控制不同于现代成本控制所说的成本形成过程控制,它主要是对价值活动成本驱动因素的控制。因此,需要首先认识价值链成本的形成过程。价值链成本形成过程如图8-38所示。

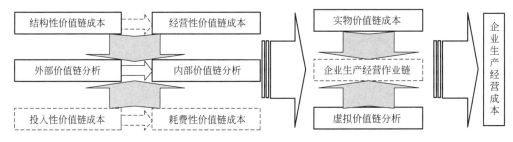

图8-38 价值链成本形成过程

价值链成本形成有三层含义:第一层含义是基于价值链,分析从价值创造和提供角度,以及结构性成本驱动因素和生产经营性成本驱动因素的资源投入性成本和资源耗费性成本的形成;第二层含义是基于生产经营作业链,从实物价值链和虚拟价值链角度，分析价值链成本的形成；第三层含义是价值链成本的形成伴随传统企业生产经营成本的形成过程。所以，价值链成本形成过程的控制也需从这三个层面进行。

房地产开发过程的活动都对应具体的成本控制点，而这些成本控制点组合在一起便可以形成一条成本管理链条，对主要价值活动的成本控制点分析如图 8-39 所示。

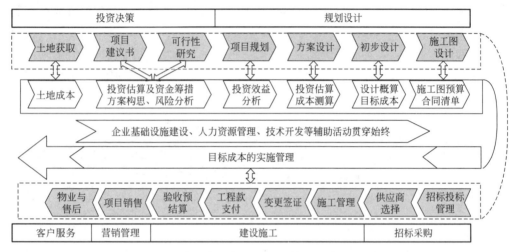

图 8-39　房地产开发成本-价值管理流/链体系模型

8.3.3　房地产开发价值链"三维"成本观

1. 价值链"三维"成本观的概念

从价值链角度审视成本的实质及其表现形式，本书提出了基于价值链的"三维"成本观，即：为创造顾客价值而投入的资源（简称"资源投入观"或"投入观"）；为提供顾客价值而耗费的资源（简称"资源耗费观"或"耗费观"）；为使顾客价值最大化和使顾客价值创造尽早化而投入或节约的时间资源（简称"时间资源观"或"时间观"）。价值链"三维"成本观模型如图 8-40 所示。

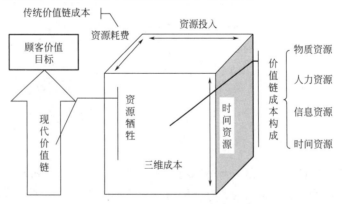

图 8-40　价值链"三维"成本观模型

由图 8-40 可知，基于价值链理论，房地产企业为获取"持续的竞争优势"，首先应该构建创造顾客价值的价值链，从而实现房地产开发项目的根本目标——赢得客户。一方面，房地产开发需要投入资源，以创造客户价值；另一方面，为创造客户价值而发生或进行的价值创造活动也必然要消耗资源，以提供客户价值（价值产品或服务）。同时，从构成价值链各环节的价值链活动的纵横向联系来看，整条价值链实际上也是一条"时间链"，它有两层含义：其一，从创造客户价值所需的价值创造活动的物理角度来看，价值链运转需要必要的时间（简称"时间耗费观"）；其二，从价值链各环节联系的角度来看，时间本身就是一项资源（简称"时间资源观"）。

因此，价值链成本观实际上是基于现代价值链理论，从三个不同的视角来审视成本结果。由此，所谓基于价值链的"三维"成本观也就具有了上述层面的不同含义。

（1）基于价值创造的"开发投入资源成本观"

基于价值创造的项目开发投入资源成本观（简称"资源投入观"或"投入观"），是指基于价值链理论，从构建价值链出发，从为保证拟构建的价值链能够有效地创造客户价值的角度来审视成本。从这一层次上讲，成本实质上是为创造客户价值而投入项目开发各环节（价值链活动）的经济资源。

"资源投入观"是房地产开发价值链成本的第一层含义，它是从构建价值链视角来看待成本的。例如，在项目投资分析阶段，由项目规模、方案选择、地块位置等成本驱动因素所决定的投资，成为建造运营阶段的建筑资产，进而在价值链成本的第二层含义中，这种已投入的资源（资产）通过建造而进入产品生产成本——资源耗费。

从这一层意义上讲，价值链成本实际上是指，在通过价值链成本驱动因素方法来构建价值链时，房地产企业需要向价值链投入必要而足够的经济资源，从而建立房地产开发优势价值链，进而决定优势价值链成本定位。因此，它主要解决价值链的"先天成本"，是其他层次价值链成本的前提。

基于上述分析，显然"开发投入资源成本观"并非是在传统成本分类的基础上简单地再加上一类成本，而是从一个新的视角来审视成本。有了新的成本观，也就为房地产开发项目的成本控制提供了新的思路。

（2）基于价值提供的"资源耗费成本观"

基于价值提供的资源耗费成本观（简称"资源耗费观"或"耗费观"），是指基于价值链理论，在现有价值链或已进行价值链定位的基础上，从保证创造客户价值的价值链活动有效进行的角度来审视成本。从这一层次上讲，成本实质上是房地产开发各环节或各价值链活动在提供（相对于构建价值链侧重于首先考虑能否创造价值，"提供"是指在现有价值链基础上来考虑如何生产、生产多少价值、提供客户什么价值）价值时所耗费的经济资源。

"资源耗费观"是价值链成本的第二层含义，它是从现有价值链视角或在价值定位基础上来看待成本的，即从提供价值的角度来看待成本。例如，在投资决策阶段，为了提供项目论证所确定的价值——拟建造的价值产品，项目开发需要耗费多少、如何耗费诸如直接材料、直接人工费和间接费用等经济资源。

从这一层意义上讲,价值链成本实际上是指,在通过价值链成本驱动因素方法来分析现有价值链时,为保证项目开发价值链的正常运行——正常提供价值,价值链各环节需要消耗多少以及如何消耗经济资源,从而使提供同一种客户价值的价值链有别于其他企业的价值链,进而使企业价值链具有优于其他企业的价值链成本优势。因此,它主要解决价值链的"后天成本"——成本积累或构筑,是第一层次价值链成本的结果和基础,即它并非简单地被动成本耗费,而是基于价值链的成本耗费。

基于上述分析,显然"资源耗费观"同样并非是在传统成本分类基础上简单地再加上一类成本,而是试图从一个新视角来审视基本属于传统成本领域里的成本。传统成本领域有了这一新的成本观,也就为传统成本控制提供了新的思路。

价值提供与价值创造具有不同的含义:价值创造是项目开发的前提,即项目为了满足客户需求而存在;价值提供则是项目开发的基础,即项目建造价值链通过作业链(施工价值链)最终提供客户价值,然而怎么提供、如何提供、提供多少则因企业而异。因此,资源耗费成本概念是从价值提供的角度来分析成本行为的。

(3) 基于价值链的"时间成本观"——时间资源观和时间耗费观

基于价值链理论,如果从各单元价值链之间以及各价值链环节之间的联系角度来审视价值链,那么价值链表现为一条基于一系列价值链活动或作业活动的时间链,而这条时间链客观上就是价值创造活动(价值链)所固有或基本需要。当然基于这一时间链环节的紧凑与否,显然该时间链可长可短,从而对整个价值链产生影响。既然都是基于价值链,那么这一时间链也必然产生于客户需求,所以该链条的长与短或者说投入时间多与少,对基于时间链所创造的顾客价值是大不相同的;同样,某一时间链耗费时间的多少也会极大地影响基于时间链所创造的顾客价值。因而,所谓价值链时间成本观(时间资源观和时间耗费观),实际上是指基于价值链,对某条时间链(项目开发阶段节点)所投入的时间资源或某条时间链所耗费的时间资源。

这里,价值链时间资源成本和价值链时间耗费成本就是上述价值链成本的第三层含义,即从基于价值(产品或服务)创造和提供的价值链的时间链角度来看待创造价值的资源牺牲或成本。例如,住宅房地产产品从拿地、方案设计、项目规划、产品设计、建造施工、产品销售、产品交付、物业服务的整个过程,都会影响价值链成本。现代管理中,时间(资源)与时间成本被视为有力的竞争武器,企业越来越视时间为竞争的关键因素,究其原因是上述基于价值链的时间成本观。

2. 价值链成本之间的关系

上述三个层次的价值链成本,实际上是从三个不同的视角分析同一条价值链资源消耗的结果,即研究成本的视角不同,但却又相互联系和影响,因为它们同出一宗——价值链,因而价值链成本已经完全突破传统成本范畴,属于"价值链成本会计"(简称"价值链管理会计")范畴。

资源投入观是基于价值链构建(价值创造)角度来看待成本的,资源耗费观是基于现有价值链运行（价值提供）角度来看待成本的，时间成本观则是基于价值链联系角度来看待成本的。因此，资源投入观直接产生于顾客（价值）需求，属于第一层次的价值链成本观，是其他价值链成本的前提；资源耗费观并不直接产生于顾客（价值）需求，而是直接产生于满足顾客需求的价值链，因而属于第二层次的价值链成本观，是第一层次价值链成本的结果。时间成本观与资源耗费观相同的是，它也是直接产生于满足顾客需求的价值链，但视角不同，它注重的不是物质资源，因而属于第三层次的价值链成本观，是其他价值链成本的附加或在时间层面上的扩展。

同时，上述价值链成本是相互影响的，共同构成"三维"价值链成本。资源投入决定了价值链的"先天成本"，因而会从根本上影响其他价值链成本的多少，甚至发生与否；资源耗费则是价值链的"后天成本"，其发生是必然的，是第一层次价值链成本的结果，但其多少要受到其他两类价值链成本的影响；时间成本首先受到上述两类价值链成本的影响，同时还受到价值链管理的影响。

可见，"三维"价值链成本统一于价值链，实质上是顾客价值或顾客需求，又因视角的不同而产生分歧，但最终又都再度统一于成本的时空观，因而它仍然属于成本会计范畴。

8.3.4 房地产开发价值链成本动因分析

1. 房地产开发项目各阶段价值链成本动因构成

从价值链的角度出发，每个价值活动都会拥有其特有的成本动因，而这些既相互独立又相互作用的成本动因组合在一起就产生了价值活动的成本。这也表明成本是由这些既相互独立又相互作用的影响因素共同作用产生的成果。

基于价值链的房地产开发项目重要阶段的成本结构分析如表 8-5 所示。

房地产开发项目重要阶段的成本结构　　　　表 8-5

	开发各阶段	成本结构
房地产开发项目重要阶段成本结构	前期决策	市场调研、可行性研究、项目定位
	规划设计	概念图、户型图、施工图
	建筑施工	进度控制、质量控制、成本控制
	营销策划	策划方案、销售控制、广告媒体
	交付物业	交付使用、物业服务、增值服务

基于价值链的各投入成本研究需要关注成本投入，还要关注产出合理的成本投入是否能起到价值增值的作用，重要阶段的价值活动管理是否能保证对应成本投入的有效控制。由于各阶段成本投入受到各方面因素的影响，所以成本结构的分析，还需要对各阶段成本投入的相关影响因素进行分析。

房地产开发价值活动与成本动因对照如表 8-6 所示。

房地产开发价值活动与成本动因对照表　　　　　表 8-6

价值活动	成本动因
投资决策	土地成本控制、项目建议书及可行性研究科学性、成本管理流程与制度、融资策划能力、投资估算准确性、成本风险分析、投资决策机构高效合理性
规划设计	设计方案比选、设计工作与图纸的质量、限额设计的应用、设计费用的经济合理性、设计概算的审查能力、施工图预算的审查能力
建造施工	施工准备工作的充分性、设计变更管理、施工进度偏差率、施工合同管理、工程价款的支付管理、"三算"差异率
营销管理	营销周期、销售推广费率、基于销售的设计方案调整、营销回款、销售人员数量和薪酬
客户服务	物业提前介入、物业管理团队、服务的标准化与专业化程度、顾客满意度
企业基础设施建设	组织机构、管理制度、企业文化建设等
人力资源管理	员工招聘、引进、培训、绩效考核、奖励激励、人力资源管理开发等
技术开发	适用性判断、可行性研究、经济性分析、设计质量-成本-价值优化
采购管理	采购方式决策、供应商选择、招标投标管理

2. 房地产开发项目内部价值链成本动因分析

通过对房地产企业内部价值链的分析,能更加明确房地产开发每一阶段对应的具体作业环节,有利于找出其中的关键动因,对项目的成本管理水平进行综合评价,并以此提出相应措施,更好地开展成本管控工作。其内部价值活动详细流程如图 8-41 所示。

8.3.5　房地产开发项目价值链成本管理

1. 房地产开发价值链成本系统管理框架

针对房地产企业成本管理复杂、成本发生地域分散以及企业层次和项目层次的二元化成本管理的特点,价值链管理方法为房地产企业解决成本管控提供全面、系统的思路框架。利用价值链管理方法整合房地产企业成本管理的基本模型如图 8-42 所示。基于价值链的成本控制框架如图 8-43 所示。

2. 基于不同控制范围的价值链成本控制

从价值链扩展的角度看,价值链成本控制范围涉及企业外部价值链成本控制和企业内部价值链成本控制,如图 8-44 所示。

(1) 企业外部价值链成本控制

企业外部价值链成本控制是指基于行业价值链、价值网络、产业价值链的成本控制。其目的是识别并确保企业在产业中的优势地位和核心地位,从而能够在整体价值链顾客价值最大化的前提下,通过价值让渡等方式结成战略联盟等而形成优势价值链联盟,以使企业确保自身的优势战略定位。

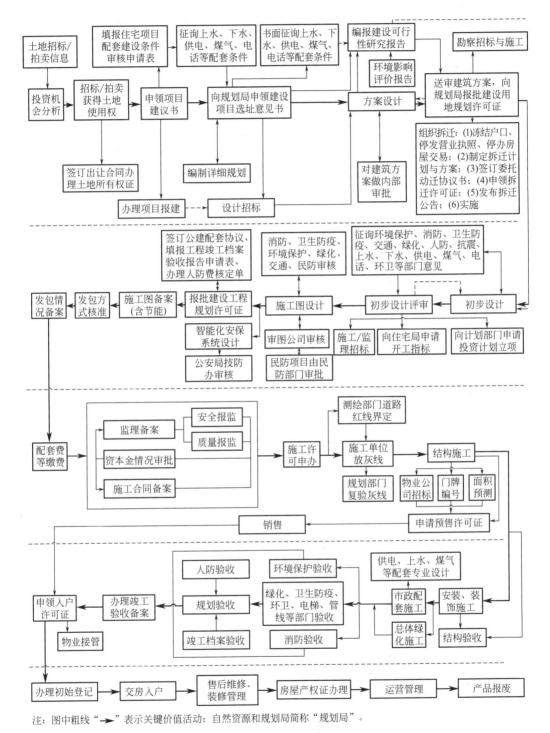

图 8-41 房地产开发内部价值活动详细流程图

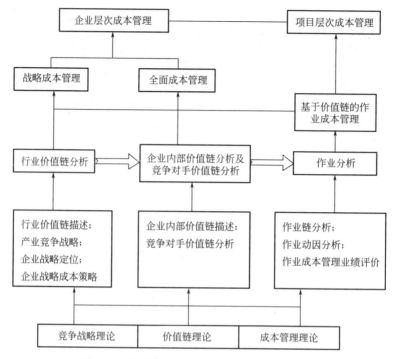

图 8-42　房地产开发价值链成本管理框架模型

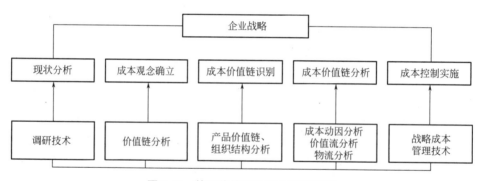

图 8-43　基于价值链的成本控制框架

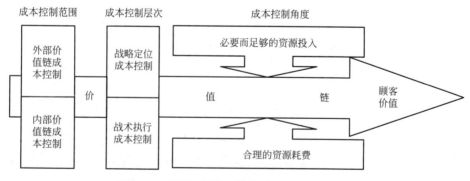

图 8-44　基于不同控制范围的价值链成本控制

(2) 企业内部价值链成本控制

企业内部价值链成本控制是指基于企业内部价值链的成本控制。其目的是确保企业在优势产业价值链定位的基础上，识别并构建企业优势价值链，从而能够在整体价值链顾客价值最大化的前提下，增强企业自身核心竞争力。

企业外部价值链成本控制是价值链成本控制的宏观视角，企业内部价值链成本控制是价值链成本控制的微观视角；企业外部价值链成本控制是价值链成本控制的前提，企业内部价值链成本控制是价值链成本控制的基础。

(3) 企业战略定位价值链成本控制

企业战略定位价值链成本控制是指通过识别和确定企业在行业价值链、价值网络、产业价值链中的位置，确保企业在产业中的优势地位和核心地位，从而能够在整体价值链顾客价值最大化的前提下，通过价值让渡等方式结成战略联盟等而形成优势价值链联盟，以使企业确保自身的竞争优势战略定位。

(4) 企业战术执行价值链成本控制

企业战术执行（或生产经营）价值链成本控制是指在识别企业自身价值链的基础上，企业在优势产业价值链定位的前提下，构建企业优势（或独特）价值链，从而能够在整体价值链顾客价值最大化的前提下，确保企业自身核心竞争力和相对优势地位。企业战略定位价值链成本控制是价值链成本控制的第一层次，旨在解决价值链定位问题和成本投入定位问题；企业战术执行（或生产经营）价值链成本控制是价值链成本控制的第二层次，旨在优化企业价值链和成本优势。

8.3.6 房地产开发各阶段价值链成本控制

基于价值链理论的房地产开发成本控制涉及内容众多（图8-45），本书不能逐一论述房地产项目开发所有价值活动及各个成本控制环节，下面仅从房地产企业成本控制过程中相对重要、控制相对薄弱的环节着手，选取上游的土地成本、材料采购成本，下游的品牌成本、销售成本，以及中游的价值链重构和竞争对手价值链分析与成本的关系这几个方面论述房地产企业的成本控制。

1. 价值链上游成本控制

（1）土地成本控制

目前，我国土地出让方式为"招拍挂"，政府在出让土地时对所出让土地的规划指标如容积率、绿地率等都做出明确的规定，因此土地唯一可变的是土地价格。而以往的土地成本降低方法，如提高容积率等变得越来越难。因此房地产企业只有通过对土地出让文件的详细分析、对土地价格综合预测等方法，才能保证企业以最合理的价格获取土地。

1）对出让地块进行综合分析

① 出让地块的出让要求都详细地体现在土地出让文件上，房地产企业对出让文件的正确理解、详细分析，以及对评标原则、评标办法等的透彻理解能帮助企业成功拿地。

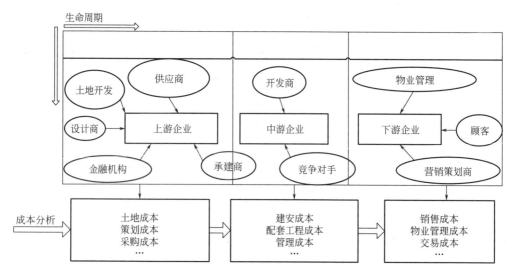

图 8-45 房地产开发全价值链成本模型

② 对出让地块的各个规划指标以及出让地块预期的收益进行详细分析，如地块的发展要求、地块预期的成本收益等可以帮助企业选择性价比高的地块，从而降低成本。

③ 选择合适的拿地时机以及合适的区位，也是影响土地成本控制的重要因素。房地产企业应该根据待建项目的性质与要求选择合适区位的地块。拿地时机的分析判断也很重要，房地产企业应该根据市场趋势和具体情况，分析时机是否合适、拿地是否有风险等。例如市场低迷时期虽然地价便宜，但是大量囤地会增加房地产企业风险。

④ 合理选择地块的类型也能降低土地成本。未开发的土地价格便宜但是建设中的配套资金往往比其他类型的土地大得多，是大部分中小型房地产企业承担不起的。开发中的地块虽然地价较高，但是配套资金相对未开发的土地大大减少，且增值潜力较大。已开发用地常指旧城改造等，拿这类土地的房地产企业必须吃透旧城改造法规、最大限度地争取拆迁补偿、旧房改造优惠等政府优惠政策，从而间接降低企业的土地成本。

2）对竞买土地进行合理的价格预测。

运用市场比较法、收益法等相关的预测方法，对土地价格进行合理的预测能帮助企业以最合理的价格拿地，避免过高的土地成本。价格预测是土地竞买的前提，也是土地成本控制的关键。我国土地出让的主体是政府，地价是国家有机体出让土地使用权时一次性获得的货币收入。

3）土地竞买策略

房地产企业在土地竞买时掌握一些应价技巧，不但可以在土地竞买时能保持冷静避免损失，也能间接降低土地成本。竞买土地时，为了成功竞买，可以采用不同的竞

买策略:

① 不平衡策略。这种策略一般用于评分法招标。即房地产企业扬长避短,合理发挥自身优势。例如房地产企业建筑实力很强,对造价有把握,则可缩短建筑周期,提高土地出让金,压倒竞争对手。

② 高、低价策略。低价策略适用于管理水平和专业性较高且潜在竞争对手较少的土地开发项目;高价策略适用于潜在竞争对手较多的项目。

③ 联合报价策略。如果房地产企业自身不能满足项目管理或资金需求,可以选择联合投标报价策略,避免恶性竞争。

④ 志在必得策略。这种报价策略一般用于房地产企业对此项目的需求特别强烈,影响企业自身发展前景等情况,此时房地产企业为了成功拿地,可以采取微利甚至是零利润或微亏的策略进行高报价,以期成功拿地。

4)重视拆迁安置补偿成本控制

拆迁及安置补偿费用是土地成本中最重要的组成部分之一,它直接影响土地成本控制的水平。因此房地产企业在土地成本控制时必须重视拆迁及安置补偿费用的控制。要做到拆迁安置补偿成本控制,必须做到:

① 有明确的拆迁时间以及拆迁专员安排计划,保证拆迁进度。

② 合理评估拆迁安置补偿金额。拆迁安置补偿成本主要是被拆迁对象的房地产评估值,评估之前明晰被评估对象的产权文件、根据房屋种类采用有针对性的评估方法进行评估,避免不必要的拆迁补偿成本。

(2)材料采购成本控制

材料采购成本项在房地产开发项目整体成本中占比较大,是重点控制的内容。在对材料进行采购时,材料资源和供应情况是必须了解的重要因素。采购人员要对材料的市场价格行情全面分析,做到胸有成竹,确保材料质优价廉,从而降低采购成本;在招标采购过程中,通过与材料中标供应商进行价格二次谈判,争取将供应商的利润空间压到最低。在组织物资运输工作方面,可以通过对物资运输方案的优化以及尽可能利用返程车进行运输,达到降低采购时运费的目的。在科学计算出经济订货批量后,进一步推进集中采购制,实现采购方、供应方关于价格、批量、质量等资源的共享;同时,技术攻关力量的加强也可以实现该环节成本的大大降低。

2. 价值链中游成本控制

房地产企业价值链中游成本控制,关键在于内部价值链优化、竞争对手价值链识别以及横向协同合作,以寻求降低企业内部成本及外部成本的途径,提升竞争优势,增加利润,间接降低企业成本。在寻求协同合作的同时,可以帮助房地产企业在激烈的竞争环境中从"点"优势转变为"链"优势。

(1)房地产企业内部价值链优化

同一个企业在不同的发展期,其价值链是不同的。价值链整合要求企业在特定战略期内,通过分析当前价值链的长度、结构和价值增值环节,对企业价值链进行合理调整,削减价值增值环节不大的环节成本,适当增加企业价值增值较大的环节成本,提升利润空间,才能使企业抓住成本优势,提升企业整体竞争优势。

房地产企业在内部价值链优化过程中,必须重新审视自身价值链并合理调整内部价值链,识别有效增值活动和非增值活动,剔除非增值活动的成本,以保持其持续发展能力,才能在当前激烈的竞争市场中立足。因为本质上来讲,企业的竞争即是整个价值链的竞争。

目前我国房地产企业发展较晚,在价值链优化及管理上还存在许多问题,例如价值链较短、增值活动与非增值活动没有区分、企业自身价值链没有与时俱进、及时调整等。

1) 价值链优化的基本方法

根据房地产行业特性,结合价值链理论,可以得出房地产企业价值链优化的两种基本方法:

① 价值链集中化。房地产所生产的产品从生产到销售再到售后服务涉及很多活动。集中价值链是指房地产企业只承担一部分价值创造活动,把核心价值环节"做足做大",而把其他的价值活动外包,削减价值创造较小的环节。例如把建成的房产委托给专门的销售商进行出售,把售后维修及管理等委托给专门的物业管理公司,而房地产企业自身主要负责把前期的策划规划等工作做好,并把各参与方的利益协调好,这样价值活动就能很好地完成了。运用集中化策略,能使各价值创造者都集中自己的优势创造出最大的价值,在很大程度上降低不必要的成本。

② 拓展策略。拓展策略是指房地产企业向行业的上下游产业开拓业务,把大部分创造价值的活动集中到一个较大的集团中。例如,房地产企业联合、并购钢铁、水泥企业等,这是原材料供应一体化的拓展策略。通过拓展策略,房地产企业产品的生产成本将大大降低。此外,房地产企业拓展物业管理业务能提高物业管理效率,不仅在很大程度上降低售后成本,还可以为企业带来可观的营业收入。

2) 确定价值增值活动

一个企业由不同的价值活动组成,这些活动有的创造价值,有的不创造价值。但是每个活动都有其特定的目标,针对不同的活动进行成本控制的方法和力度都不相同,而对这些活动进行的成本控制是相辅相成、相互影响和制约的,都决定着房地产企业最终成本控制的成败。

房地产企业的核心价值链,可以按照开发项目的整个生命周期分为六个阶段,其业务关注点包括:与企业整体战略规划相关而又围绕企业全面运营的核心业务有项目投资评估决策管理、运营监控和经营决策分析等;与项目开发过程有紧密联系又贯穿始终的核心业务是成本管理和客户关系管理;对业务流程进行管理和支持的业务有经营计划、人力资源、档案管理、项目管理、采购管理、行政办公、文档资料管理等;贯穿项目全生命周期的财务管理业务包括核算、预算、资金、报告等,如图8-46所示。

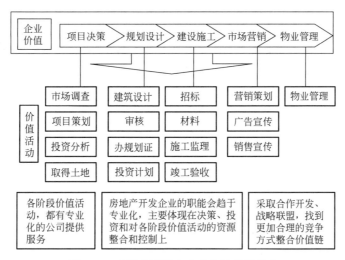

图 8-46　房地产开发企业内部价值链优化

如图 8-46 所示，分析出房地产企业的各项价值活动以后，合理确定各项活动的成本和创造的价值，计算出该项活动的活动成本系数和活动价值系数，最后得到各项活动的活动成本价值比。为了便于对比分析，本书采用成本价值系数分析法，通过活动成本价值系数对企业的各项活动进行活动分析，分清楚高效活动与低效活动，以便为企业制定合理的成本优化措施。其计算公式为：

某项活动成本系数＝某项活动所消耗的成本／企业所有活动的总成本

某项活动价值系数＝某项活动所创造的价值／企业所有活动创造的价值

某项活动成本价值系数＝某项活动价值系数／某项活动成本系数

将以上数据进行分析和计算后，能够分别计算出内部价值链中关键活动链的活动成本系数和活动价值系数，进而通过计算得出各项活动的成本价值系数。使用活动成本价值系数进行高效、低效成本活动分析的标准如下：

① 一般活动：活动成本价值系数＝1。该项活动消耗的成本与创造的价值相同。

② 高效活动：活动成本价值系数＞1。企业生产所创造的价值高于消耗。

③ 低效活动：活动成本价值系数＜1。企业生产耗费的成本高于同期创造出的价值。属于高成本低产出活动，是企业生产经营中应着重改进的低效活动。

成本价值系数的计算能够帮助房地产企业区分价值增值活动和非增值活动、高效价值活动及低效价值活动，如此便可帮助企业发现应该改善和加强的价值活动，避免不必要的成本发生和资源的过度消耗。对低效价值活动的剔除以及高效价值活动的加强，能够使得企业资源得到更好地配置，提高企业成本控制的整体水平及成本控制效率，扩大成本收益。

（2）竞争对手价值链成本对标与协同合作降成本

竞争对手价值链分析是指企业为了提升自身的成本竞争优势，测算竞争对手成本、客观评价竞争对手的成本优势及劣势,充分收集信息,识别竞争对手价值链、价值创造活动,在此基础上对竞争对手的价值链进行模拟与分析,并与企业自身价值链相比较,找出企业的成本优势及劣势所在,明确企业的成本相对地位,找出企业自身与竞争对手的差距所在,并有针对性地制定竞争策略,扬长避短,采取一定措施,有针对性地降低企业成本,提升利润空间,更加合理地管理及优化企业价值链。

房地产企业的协同合作方式有很多,主要包括以下几种:

1) 产业协同

产业协同对横向和纵向价值链协同合作的各个主体发展及行业发展都是有利的:①扩大企业规模的需求。横向价值链主体之间共同创造的产品推广趋势,不仅可以扩大企业的感染力、提高其知名度,还可以为企业扩大生产规模和提升销量奠定基础。②维持与供应商关系的需求。不论是房地产企业还是其他企业,往往都希望供应商不止一个,这样可以提升自己讨价还价的能力和降低供应中断的风险。产业协同可以防止具有威胁的潜在竞争对手进入该产业。③强化产业结构的需求。企业通过横向价值链主体间的协同合作,可以引导企业的结构变革,强化企业的结构特性,使企业更具竞争力。例如强调产品质量、服务质量等其他结构特性,可以合理缓解价格竞争等。

2) 采购协同

纵向价值链各主体之间的采购协同,能使企业在保证价格合理、质量优胜的前提下,提高与供应商讨价还价的能力,不仅提高质量,还能降低成本,使供应商无法利用纵向价值链主体之间的竞争而哄抬原材料价格、降低供应材料质量。例如房地产企业可以与其竞争企业联合采购,在数量、价格等方面就能占据优势,也可以对主要原材料指定主要供应商,而不是集中在一个或者两个供应商。

3) 生产协同

在当今技术交流相当发达的时代,各个企业拥有的固定技术并没有太大的差别,即使有差别,也比较容易消除。因此使企业在成本、工期等方面拉开差距的真正因素是生产管理技术。而生产协同正是出于降低成本目的的高效生产管理技术。生产协同并不一定是房地产企业生产过程必须达成一致,而是可以在生产设备、场地等资源共享,后期维修、物业、企业职能等方面采取必要的协同措施,这样不仅能够提高生产效率和质量,又能降低相关的成本费用。

4) 技术协同

房地产企业与其竞争企业之间的技术协同,不仅有利于企业自身发展,也实惠于整个行业的向前发展。对于房地产企业本身,与竞争对手之间的一定程度的技术协同,可以使企业合理降低生产技术方面的开发难度,以最短的时间、最低的开发费用实现技术开发和创新。企业只有增强自身的技术开发能力,才能灵活应对市场需求,及时做出反应。

对于整个房地产行业,相互竞争的企业之间的技术协同,能够促进技术之间的标准化和合法化,推动整个行业的向前发展。某种技术只有被多数企业采用时,顾客才会把这种技术当作标准,才会有更先进的技术标准出现。若横向价值链主体中的大多数主体都采用或者支持某种技术,才能提高这种技术被标准化或合法化的可能性,才能推动整个行业的标准化和合法化。

5) 营销协同

我国许多房地产企业营销还处于"内生性"状态,即主要依靠自己的力量打天下,却忽视了"外力"的作用,即忽视了与其他企业、其他品牌的营销协同所带来的自身竞争力的提升。营销协同不仅能够使得企业降低市场开发的成本,还能避免销售渠道的重复建设,降低整个营销成本及服务成本。

3. 价值链下游成本控制

价值链下游是整条价值链的重点,是企业利润的终端实现,价值链下游对企业成本控制也极为重要。本书针对价值链下游成本控制,着重分析品牌与营销成本及销售成本控制,既立足企业高度,又结合项目实际进行价值链下游成本控制。

(1) 品牌与营销成本

品牌战略贯穿于企业整体,品牌的好坏是企业营销的成败关键所在,一个好的品牌对降低营销成本至关重要。

① 品牌使市场明确化,简化营销模式,降低营销成本。房地产企业营销的目的是吸引顾客购买产品,明确的市场定位使得房地产企业提供的产品具有针对性,差异化和个性化程度较高,抓住目标客户的心理需求,在后续的营销中剔除价值系数不高的大肆宣传或是铺天盖地的广告轰炸,如此不但可以节省广告和宣传费用,人力、物力的使用也得到一定缓解。

② 高度的品牌意识、好的品牌建立能使得后期的营销效用达到正向累加。如果开发商开发的产品是根据目标客户的心理需求设计的、能够满足其要求的产品,则后面的营销过程会更加顺利,每一项营销活动的效用就都能够达到正向累加的效果。那么企业在后期相继推出的各种营销活动才更有意义。

③ 品牌营销战略促使房地产企业将品质作为企业的核心竞争力,提升营销价值,提高利润,使每一分成本的价值提高,变相降低成本。

为了在激烈的竞争环境中脱颖而出,所有房地产企业都致力于提高企业的核心竞争力。但是很少有企业将企业自身的核心力量放在产品的品质和新产品的开发上。传统的营销思想使企业高度依赖于广告。大多数企业忽视产品本身的品质,单一的壮大销售团队,但是在激烈的市场竞争中,如果房地产开发商开发的产品不具备满足客户需求差异化、个性化,就不能获取市场。因此,注重产品品质,不断改进产品功能,满足顾客需求,才能让消费者在众多竞争者中选择自家产品。

从以上分析可知,实施品牌战略是企业降低成本、提升成本收益的重要影响因素。因为品牌战略的实施能够让企业在发展过程中更加明确其发展方向。完全竞争的房地产企业竞争环境,使低成本营销成为企业营销的必然手段和发展趋势。信息透明化时代,其他条件相同的产品(同质、同价),成本决定利润空间,企业上下实行低成本营销的品牌营销战略，使企业在激烈的竞争环境中立于不败之地。

(2) 品牌与交易成本

交易成本不仅是指谈判或是签约成本，还包括在交易过程中产生的各种活动成本，如监督行为、组织活动等的成本。对于房地产企业而言，交易成本除了货币成本外，还包括咨询费、评估费、监督费用等，也包括一些非货币成本，如时间成本、机会成本等。

交易成本是产品在交易过程中必然产生的非生产性成本，是消费者和房地产开发商都要负担的，在商品同质、同价的条件下，品牌能显著降低消费者的交易成本。

在生产力相对低下，产品供不应求时，消费者并不在意商品是否有品牌，而是想尽办法获得商品。但是当产品越来越多，人们的选择越来越多时，消费者在交易过程中产生比较与选择的机会就会增加，且随着产品的丰富程度呈正相关增长，房地产企业生产的商品需要被选择，消费者需要降低交易过程产生的成本，品牌便作为二者效益的调和体。在消费者众多的选择中，那些质量过硬、价格公道、功能齐全的产品便能吸引消费者，消费者在选择产品时便会花费较少的时间去比较，大多数直接选择符合自己需求的品牌产品，因为其质量、品质都能得到保障。由此可见，品牌是房地产开发商的推介与消费者反复比较的共同作用的必然产物，是顾客普遍认可的标志。降低消费者的交易成本是品牌的原动力，消费者对品牌的认可减少了消费者的后期交易成本，这是消费者获得的直接经济价值。

顾客交易成本的降低带来房地产开发商交易成本的提高，但是这仅表现在品牌创建的初期。房地产品牌也是在消费者的反复比较中被认可，而高质量则是品牌被认可的必要条件，因此房地产开发商在品牌创建初期必须付出较高的成本来保证产品质量，且在品牌创建和推广的初期，必须投入大量的宣传费用以使产品品牌能够推入市场。因此，在品牌创建初期，房地产开发商所要承担的交易成本是非常高的，但是品牌创建初期的每一分成本都为后期带来高效益。因为在品牌维系阶段，房地产企业的交易成本会大大地降低。品牌代表企业整体形象，如良好的品牌代表着健全的管理制度和管理规模效益，这在一定程度上使得企业降低管理成本，与合作伙伴的长期合作关系以及品牌对材料等的需求等能大大降低契约费用，房地产开发商的信息成本也比品牌创建初期明显降低，因为消费者和房地产开发商的交易成本基本地位均衡，这是品牌的重要价值之一。在房地产开发商高效的管理与组织条件下，房地产开发商及消费者的交易成本降低，开发产品的销量提高带来房地产开发商生产效率及利润率，企业便能在获得规模效益的同时获取成本优势。

(3) 房地产企业低成本品牌策略

综上所述，在以降低营销成本、交易成本为目标的导向下，房地产企业创建房地产品牌有以下策略：

① 经营规模化。经营规模与生产成本联系紧密，在一定范围内的规模扩大能有效降低成本。房地产开发商在开发房地产产品时，必须与政府部门、供应商、施工方

等相关企业交往，若房地产开发商扩大规模经营，则一次交往费用或是单位面积的交往费用会降低，那么单位建筑面积的成本也随之降低。

② 产权清晰化。房地产市场进行交易的前提是产权的明确界定，产权清晰能够大大降低房地产产品在交易过程中的谈判费用和后期的执行费用。土地使用权多元化及住宅类别的多样化，导致我国目前的房地产产权普遍不清晰，使得购房者为了维护自身利益，必须加大产权鉴别投入来规避购房风险。而房地产开发商在产权鉴别上较消费者更有优势，可以用较小甚至是零费用来降低消费者的产权鉴别成本，这样能够获得更大的收益。

③ 信息明细化。房地产产品信息明细化能够使产品的信息有效传播，在一定程度上减少购房者的信息费用。房地产产品属于不动产，若产品属于已建成产品，房地产开发商除了要明确售价外，还应该提供抵押贷款程序、物业管理、所需要缴纳的税款、支付方式或可以享有的折扣等的详细信息；若产品属于在建房屋，房地产开发商除了要明确售价外，还应该提供房屋的质量保证、房屋交付日期等详细信息。从表面上看虽然加大了房地产开发商的成本，实际上却降低了消费者的信息成本与买卖契约成本，因而信息明确化能从整体上降低房地产开发商及消费者的交易成本。

④ 建管一体化。建管一体化即房地产开发商既是房屋的开发提供者，同时又是物业管理者或售后维修服务的提供者，能够使消费者与房地产开发商面对面沟通，在很大程度上降低了合同的售后执行成本，也会降低消费者后期成本投入，同时会为房地产企业赢得品牌的良好声誉，增强消费者对品牌的信赖程度，促进消费者对房地产产品的向上购买或交叉购买。我国许多大的房地产企业知名品牌都配备一流的物业管理，例如 WK 地产集团的"深 WK"、ZH 地产的"ZH 外"等都提供房地产开发、销售和管理的一体化服务。

第9章　房地产企业精益运营管理人才育成

房地产行业/企业实施精益运营管理，需要精益运营管理人才的支撑；而精益运营管理人才需要有效的精益运营管理能力培育（育成）和精益化系统培训。

9.1　精益人才育成导论

9.1.1　人才的定义及内涵

"人才"最早出现在《诗经·小雅·菁菁者莪》中，序曰："菁菁者莪，乐育才也，君子能长育人才，则天下喜乐之矣。"诗中以"莪"之茂盛地生长于山陵水边，比喻人才的茁壮成长，希望人才能够经住沉浮，取得成功，被天下人民所喜爱。在《辞海》中，"人才"被定义为有才智或者有高尚品德的人。时至今日，人才的积极作用已经被社会广泛认同。《国家中长期人才发展规划纲要（2010-2020年）》中"人才"是具有一定专业知识或专门技能，能够进行创造性的劳动并且对社会作出贡献的人，是人力资源当中能力和素质都处于较高水平的劳动者。

类比而言，企业人才即是企业人力资源中具有高素质、高技能、高品德，能够通过主观性的劳动，运用自身的知识储备，为企业创造价值和利益的人。它既包括企业现有人才资源，也包括潜在的和未来的人才资源。企业人才价值的实现主要反映在企业发展过程当中，因此，本书讨论的"企业人才"属于应用型人才范畴。

9.1.2　人才培养的定义及内涵

"培养"出于《宋史·苏轼传》中"轼之才，远大器也，他日自当为天下用。要在朝廷培养之。"其含义一直沿用至今，意为按照一定的目标，进行长期教育或者训练，使其成长。

培养与培训的不同之处在于，培训是经过设计，有针对性地传授知识经验，目的是获得新的工作技能或者提升竞争力；而培养强调从心理诉求到个体发展全方位的关怀与提升，所关注的层面更深，涵盖的范围也更广。

培养和培育的区别：这两个词区别在"养"和"育"上。"养"有养成的意思，养成……的习惯、形成……的技能。培养一般和人搭配。"育"指发育，这里是使……生长发育的意思，培育一般用于各种生物，特别是幼小生物，有时也用于人。

一般意义上讲，人才培养是对人才进行教育和培训的过程，对于企业而言，人才需要经过训练，成为职业和岗位所要求的专门人才。企业有计划地实施一系列有助于员工学习成长并且与工作相关的手段，以迎合员工当前或者未来的工作目标，在实践当中，这一目标很大程度上通过培训活动来实现。从更加广泛的意义上来看，企业人才培养不仅在于传授员工履行工作职责所需的方法和技能，更包含开发员工潜能、规范员工行为或态度、培养员工忠诚度等，从而帮助企业实现组织目标，它是一个复杂的系统工程。

本书所指的"人才培养"是企业以发展为目标，以需求为着力点，对人才进行的招聘、培训、激励、考核等一系列人力资源管理活动，其本质是在确保人与岗位最佳契合的基础上，人才发展与企业发展实现共赢，属于广义的"人才培养"范畴。

9.1.3 精益人才育成的内涵

丰田汽车公司对"人才育成"提出了自己的概念：企业为保持其长期的整体竞争优势，根据企业不同阶段的发展需求，以有计划的培训工作为手段，培养员工成长的工作。从本质上来看，精益人才的育成尊重人性，并且育成有着很强的针对性和目的性，另外，育成更注重亲身实践。

根据上述论述，对精益人才育成进行标准化界定，即通过企业文化、职能、岗位等的培训和管理，对人的知识、技能、心智等加以引导，使之在产品、工作价值流改善中获得人力增值，成为企业发展需要的人才。

9.1.4 精益人才育成的"5W1H"体系

精益人才育成需要明确"5W1H"，如图9-1所示。

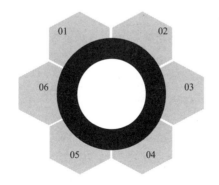

图 9-1　精益人才育成"5W1H"体系

Why？即为什么育？员工教育的目的是降低成本，提高利润，降低采购价格，提高盈利水平，提高工厂及设备价值，提高生产率和生产效率。

Who？即谁来育？精益人才的育成不是一个部门的事，而是整个企业、整个社会的事。

Where？即在哪里育？在产品、工作价值改善中获得人力价值。只有在员工学习并接受挑战中才能实现增值。

What？即育什么？包括企业文化、知识、技能等。

Who？即育谁？包括基层人员、班组长、技术人员、部长、副总裁、总经理等基层员工、中高层管理者在内的全部员工，都是人才育成的对象。

How？即怎么育？通过人力资源支持系统、职业生涯教育体系等，都是人才育成的重要举措。

9.1.5 精益人才育成工作要素

精益人才育成工作要素如图 9-2 所示。

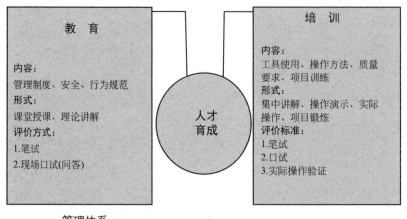

图 9-2 精益人才育成工作要素

9.2 精益人才育成方案设计

1. 精益人才育成总体思路

精益人才育成总体思路如图 9-3 所示。

2. 精益人才育成方案设计

方案设计是精益人才育成体系设计应用的第一步，主要根据精益管理思想，对企业经营过程进行价值分析，识别其中的企业需求、岗位需求和员工个体需求。精益人

第 9 章 房地产企业精益运营管理人才育成

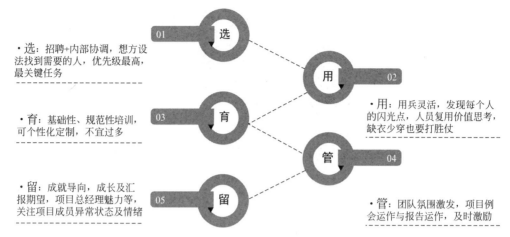

图 9-3 精益人才育成总体思路

才育成体系的设计来源于细致的需求分析，需求分析是精益人才育成体系设计的基础，准确且完善的需求分析对开展精益人才育成工作有着非常大的帮助，它有助于了解员工现有的全面信息，有助于了解员工的知识和技能等需求，有助于了解员工对待精益人才培育的态度，有助于获得公司管理者的支持，有助于估算精益人才培育的成本，有助于合理化地开展人才培育工作，能够为测量精益人才培育效果提供依据。

精益人才育成目标规划如图 9-4 所示。

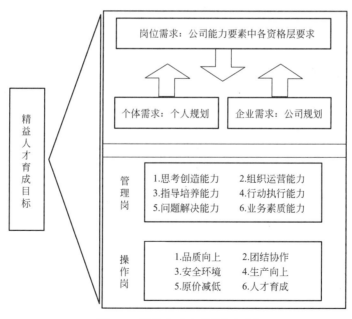

图 9-4 精益人才育成目标规划

3. 精益人才育成规划设计

精益人才育成规划设计如图 9-5 所示。

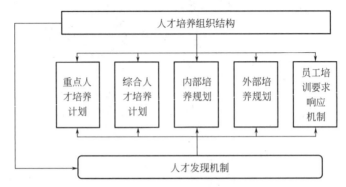

图 9-5　精益人才育成规划设计

4. 精益人才育成总体计划设计

精益人才育成总体计划设计如图 9-6 所示。

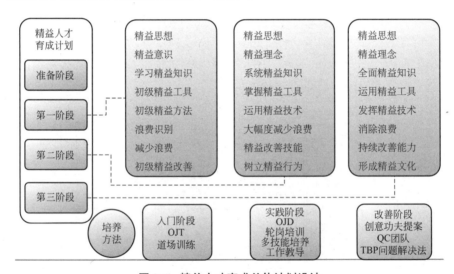

图 9-6　精益人才育成总体计划设计

5. 精益人才育成制度设计

精益人才育成体系的实施，不是一蹴而就的，而是需要长期坚持才能达到效果，这便意味着实施过程中往往容易注重过程而忽视效果评估。为此，可以通过阶段性检测来保证实施效果。根据前文论述的岗位需求能力要素，既包括员工的专业知识、技能水平等后天学习形成的浅层要素，也包括员工先天就有的性格、动机、价值观等深层要素。据此，制定出岗位胜任力评价模型，如图 9-7 所示。

根据岗位胜任力评价模型，确定针对精益人才的胜任力综合评价指标体系。由于不同层级的岗位所需的能力要素不同，因而评价指标也会有所差异。由于技能人员在

第 9 章 房地产企业精益运营管理人才育成

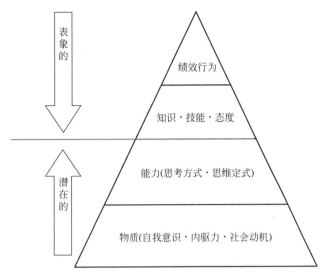

图 9-7 精益人才育成岗位胜任力评价模型

公司中占据着重要地位,因此本部分以技能人员为例,设计了综合评价指标体系,如表 9-1 所示。

公司技能人才综合评价指标体系　　　　　　表 9-1

一级指标	二级指标	评价等级	评价标准
职业能力 (权重30%)	基本操作技能	无、略知、理解、运用、精通、全面精通	基本操作技能掌握运用程度
	岗位关键操作技能	无、略知、理解、运用、精通、全面精通	岗位关键技能掌握程度
	解决关键技术难题	无、施工班组、项目部、职能部门、总公司	生产过程中难题解决的层次
	传授技艺能力	差、合格、中、良、优、特优	指导技能人员实际操作的级别以及带徒数量和质量
	协助管理能力	无、施工班组、项目部、职能部门、总公司	协助管理的层级和提出改进建议的程度
工作业绩 (权重40%)	工作质量	差、合格、中、良、优、特优	产品质量问题的数量和程度
	工作效率	差、合格、中、良、优、特优	年度完成岗位劳动定额
	新技术、新工艺运用效益	差、合格、中、良、优、特优	新技术、新工艺的掌握以及创造经济效益的大小
	技术革新成果	无、施工班组、项目部、职能部门、总公司	技术革新项目成果的等级
	技术竞赛成果	无、施工班组、项目部、职能部门、总公司	获得技术比赛的级别
	安全生产	差、合格、中、良、优、特优	年度工作中安全生产的表现

续表

一级指标	二级指标	评价等级	评价标准
知识水平 （权重15%）	专业理论综合基础知识	初、中、高、技术能手、技师、高级技师	具备资格证书的等级
	书面技术总结	差、合格、中、良、优、特优	技术总结的内容和理论水平
	理论知识考试	差、合格、中、良、优、特优	理论知识考试成绩
	理论研究	无、项目部、职能部门、总公司	专业刊物上发表文章的数量和等级
职业道德 （权重15%）	工作责任感	1~6级	平时工作中的表现
	钻研奉献精神	1~6级	平时工作中的表现
	互助协作精神	1~6级	平时工作中的表现
	出勤率	1、2、3、4、5（满勤）	出勤情况
	先进模范	无奖励、分厂级、公司级、市级、省部级、国家级	获得奖励的级别

这一综合评价指标体系能够客观、公正地评价培育对象的培养效果，让优秀的人才脱颖而出。而且，这一综合评价指标体系的设计不仅兼顾了人才的知识、技能、态度三个维度，还考虑了企业文化的因素，有利于实际操作。

9.3 精益人才育成实施体系

9.3.1 精益人才育成体系模型

依据PDCA循环理论和人才育成模式，结合企业发展战略，本书构建了房地产企业精益人才育成体系模型，如图9-8所示。

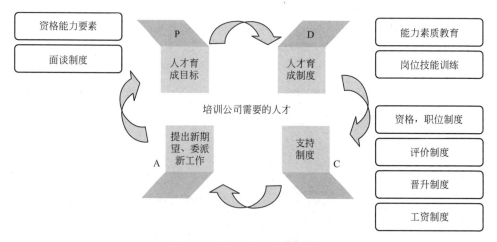

图9-8 精益人才育成体系模型

9.3.2 精益人才育成实施体系

1. 精益人才育成实施步骤

依据 PDCA 循环理论、精益六西格玛管理和价值流程图（Value Stream Mapping，VSM），以精益思想为基础，为企业构建一套以"基本实现消除各种浪费、优化资源配置、提高工作质量和效率"为总目标的精益人才育成体系，最终形成一套贯穿人力资源价值流、产品价值流、人力资源价值流增值为闭环的精益人才长期育成机制，如图 9-9 所示。

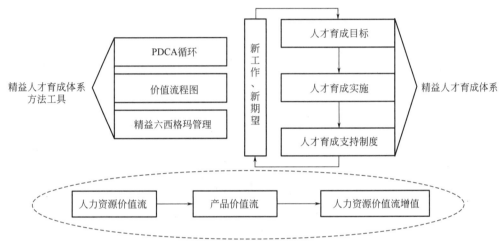

图 9-9 精益人才育成实施步骤

按照上述总思路，精益人才育成体系的框架构建主要包括人力资源价值流、产品价值流、人力资源价值流增值三大步骤。

（1）人力资源价值流。人力资源只有在工作中不断学习和接受挑战，才能实现自身能力的提升和价值增值，其他没有用在学习上的时间则属于浪费。在日常工作中，人力资源会有相当多的时间花费在常规工作上，即便能够生产出产品但却对自身的学习和改进无益处，也归到浪费的范围内。

（2）产品价值流。在人才价值流中，需要知道客户需要什么。此处的"客户"包括企业、岗位、员工个人三方。为此，需要有明确的人才育成目标，这一目标便是企业、岗位、员工个人三方需求的综合体。

（3）人力资源价值流增值。精益人才育成旨在让员工具备高质量完成工作的能力，提高工作质量和效率。因此，人才培育内容、培育形式、培育频率和时间等都是精益人才育成体系中涉及的内容。另外，人力资源价值流增值还体现在鼓励员工持续学习、成长，尽最大努力为公司工作的支持制度方面。最后，重用员工、委派新工作、提出新期望的职业发展通道，也是人力资源价值流增值的有效手段。

综上所述，以人力资源价值流增值为基础，围绕客户的需求（包括企业、岗位和员工个人），培育人才，让他们不断地胜任本职工作；重用他们，让他们持续改善提升；激励他们，让他们忠于公司，更快成长。这就是精益人才育成体系设计的总体思路体现，因此，精益人才育成是一个永无休止的循环过程。

2. 精益人才育成实施方案

精益人才育成目标确定后，就是计划实施，因此第二部分是精益人才育成体系实施方案的设计。在现有员工培养方式的基础上引入精益管理思想，如图9-10所示，精益人才育成体系实施设计方案包括四个相互联系的组成部分：培养目标、课程体系、培训方式、培养过程。其中，培养目标是基础，在明确的培养目标引导下，设置完善的课程体系，运用科学的培养方式，通过合理的培养过程实现精益人才的培育，即为精益人才育成体系实施模式。

图9-10 精益人才育成体系实施模式

精益人才培养体系设计的关键在于涉及各个层级员工，不能只考虑基层，也不能只考虑高层，包括运营岗、管理岗、技术（工程）岗和操作（施工）岗等系列。

9.3.3 精益人才育成培养目标

明确培养目标是精益人才育成体系实施模式的开始。根据各岗位员工的通用工作，将人才培养目标体系细分为思想方法、企业文化、人才育成、方针管理、人事制度、TPS、安全、品质、成本、QC创意活动、现场管理、BIM等专业知识这几大类。然后根据岗位能力要求确定各层级岗位需要掌握的程度，即为培养目标，具体如图9-11所示。据此，结合"公司精益人才育成目标"中的需求分析结果，设计不同层级的培训课程体系，最终实现知识、技能和态度相结合，并落实到问题解决能力的提高和工作质量、效率的提升上。

岗位层级		思想方法	企业文化	人才育成	方针管理	人事制度	TPS	安全	品质	成本	QC创意活动	现场管理	专业知识
管理体系	经理	●		●	●								
	主管	●		◐	◐	●		●	●			●	
管理体系	一般管理岗1	◐	●			●	◐	●	◐	●	●	●	●
	一般管理岗2	◐	◐			◐	◐	◐	◐	◐	◐	◐	◐
操作体系	经理	●		●		●			●			●	
	班组长	◐		◐		●	◐	●	●	●	●	◐	●
	一般操作岗1	◐	◐			●	◐	◐	◐	◐	◐	◐	◐
	一般操作岗2	⊕	⊕					◒	⊕	⊕	⊕	⊕	

注：
● 表示熟练应用于实际工作并指导别人
◐ 表示掌握并能熟练应用于实际工作
◒ 表示熟悉并应用于实际工作
⊕ 表示了解并在别人的指导下应用于实际工作

图 9-11　精益人才育成培养目标图

9.3.4　精益人才育成培养方式

在完善现有培养方法的基础上，还要消化、吸收先进的培训方法，在原有培训体系和培训方法的基础上不断优化，并积极纳入先进的培训形式。

根据精益人才对象的特点、课程特点，有针对性地确定精益人才培养方式，将讨论、视听、网络、现场实践等多种方法灵活结合、相互补充，建立集中教育、讨论教育、道场教育、带课题教育、实践教育、OJD 教育等培养方式于一体的丰富的人才培养体系。其中，集中教育即为通过培训导师统一授课的方式集中在教室进行培训。讨论教育即为通过分组讨论的方式，提出并解决问题。道场教育即为在技能道场通过训练获得技能或者提高技能操作水平。带课题教育即为带着一个问题（课题）去工作，在工作中解决问题，以此提高业务水平。实践教育即为在现场进行实地、实物操作，提高自己的技能水平。OJD 教育工作中，上级指导下级并对之进行帮助和教育。

一般来说，诸如师带徒、轮岗培训等实践教育方式适用于低层岗位。而在高层岗位的培训中，自学、参观访问、技术比赛等集中教育、到场教育、带课题教育的比重更多一些。OJD 教育则应用得比较广，无论是技能学习、经验传授、文化传播还是新员工培训都可以应用 OJD 形式，相关课题实践也可以应用 OJD 形式，它具有针对性强、实践性强等特点。综合来看，不同的培训方式所产生的培训效果有很大的差异性，因此，要将上述培训方式综合运用才能取得预期效果。

9.3.5 精益人才育成培养过程

精益人才育成体系的实施是一个长期过程，它对企业有着非常重要的作用，但是在以经济效益的业绩考核引导下，公司管理层不可能将一直精益人才培养作为重点工作，因此，必须将精益人才的培养和公司管理层的考核挂钩，如此才能完成培养目标。在实施过程中，将培养目标分解为年度目标，并列入各职能部门管理者的考核内容，将培养人数、培训时间、技术比赛成绩等列入月度、季度考核内容，此外，还要求不同层级的技能高手签订师带徒合同，通过这些措施来保证精益人才的有效培养。

9.3.6 精益人才育成的途径

1. 课程培训

课程培训是一种最基本的培训方法，也是培训项目中的主要实施方法，一般指培训者向一群受训者进行课程讲授，并辅以问答、讨论、自由发言等形式。这种方法能够以最低的成本、最少的时间耗费，向大量的受训者提供某种专题信息。受训者在培训中学会并能够运用到工作中的信息量与受训者参与培训的积极程度与练习程度有关。另外，课程培训只能同等程度地传授材料，不能恰到好处地根据学习者个体在能力、态度和兴趣上的不同而采取合适的方式。

2. 在岗实践

在岗实践通过在工作实践过程中对员工进行培养，从而不断提高员工的工作技能。针对员工需要锻炼的技能和能力，通过分配不同的工作任务，让员工在实践工作中锻炼，从而实现自我提升。这种方法有利于达到更高的培训成果转化率，但需要耗费管理者较多的时间和精力。

3. 指导计划

指导计划是一种可以为指导双方都带来收益的培训方式。一方面个体可以通过向指导者学习来获得技能的提升，另一方面指导者也可以从指导他人的过程中获得满足，同时指导过程也是一种管理方式的接替过程。一般情况下，指导者大多是组织中比较资深、具有较高领导地位和领导水平的人，指导过程也是以集中、有效的方式进行。一般来讲指导者对于被指导者具有三个方面的作用：一是产生一个支持性的环境，在这个环境下被指导者可以和指导者讨论与工作相关的问题，由指导者来提供怎样处理问题的咨询；二是具有提高和发展的导向，指导者向被指导者提供反馈说明怎样学习、怎样在工作中提高绩效；三是使被指导者更加关注职业，指导者可以通过给予被指导者更具挑战性的工作分工，并增加他们同上级领导之间的接触机会，来帮助被指导者为将来的晋升和职业生涯发展做好准备。

4. 工作轮换

岗位工作轮换是管理人员培训常用的一种技术，是指受训者在预定时间内通过变换工作岗位而获得不同的工作经验。通过让团队成员熟悉并实践多种工作，以便在有人暂时或永久离开团队后，其他成员可替代相关工作，避免因突然的人员流失对工作带来损失。另外，通过工作轮换，团队成员能够获得超越自身已有知识和技能，更清楚地了解自己的优势和弱点，更好地进行个人的职业生涯规划，最终找到适合自己的位置。对于刚进入企业的人员来说，工作轮换意味着发现职业兴趣作为职业生涯的起点。而对于为企业高层培养接班人的继任计划的一部分，工作轮换意味着打通企业业务的各个环节，建立对公司文化和价值观的坚定认同，增长才干，为接替高层领导的位置做准备。

5. 外部学习

外部学习可以称为外部培训或脱产培训。脱产培训是指离开工作和工作场地所进行的学习过程。为了使员工具备有效完成工作任务所必需的知识、技能和态度，企业方有时会安排受训者在离开工作岗位的情况下接受培训。一般情况下，脱产培训的时间跨度都较长，时间最短为一个月，时间长的可能需要 1~2 年。从个人方面来说，外部学习使得受训者可以全心投入学习，不用受到工作的干扰。从公司角度来说，外部学习的培训成本虽然比较昂贵，但却能个体化地满足受训者的需要。

6. 行动学习

行动学习是指给团队或工作群体一个实际工作中面临的问题，让他们合作解决并制定出一个行动计划，然后由他们负责实施这一计划的培训方式。在行动学习中，学习者以小组为单位，通过共同解决问题、相互扶持和协作，从行动、反思中获得学习。行动学习的循环包括四个步骤：行动—反思—改进计划—新的学习行动。行动学习的方法使得学习者可以从实验和经历中获得学习，这对提高组织的有效性非常重要。行动学习的基本假设认为许多学习是在正式培训过程中直接处理同工作相关的问题而发生的，培训的重点是理解并解决真实生活中的复杂问题。

7. 发展跟踪

发展跟踪包括训后效果跟踪和员工长期发展跟踪计划。

（1）训后效果跟踪

培训课程的结束并不是培训工作的终结，达到预期效果才是培训的目的，而训后效果跟踪就是保证培训效果实现的一项重要手段。训后效果跟踪的周期设定为培训结束后一个月内。在每期培训课程结束时向学员发放问卷，了解学员对于课程开展的满意程度和有待改进的地方，并及时与培训讲师进行沟通，协助培训讲师进行改进，不断提高培训质量。在培训结束后的一个月内，由受训人员的直接上级对受训人员的工作行为、工作技能、相关知识以及工作绩效进行评估，从而评估培训效果。与此同时，人力资源部也会与受训人员的直接上级进行沟通，了解受训人员在接受培训后的工作效率、工作绩效等方面的改进情况。

（2）员工长期发展跟踪计划

通过对员工实行训后效果跟踪，可以大致获知员工培训的掌握情况，而为了实现人才培养目标，企业应确立员工长期发展跟踪计划，通常跟踪计划持续1～2年。根据人才培养项目适用对象差异，将其归入不同人才储备梯队进行跟踪。发展跟踪计划内容包括为员工制定个人发展计划，给予员工所需或特殊安排工作锻炼机会，跟踪形式以公司绩效评估结果、定期访谈、任职资格评估等方式进行，对过程中发现达到预期培养目标的人选给予破格晋升，同时员工会进入更高级别的培养计划范围。

9.4 HH公司人才培养体系

9.4.1 HH公司人才培养体系再设计需求

HH公司是一家房地产公司，依据其组织结构图，人才需求是多样的，不同部门和专业人才都需要进行专业化培养，在实施中，需要充分考虑HH：公司的企业特点以及行业定位。HH公司内知识型人员占比不高，企业定位也是一家全国性中型房地产企业，因此其人才培养体系设计要符合企业中档定位、人才素质要高于房地产行业整体水平的特征。

这种人才规划定位就要针对各岗位的能力需求以及跨岗位综合性人才进行培养。在体系设计之初，需要对公司各岗位现有人员进行彻底地素质、技能调研，依据调研结果进行技能和岗位需求的符合度分析。根据HH公司的实际情况，现将各岗位按照销售型人才、管理型人才、技术型人才、财务管理型人才、法律型人才、计算机型人才六类进行区分，如表9-2所示。

岗位分类细化表　　　　表9-2

序号	岗位	类型	序号	岗位	类型
1	行政专员	管理型	7	心理分析员	管理型
2	秘书	管理型	8	询价员	销售型
3	车管员	管理型	9	采购专员	财务管理型
4	资料分发员	管理型	10	企划专员	管理型
5	人事专员	管理型	11	策划文案	管理型
6	档案员	管理型	12	信息检索员	计算机型

第9章 房地产企业精益运营管理人才育成

续表

序号	岗位	类型	序号	岗位	类型
13	商务专员	销售型	25	安全员	管理型
14	谈判专员	销售型	26	标准员	管理型
15	投标文案编辑	管理型	27	材料员	技术型
16	法务专员	法律型	28	机械员	技术型
17	销售专员	销售型	29	劳务员	管理型
18	渠道专员	销售型	30	资料员	管理型
19	宣传专员	销售型	31	会计	财务管理型
20	美工	技术型	32	审计	财务管理型
21	对外发言人	管理型	33	出纳	财务管理型
22	项目经理	技术型	34	库管	财务管理型
23	施工员	技术型	35	成本会计	财务管理型
24	质量员	技术型	36	工程师	技术型

在进行精益人才体系设计时，考虑 HH 公司长期规划发展，在未来可能设置的岗位中专业工程师方面又需要大量的建筑信息化人才和建筑设计施工人才，因此将技术型人才按专业特点又进行了具体细化，如表 9-3 所示。

工程技术型人才岗位分类表　　　　　　表 9-3

序号	岗位	类型	序号	岗位	类型
1	暖通工程师	建筑技术型	11	模型设计师	建筑 IT 型
2	弱电工程师	建筑技术型	12	安防设计师	建筑 IT 型
3	强电工程师	建筑技术型	13	项目经理	建筑管理型
4	通信工程师	建筑技术型	14	施工员	建筑技术型
5	结构工程师	建筑技术型	15	质量员	建筑技术型
6	岩土工程师	建筑技术型	16	材料员	建筑技术型
7	装修设计师	建筑技术型	17	机械员	建筑技术型
8	造价工程师	建筑财务型	18	环境设计师	建筑技术型
9	建筑设计师	建筑技术型	19	机械维修师	机械技术型
10	BIM 工程师	建筑 IT 型			

由表 9-3 可知，底层人才培养的细分类目，如销售型人才、管理型人才、技术型人才、财务管理型人才、法律型人才、BIM 型人才六大类和技术型多个专业交叉类别，在进行方案设计时要进行充分考虑和细化。

9.4.2 HH公司人才培养体系组织职能设计

依据 HH 公司人才培养体系再设计实施原则，本书提出相应人才培养组织结构再设计方案：人才培养职能在公司各部门、各级管理层实施全面覆盖，每个部门和管理者均具有人才培养的职责，具体见图 9-12。

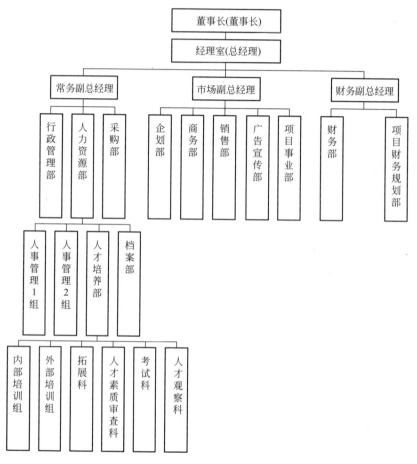

图 9-12 人才培养组织结构再设计

新设计的人才培养组织机构职能需适当调整转变。

1. 管理结构

HH 公司当前的人才培养归口于人力资源部，由人力资源部负责具体人才培养事宜，人力资源部设人力资源部经理一名，人力资源部副经理两名，第一副经理负责具体人才培养事宜。人力资源部受 HH 地产公司常务副总经理直辖，受经理室业务指导。

2. 组织结构

人才培养组依旧负责具体人才培养执行工作，由人力资源部第一副经理直辖，分设内部培训组、外部培训组、拓展科、人才素质审查科、考试科、人才观察科六个科室，分别由各科室组长负责日常管理。组长除日常事务外，需要肩负综合人才培养管理工作。

3. **人才培养组各科室工作职能见表 9-4。**

人才培养组织部室工作职责　　　　　　　　表 9-4

序号	部室名称	工作职能概述
1	培训组	负责正式员工和实习生的公司内部培训，重点在于企业文化、内部流程等内容的宣教； 负责校企联合培训，常规的外部技术性、管理性培训的对接和管理
2	拓展科	负责员工和实习生的外部拓展训练管理
3	人才素质评审科	负责招聘结果的初步预审，正式员工及实习生日常素质及行为的审查，对考试科组织的内部人员知识考试进行试卷评阅
4	考试科	负责公司内部考试的组织、外部考试的提示和组织
5	人才观察科	派驻在除经理室、财务部门之外的所有部门，对公司相关人员进行观察，并配合行政管理部进行行为和绩效考评，对员工的潜力和兴趣进行简单分析并呈报组长，由组长将分析资料转入人才素质审查科并呈送主管副总经理

由表 9-4 可知，各部室工作职能未有根本性改变，只是结合旧版人才培养体系实施中发现的问题进行了一些工作调整和补充。

（1）培训组需要扩充培养内容，并降低培养频次、强度。

（2）人才素质评审科接收《员工自主培养诉求说明书》，对主动提出培养要求的员工给予积极回复，这一点是在过去版本中并不存在的，其目的是充分调动员工的主观能动性。

（3）考试科需要降低考试频次，适当增加考试难度。

（4）人才观察科同时负责企业重点人才计划宣教（扩充宣教职能）。

（5）公司领导及各部门经理、组长、科长需要加强对下级员工的企业文化宣教和激励宣教，同行制度性规定宣教过程应为公开宣教，保证公平性。

4. **组织范围扩大**

人才培养职能在公司各部门、各级管理层实施全面覆盖，完全依附于公司现有组织结构图，形成并行的人才培养组织结构关系。

9.4.3　HH 公司人才培养体系保障措施设计

培养制度在原有基础上增加综合人才培养内容，由人才培养组组长直接负责，并向部门经理、副经理和常务副总经理直接汇报。

1. **成立重点人才管理小组**

兼管综合人才培养，组长为总经理，成员为常务副总经理、人力资源部经理、人力资源部第一副经理、人才培养组组长。

重点人才管理小组组织机构如图 9-13 所示。

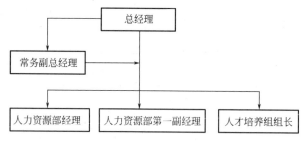

图 9-13　重点人才管理小组组织机构

2. 制定、完善相关培养制度

制定并完善了《HH 公司综合人才管理办法》《HH 公司重点人才管理办法》《HH 公司企业员工外部培训管理办法》《HH 公司企业员工内部培训管理办法》《HH 公司企业员工培训要求响应办法》和《HH 公司员工培养成才管理办法》共六部与新人才培养体系相对应的管理制度。使不同岗位性质、职级类型的员工均能在新体系中找到适合自身的培养方法，使新的人才培养体系具备可操作性。

3. 确保培养计划体系的资金保障

原有 HH 公司人才培养体系中规定，企业每年利润的 1% 将作为公司整体人才培养体系的专项运作费。新人才培养体系结合实际需要，经公司研究该笔费用提升至 2%，考虑到 2017 年房地产市场热度有所回升，2018 年房地产预期市场较好，新版 HH 公司人才培养体系专项资金相对旧版体系执行时充盈。

4. 自主培养要求回应体制

虽然在培养体系架构上没有发生重大变化，但是在人才培养的执行过程中将出现重点变化，特别是针对人才培养趋势和培养选拔方式将更加尊重员工个人意愿，这一点也是新体系在公平性上的体现，也更加符合马斯洛需求层次理论。

结合以上几点，HH 公司人才培养体系规划设计如图 9-14 所示。

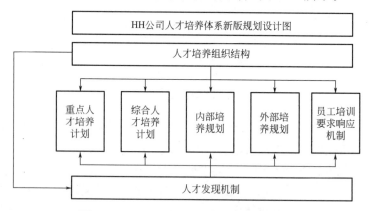

图 9-14　HH 公司精益人才培养体系规划

HH公司新版人才培养体系规划设计中，在人才发现体制上也进行了较大的变更。

旧版：重点人才和综合人才的发现提请需要部门经理—人才素质审核科—人才观察科三个部门同时汇报培养人名单才能触发上报机制。

新版：部门经理、人才素质审核科、人才观察科只要任何一个部门发现人才后提出申请均可以触发人才上报机制，提高了效率，使得人才培养不用等待或者因为特殊原因造成人才资源的流失。

9.5 房地产企业精益人才育成培训管理

中国有句话："工欲善其事，必先利其器"，对企业而言，"器"就是企业的员工，如何使"器"更"利"，那就是培训。企业员工培训是一种双赢的投资，有效的培训带来的收益远远大于其投入。

科学管理之父弗雷德里克·泰勒（Frederick Window Taylor）早在20世纪初（1911）就提出了科学地挑选工人，并对他们进行培训、教育和使之成长，他认为，一流的工人是通过严格挑选和科学培训获得的。泰勒首次从理论上说明了培训对企业绩效的支撑作用。在同一时期，马克思·韦伯（Max Weber）也认为在理想的企业组织中，员工必须经过正规培训才能获得良好的组织绩效。

而一套健全、优化的培训模式和机制，对企业的高质量发展必不可缺。从某种意义上说，一个企业是否重视员工培训，决定着该企业未来的发展潜力。

9.5.1 精益人才育成培训系统体系（图9-15）

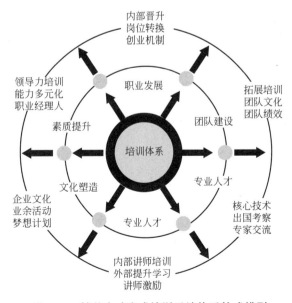

图9-15 精益人才育成培训系统体系轮式模型

9.5.2 房地产企业员工培训形式

企业培训有很多种形式，主要根据培训对象的特征、兴趣和动机来确定，如图 9-16 所示。企业可根据培训对象的不同，采取不同的培训形式。

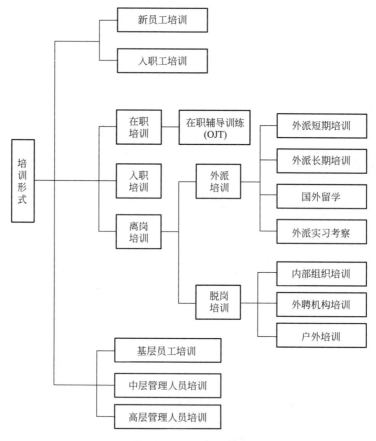

图 9-16 企业培训形式

培训对象维度将房地产企业员工培训主要分为运营管理人员培训、专业技术人员培训、新员工培训和普通员工培训。

1. 新员工培训

新员工培训指员工在试用期须接受的入职培训，包括公司统一组织的集中培训和部门安排的企业文化和专业类培训等。目前房地产企业主要通过校园招聘和社会招聘两种方式招募新员工，新员工岗前培训主要针对公司新吸收的应届毕业生和社会招聘人员，内容分为公司级和部门级两级培训，首先需要对新员工进行企业文化、企业经营目标、企业制度等公司级的培训，其次由新员工所在部门就岗前培训有关内容进行二级培训。表 9-5 为我国房地产企业新员工入职培训计划表，企业主要从表中所列几个方面对新员工进行入职培训。

第9章 房地产企业精益运营管理人才育成

房地产企业新员工入职培训计划示例　　　　表 9-5

时间	培训项目	具体内容	责任部门
第一天	企业介绍	现状/未来； 组织结构； 主要领导； 展厅参观； 手续办理； 员工素养	人力资源部
第二天		行政管理	行政部
		财务、成本管理	财务部、成本部
		法制教育	风险管理部
		业务运营管理	成本工程部
第三天	业务导入	房地产金融	房地产金融事业部
		商业地产	商业地产事业部
		物业管理	物业管理公司
		房地产经纪	房地产经纪公司
		装饰业务	装饰公司
		设计业务	设计研发部
		工程业务	工程管理部
		营销业务	开发管理部
第四天	管理导入和职业发展	风险管控	风险管理部
		质量体系和意识培训	质量管理部
		思想交流	人力资源部
		职业素养和商务礼仪	外聘讲师

房地产企业针对新员工的培训可采用训练营的方式进行集中几天的培训，从企业文化、企业发展历程、企业架构、企业人力资源等方面，首先让新员工对企业有了初步的了解和认知，然后可安排相应的专业知识技能培训，从而使新员工进一步了解岗位所需技能，深度认知、认同公司价值观，快速融入企业，适应新的工作岗位。

2. 运营管理人员培训

运营管理人员可以分为高、中、基层管理人员，其中基层运营管理人员的培训重点主要在于团队建设、企业文化和计划运营管理制度等方面；中、高层运营管理人员培训重点在于运营管理能力的开发，通过培训可以激发运营管理者的个人技能，增强团队运营管理能力和创造力等。

1）基层运营管理人员培训

基层运营管理人员在我国房地产企业运营管理人员中占有很大比例，各业务部门、职能部门项目部等都需要设立数目众多的基层运营管理岗位,基层运营管理人员对于企业各项任务在基层全面落实起着十分重要的作用。基层运营管理岗位胜任力一般需要员工具备基本的运营管理能力、较强的执行力、沟通协调能力及现场控制能力等,是我国房地产企业中、高层运营管理工作顺利落实的有力保障。

2) 中、高层运营管理人员培训

与基层运营管理人员相比,中、高层运营管理人员需要具备更多的运营管理知识,可以通过外部标杆企业考察、研讨会等形式对其进行持续培养。具体课程设置内容可参考表9-6。

运营管理技能理论提升系列课程安排计划示例　　表 9-6

序列	方式	内容
自我认识与管理	课堂授课	自我认知; 时间管理; 协调沟通
	讨论	关于自我认知方面
绩效考核与管理	课堂授课	工作目标确认; 沟通与激励; 绩效管理
	讨论	绩效管理方面
团队领导力与管理	理论授课	团队协作; 团队协调; 授权管理; 队伍建设
	讨论	团队建设方面

中、高层运营管理人员培训可以采用以下三种方式提高其运营管理技能:

① 引入管理技能理论提升系列课程。
② 外部标杆企业考察活动。了解标杆企业项目管理、流程运作情况。
③ 研讨会。举行内部管理问题专题研讨会等活动。

3. 专业技术人员培训

由于房地产企业是人才高度密集型行业,所以对企业专业人才需要进行及时的培训,从而使企业能够及时与行业最新技术接轨。专业技术人员培训的重点在于培养其创新思维能力和专业技能,如表9-7所示。

房地产企业可通过内部培训与外部培训结合的方式,利用不同的学习形式对企业专业人员培训进行规划,针对不同部门的专业人员设置具有针对性的课程,从而有针对性地提高企业专业人员的能力与技能。

房地产企业年度专业人员学习计划示例　　　　表 9-7

部门	课程名称	学习形式	讲师	培训对象
成本部	预算造价专业知识培训	外培	省定额站或市定额站组织	部门选派人员
	案例分析		领域内专家或造价事务所	
	软件操作		软件公司	
	档案管理		外部机构	
	新技术和新产品学习	可与材料部或设计中心合并	各供应厂家	
合约部	招标投标专业知识	外培讲座	外部机构	
前期部	报建相关专业培训	外培或交流	外部机构	
	建筑基本知识培训	面授	设计部	
行政中心	网络基础配置	外培	外部机构	
	行政管理知识			
	考察管理先进的办公楼	考察	—	
项目部	项目管理软件培训	外培面授	外部机构	
	物业验收及移交流程	面授	—	
设计管理中心	成本概念及优化能力	外培	外部机构	
	设计阶段成本优化			
	房地产企业园林景观提升（Ⅱ）			
	房地产住宅批量精装修管理（Ⅱ）			

9.5.3 房地产企业员工培训课程体系精细化设置

企业培训课程体系的建设应以战略为导向、以岗位为基础，能够促进企业培训工作的有序开展，提高企业培训工作的有效性和针对性。好的培训课程体系符合组织与员工培训需求，紧贴公司发展战略、员工技能提升和绩效改善。这样才能确保培训课程体系的动态性，保证培训课程体系的系统性，做到培训课程体系的递进性。培训课程体系的构建与实施可分五步进行，具体如图 9-17 所示。

图 9-17　房地产企业培训课程体系实施"五步法"

房地产企业培训课程体系主要包括通用类课程、管理类课程、开发类（业务类）课程和非开发类（包括物业类）课程几大类。其中通用类课程与其他行业相类似，包括涉及员工日常工作所必需的通用技能，如 PPT 制作、报告撰写等；管理类课程的开发与设计应该充分考虑房地产行业的特点及房地产企业的运营与架构特点等；业务

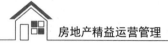

类与物业类课程属于房地产行业细分类课程,应该严格按照"五步法"进行分析、开发与设置。

1. 通用类课程

房地产企业通用类课程没有太大的特殊性,同样包括沟通类课程、个人发展类课程、职场必备类课程等,具体如表9-8所示。

通用类课程专业模块及内容示例表　　　　　表 9-8

课程名称	课程目的	课程内容
有效沟通	本课程通过讲授与场景互动式演练来帮助学员理解并掌握团队中人际沟通的重要技能	管理角色认知与职责定位;职场沟通的基础;如何创造双赢沟通;如何创造高效的向下沟通、向上沟通与跨部门沟通
商务礼仪	内强个人素质,外塑企业形象	礼仪的基本概念;着装与服饰礼仪;仪容仪表与仪态;介绍礼仪;见面礼仪;商务接待与谈判礼仪;电话礼仪;拜访礼仪;交谈礼仪;餐饮礼仪
时间管理	本课程运用第五代时间管理的理念,为职业经理人提供系统的时间管理解决方案,建立优先管理的时间管理体系	时间管理基本知识;时间管理的误区;时间管理与习惯;时间管理方法;优先管理
服务意识	通过学习树立正确良好的服务意识	如何全面认识服务对象?服务的定义及特征;如何树立良好的服务意识?
压力与情绪管理	本课程将帮助学员重新认识自己,学会分析并正确理解自己在工作和生活中的情绪及压力,学会处理不良情绪的方法,缓解压力,用健康愉悦的情绪感染他人,从而实现心灵成长	认识压力与情绪——自我认知;压力识别与评估;职场压力管理;工作与生活平衡艺术——压力管理、情绪调节;自我减压运动
职业道德	通过学习树立良好的职业道德	什么叫职业道德?职业道德的内容
职业生涯规划	明确所处领域的职业机遇与前景,掌握职业生涯规划的环节,建立自身的职业发展计划,明确有效的职业定位,掌握职业生涯开发技术,能够有效制定个人规划,让个人成为组织的伙伴	所处领域的职业机遇与前景;职业生涯规划的环节;个人规划;职业生涯开发技术
法律知识	本课程通过讲授帮助学员了解相关法律知识	合同法;物权法;法律风险防范
经济学基础知识	了解前沿的经济理论,掌握基本的经济学知识	前沿经济理论知识
双赢谈判	本课程通过讲授与场景互动式演练来帮助学员理解并掌握谈判的重要技能	谈判技巧
商务写作	让学员掌握基本的商务写作技巧	基本公文的写作;公司内部商务函的写作

2. 开发类课程

房地产企业开发类课程主要是指与企业主流业务相关的专业课程设置,主要涉及设计研发、工程管理、客服管理、工程审计、内部审计等专业模块,具体专业模块及各模块培训需参加人员如表9-9所示。我国大型房地产企业的业务类课程开发与讲授主要由企业内部人员负责完成,在课程开发初期需由人力资源部发起,与各专业线负责人进行沟通,推荐出可以胜任本专业线课程开发任务的人员,经过阶段性的开发产出相关课程，且在不断讲授与实施的过程中，对课程内容进行不断地更新，对课件内容不断做出进一步开发。同时，专业类课程学习应该结合考试的形式对员工学习情况进行检测，可将考试成绩与绩效挂钩，甚至可以作为新员工是否能够转正的重要依据。

开发类课程专业模块及内容示例表　　　　　表 9-9

专业职能板块	课程名称	课程目的	课程内容
行政专业板块	行政管理	学习行政部主要工作职责、制度及相关案例分析	行政工作职能概述、主要部门划分；行政部各岗位职责、行政管理制度；行政部主要的工作流程及相关案例分析
	文档管理	掌握文档管理基本原则、方法与制度	文档管理的概述及分类；公司文档管理的主要流程及相关制度；文档的保存规范及年限
	会议管理	掌握会议管理的相关流程与方法	会议的相关概念及种类，以及会议效率不高的主要原因；会议的准备，以及会议中的人员职能划分、会议管理中的常见技巧；常见状况的处理及会议结束方法，以及会后需处理的相关事宜
营销专业板块	营销策划	掌握营销策划的一些基本知识和技巧	营销策划的理论知识；策划人员的基本要求；营销策划技巧
	销售技巧	增强学员与客户打交道和销售产品的能力	讲解销售的相关技巧
	品牌经营	增强品牌意识；掌握品牌塑造、经营的技巧	品牌塑造、经营、管理的理论介绍；品牌塑造、经营的方法与技巧
房产专业板块	房地产基础知识	了解房地产相关知识	结合公司现状介绍房地产相关知识
	房产现状分析	学员充分认识房地产现状以及发展方向、增强对房产现状的分析能力	讲解房地产市场的现状以及对问题的发现和解决办法
	建筑基础知识	了解和掌握建筑基础知识	建筑概念、基本特点、分类等
	商业地产运营	了解商业地产运营相关知识	商业地产行业现状及发展趋势介绍；商业地产运营运作
工程专业板块	预算造价知识	了解和掌握并能够运用基本的预算知识，能看懂预算报表	预算概念、造价概念、预算报表的制定以及分析
	土建知识	了解相关的土建基础知识以及基本的实际操作	土建相关基本知识以及案例
	工程项目管理知识	了解工程管理方面的技能，提升对项目进行计划管理、分工管理、费用估算及时间管理等方面的能力	项目管理原则、组织工作结构、风险管理、项目估算、时间计划等
	园林景观基础知识	了解园林景观方面的基础知识以及增强园林景观方面的实际操作和审美能力	园林景观相关的基础知识和审美原则等

续表

专业职能板块	课程名称	课程目的	课程内容
财务专业板块	财务管理	掌握必要的企业财务管理的基础知识,准确使用管理会计、作业会计信息	财务管理基础知识、财务三大报表分析、管理会计、作业会计、责任会计
成本管控板块	成本管理与控制	熟悉如何通过成本控制降低成本,实现项目利润最大	战略成本、目标责任成本、项目成本、工程成本的管理技巧
税务板块	精算纳税筹划	本课程结合国内税务制度的特点,通过税收筹划基本知识的讲解和案例分析,帮助企业建立健全、高效的合法节税避税制度与财务管理制度	税务管理与筹划方法;如何降低涉税风险;健全、高效、合法的节税避税财务管理制度

3. 非开发类课程

非开发类课程主要包括企业非主流业务方面专业板块,目前我国房地产企业逐步涉足房地产金融、养老地产、旅游地产、文化等领域,这些领域属于企业重点扶持的业务,但不是主流业务。这些非开发类业务课程设置应该严格按照企业战略发展方向、根据非开发类企业员工自身的切实需求进行,做到有的放矢。

另外物业类、装饰类、房地产经纪类等附加业务板块培训课程设置与讲授,主要由各专业公司自身负责,集团可给予相应的资源支撑。

9.5.4 精益人才育成"三级"精细化培训体系(图9-18)

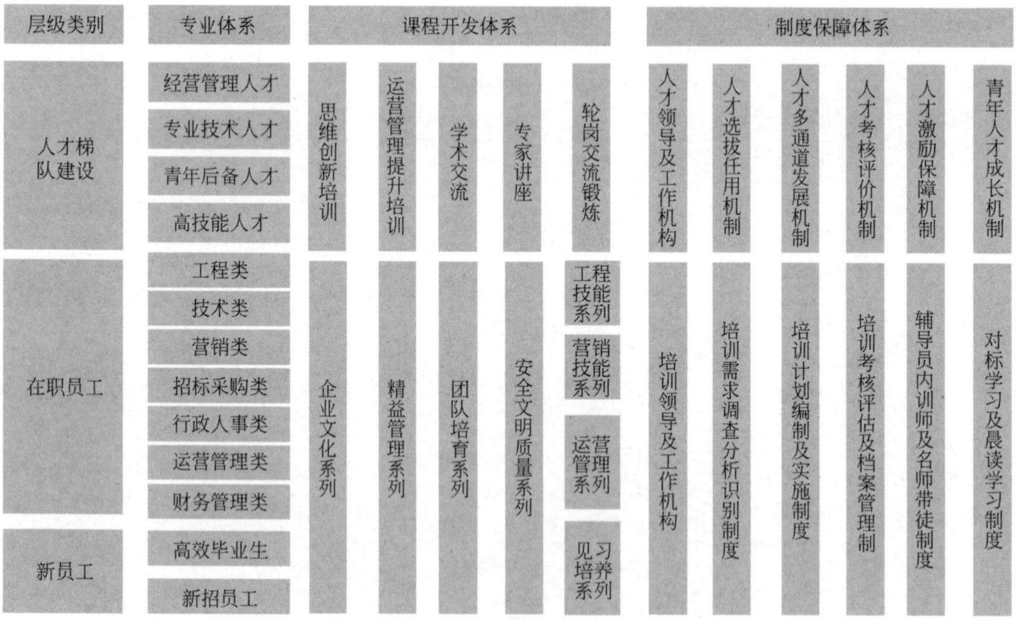

层级类别	专业体系	课程开发体系					制度保障体系					
人才梯队建设	经营管理人才	思维创新培训	运营管理提升培训	学术交流	专家讲座	轮岗交流锻炼	人才领导及工作机构	人才选拔任用机制	人才多通道发展机制	人才考核评价机制	人才激励保障机制	青年人才成长机制
	专业技术人才											
	青年后备人才											
	高技能人才											
在职员工	工程类	企业文化系列	精益管理系列	团队培育系列	安全文明质量系列	工程技能系列	培训领导及工作机构	培训需求调查分析识别制度	培训计划编制及实施制度	培训考核评估及档案管理制度	辅导员内训师及名师带徒制度	对标学习及晨读学习制度
	技术类											
	营销类					营销技能系列						
	招标采购类											
	行政人事类					运管系列						
	运营管理类											
	财务管理类											
新员工	高效毕业生					见习培养系列						
	新招员工											

图9-18 "三级"精益人才育成培训体系框架

第9章 房地产企业精益运营管理人才育成

1. 精益人才育成三级精细化培训架构

三级培训架构将培训的层级分为（集团）公司、子公司、分公司、基层单位。对于（集团）公司的培训主要定位在前瞻培训，即潜能开发培训；对于子公司、分公司的培训主要定位在上岗培训，即胜任能力培训；而对于基层单位的培训主要定位在岗位培训，即业务提升培训，如表 9-10 所示。

培训组织的三级架构　　　　　　　　　　　　　　表 9-10

层级	培训功能定位
（集团）公司	前瞻培训（潜能开发培训）
子公司、分公司	上岗培训（胜任能力培训）
基层单位	岗位培训（业务技能提升培训）

注：表 9-10 中各层级负责的培训功能定位是相对的，不排除在必要时各个层级可开展他们认为所必要的任何一种培训。各层级培训课程体系内容可参见表 9-11～表 9-14。

不同层级运营管理人员培训课程体系内容　　　　　表 9-11

运营管理层级	培训重点和内容	培训方式
基层管理	企业总体经营计划和分计划、基层管理职责、工作标准、人际关系和工作方法、会议组织、质量管理及实施、员工考核和激励、企业规章制度、工程和计划节点编排、专业技术、质量控制、安全管理、成本控制、现场管理、BIM 技术运用能力、项目执行能力	课堂讲授；案例教学；角色扮演；岗位轮换
中层管理	岗位职责、企业总体经营计划和分计划、企业组织结构与决策流程、环境诊断方法及工具：市场分析、顾客研究、同行情报；目标设定；有效授权、协调能力、领导能力、激励能力、培训能力、预测分析、工作成果评估；工作纠偏，管理信息系统；财务管理；人际关系能力、沟通能力、执行能力、专业技能、BIM 技术运用能力	外部培训；岗位轮换；MEM/MBA 进修；参观考察；资格考试
高层管理	行业发展宏观环境分析能力（政策分析、行业信息、行业发展趋势、新兴技术和产品）；企业发展战略研究和管理（企业竞争力提升、战略规划能力、资源整合）；组织规划和人员任用（人力资源管理、领导科学与艺术）；现代企业管理技术（项目管理、财务融资、预决策能力、成本管理）；个人修养（商务礼仪、自信心）、创新意识	对外交流；岗位轮换；EMBA 进修；参观考察；座谈沟通

工程技术人员培训课程体系内容　　　　　　　　　表 9-12

培训对象	培训内容	培训方式	培训师资
土建/水电/暖通工程师	建筑设计规范；建筑材料标准；房屋验收规范；工程质量控制；施工验收标准	课堂讲解；同行交流；内部讨论	设计院；施工单位；监理单位；培训机构
景观设计师	景观施工设计标准；设计材料验收标准；景观植物植被知识	外部考察；同行交流；外部培训	高校专家；培训机构；科学院所

续表

培训对象	培训内容	培训方式	培训师资
合约预算员；造价/财务人员	施工图预算；预决算技巧；工程结算	外部培训；同行交流	培训机构；职能中心
工程资料员	竣工验收；资料收集；竣工备案；竣工要求	同行交流；外部指导；	政府机构；培训机构

不同层级销售岗位培训课程体系内容　　表 9-13

培训对象	培训内容	培训方式	培训师资
销售代表	房地产营销工作流程及工作标准、客户档案管理、客户关系维护、目标与计划管理、团队协作精神培养、客户沟通与成交技巧培养、突发事件处理、职业素养培训、工程技术知识	课堂讲授；案例教学；角色扮演	资深销售；工程技术；营销公司
销售主管	自我行为规范、大客户营销技巧、谈判技巧、市场环节与竞争优势分析、员工职业生涯规划、疑难问题处理解决技巧、管理技能培养	课堂讲授；案例教学；角色扮演	营销经理；营销公司；培训机构
营销策划	营销专业知识、广告宣传与品牌定位、消费者行为分析、市场推广、计算机技能培养、市场调研方法、职业素养	外部学习；同行交流	广告公司；培训机构；营销公司
销售外联	营销专业知识、政府政策学习、沟通协调能力、公关知识与技巧、办事流程学习、职业素养	同行交流；外部培训	营销公司；培训机构
销售经理；销售副总经理	营销技能与专业培训、市场管理、营销过程管理、经济政策解读、市场环境分析、销售队伍管理、培训技能、管理技能	外部学习；MBA 进修；同行交流	高校教师；外部专家；同行交流

物业服务管理员工培训课程体系内容　　表 9-14

培训对象	培训内容	培训方式	培训师资
保安；保洁	企业文化、行为规范、服务理念、岗位技能、安全知识团队协作	部门主管；外聘讲师	理论学习；现场实操；岗位轮换；参观考察；视频教学；网络培训
维修	企业文化、岗位技能、行为规范、安全知识、服务理念、设备操作		
客服	服务理念、仪容仪表、岗位技能、人际关系沟通		
服务品质管控	服务品质知识、服务质量管理		

2. 三级培训的内容、教学方法及目标

以运营管理培训为例,说明三级培训的内容、教学方法及目标等,如表 9-15 所示。

第9章　房地产企业精益运营管理人才育成

运营管理人员培训重点解析表　　　　　　　　　　　表 9-15

分类	基层运营管理人员	中层运营管理人员（项目级）	高层运营管理人员（公司、部级）
培训内容	重点在"知识"，根据不同的运营管理领域，对学员侧重介绍其部门或工作相关的运营管理知识，包括学科进展情况，如计划运营管理、人力资源管理、财务资金管理、成本造价、采购供应链、工程进度控制、施工质量安全管理、现场环境管理等	重点在"智慧"，根据不同的运营管理领域，侧重引导他们有效地运用相关理论于项目开发实际，改进工作，提高项目运营管理绩效	重点在"悟性"，培训主要是为他们提供一种观念创新的场景，培训师在前期调研和策划的基础上，围绕相应的议题激发学员深入讨论和深度研究，如针对项目运营管理的内容提出诸如创建基于卓越效率和效益的国际一流的精益运营管理体系、精益建造技术、管理体系等
文化层面	立足于落实工程项目的品质形象、文化形象	基本定位于项目开发的工匠精神和核心价值观	总体对应于企业的企业使命和战略愿景
教学方法	以讲授+实战为主，清楚明白	以教练为主，留有余地	以诱导为主，点到为止
培训师身份	方法指导	技术教练	顾问军师
学员目标	学会学习；理解到位，应知应会	学会做事；联系实际，推动工作	学会跨越；高屋建瓴，实现思维大突破
培训成功标志	听懂别人已经讲出来的	听懂别人还没有讲出来的	加入了自己思考出来的创意，并对原话进行集成创新
培训举例 EVA	偏重 EVA 知识、基本做法及其成效	从知识内容转移到所在项目如何实施 EVA、如何保证实施的最佳效果	着重找准企业现阶段推行 EVA 的切入点和突破口

3. 三级培训课程方案设计

根据企业的实际情况，结合上述体系，从"岗前培训""岗位培训""前瞻培训"三个课程模块设计出以下课程方案，如表 9-16 所示。

培训课程方案　　　　　　　　　　　表 9-16

类别		岗前培训	岗位培训	前瞻培训
运营管理人员	初级			
	中级			
	高级			
专业技术人员	初级			
	中级			
	高级			
基层操作人员	初级			
	中级			
	高级			